高等院校体育类基础课"十三五"规划教材

顾问 ◎ 胡声宇

运动解剖生理学

Sport Anatomy and Physiology

主　编　封飞虎　王　松
副主编　秦　智　金　丽
编　委　（以姓氏笔画为序）
　　　　马春莲　王　松　王宁琦　王晓昆　叶　莉　刘　君
　　　　李　睿　李庆学　李春艳　范晶晶　金　丽　孟思进
　　　　封飞虎　秦　智　贾绍辉　寇现娟

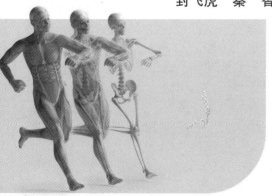

华中科技大学出版社
http://www.hustp.com
中国·武汉

图书在版编目(CIP)数据

运动解剖生理学/封飞虎,王松主编.—武汉:华中科技大学出版社,2018.3(2025.1重印)
ISBN 978-7-5680-3772-3

Ⅰ.①运… Ⅱ.①封… ②王… Ⅲ.①运动解剖-运动生理学 Ⅳ.①G804.4

中国版本图书馆 CIP 数据核字(2018)第 050028 号

运动解剖生理学 封飞虎 王 松 主编
Yundong Jiepou Shenglixue

策划编辑:曾 光
责任编辑:段亚萍
封面设计:孢 子
责任监印:朱 玢
出版发行:华中科技大学出版社(中国·武汉)　　电话:(027)81321913
　　　　　武汉市东湖新技术开发区华工科技园　　邮编:430223
录　　排:华中科技大学惠友文印中心
印　　刷:武汉市洪林印务有限公司
开　　本:787mm×1092mm　1/16
印　　张:21.5
字　　数:507 千字
版　　次:2025 年 1 月第 1 版第 11 次印刷
定　　价:58.00 元

本书若有印装质量问题,请向出版社营销中心调换
全国免费服务热线:400-6679-118　竭诚为您服务
版权所有　侵权必究

前言

QIAN YAN

运动解剖生理学是适应社会对健康的需求和《全民健身计划纲要》的实施而产生的运动与医学交叉的新型学科，它是一门传播运动解剖学和运动生理学基本知识、基本理论和基本技能的课程。运动解剖学是一门在正常人体解剖学基础上研究体育运动对人体形态结构产生的影响和发展规律，探索人体机械运动与体育动作的关系的科学。运动生理学是专门研究人体的运动能力和对运动的反应与适应过程的科学，是体育科学中一门重要的应用基础理论学科。运动解剖生理学在内容上注重把运动解剖学、运动生理学知识整合在一起，在力求全面、系统的基础上，既保持两个学科的独立性，又保持两个学科的一致性，重点突出运动生理学。运动解剖生理学课程是武汉体育学院休闲体育专业、表演（体育表演方向）专业为适应新形势教学培养的需要而开设的将运动解剖学和运动生理学最具实践应用价值的知识进行融合的一门专业基础课。

本教材由武汉体育学院专业教师根据新修改的教学计划和教学大纲编写而成。全书分为绪论、人体的基本构成、骨与骨连结、骨骼肌、骨骼肌生理、血液、循环系统、呼吸系统、消化系统、能量代谢与运动、泌尿系统、感觉器官、神经系统、内分泌系统、有氧与无氧工作能力、身体素质的生理学基础、运动过程中人体机能变化规律等内容。

本教材力求科学性、先进性和实用性。针对休闲体育专业、表演（体育表演方向）专业及体育相关专业的需要，重点介绍运动解剖学、运动生理学等基础知识。全书共十六章，为避免过去在教学实践中运动解剖学、运动生理学两门课程教学内容偏多且有重复，以及知识之间衔接不紧密等不足，我们以"理论够用，注重应用"为编写理念，尽量在知识结构上进行合理安排，精选内容，紧密结合体育运动实际，将多学科知识进行有机的衔接并融合，充分反映本学科的前沿动态，体现科学性，突出实用性。

参加本教材编写的成员有：封飞虎（绪论、第一章）、王松（第二章）、秦智（第三章）、孟思进（第四章）、金丽（第五章）、范晶晶（第六章）、叶莉（第七章）、李睿（第八章）、刘君（第九章）、王晓昆（第十章）、寇现娟（第十一章）、马春莲（第十二章）、贾绍辉（第十三章）、李春艳（第十四章）、王宁琦（第十五章）、李庆学（第十六章）。

由于我们的知识水平有限，书中不足之处在所难免，恳请同行和广大读者批评指正。

编　者
2018年1月

目 录

绪论 /1
    第一节　运动解剖生理学研究的内容　/1
    第二节　常用解剖学术语　/1
    第三节　人体的基本生命特征和机能调节　/3

第一章　人体的基本构成 /7
    第一节　细胞　/7
    第二节　人体的基本组织　/12

第二章　骨与骨连结 /22
    第一节　骨总论　/22
    第二节　骨连结总论　/25
    第三节　全身骨骼及其连结　/29
    第四节　运动对骨的影响　/43

第三章　骨骼肌 /45
    第一节　骨骼肌总论　/46
    第二节　骨骼肌的分布　/48
    第三节　体育动作的运动解剖学分析　/68

第四章　骨骼肌生理 /73
    第一节　骨骼肌的特性　/73
    第二节　骨骼肌收缩的形式及力学表现　/74
    第三节　肌纤维类型与运动能力　/80

第五章　血液 /89
    第一节　概述　/89
    第二节　血液的化学成分和理化特性　/93
    第三节　血细胞生理　/97

第四节　血液凝固与抗凝　/104
　　第五节　运动对血液有形成分的影响　/106

第六章　循环系统　/110
　　第一节　概述　/110
　　第二节　循环系统的组成和结构　/111
　　第三节　心脏生理　/118
　　第四节　血管生理　/129
　　第五节　运动对心血管系统的影响　/133

第七章　呼吸系统　/143
　　第一节　概述　/143
　　第二节　呼吸系统的组成与结构　/143
　　第三节　肺通气　/147
　　第四节　气体交换和运输　/154
　　第五节　运动对呼吸机能的影响　/161

第八章　消化系统　/170
　　第一节　消化系统的组成与结构　/170
　　第二节　消化　/178
　　第三节　吸收　/182
　　第四节　运动对胃肠道机能的影响　/183

第九章　能量代谢与运动　/185
　　第一节　能量代谢　/185
　　第二节　人体运动时的能量供应　/191

第十章　泌尿系统　/201
　　第一节　泌尿系统的组成与结构　/201
　　第二节　尿的生成过程　/206
　　第三节　肾脏在维持水和酸碱平衡中的作用　/209
　　第四节　运动对肾脏机能的影响　/210

第十一章　感觉器官　/213
　　第一节　概述　/213
　　第二节　眼的结构与功能　/214
　　第三节　位听器的结构与功能　/222

第四节 本体感受器的结构与功能 /227
第五节 其他感觉 /229

第十二章 神经系统 /231
第一节 神经系统的组成与结构 /232
第二节 神经系统对躯体运动的调控 /240
第三节 中枢神经系统的高级机能 /245
第四节 运动技能形成的过程 /249

第十三章 内分泌系统 /256
第一节 概述 /256
第二节 人体主要内分泌腺及其作用 /260
第三节 激素对运动中代谢及水盐平衡的调节 /269

第十四章 有氧与无氧工作能力 /274
第一节 概述 /274
第二节 有氧耐力 /284
第三节 无氧工作能力 /289

第十五章 身体素质的生理学基础 /296
第一节 力量素质的生理学基础 /296
第二节 速度素质的生理学基础 /306
第三节 耐力素质的生理学基础 /310
第四节 灵敏和柔韧素质的生理学基础 /310

第十六章 运动过程中人体机能变化规律 /313
第一节 赛前状态 /313
第二节 准备活动 /314
第三节 进入工作状态 /316
第四节 稳定工作状态 /319
第五节 运动性疲劳 /320
第六节 恢复过程 /328

参考文献 /334

绪　　论

第一节　运动解剖生理学研究的内容

运动解剖生理学是适应社会对健康的需求和《全民健身计划纲要》的实施而产生的运动与医学交叉的新型学科，它是一门传播运动解剖学和运动生理学基本知识、基本理论和基本技能的课程。

运动解剖学(sports anatomy)是人体解剖学的一个分支，是在正常人体解剖学基础上研究体育运动对人体形态结构产生的影响和发展规律，探索人体机械运动与体育动作的关系的科学，是运动人体科学范畴的一门基础学科。运动解剖学的主要内容涉及人体细胞、组织、器官和系统的形态结构及其发展变化规律和运动人体形态结构的影响等。

运动生理学(exercise physiology)是人体生理学的一个分支，它是专门研究人体的运动能力和对运动的反应与适应过程的科学，是体育科学中一门重要的应用基础理论学科。它在实验的基础上研究人体对急性运动的反应和长期运动训练的适应所引起的机体结构和机能变化规律。

第二节　常用解剖学术语

在日常生活、生产劳动和体育运动的过程中，人体各部位与器官的位置关系不是永恒不变的。为了能正确地描述人体各器官的形态结构和位置，在描述人体形态结构和人体运动的位置变化关系时有共同的准则，统一规定了常用的解剖学术语，这些术语是学习运动解剖学必须掌握的。

一、人体的标准解剖学姿势

人体的标准解剖学姿势是指身体直立，两眼向正前方平视，两足并拢，足尖向前，双上肢下垂于躯干的两侧，掌心向前。

二、方位术语

为了准确表达运动的人体各部位及各器官或结构的相互位置关系，以解剖学姿势为标准,规定了一些相对的方位术语。

上与下是描述器官或结构距颅顶或足底的相对远近关系的术语。近颅顶者为上,近足底者为下。

前与后是指距身体腹侧面或背侧面距离相对远近的术语。距身体腹侧面近者为前,距身体背侧面近者为后。

内侧与外侧是描述人体各局部或器官、结构与人体正中矢状面相对距离位置关系的术语。靠近人体正中矢状面者为内侧,远离人体正中矢状面者为外侧。

内与外是描述空腔器官相互位置关系的术语。接近内腔者为内,远离内腔者为外。

浅与深是描述与皮肤表面相对距离关系的术语。距表层皮肤近者为浅,远离表层皮肤者为深。

近侧与远侧在四肢。近侧是指距肢体与躯干的连接处较近者,远侧指距肢体与躯干的连接处较远者。

尺侧与桡侧是依据前臂的尺骨与桡骨排列的位置关系而规定的。尺侧是指前臂的内侧,桡侧是指前臂的外侧。

胫侧与腓侧是依据小腿的胫骨与腓骨排列的位置关系而规定的。胫侧是指小腿的内侧,腓侧是指小腿的外侧。

此外,左与右、垂直、水平和中央等则与一般概念相同。

三、人体基本面

按照人体解剖学方法,可将人体或其任何一个局部在解剖学姿势条件下作三个相互垂直的切面,即通常所指的基本面(见图 0-1)。

（1）矢状面是指沿身体前后径所作的切面。该切面将人体分成左、右两部分,与水平面及冠状面垂直,其中经过人体正中线的切面称为正中矢状面。

（2）冠状面(或称额状面)是指沿身体左右径所作的切面。该切面将人体分成前、后两部分,与水平面及矢状面垂直。

（3）水平面(或称横切面)是指横切人体,与地面平行的切面。该切面将人体分为上、下两部分,与矢状面及冠状面互相垂直。

在描述器官的切面时,与其长轴平行的切面称纵切面,与其长轴垂直的切面称横切面。就器官而言,横切面不一定是水平面,纵切面也不一定是矢状面或冠状面,故一般不用上述三个面来描述。

四、人体基本轴

轴是叙述人体关节运动时常用的术语。按照人体解剖学方法,在理论上可将人体或其任何一个关节在解剖学姿势条件下作三个相互垂直的轴,即通常所指的基本轴。

（1）矢状轴为前后方向并与水平面平行的轴。

（2）冠状轴(或称额状轴)为左右方向并与水平面平行的轴。

(3) 垂直轴为上下方向并垂直于水平面的轴。

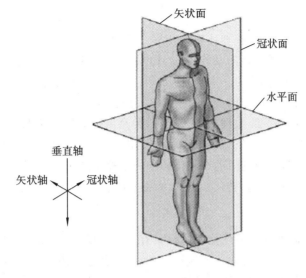

图 0-1 人体轴与面示意图

第三节 人体的基本生命特征和机能调节

人体和各种生物机体及一切活组织都要进行最基本的生命活动，因此具有共同的基本生命特征，主要包括新陈代谢、兴奋性、应激性和适应性等。

一、人体的基本生命特征

(一) 新陈代谢

新陈代谢(metabolism)是指机体与外界环境不断进行物质交换和能量转换的过程。新陈代谢过程包括两个基本方面：一方面机体从外界不断摄取各种物质，如糖、脂肪、蛋白质、维生素及无机盐等，形成自身的物质，或暂时贮存起来，这种过程称为同化作用(或组成代谢)；另一方面将组成自身的物质或贮存于体内的物质分解，并把分解后的终产物废物排出体外，这种过程称为异化作用(或分解代谢)。在进行同化作用时要吸收能量，在进行异化作用时要释放能量。后者所释放的能量，除一部分用于同化作用外，其余的供应机体进行各种生命活动及产生热量。因此，新陈代谢又可分为物质代谢与能量代谢两个方面，两者密切联系，物质的变化必定伴有能量的转移。

新陈代谢是生命活动的最基本特征，新陈代谢一旦停止，生命也就停止。不同的机体，以及同一机体在不同的情况下，其代谢过程和形式都各有特点。在新陈代谢过程中，每一环节都有大量的酶、蛋白和各种调控因子参与。

（二）兴奋性

在生物体内可兴奋组织具有的感受刺激、产生兴奋的特性，称为兴奋性（excitability）。能引起可兴奋组织产生兴奋的各种环境变化称为刺激（stimulus）。神经、肌肉和腺体等组织受刺激后，能迅速地产生可扩布的动作电位，即发生兴奋，这些组织被称为可兴奋组织。在生理学中将这些可兴奋组织接受刺激后所产生的生物电反应过程及其表现称为兴奋（excitation）。因此，可兴奋组织感受刺激产生兴奋能力的高低反映了该组织兴奋性的高低。

可兴奋组织有两种基本的生理活动过程：一种是由相对静止状态转变为活动状态，或是兴奋性由弱变强，这种活动是兴奋活动；另一种是由活动状态转变为相对静止状态，或是兴奋性由强变弱，这种活动是抑制活动。人体的各种生理功能活动，既有兴奋活动，也有抑制活动，两者既对抗又协调，并可相互转化。因此，兴奋和抑制二者是对立统一的生理活动过程。

（三）应激性

人体内各种组织对外界环境变化（刺激）具有不同的反应，如肌肉表现为收缩，腺体表现为分泌，神经的反应则表现为发放并传导神经冲动，而其他组织，如上皮组织、骨骼等受到刺激后则表现为细胞代谢发生变化等。机体或一切活体组织对周围环境变化具有的发生反应的能力或特性称为应激性（irritability）。活体组织应激性的表现形式是多方面的，既可以是生物电活动，也可以是细胞的代谢变化。而兴奋性则只是指可兴奋组织受到刺激后发生生物电变化的过程。因此，具有兴奋性的组织必然具有应激性，而具有应激性的组织不一定具有兴奋性。

（四）适应性

生物体长期生存在某一特定的生活环境中，在客观环境的影响下可以逐渐形成一种与环境相适应的、适合自身生存的反应模式。生物体所具有的这种适应环境的能力称为适应性（adaptability）。例如长期生活在高原地区的居民，其血液中的红细胞数量远远超过平原地区的居民。这种适应性反应对高原居民是十分必要的，因为血液中红细胞数量的增多大大提高了血液运输氧的能力，从而有效地克服了高原缺氧给人体带来的不良影响，创造了适应客观环境而生存的条件。再如，运动员经过长期的力量训练可使肌肉的力量和体积增加，经过长期耐力训练的运动员的肌肉耐力、心肺功能得到改善等，这些都是人体对环境变化产生适应的结果。

（五）生殖与生长发育

生命体生长发育到一定阶段后，能够产生和自己相似的子代，称为生殖（reproduction）。生殖是生物通过自我复制延续种系的过程，是生命的基本特征之一。在生殖过程中，机体会表现出另一些生命特征，即遗传变异。各种生物都能通过生殖产生子代。亲代和子代在形态结构和生理功能方面都很相似，这种现象称为遗传（heredity）。亲代和子代每个个体间又不会完全相同，总会产生一定的差异，这种现象称为变异（variation）。

生长（growth）和发育（development）一般指生命个体的生长，从生物学意义上说，当受精卵开始发育时，即意味着生命开始了其生长的过程。发育是指生命个体在生长过程中，各系统、器官和组织都要经历从简单到复杂的变化过程，直至机体各部器官系统功能的完善和成熟。一般性的成熟即表明该个体发育成熟，具有了生殖的能力。

二、人体生理机能的调节

人体由各种细胞、组织和器官所组成。它们的生理活动在空间和时间上紧密配合，相互协调，成为一个统一的整体。机体与外界环境之间也保持相互联系和彼此影响。当内环境发生变化时，人体的生理功能及外部表现也将发生相应的暂时变化，称为反应。而当人体在长期的环境变化影响下，其功能和形态发生相应的持久性的变化，即为适应。人体对内、外环境变化能产生适应性反应，正是因为人体具有十分完善的调控机制，对各种生理机能进行相应调节的结果。人体主要的调节机制有如下三种。

（一）神经调节

通过神经系统的活动对机体功能进行的调节称为神经调节（nervous regulation）。神经调节在机体的所有调节方式中占主导地位。神经活动的基本过程是反射，反射活动的结构基础是反射弧，反射弧包括感受器、传入神经、神经中枢、传出神经和效应器五个环节。感受器能够感受体内外的各种刺激，并将刺激能量转变成体内可传导的神经冲动，通过传入神经纤维传至相应的神经中枢，神经中枢对传入信号进行分析、处理和整合后，发出信息（指令），通过传出神经纤维传至效应器，效应器完成反射动作。反射的完成有赖于反射弧结构的完整和功能正常，其五个组成部分的任何一个部分结构被破坏或发生功能障碍均可导致反射不能完成。

神经调节的特点是产生效应迅速、调节作用精确、作用时间较短暂。

（二）体液调节

体液调节（humoral regulation）是指由内分泌细胞或某些组织细胞生成并分泌的特殊的化学物质，经由体液运输，到达全身或局部的组织细胞，调节其活动。化学物质有内分泌细胞分泌的激素、某些组织细胞分泌的肽类和细胞因子等。化学物质经血液这种体液途径运输到达特定组织发挥作用是体液调节的主要方式。例如，胰岛的β细胞分泌的胰岛素能调节组织、细胞的糖与脂肪代谢，有降低血糖的作用。有些化学物质可不经过血液运输，而是经由组织液扩散作用于邻近的细胞，调节这些细胞的活动。另外，某些激素可由非内分泌细胞合成和分泌，如下丘脑和心血管系统的一些细胞也能合成激素。

体液调节的特点是产生效应较缓慢、作用广泛、持续时间较长。

（三）自身调节

自身调节（autoregulation）是指组织、细胞在不依赖于外在的神经调节或体液调节的情况下，自身对刺激发生的适应性反应过程。例如，骨骼肌或心肌收缩前的长度能对收缩力量起调节作用。在一定范围内，肌肉的初长度增加时，肌肉的收缩力量会相应增加；而肌肉的初长度缩短时，收缩力量就减小。一般来说，自身调节的幅度较小，也不十分灵敏，但对于生理机能的调节仍有一定意义。

有时一个器官在不依赖于器官外在的神经调节或体液调节的情况下，器官自身对刺激发生的适应性反应过程也属于自身调节。

【思考题】

1. 简述人体的标准解剖学姿势。
2. 简述人体的基本生命特征。
3. 人体生理机能活动的主要调节方式有哪些？各有何特征？其相互关系如何？

第一章　人体的基本构成

人体是一个复杂的有机体,细胞是人体形态结构和功能的基本单位。其中形态结构和机能相似的细胞及细胞间质结合在一起构成组织,如上皮组织、结缔组织、肌组织和神经组织等。由几种组织结合在一起构成有一定形态结构和功能的器官,如心、肝、肺、肾等器官。在结构和功能上密切相关的许多器官相互结合起来,共同执行某种特定的功能,称为系统,如运动系统、消化系统、呼吸系统、泌尿系统、生殖系统、循环系统、内分泌系统、神经系统和感觉器系统。这九大系统组成完整的人体。

第一节　细　胞

细胞是人体形态结构和功能的基本单位。人体由多种细胞组成,其形态和大小随其所处的环境和功能的不同而异,共同完成人体完整的生命活动过程。

一、细胞的结构

人体的细胞一般都很小,最小的细胞如小脑的颗粒细胞直径只有 4 μm；卵细胞较大,其直径约 120 μm。细胞形态多种多样,与其所执行的功能及所处的环境相适应,如血液中游走的细胞呈球形,输送氧气的红细胞为双面凹陷的圆盘状,收缩的肌细胞是梭形或长圆柱形,接受刺激、传导冲动的神经细胞有长的突起等。

细胞的形态虽然不同,但光学显微镜下细胞一般都是由细胞膜、细胞质和细胞核三部分构成,如图 1-1 所示。

(一) 细胞膜

细胞膜是包围在细胞表面的一层薄膜,又称质膜。细胞膜的化学成分主要有蛋白质、脂类和多糖。在电镜下,细胞膜可分为内、中、外三层。细胞膜能保持细胞的完整性；具有选择性的渗透作用,控制离子和分子的出入,实现细胞内外的物质交换；控制和调节细胞的代谢和生理功能活动；具有黏附、支持和保护作用；参与细胞的吞噬和吞饮作用。

关于细胞膜的分子结构,目前比较公认的是液态镶嵌模型(见图 1-2),该模型把生物膜看成是嵌有球形蛋白质的脂类二维排列的液态体。膜是一种动态的、不对称的具有流动性特点的结构。脂双层构成膜的连续主体,既具有固体分子排列的有序性,又具有液体的流动性,球形蛋白质分子以各种形式与脂质双分子层相结合。

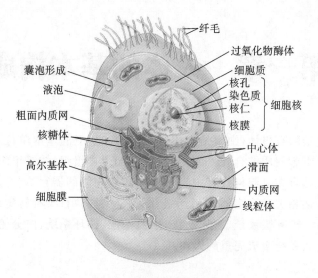

图 1-1　细胞结构模式图

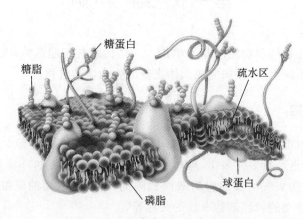

图 1-2　生物膜液态镶嵌模型图

(二) 细胞质

细胞质是位于细胞膜和细胞核之间的原生质。电镜下细胞质包括三个部分，即基质、细胞器和包含物(见图 1-3)。

1. 基质

基质是指细胞质内呈液态的部分，是细胞质的基本成分，用超高压电镜发现，基质中有一种直径仅 3～4 nm 的丝状物，它们交织成网，称微梁系统。微梁系统对线粒体、游离核糖体、微管、微丝等细胞器起支持作用。

2. 细胞器

细胞器是分布在胞浆基质内，具有特定形态结构，执行一定功能的微小器官。主要包括线粒体、核糖体、内质网、高尔基复合体(简称高尔基体)、溶酶体、微丝、微管、中间丝、中心体和微体。

线粒体：光镜下线粒体常呈杆状、线状或颗粒状，直径为 0.5～1 μm，长度为 3～7 μm。电镜下线粒体为双层单位膜构成的小体，外膜光滑，内膜向内折叠形成线粒体嵴，内含 DNA 与 RNA，能进行自体复制。线粒体的主要功能是制造高能磷酸化合物三磷酸腺苷（ATP），为细胞活动提供能量。线粒体的数量和分布与细胞的种类及机能有关，一般来说，代谢旺盛、耗能多的细胞线粒体含量高，线粒体嵴发达（见图 1-4）。

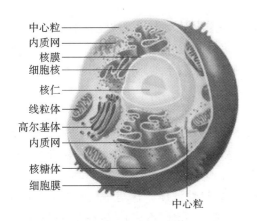

图 1-3　细胞的超微结构模式图

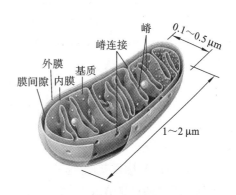

图 1-4　线粒体结构模式图

核糖体：即核蛋白体，由核糖核酸（RNA）和蛋白质两种化学成分组成，电镜下为近似球形的致密颗粒，直径约 15 nm。核糖体是细胞内合成蛋白质的基地。

内质网：是扁囊和小管互相连通而成的膜性囊管系统。根据其外表有无核糖体附着，可将内质网分为两种：粗面内质网与滑面内质网。前者是合成蛋白质的场所，后者与脂类、糖原的代谢及生成类固醇激素等有关。

高尔基（复合）体：常呈囊泡状结构，由许多扁平囊、小泡和大泡三部分组成。高尔基（复合）体与粗面内质网相通，并将粗面内质网合成的蛋白质类物质进行加工、浓缩、储存和运输。

溶酶体：散在于细胞质内，内含有几十种水解酶。主要是进行细胞的消化、分解和吞噬进入细胞的各种物质和异物等。此外，它还分解细胞自身已经衰老和损伤的细胞器，使细胞的结构不断更新，以维持细胞的正常生命活动，所以溶酶体被称为细胞内的"消化器官"。根据它所处的机能状态不同，把它分为初级溶酶体、次级溶酶体和残余小体三部分。

微丝、微管和中间（微）丝：微丝是分布于细胞质内的一种细丝状物质，由肌动蛋白构成，它与细胞的运动、支持、吞噬、分泌、信息的传递有关；微管是由微管蛋白构成的细管，如细胞分裂期形成的纺锤体和上皮细胞的纤毛均由微管组成，它主要与细胞的运动、支持和物质运输有关；中间（微）丝主要分布于细胞核内，与核内物质的运动、支持和信息传递有关。

中心体：中心体位于细胞核附近，由两个中心粒组成。中心粒由两组相互垂直的微管组成。中心体有复制能力，参与细胞分裂活动。当细胞进入分裂期时，已复制的中心体彼此分离，并借助于纺锤体与染色体相连，使染色体向细胞两极移动。

微体：是由一层单位膜包裹的卵圆形或圆形小体，内含均匀一致的细颗粒状物质。含有丰富的过氧化物酶、过氧化氢酶及多种氧化酶。其功能为破坏对细胞有毒性的过氧化氢，另外还参与糖原异生。

3. 包含物

包含物不是细胞器,而是一些代谢产物或储备营养物质,包括糖原、脂滴、色素及分泌颗粒等。它们的存在、数量和形态因细胞类型和生理状态不同而改变。

(三) 细胞核

细胞核是细胞遗传和代谢活动的控制中心,在细胞生命活动中起着决定性的作用。

人体所有的细胞都有细胞核(除成熟红细胞外),多数细胞只有一个细胞核,但也有细胞有两个或多个,如骨骼肌细胞就有数个细胞核。细胞核一般位于细胞中央,但也有细胞核位于周边。细胞核的形态大小一般和细胞的形态大小相适应。

细胞核由核膜、核液、核仁和染色质四部分构成。

(1) 核膜:由两层单位膜组成,核膜将细胞分成两大区域,即细胞核与细胞质,保证遗传物质的稳定性,有利于细胞核各种生理机能的完成。核膜上有许多散在的核孔,是细胞核与细胞质间进行物质交换的通道,并对物质交换具有调控作用。

(2) 核液:又称核基质,是充满于细胞核内的一种黏稠性液体。核基质是由一些酸性蛋白质分子组成的细微骨架系统,该系统与细胞质中的"微梁系统"有密切关系,还对核孔、核仁及染色质起支架作用。

(3) 核仁:一般为圆形,无膜包绕,位置不定,常靠近核一侧。电镜下核仁主要由颗粒和纤维两部分组成。在细胞分裂时,核仁同核膜一样,先消失后重建。核仁是核中的重要结构,其化学成分是 RNA 和蛋白质。主要功能是形成核蛋白体,参与蛋白质的合成。

(4) 染色质:主要由蛋白质和 DNA 构成的核蛋白丝,易被碱性染料着色,故又称染色质丝。在光镜下见到的排列折叠较稀疏且染色浅的部分称常染色质,而较浓缩且染色较深的部分称异染色质。当细胞进入分裂期时,每条染色质丝均高度螺旋化,变粗变短,成为一条条的染色体;分裂结束后,染色体解螺旋,分散于核内,又重新形成染色质。因此,染色质与染色体实际上是同一物质的不同机能状态。

人的染色体共有 23 对,依其功能不同分为两种,其中 22 对为常染色体,1 对为性染色体。常染色体男女相同,性染色体男性为 XY,女性为 XX。

20 世纪 80 年代初,我国学者根据染色体遗传的基本原理,应用现代染色体检测技术,对染色体形态结构特征和染色体的基因定位与人体运动能力方面进行了研究和探索,得出了一些相关性结果,如男子的 Yq 长度与成人的身高成正相关,女子的 Xp、Xq 和 C 值与身高也有关。但关于控制身高的基因定位和运动能力方面的基因调控等问题还有待于进一步的研究。

二、细胞增殖

细胞增殖是通过细胞分裂产生与母细胞遗传特性相同的子细胞,使细胞数目增加的过程。细胞增殖是有机体生命活动的重要特征,无论是有机体的生长发育,还是成熟个体生命活动的维持,都需要不断地进行细胞增殖,产生新的细胞。个体生命是由受精卵发生一连串的细胞分裂而产生的;个体发育过程中细胞分裂使细胞数目增加,同时进行着细胞分化;有机体创伤的修复也是通过细胞的生长和增殖完成的。因此,细胞的分裂增殖是生命得以延续的保证。细胞通过分裂而增殖,并将复制的遗传物质均匀地分到两个子细胞中。可以说没有细胞分裂增殖,就没有有机体的生长、发育和遗传,即没有生命的存在。

(一) 细胞的增殖方式

细胞增殖是通过细胞分裂过程实现的,细胞分裂的方式有3种:无丝分裂、有丝分裂和减数分裂。

(二) 细胞的增殖周期

细胞增殖周期简称为细胞周期,指细胞从前一次分裂结束开始,经生长、成熟和分裂后成为两个细胞的周期性过程。细胞周期分两个阶段:分裂间期与分裂期。分裂间期时间一般持续较长,细胞核没有明显的形态学变化,但此时细胞核内染色质处于最活跃的时期,除合成大量蛋白质,执行各种细胞功能外,染色体所含全部基因组的DNA也在分裂间期进行复制。根据DNA合成程序,分裂间期可分成三个阶段:DNA合成前期(G_1期)、DNA合成期(S期)、DNA合成后期(G_2期),三个阶段中最关键的活动是S期。

三、细胞的衰老

人体总是经过生长、发育、成熟、衰老直到灭亡等几个阶段,这是自然规律,细胞是生命的基本单位,细胞的衰老反映机体的衰老。

(一) 细胞衰老的特征

细胞的衰老主要表现为对环境变化的适应能力和维持细胞内环境的能力下降,这些表现是有形态结构与生化改变作为基础的,如:

(1) 细胞内水分的减少,细胞脱水收缩,体积变小。

(2) 脂褐素等老年色素的积累。

(3) 细胞核的衰老变化,表现为核固缩、常染色质减少和转录活性下降。

(4) 细胞膜变厚衰老,流动性下降,物质转运、信息传递有障碍,对环境的适应能力下降。

(5) 化学组成和生化活性改变,如氨基酸和蛋白质合成速率下降。

(6) 酶活性和含量的改变。

(二) 细胞衰老的学说

近年来,衰老分子机理的各种学说不断出现,如代谢物质积累学说认为,机体内的代谢分解产物积累至一定量后,就会危害细胞,从而引起衰老。错误成灾学说认为,作为酶的蛋白分子若出现一个微小的差错,就会引起遗传复制、转录和翻译的错误,从而导致错误遗传信息的产生和异常蛋白产物的大量积累,最后发展到错误成灾的地步,使细胞功能降低衰老。此外还有体细胞突变学说、自由基学说等。

四、细胞凋亡

细胞凋亡(apoptosis)是指为维持内环境稳定,由基因控制的细胞自主地有序地死亡,就像树叶或花的自然凋落一样。细胞凋亡与细胞坏死不同,细胞凋亡不是一个被动的过程,而是主动过程,它涉及一系列基因的激活、表达及调控等的作用,它并不是病理现象,而是为更好地适应生存环境而主动争取的一种死亡过程。

细胞凋亡的形态学变化是多阶段的,细胞凋亡往往涉及单个细胞,即便是一小部分细胞也是非同步发生的。首先出现的是细胞体积缩小,连接消失,与周围的细胞脱离,然后是细胞质密度增加,核浓缩,DNA降解,细胞膜结构仍然完整,最终可将凋亡细胞分割包裹为几个凋亡小体,但不引起周围的炎症反应。

细胞凋亡在个体发育和组织稳态的维持中具有重要的作用,如蝌蚪尾巴退化涉及细胞凋亡,细胞凋亡还与许多疾病的发生和防治密切相关。细胞增殖与细胞凋亡共同调节,维持机体组织器官的稳态。

五、细胞间质

细胞间质是存在于细胞与细胞之间的物质,是细胞分化过程的产物。细胞间质可分为无定形的基质和纤维两类形态物质。基质一般为均匀的透明胶状液体,如血液和组织液的基质;纤维可分为胶原纤维、弹性纤维和网状纤维。细胞间质是细胞生命活动的外部环境,它具有支持、连结、保护、营养等作用。此外,还有物质转运的功能。

第二节 人体的基本组织

组织是构成人体各种器官的基本成分,它是人体胚胎发育的早期,由许多结构和功能相似的细胞和细胞间质按一定的方式结合在一起所形成的细胞群体。通常将组织分成四种基本类型:上皮组织、结缔组织、肌组织和神经组织。

一、上皮组织

上皮组织由密集的细胞组成,细胞的形状较规则,细胞间质少。大部分上皮组织覆盖于身体表面和有腔器官的表面,称被覆上皮;有些上皮构成腺,称腺上皮;某些部位的上皮细胞能感受某种物理和化学的刺激,则称感觉上皮细胞。因此,上皮组织根据其分布、形态结构和功能不同,分为被覆上皮、腺上皮和感觉上皮。

(一)被覆上皮

被覆上皮主要分布于身体的体表、体腔和空腔性器官的内表面。结构特点是细胞数量多、排列紧密,细胞间质少,不含毛细血管。具有保护、吸收、分泌和排泄等功能。按照被覆上皮的细胞层数和细胞形状可将被覆上皮进行如下分类。

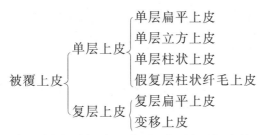

(1) 单层扁平上皮　由一层扁平细胞组成,细胞不规则,边缘呈锯齿状,相互嵌合。分布在心、血管和淋巴管腔面的单层扁平上皮称内皮。内皮细胞很薄,有利于血液和淋巴液流动及物质透过。分布在胸膜、腹膜和心包膜表面的单层扁平上皮称间皮,细胞游离面湿润光滑,便于内脏运动(见图1-5(a))。

(2) 单层立方上皮　单层立方上皮由一层立方细胞组成,从表面看,每个细胞呈六角形或多角形;从垂直切面看,细胞呈立方形。这种上皮分布在肾小管和甲状腺滤泡等处,具有分泌和吸收功能(见图1-5(b))。

(3) 单层柱状上皮　单层柱状上皮由一层柱状细胞组成。表面为六角形或多角形,侧面为柱状。此种上皮分布于胃肠和子宫腔面,与吸收、分泌功能有关(见图1-5(c))。

(4) 假复层柱状纤毛上皮　由柱状细胞、梭形细胞和锥形细胞等几种形态、大小不同的细胞组成。柱状细胞游离面具有纤毛。由于几种细胞高矮不等,只有柱状细胞和杯状细胞的顶端伸到上皮游离面,故从上皮垂直面看很像复层上皮。但这些高矮不等的细胞基底端都附着在基膜上,实际为单层上皮。这种上皮主要分布在呼吸道的腔面,并具有分泌黏液、清除灰尘和细菌的作用。此外,黏膜表面的分泌液还有湿润干燥空气的作用(见图1-5(d))。

 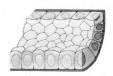

(a)单层扁平上皮　(b)单层立方上皮　(c)单层柱状上皮　(d)假复层柱状纤毛上皮

图1-5　单层上皮细胞示意图

(5) 复层扁平上皮　由多层扁平细胞组成,基底层细胞较幼稚,具有分裂增殖能力,浅层细胞多衰老退化。位于皮肤表面的复层扁平上皮浅层细胞已无细胞核,细胞质中充满角蛋白,是干硬的死细胞,具有很强的保护作用,这种上皮称角化的复层扁平上皮。分布在口腔和食管等腔面的复层扁平上皮浅层是有核的活细胞,含角蛋白少,称未角化的复层扁平上皮。复层扁平上皮具有耐摩擦和阻止异物侵入等作用,受伤后有很强的修复能力。

(6) 变移上皮　细胞形状和层数可随所在器官的收缩和扩张而发生变化,分布在排尿管道的腔面。如膀胱缩小时,上皮变厚,细胞层数较多;当膀胱充尿扩张时,上皮变薄,细胞层数减少,细胞形状也变扁。

(二) 腺上皮

具有分泌功能的上皮统称为腺上皮。以腺上皮为主构成的器官称腺或腺体。具有导管,且分泌物经导管直接或间接排出体外的为外分泌腺,如汗腺、泪腺、胰腺;无导管,分泌物(激素)经血液和淋巴输送的为内分泌腺,如甲状腺、肾上腺等。

(三) 感觉上皮

感觉上皮是由某些上皮细胞特殊分化而形成的,主要分布于特殊的感觉器官内,如视上皮、听上皮、味上皮和嗅上皮等。

二、结缔组织

结缔组织是由少量细胞和大量细胞间质构成的,来源于胚胎时期的间充质。结缔组织在体内分布广泛,一般所说的结缔组织是指固有结缔组织,广义的结缔组织还包括软骨组织、骨组织和血液。结缔组织分布广泛,一般细胞数目稀少,细胞间质丰富,含有大量毛细血管,具有连结、支持、营养、保护等功能,按照功能可分为以下几类。

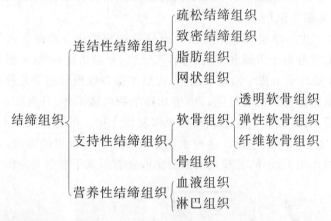

(一) 疏松结缔组织

疏松结缔组织又称蜂窝组织,分布广泛,主要起连结、保护等作用。细胞种类较多,包括巨噬细胞、浆细胞、肥大细胞、脂肪细胞、未分化间充质细胞(如成纤维细胞)和白细胞(如淋巴细胞)等。细胞间质含有大量纤维和基质。

(二) 致密结缔组织

致密结缔组织是一种以纤维为主要成分的结缔组织,以支持和连结为其主要功能。按照形态结构不同可分为规则的致密结缔组织、不规则的致密结缔组织和弹性组织三种。

规则的致密结缔组织主要构成肌腱和腱膜。不规则的致密结缔组织分布于真皮、硬脑膜、巩膜及许多器官的被膜等。弹性组织以弹性纤维为主,如项韧带和黄韧带等处,有很好的缓冲功能。

(三) 脂肪组织

脂肪组织主要由大量群集的脂肪细胞构成,由疏松结缔组织分隔成小叶。主要分布于皮下、大网膜、肠系膜和一些器官的周围。具有储存脂肪、保持体温和缓冲震动、参与能量代谢等功能。

（四）网状组织

网状组织是造血器官和淋巴器官的基本组成成分，由网状细胞、网状纤维和基质构成。网状组织一般不单独存在，主要分布于骨髓、淋巴结、肝、脾等造血器官和淋巴器官，并构成这些器官的支架。

（五）软骨组织

软骨组织由软骨细胞、基质和纤维构成，略有弹性，能承受压力和摩擦，有一定的支持和保护作用。根据软骨组织所含纤维的不同，可将软骨分为透明软骨、纤维软骨和弹性软骨三种。

透明软骨：分布较广，成人的关节面软骨、肋软骨及呼吸道的一些软骨均属此类。其中的纤维为胶原纤维，含量较少，基质较多。

纤维软骨：分布于椎间盘纤维环、关节盘及耻骨联合等处。有大量呈平行或交错排列的胶原纤维束，软骨细胞较少，常成行分布于纤维束之间。

弹性软骨：分布于耳郭及会厌等处。结构特点是间质中有大量交织成网的弹性纤维，软骨中部的纤维更为密集。

（六）骨组织

骨组织由大量钙化的细胞间质和几种细胞组成。钙化的细胞间质称为骨基质。细胞有骨细胞、骨原细胞、成骨细胞和破骨细胞四种。

(1) 骨基质：即骨的细胞间质，由有机成分和无机成分构成，含水较少。有机成分由成骨细胞分泌形成，包括大量胶原纤维及少量无定形基质。基质中还有两种钙结合蛋白：骨钙蛋白和骨磷蛋白。骨基质结构呈板层状，称为骨板多层木质胶合板。同一骨板内的纤维相互平行，相邻骨板的纤维相互垂直，这种结构形式有效地增强了骨的支持力。

(2) 骨细胞：单个分散于骨板内或骨板间。骨细胞是有许多细长突起的细胞，胞体较小，呈扁椭圆形。

(3) 骨原细胞：是骨组织中的干细胞，位于骨外膜及骨内膜贴近骨处。细胞较小，呈梭形，核呈椭圆形，细胞质少。当骨组织生长或改建时，骨原细胞能分裂分化为成骨细胞。

(4) 成骨细胞：分布于骨组织表面，成年前较多，常排成一层，成年后较少。成骨细胞是具有细小突起的细胞，胞体呈矮柱状或椭圆形，其突起常伸入骨质表层的骨小管内，与表层细胞的突起形成连结。核呈圆形，多位于细胞的游离端。

(5) 破骨细胞：主要分布于骨组织表面，数量较少。破骨细胞是一种多核的大细胞，含有 2~50 个核，它是由数个单核细胞融合而成的，无分裂能力。

骨组织既是构成人体各骨的主要成分，也是人体重要的钙、磷贮存库。

三、肌组织

肌组织广泛分布于骨骼、内脏和心血管等处。肌组织是由有收缩能力的肌细胞组成的，肌细胞之间有少量的结缔组织及血管和神经。肌细胞呈细长纤维形，又称为肌纤维。肌组织的主要功能是收缩与舒张,人体的各种运动,如行走、跑跳、呼吸、排泄和循环等活动,都是依靠肌组织的收缩来实现的。根据形态结构、分布与功能等特点,将肌组织分为三类:骨骼肌、心肌和平滑肌(见图1-6)。

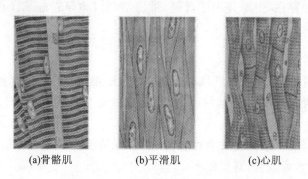

(a)骨骼肌　　(b)平滑肌　　(c)心肌

图1-6　三种肌组织的结构示意图

(一) 骨骼肌

骨骼肌(见图1-7)多数借肌腱附着在骨骼上。收缩时强劲有力,但容易疲劳。骨骼肌的收缩受意识支配,故称为随意肌。在光镜下骨骼肌纤维呈长圆柱形,沿肌纤维的纵轴,可见明、暗相间的横纹,肌膜外面有基膜贴附。细胞核呈扁圆形,核染色质少,着色较浅。肌纤维(muscle fiber)是骨骼肌的结构与功能单位。

肌纤维(见图1-8)同其他许多细胞一样,有细胞膜(称肌膜)、细胞核、细胞质(称肌浆),但其细胞核有多个。肌浆中除充满平行排列的肌原纤维和复杂的肌管系统外,还含有丰富的线粒体、糖原和脂滴,以及能与氧结合的化合物肌红蛋白。

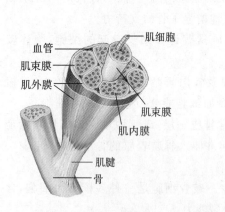

图1-7　骨骼肌模式图

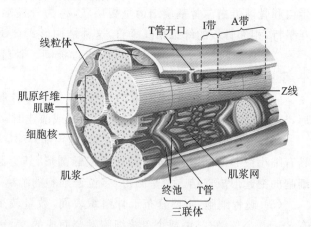

图1-8　肌纤维的结构示意图

1. 肌原纤维

肌浆内含许多与细胞长轴平行排列的肌原纤维(myofibril,见图1-9),呈细丝状,沿肌纤维纵轴平行排列,每一条肌原纤维上都有明暗相间的条纹,分别称为明带(或I带)和暗带(或A带)。

同一条肌纤维内,所有肌原纤维中的明带和暗带均彼此对应,很规则地排列在一起,而呈现明暗相间的横纹,故又称横纹肌。

在肌原纤维的暗带中有一条色淡的 H 带,H 带的中间有一条色深的中线,称为 M 线。在明带的中间也有一条色深的线,称为 Z 线。相邻的两条 Z 线之间的部分称为肌小节。每一个肌小节包括两个半段的明带和一个完整的暗带(即两个 1/2 明带和中间一个完整的暗带)。肌小节是肌肉收缩的形态结构和功能单位。

每条肌原纤维内,又有上千条的肌微丝,按其形态和化学成分,可分为粗肌丝和细肌丝两种。

粗肌丝互相平行位于暗带中,由肌球蛋白构成;细肌丝也互相平行排列,一端连于 Z 线上,位于明带内,另一端游离于暗带内,由肌动蛋白构成。

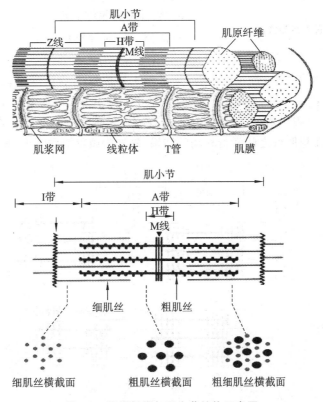

图 1-9 肌原纤维与肌小节结构示意图

2. 肌管系统

1) 横管

骨骼肌纤维的肌膜(肌内膜),在每一个肌小节的明带和暗带交界处呈小管状陷入肌纤维内,伸入到每根肌原纤维之间,并且在同一平面上,分支互相连结,形成许多与肌原纤维相垂直的横行细管,此即横管(T 管,见图 1-10)。躯体性运动神经纤维的兴奋性冲动可沿横管传入肌纤维深部,从而引起一系列生理、生化反应,使肌纤维发生收缩。

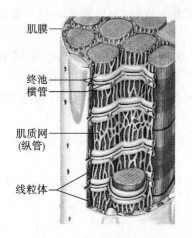

图 1-10　肌管系统模式图

2）纵管

肌质网是骨骼肌纤维的滑面内质网,它沿肌原纤维长轴纵行排列,并且分支吻合,构成包绕于肌原纤维外面的连续管状系统,故肌质网又称纵管(或 L 小管)。纵管在横管平面处形成横向膨大,称为终池。因此,中央的横管和两侧的终池合称为三联体。它是横管与肌质网的接触点,但并不直接相通连。近年来研究的结果表明,终池膜上存在钙泵,钙泵能将肌浆中的钙离子泵入肌质网中。钙泵的功能活动可使肌原纤维周围的钙离子浓度发生变化,从而引起肌纤维的收缩变化。

3. 肌纤维的收缩机理

目前公认的肌纤维的收缩机理是微丝滑动学说。当肌纤维收缩时,由 Z 线发出的细肌丝向暗带中移动,结果相邻的 Z 线相互靠近,使明带变短,H 带变短甚至消失,而暗带长度不变,于是整个肌原纤维的长度也就缩短;肌纤维弛张时,则与上述过程相反,细肌丝向暗带外移动,结果明带和 H 带都变长,但暗带长度仍然不变。从以上变化的过程说明,不管肌原纤维是收缩还是弛张,粗、细肌丝本身的长度并无变化,而只是细肌丝在粗肌丝之间滑行移动的结果,故称为微丝滑动学说(见图 1-11)。

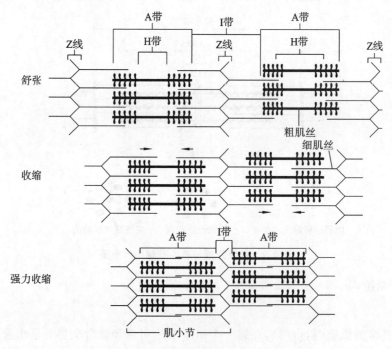

图 1-11　肌纤维微丝滑动示意图

（二）心肌

心肌分布于心脏和邻近心脏的大血管近段。心肌收缩具有自动节律性，缓慢而持久，不易疲劳，也不受意识支配，故称为不随意肌。

心肌纤维呈短柱状，多数有分支，相互连结成网状，连结处称闰盘，对兴奋传导有重要作用。心肌纤维也有横纹，但不如骨骼肌那样规则、明显。心房肌纤维除有收缩功能外，还有内分泌功能，可分泌心钠素等激素调节心脏的收缩。另外，少数经过特殊分化而形成具有传导冲动功能的特殊心肌纤维，参与构成心脏的传导系统，维持心脏自动而有节律性的搏动。

（三）平滑肌

平滑肌广泛分布于血管壁和众多内脏器官，又称内脏肌。平滑肌的收缩较为缓慢和持久，不易疲劳，也不受意识支配。

平滑肌纤维呈长梭形，无横纹。细胞核一个，呈椭圆形或杆状，位于中央，平滑肌表面为肌膜，肌膜向下凹陷形成许多的小凹。

四、神经组织

神经组织由神经细胞和神经胶质细胞组成。神经细胞是神经系统的基本结构和功能单位，又称神经元。神经胶质细胞的数量比神经元更多，主要对神经元起支持、保护、分隔、营养等作用。

（一）神经元

1. 神经元的结构

神经元的形态多种多样，但都可分为胞体和突起两部分，胞体的构成有细胞膜、细胞质和细胞核，突起分为轴突和树突（见图1-12）。

1）胞体

细胞膜：为可兴奋膜，在接受刺激、传导神经冲动中起重要作用。

细胞质：除含有一般的细胞器外，主要含有尼氏体和神经原纤维。尼氏体（Nissl bodies）又称嗜染质，为散在胞体和树突内的小块状或颗粒状结构，HE染色呈蓝紫色，电镜下尼氏体为发达的粗面内质网和游离核糖体，具有合成神经递质、酶和蛋白质的功能。神经原纤维形成神经元的细胞骨架并参与细胞内物质运输。

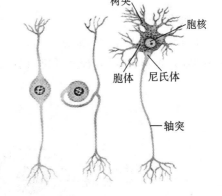

图 1-12　神经元结构模式图

细胞核：大而圆，染色浅淡，核仁明显。

2）突起

轴突：每个神经元只有一根轴突，轴突细长均匀，末端常有大量分支。主要功能是通过轴膜将神经冲动传递到下一个细胞。

树突：一个神经元可形成多个树突，树突短、分枝多，末端可有很多短小突起，称为树突棘，树突棘是神经元之间形成突触的主要部位。树突有受体，能接受神经冲动。

2. 神经元的分类

（1）根据突起的多少可将神经元分为假单极神经元、双极神经元和多极神经元三类。

假单极神经元：从胞体发出一个突起，距胞体不远又呈"T"形分为两支，一支分布到外周的其他组织和器官，称周围突；另一支进入中枢神经系统，称中枢突。

双极神经元：有两个突起，一个是树突，另一个是轴突。

多极神经元：有一个轴突和多个树突。

（2）根据神经元的功能又分为感觉神经元、运动神经元和中间神经元。

感觉神经元：或称传入神经元，周围突的末梢分布在皮肤和肌肉等处，接受刺激，将刺激传向中枢。

运动神经元：或称传出神经元，多为多极神经元，胞体主要位于脑、脊髓和植物神经节内，把神经冲动传给肌肉或腺体，产生效应。

中间神经元：或称联络神经元，介于前两种神经元之间，多为多极神经元。人类神经系统中的中间神经元约占神经元总数的99%，构成中枢神经系统内的复杂网络。

（二）神经胶质细胞

神经胶质细胞广泛分布于中枢和周围神经系统，其数量比神经元的数量大得多。神经胶质细胞与神经元一样具有突起，但其胞突不分树突和轴突，没有传导神经冲动的功能。神经胶质细胞在神经组织中起到支持、营养、保护和绝缘等作用。

（三）神经纤维与神经

1. 神经纤维

神经纤维是由神经元的轴突与包在外表的神经胶质细胞组成的。根据包裹轴突的神经胶质细胞是否形成髓鞘，神经纤维可分为有髓神经纤维和无髓神经纤维两种（见图1-13）。

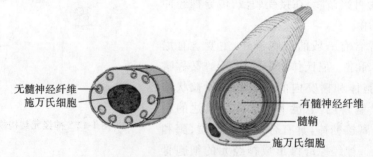

图1-13 神经纤维的分类模式图

2. 神经

周围神经系统的神经纤维集合在一起，构成神经，分布到全身各器官和组织。一条神经内可以含有感觉神经纤维或运动神经纤维,但大多数神经是混合神经。

【思考题】
1. 试比较上皮组织和结缔组织的异同(特点、分类、分布和功能)。
2. 简述骨骼肌、心肌和平滑肌的分布部位、主要结构特点和工作特点。
3. 简述骨骼肌纤维的超微结构。
4. 简述神经元的结构和功能。

第二章 骨与骨连结

全身各骨(bone)借关节相连形成骨骼,构成人体的支架,赋予人体基本形态,支持体重,保护内脏,如颅保护脑,胸廓保护心、肺等器官,四肢骨则以运动为主。

第一节 骨 总 论

每块骨都是一个器官,具有一定形态和构造,坚硬而有弹性,有丰富的血管和神经,能不断进行新陈代谢和生长发育,并具有改建、修复和再生的能力,经常锻炼可促进骨骼系统的良好发育和生长,长期不用则导致骨质疏松。

一、骨的数目与分类

正常成人有 206 块骨,按其所在部位可分为中轴骨和附肢骨。中轴骨 80 块,包括颅骨 29 块(其中脑颅骨 8 块、面颅骨 15 块、听小骨 6 块)、躯干骨 51 块(其中椎骨 26 块、肋骨 24 块、胸骨 1 块);附肢骨 126 块,包括上肢骨 64 块和下肢骨 62 块(见图 2-1)。

人体不同部位的骨形态各异,不同形态的骨有着不同的功能,一般可分为长骨、短骨、扁骨和不规则骨等 4 类(见图 2-2)。

(1) 长骨(long bone) 分布于四肢,呈长管状,分一体两端。体又称骨干,为中间较细部分,骨质致密,内部的空腔称髓腔,容纳骨髓。两端膨大部分称骺,有光滑关节面,被覆有关节软骨,与相邻关节面构成关节。骨干与骺相连结的部分称干骺端。

(2) 短骨(short bone) 一般呈立方形,多成群分布于连结牢固且有一定灵活性的部位,如腕骨和跗骨。短骨常有多个关节面。

(3) 扁骨(flat bone) 呈板状,主要构成颅腔、胸腔和盆腔的壁,起保护作用,如颅盖骨和肋骨。

(4) 不规则骨(irregular bone) 形状不规则,如椎骨。有些不规则骨内有与外界相通的腔,称含气骨。

此外,位于某些肌腱内的小骨称籽骨,其体积一般较小,在运动中起减少摩擦和转变肌力牵引方向的作用,髌骨是人体内最大的籽骨。

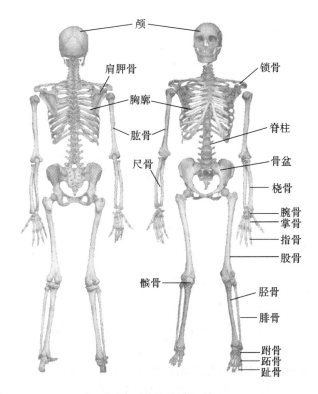

图 2-1 人体骨骼示意图

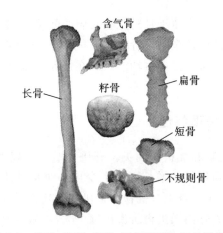

图 2-2 长骨、短骨、扁骨、不规则骨和籽骨示意图

二、骨的构造

骨由骨质、骨膜和骨髓构成(见图 2-3)。

(1) 骨质　按结构分为骨密质(compact bone)和骨松质(spongy bone)。骨密质质地致密,耐压性较大,配布于骨的表层。骨松质呈海绵状,由许多片状的骨小梁交织排列而成,配

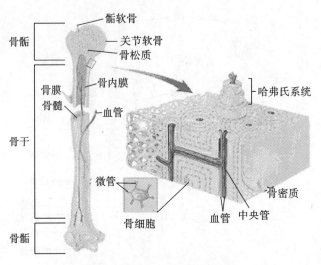

图 2-3　骨的构造示意图

布于骨的内部,在长骨主要见于骨髓腔,长骨骨干密质深面也有薄层骨松质,它们往往形成杆状或片状的骨小梁。骨小梁的排列方向与各骨承受的压力以及相应的张力方向一致,因而能承受较大的重量。

（2）骨膜(periosteum)　由纤维结缔组织构成,除关节面外,被覆于新鲜骨表面的骨膜称为骨外膜;衬在髓腔内面和松质骨小梁表面的膜称骨内膜。骨膜的营养、再生和感觉有重要作用。

（3）骨髓(bone marrow)　充填于骨髓腔和松质的间隙内,分为红骨髓和黄骨髓。红骨髓有造血功能,胎儿及幼儿的骨髓全是红骨髓。5岁以后,长骨骨干内的红骨髓逐渐被脂肪组织所代替,呈黄色,称黄骨髓,失去造血功能。但在慢性失血过多或重度贫血时,黄骨髓可在一定程度上转化为红骨髓,恢复造血功能。

三、骨的化学成分和物理特性

骨的化学成分分为有机物和无机物两类。有机物赋予骨以弹性和韧性;无机物使骨坚硬挺实。两种成分的比例,随年龄的增长而发生变化。幼儿时期骨的有机物和无机物各占一半,故弹性较大,柔软。成年人骨中有机物和无机物的比例约为3∶7,具有很大的硬度和一定的弹性,较坚韧。老年人骨内无机物所占比例更大,因激素水平下降,影响钙、磷的吸收和沉积,骨质出现多孔性,骨组织的总量减少,表现为骨质疏松症,此时骨的脆性较大,易发生骨折。

四、骨的发生与生长

骨的发生有膜内成骨和软骨内成骨两种。在结缔组织膜的基础上经过骨化而成的骨为膜内成骨,如颅顶骨等。在软骨的基础上经过骨化而成的骨则为软骨内成骨,如四肢骨。

骨的生长是骨的破坏和建造两个过程对立统一的结果,有横向的增粗和纵向的增长。

由于成骨细胞比破骨细胞活跃，因而骨干不断增粗。在儿童少年时期，长骨的骨骺与骨干之间存在骺软骨，骺软骨不断增生和骨化，促使骨不断长长。在12~18岁期间，大部分的骺软骨生长速率快，四肢骨更为明显。近成年时，骺软骨停止增长，全部骨化。

五、骨龄

骨龄是骨骺和小骨骨化中心出现的年龄及骨干与骨骺愈合的年龄，它常用来确定人的生物年龄。由于各块腕骨的出现和掌骨、指骨的愈合呈年龄梯度，能够较好地反映骨龄，因而测定儿童少年骨龄时，多拍摄手和腕部的X线片。骨龄可用于预测儿童少年的身高，也可判断儿童少年的发育情况。近年来，骨龄还广泛应用于运动员选材。

六、骨的功能

骨具有支持负重、运动杠杆、保护脏器、造血等功能，此外，还是体内钙、磷的储备仓库。

第二节　骨连结总论

一、骨连结的分类

骨与骨之间借纤维结缔组织、软骨组织和骨组织相连结，称骨连结。按骨连结形式的不同可分为直接连结和间接连结两种。

1. 直接连结

直接连结是指骨与骨之间借纤维结缔组织或软骨组织或骨组织直接相连，其连结之间无间隙，运动范围极小或完全不能活动。根据连结组织不同，这种连结可分为纤维连结、软骨连结和骨性结合三类（见图2-4）。

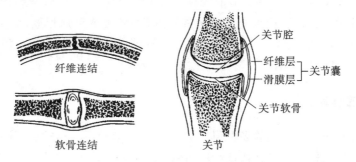

图2-4　骨连结类型和关节构造示意图

2. 间接连结

间接连结又称为关节，是骨连结的最高分化形式。构成关节的相对骨面间互相分离，具有一定的间隙，充以滑液，周围借结缔组织相连结，一般具有较大的活动性。

二、关节的构造

关节(articulation)的结构有基本结构和辅助结构。

(一) 关节的基本结构

(1) 关节面(articular surface) 是参与组成关节的各相关骨的接触面。每一关节至少包括两个关节面,一般为一凸一凹,凸者称为关节头,凹者称为关节窝。关节面上覆有关节软骨,即关节面软骨。关节面软骨多数由透明软骨构成,表面光滑,深部与关节面紧密相连,关节面软骨厚度为 2~7 mm。关节软骨具有弹性,能承受压力和吸收震荡,减轻运动时的震荡和冲击。关节软骨表面光滑,覆以少量滑液,可减小摩擦,有利于活动。关节软骨内无血管、神经和淋巴管,其营养由滑液和关节囊滑膜层的血管供应。

(2) 关节囊(articular capsule) 是附着于关节面周缘及附近骨面的结缔组织囊。关节囊可分为内、外两层。外层为纤维层,由致密结缔组织构成的囊,富有血管、淋巴管和神经。内层为滑膜层,由平滑光亮、薄而柔润的疏松结缔组织膜构成,能产生滑液,给关节软骨提供营养,并增加滑润,减少摩擦,降低软骨的蚀损,促进关节的运动效能。滑膜层内表面常有微小突起和皱襞,分别称滑膜绒毛和滑膜襞。

(3) 关节腔(articular cavity) 由关节软骨和关节囊滑膜层共同围成的密闭腔隙,腔内有少量滑液,关节腔内呈负压,对维持关节的稳定性有一定的作用。

(二) 关节的辅助结构

关节除具备上述基本结构外,某些关节为适应特殊功能的需要而分化出一些特殊结构,以增加关节的灵活性或增强关节的稳固性。

(1) 韧带 是连于相邻两骨之间的致密纤维结缔组织束,可加强关节的稳固性。

(2) 关节内软骨 为存在于关节腔内的纤维软骨,有关节盘、关节唇两种,有增加关节稳固性的作用。

(3) 滑膜襞和滑膜囊 有些关节的滑膜层面积大于纤维层,以致滑膜折叠,并突向关节腔内而形成滑膜襞。这种结构填充了关节腔的间隙,使关节更加稳固,并扩大了滑膜的面积,有利于滑液的分泌和吸收。还有些关节的滑膜层向关节腔外突出形成滑膜囊,充填于肌腱与骨面之间,可减少肌肉活动时与骨面之间的摩擦。

三、关节的运动

关节面的形态决定运动轴的多少和方向,决定着关节的运动形式和范围,其运动形式基本上可依照关节的三轴分为三组拮抗性运动(见图 2-5)。

(1) 屈和伸 运动环节在矢状面内,绕额状轴运动,两环节之间的角度变小的运动称为屈;反之,角度增大的运动称为伸。

(2) 内收和外展 运动环节在额状面内,绕矢状轴运动,运动时环节向正中矢状面靠拢称为内收;反之,环节远离正中矢状面称为外展。

第二章 骨与骨连结

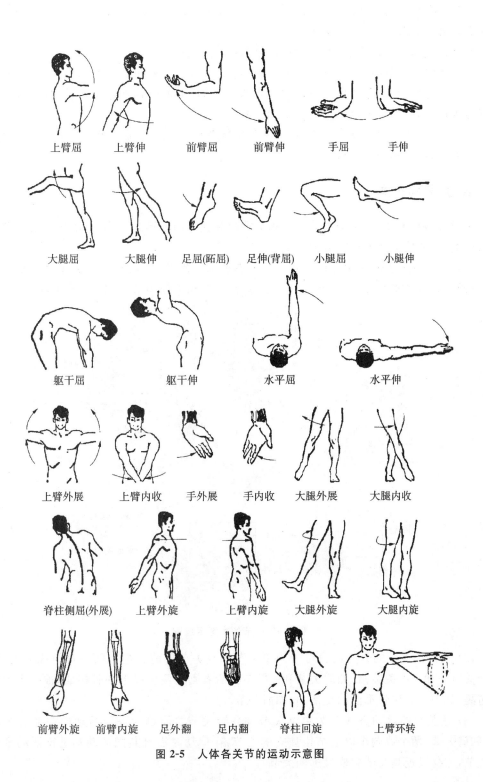

图 2-5 人体各关节的运动示意图

(3) 内旋和外旋(回旋)　运动环节在水平面内绕其本身的垂直轴旋转,由前向内的旋转称为内旋,由前向外的旋转称为外旋。

除此以外,还有多种基本运动组成的复合运动：

(1) 环转　运动环节绕额状轴、矢状轴、垂直轴和它们之间的中间轴做连续运动,环转运动实际上是屈展、伸收依次结合的连续动作,运动环节的近端在原位活动,运动环节的远端做圆周运动,运动环节描绘出圆锥形的轨迹。

(2) 水平屈伸　上肢在肩关节或大腿在髋关节外展90°,绕垂直轴在水平面内向前运动为水平屈,向后运动为水平伸。

四、关节的分类

关节有多种分类,有的按关节运动轴的数目和关节面的形态分类；有的按构成关节骨的数目分类；有的按关节的运动方式分类。

(1) 按关节运动轴的数目和关节面的形态分为单轴关节(滑车关节和车轴关节)、双轴关节(椭圆关节和鞍状关节)以及多轴关节(球窝关节和平面关节),如图2-6所示。

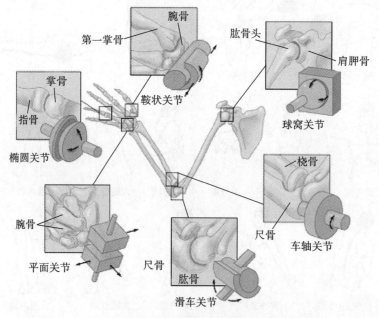

图2-6　关节的类型示意图

(2) 按构成关节的骨的数目可分为单关节和复关节。前者指由两块骨组成的关节,即一个关节头和一个关节窝,如肩关节和髋关节。后者则由两块以上的骨构成,被一个关节囊所包裹,其中每一块骨都能独立活动,如肘关节。

(3) 按关节的运动方式分为单动关节和联合关节。能单独进行活动的关节为单动关节,如肩关节；两个或两个以上结构独立的关节,在运动时需绕共同运动轴进行活动则为联合关节,如桡尺近侧关节和桡尺远侧关节。

五、关节运动幅度及其影响因素

关节运动幅度是指一个动作从开始到结束时,某一关节处相邻两环节之间的运动范围的极限角度。

关节运动幅度与关节灵活性和稳固性有关,它受以下因素的影响。

(1) 构成关节的两关节面面积大小的差别:面积差大的,灵活性大,坚固性小;面积差小的,灵活性小,坚固性大。

(2) 关节囊的厚薄及松紧度:关节囊厚而紧张的灵活性小,坚固性大;关节囊薄弱而松弛的,灵活性大,坚固性小。

(3) 关节韧带的多少与强弱:韧带多而强的,坚固性大,灵活性小;韧带少而弱的,坚固性小,灵活性大。

(4) 关节周围的肌肉状况:关节周围肌肉力量强,伸展性及弹性差的,坚固性大,灵活性小;周围肌肉弱,伸展性及弹性好的,坚固性小,灵活性大。

(5) 关节周围的骨突起:关节周围的骨突起常阻碍关节的运动,影响关节的运动幅度。

另外,关节运动幅度大小还与年龄、性别、体育运动等有关。特别是体育运动,经常参加体育锻炼的人,既可使关节的灵活性提高,也可使关节的坚固性得到增强。

第三节 全身骨骼及其连结

一、上肢骨及其连结

(一) 上肢骨

上肢骨(见图 2-7)包括上肢带骨和自由上肢骨。上肢带骨由锁骨和肩胛骨组成。自由上肢骨由肱骨、桡骨、尺骨及手骨构成。

1. 上肢带骨

(1) 锁骨(clavicle,见图 2-8) 横架于胸廓的前上方,为"∽"形,形似长骨,无骨髓腔。内侧端粗大,为胸骨端,有关节面与胸骨柄相连结;外侧端呈扁平状,为肩峰端,有关节面与肩胛骨肩峰相连结。锁骨全长可在体表扪到。

(2) 肩胛骨(scapula,见图 2-9) 贴附于背部的外侧上方,位于第 2～7 肋骨之间,呈倒三角形,可分为两个面、三个缘和三个角。

肩胛骨前面为一浅而大的窝,称肩胛下窝,与肋骨相邻;后面隆凸有一横行的骨嵴,称肩胛冈,冈上、下方的浅窝,分别称为冈上窝和冈下窝,肩胛冈向外侧延伸的扁平突起称肩峰,是测量肩宽和上肢全长的骨性标志。下角平对第 7 肋或第 7 肋间隙,为测量胸围的重要骨性标志。外侧角为上缘与腋缘的会合处,最肥厚,外侧方的梨形浅窝称为关节盂,与肱骨头相连结,关节盂的上、下方各有一粗糙隆起,分别称盂上结节和盂下结节。

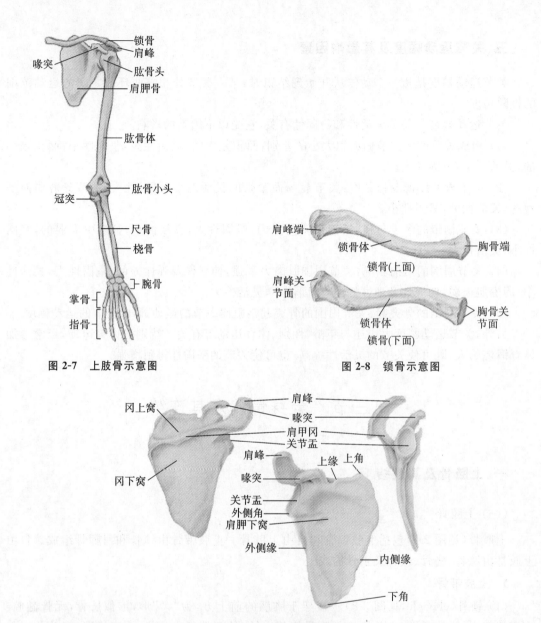

图 2-7 上肢骨示意图

图 2-8 锁骨示意图

图 2-9 肩胛骨示意图

2. 自由上肢骨

（1）肱骨（humerus） 位于上臂，是典型长骨（见图 2-10），分为一体两端。

上端（近侧端）有一半球形的头，称肱骨头，与肩胛骨的关节盂相关节。头周围的环状浅沟称解剖颈。肱骨头外侧有一较大的隆起，称大结节；前方为一较小的隆起，称小结节。大、小结节向下延续的骨嵴分别称大结节嵴和小结节嵴，大、小结节嵴之间的纵沟称为结节间沟，有肱二头肌长头腱通过。

中部外侧有一粗糙的隆起，称三角肌粗隆，为三角肌的附着点。后面中部有一由内上斜向外下的浅沟,称桡神经沟,桡神经和肱动脉沿此沟通过。

肱骨下端宽扁,两侧有向内和向外突起的内上髁和外上髁。下端前有两个面,内侧呈滑车状,称肱骨滑,与尺骨相关节;外侧呈半球形,称肱骨小头,与桡骨相关节。前面肱骨滑车上方的浅窝称冠突窝,肱骨小头上方的浅窝称桡窝;后面肱骨滑车上方的深窝称鹰嘴窝。

(2) 尺骨(ulna) 位于前臂内侧,呈三棱柱形,上粗下细(见图2-11)。

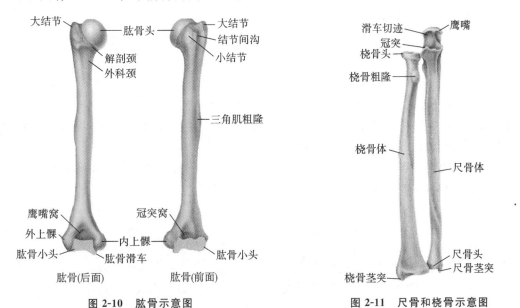

图 2-10 肱骨示意图　　　　图 2-11 尺骨和桡骨示意图

上端有两个突起,后方较大的称鹰嘴,前下方较小的称冠突,两者之间凹陷的关节面为滑车切迹,与肱骨滑车相关节。上端外侧面的凹陷关节面为桡切迹,与桡骨相关节。冠突前下的粗糙隆起称尺骨粗隆。尺骨下端为圆形的尺骨头,其后内侧有向下的突起,称尺骨茎突。

(3) 桡骨(radius) 位于前臂外侧,上端细小,下端粗大,桡骨体呈三棱柱形(见图2-11)。顶端膨大称桡骨头,桡骨头上面的关节凹与肱骨小头相关节。周围环状关节面与尺骨的桡切迹相关节。桡骨头下方略细部分称桡骨颈,桡骨颈的内下侧有一粗糙隆起,称桡骨粗隆,为肱二头肌肌腱附着点。下端有腕关节面,与腕骨相关节,其内侧的凹陷称尺切迹,与尺骨头相关节;外侧向下突起,称桡骨茎突。

(4) 手骨　包括腕骨、掌骨和指骨。

(二)上肢骨连结

上肢骨的连结包括上肢带骨的连结和自由上肢骨的连结。

1. 上肢带骨连结

上肢带关节主要有胸锁关节和肩锁关节,连结紧密,活动范围很小。通常以肩胛骨的运动来描述上肢带的运动,表现为:

(1) 上提与下降　肩胛骨在额状面内向上与向下的移动,向上移动称上提(如耸肩动作);向下移动称下降(如沉肩动作)。

(2) 前伸与后缩　肩胛骨在额状面内沿水平方向所做的移动,内侧缘远离脊柱称前伸,又称外展(如前冲拳);内侧缘靠近脊柱称后缩,又称内收(如扩胸运动)。

(3) 上回旋与下回旋　肩胛骨绕矢状轴在额状面内的旋转运动,下角转向外上方称上回旋(如单手肩上投篮动作);下角转向内下方称下回旋(如两臂从侧上举位放回至体侧)。

2. 自由上肢骨连结

自由上肢骨的连结包括肩关节、肘关节、桡尺骨连结、桡腕关节和手骨间的连结。

1) 肩关节

肩关节(shoulder joint,见图 2-12)由肩胛骨的关节盂与肱骨的肱骨头构成,也称盂肱关节,是全身最灵活的关节。关节面面积差较大,关节窝周缘有关节唇加深关节盂。关节囊薄而松驰,前方、上方和后方有韧带或肌肉节加强,从而增强了关节的稳固性,唯独关节囊的前下方缺少韧带和肌肉,最为薄弱,故肩关节容易脱位。

肩关节为典型的球窝关节,运动十分灵活,可以做屈伸、收展和回旋动作,此外,还可以完成水平屈伸和环转运动。

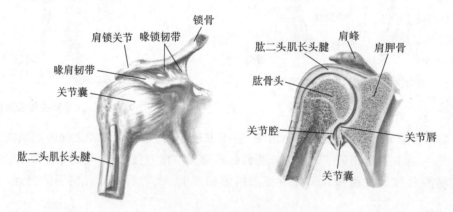

图 2-12　肩关节示意图

2) 肘关节

肘关节(elbow joint,见图 2-13)是由肱骨下端与尺、桡骨上端构成的复关节。关节囊前、后壁薄而松驰,两侧壁厚而紧张,并有韧带加强。连结或加固肘关节的韧带有桡侧副韧带、尺侧副韧带以及桡骨环状关节面周围的桡骨环状韧带。

肘关节是典型的复关节,只能绕两个运动轴运动,即绕额状轴做屈伸运动,由肱尺关节和肱桡关节共同参与;绕垂直轴可做旋内和旋外运动,由肱桡关节和桡尺近侧关节共同参与。

3) 手关节

手关节(joints of hand)包括腕关节、腕骨间关节、腕掌关节、掌指关节和指间关节。

腕关节由桡骨的桡腕关节面和关节盘组成的关节窝与近侧列腕骨组成的关节头构成。关节囊的前、后、内、外侧皆有韧带加固。腕关节是个典型的椭圆关节,绕额状轴可做屈伸运

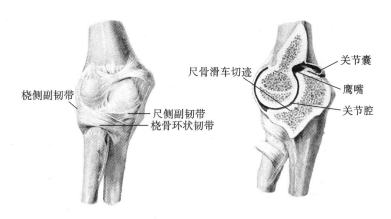

图 2-13　肘关节示意图

动,绕矢状轴可做内收和外展运动,还可做环转运动。

二、下肢骨及其连结

(一) 下肢骨

下肢骨包括下肢带骨和自由下肢骨两部分(见图 2-14)。下肢带骨由左、右侧髋骨构成,自由下肢骨由股骨、髌骨、胫骨、腓骨和足骨构成。

1. 下肢带骨

髋骨(hip bone)　位于躯干下端的两侧,属不规则骨。幼年时的髋骨由髂骨、耻骨和坐骨 3 块骨借软骨连结而成。16 岁时软骨骨化,这 3 块骨结合成一块髋骨,在结合部外侧面有一深窝,称髋臼,与股骨头相关节。髋臼下方有一卵圆形大孔,称闭孔。左、右髋骨与骶骨、尾骨组成骨盆。

2. 自由下肢骨

自由下肢骨由股骨、髌骨、胫骨、腓骨及足骨构成。

(1) 股骨(femur)　人体中最长的长骨,其长度约占身高的 1/4,分一体两端(见图 2-15)。

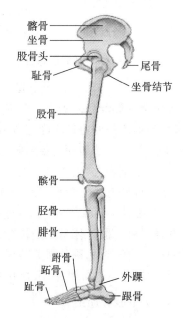

图 2-14　下肢骨示意图

股骨上端有一朝向内上方突起的球形的股骨头,与髋臼相关节。股骨头中央稍下方有一小凹,称股骨头凹。股骨头下方外侧狭细部分称股骨颈。股骨颈与股骨体连结处有两个突起,外上方的大隆起称大转子,是测量自由下肢长的骨性标志;内下方的小隆起称小转子。大、小转子之间,前面有转子间线,后面有转子间嵴。

股骨体近似圆柱形,后面有一纵嵴,称粗线。向上外延续为粗糙的突起,称臀肌粗隆。

股骨下端内、外膨大并向后突出,分别称内侧髁和外侧髁。两髁上有光滑的关节面,参与膝关节的组成。内、外侧髁的前方关节面彼此相连,形成髌面。两髁侧面最突起处分别称内上髁和外上髁。

(2) 髌骨(patella,见图 2-16)　位于股四头肌腱内,是人体最大的籽骨。髌骨上宽下尖,前后扁,前面粗糙,后面为光滑的关节面,参与膝关节的组成。

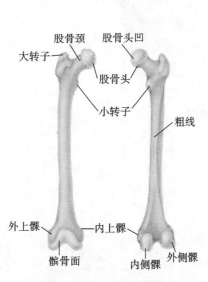

图 2-15　股骨示意图

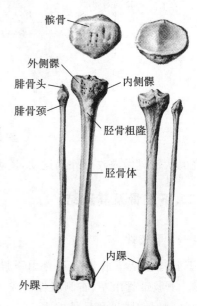

图 2-16　胫骨和腓骨示意图

(3) 胫骨(tibia)　位于小腿内侧,为粗大的长骨,分一体两端。上端膨大,向内外两侧突出,分别称内侧髁和外侧髁。两髁上面各有光滑的关节面,与股骨内、外侧髁相关节。内、外侧髁关节面之间的粗糙小隆起称髁间隆起,在外侧髁后下方有一关节面,称腓关节面,与腓骨头相关节。上端前面的粗糙隆起称胫骨粗隆,为髌韧带附着处。

胫骨下端膨大,内侧向下有一突起,称内踝,其内面及下端下面均有关节面,形成踝关节。下端外侧有一三角形切迹,称腓切迹。

(4) 腓骨(fibula)　位于小腿外侧,细长,分一体两端,上端稍膨大,称腓骨头。下方缩窄,称腓骨颈。腓骨体呈三棱柱状,内侧缘锐利,称骨间缘。下端呈三角形膨大,称外踝,其内侧面有一关节面,称外踝关节面。

(5) 足骨　包括跗骨、跖骨和趾骨。

(二) 下肢骨连结

下肢骨的连结包括下肢带骨的连结和自由下肢骨的连结。

1. 下肢带骨连结

下肢带骨连结包括骶髂关节、耻骨联合,这两个关节几乎不能运动。通常下肢带的运动是以骨盆的整体运动进行的。

骨盆(pelvis,见图 2-17)是由左右髋骨和骶骨、尾骨及其连结构成的穹隆结构。骨盆可由骶骨岬向两侧经弓状线、耻骨梳、耻骨结节至耻骨联合上缘构成的环形界限分为上方的大骨盆(又称假骨盆)和下方的小骨盆(又称真骨盆)。小骨盆腔有上口(入口)和下口(出口),上口即大小骨盆的分界线,下口则由尾骨、坐骨结节、坐骨支、耻骨下支及其韧带围成。

耻骨下方与两耻骨支之间形成的夹角叫耻骨下角,男性为锐角,女性呈钝角。经常从事体育锻炼的女性,此角还会增大,如女体操运动员的耻骨下角平均为90.3°。

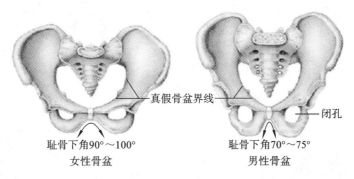

图 2-17 骨盆示意图

在人体全身的骨骼中,性别差异最显著的是骨盆。甚至在胎儿时期,耻骨下角就有明显的性别差异。男女骨盆差异比较如表 2-1 所示。

骨盆具有支持体重、缓冲震动、保护内脏、提供肌肉附着以及女性生殖道等功能。

表 2-1 男女骨盆差异比较

项 目	男 性	女 性
骨盆全形	高而狭窄	低而宽阔
大骨盆	较狭窄	较宽阔
小骨盆腔	高而窄、漏斗形	低而宽、圆柱形
骨盆上口	较小、呈心形	较大、呈环形
骨盆下口	较小	较大
耻骨下角	70°~75°	90°~100°
耻骨联合	狭而长	宽而短

2. 自由下肢骨连结

自由下肢关节包括髋关节、膝关节和足关节。

(1) 髋关节(hip joint,见图 2-18) 由股骨头和髋臼构成,关节囊厚而坚韧。髋臼的周缘有髋臼唇,髋臼唇有加深关节窝、增强关节稳固性的功能。髋关节的各个方向均有韧带加固,如髂股韧带、耻股韧带、坐股韧带等,此外还有关节囊内韧带、股骨头韧带。这些结构使得髋关节稳固性好、灵活性差。

髋关节是典型的球窝关节,可沿三条基本轴运动,此外,还可以做水平屈伸及环转运动。

(2) 膝关节(knee joint,见图 2-19) 由股骨下端、胫骨上端及髌骨相应的关节面构成。仅从关节面形状分析,膝关节似乎并不稳固,由于有一系列辅助结构加固,因此膝关节是人体中最大、最复杂的关节。

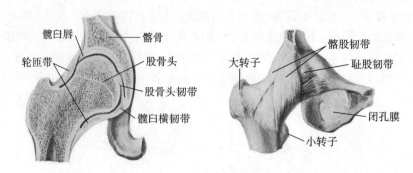

图 2-18 髋关节及辅助结构示意图

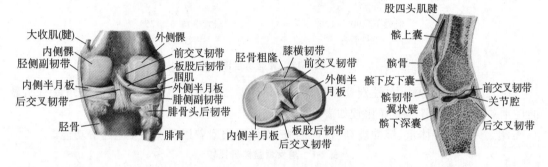

图 2-19 膝关节的结构示意图

（3）足关节（joint of foot） 由距骨小腿关节、跗骨间关节、跗跖关节、跖趾关节以及足趾间关节组成。

踝关节（ankle joint） 即距骨小腿关节，又名距上关节。由胫、腓骨下端和距骨滑车构成。关节囊前后松弛，有利于屈伸运动，两侧有韧带加固。这些韧带分布于内侧（三角韧带）和外侧，外侧韧带分前、中、后三组（距腓前韧带、跟腓韧带、距腓后韧带），运动中容易损伤。

踝关节属于滑车关节，关节头前宽后窄，所以除了绕额状轴做屈伸运动（足尖向下为屈，或称跖屈；足尖向上为伸，或称背伸）外，足尚可做侧方运动（即内收、外展）。

（4）足弓 由足的跗骨、跖骨以及足部的关节、韧带、肌腱共同构成的凸向上方的弓形结构（见图 2-20）。足弓可分为前后方向的纵弓和左右方向的横弓。纵弓又由内侧纵弓（或弹性足弓）和外侧纵弓（或支撑足弓）组成。

图 2-20 足弓示意图

足弓可支持负重，缓冲震荡，免使足底血管神经受压。它弹性好，利于完成行走、跑跳等人类所必须具备的生活机能。组成足弓的关节多，并多为短骨，显示它灵活、轻便等特点，方便运动。足弓的维持，除靠各骨间的连结和足底的许多韧带、肌肉以外，还靠从小腿到足底的一些长肌腱的张力。当这些结构先天发育不良或后天过度疲劳、受到损伤时,足弓便会塌陷,形成扁平足。

三、躯干骨及其连结

(一) 躯干骨

躯干骨包括椎骨、胸骨和肋。它们分别参与脊柱、骨性胸廓和骨盆的构成。

1. 椎骨

椎骨(vertebrae)共26块,由24块独立的椎骨(其中颈椎7块、胸椎12块、腰椎5块),以及1块骶骨和1块尾骨构成。

1) 椎骨的一般形态特征

椎骨一般分为前方短圆柱形的椎体和后方板状的椎弓两部分,两者围成椎孔。当椎骨互相连接时,椎孔连成椎管,容纳脊髓。椎弓与椎体相连的部分较狭窄,称椎弓根。两个相邻椎骨的上、下切迹合成一孔,称椎间孔,有脊神经及血管通过。椎弓的后部较宽阔,呈板状,称椎弓板。自椎弓发出7个突起,向后方突的称棘突;向两侧伸出的称横突;还有向上的两个上关节突和向下的两个下关节突。

2) 各部椎骨的主要形态特征

(1) 颈椎(cervical vertebrae,见图2-21) 椎体较小,横突上有圆形小孔,称横突孔,孔内有椎动脉、椎静脉及神经通过。第2～6颈椎棘突分叉。

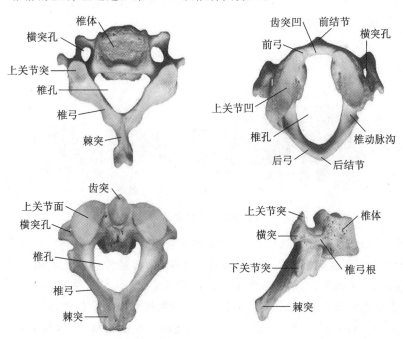

图 2-21 颈椎示意图

第1颈椎呈环形,故称寰椎,无椎体、棘突和关节突,由前弓、后弓和侧块构成。前弓中部的后面有一关节凹,称齿突凹,与枢椎齿突相关节。侧块上面有椭圆形凹陷,称上关节凹,与枕骨髁相关节。侧块下面有圆而平的关节面,称下关节面,与枢椎相关节。

第2颈椎即枢椎,椎体上方有一指状突起,称齿突,与寰椎的齿突凹相关节。

第7颈椎即隆椎,棘突特别长,呈水平状,末端不分叉,形成结节,在皮下可触及,是重要的骨性标志。

(2) 胸椎(thoracic vertebrae,见图 2-22) 椎体呈心形,其侧面后部的上、下缘各有一半圆形浅凹,是与肋骨相连的关节面,分别称上肋凹和下肋凹。横突末端也有与肋骨相关节的关节面,称横突肋凹。棘突较长,伸向后下方,并上下相掩盖,呈叠瓦状。

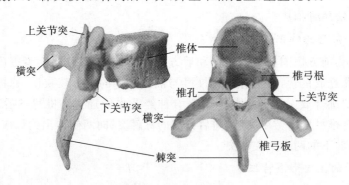

图 2-22 胸椎示意图

(3) 腰椎(lumbar vertebrae,见图 2-23) 椎体粗大,横断面呈肾形,椎孔呈三角形。棘突宽而短,呈板状,水平伸向后方。

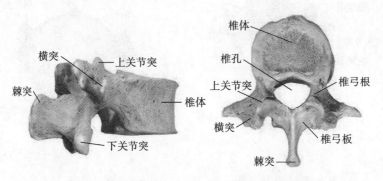

图 2-23 腰椎示意图

(4) 骶骨(sacrum,见图 2-24) 由5块骶椎融合而成,呈扁平的倒三角形。前缘正中突出称岬,尖朝下称骶骨尖,接尾骨。骶骨两侧有耳状面,与髂骨的耳状面相关节。骶骨内有骶管,上端接椎管,下端开口,形成骶管裂孔。骶骨前面光滑,有4对骶前孔,后面粗糙,有4对骶后孔。后面正中线上有一纵嵴,称骶正中嵴,为骶椎棘突融合的遗迹。

(5) 尾骨(coccyx,见图 2-24) 由3～4块退化的尾椎融合而成,上接骶骨,下端游离为尾骨尖。

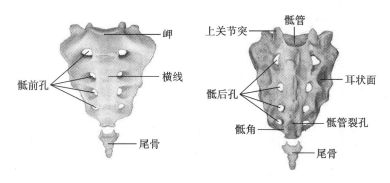

图 2-24 骶骨和尾骨示意图

2. 胸骨

胸骨(sternum,见图 2-25)位于胸前壁正中,为长方形扁骨,可分为胸骨柄、胸骨体、剑突三部分。胸骨柄近似三角形,上缘正中凹陷为颈静脉切迹,两侧卵圆形关节面为锁切迹。胸骨体位于胸骨柄与剑突之间。胸骨柄与胸骨体相接处向前凸,称胸骨角,可在体表扪及,两侧肋切迹与第 2 肋软骨相连结,是计数肋的重要体表标志。胸骨两侧缘各有 7 个肋切迹,与第 1~7 肋软骨相关节。剑突扁而薄,下端游离。

3. 肋

肋(ribs)由肋骨与肋软骨组成,共 12 对。其中第 1~7 对肋前端与胸骨相连结,称真肋;第 8~10 对肋前端借肋软骨与上位肋软骨相连结,形成肋弓,称假肋;第 11~12 对肋前端游离于腹壁肌层中,称浮肋。

肋骨(见图 2-26)属扁骨,分为前端、肋体和后端三部分。前端稍宽微凹,与肋软骨相连。肋体内面近下缘处有一浅沟,称肋沟,有肋间血管和神经通过。后端膨大,称肋头。肋头关节面与胸椎上、下肋凹相关节。肋头后外侧缩小部分称肋颈。肋颈与肋体交界处有一粗糙隆起,称肋结节,肋结节关节面与胸椎横突肋凹相关节。

肋软骨呈扁圆形,位于各肋骨的前端,由透明软骨构成。

(二)躯干骨的连结

躯干骨的连结包括椎骨间连结、椎骨与肋骨之间的连结以及肋与胸骨之间的连结,形成脊柱和胸廓等骨性结构。

1. 椎骨间的连结

一般椎骨之间通过韧带、软骨和关节相连,可分为椎体间连结和椎弓间连结。

(1)椎体间的连结 相邻椎体之间通过椎间盘、前纵韧带和后纵韧带相连结。

椎间盘(intervertebral disc,见图 2-27)是连结相邻两个椎体的纤维软骨盘。正常人的椎间盘有 23 个。椎间盘由两部分构成,中央部为髓核,由柔软而富有弹性的黏液状胶体物质构成,里面含有亲水基团,因此,清晨人的身高比晚上要多出 2~3 cm。周围部为纤维环,由多层纤维软骨环按同心圆排列组成,富于坚韧性,牢固连结相邻 2 个椎体,保护髓核并限制髓核向周围膨出。当纤维环破裂时,髓核容易向后外侧脱出,突入椎管或椎间孔,压迫相

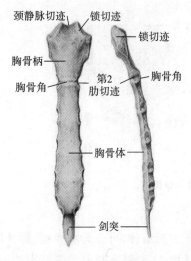

图 2-25 胸骨示意图

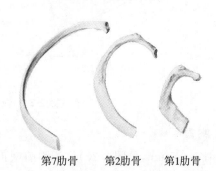

图 2-26 肋骨示意图

邻的脊髓或神经根,引起牵涉性痛,临床上称为椎间盘突出症。椎间盘坚韧、抗压、富有弹性,有承重、传递力、缓冲振荡,并与椎骨共同形成生理弯曲,以及增加脊柱运动幅度等功能。

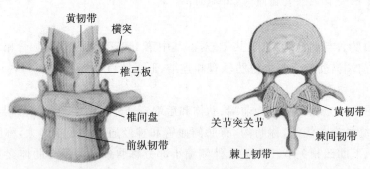

图 2-27 椎间盘示意图

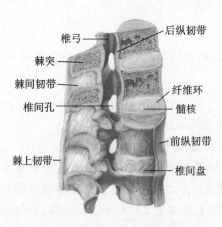

图 2-28 椎体间连结示意图

前纵韧带(见图 2-28)位于椎体前面,宽厚而坚韧,纵贯脊柱全长,上起自枕骨大孔前缘,下止于第 1 或第 2 骶椎体前壁,其纵行纤维与椎体和椎间盘牢固地连结,有防止脊柱过度后伸和椎间盘向前脱出的作用。

后纵韧带(见图 2-28)位于椎管前壁、椎体后面,细而坚韧,上起自枢椎并与覆盖枢椎体的被膜相续,下止于骶中管前壁,其纤维与椎体上、下缘和椎间盘紧密连结,而与椎体结合较为疏松,有限制脊柱过度前屈的作用。

(2)椎弓间的连结 包括椎弓板之间和各突起间的连结,主要借韧带和关节相连。

韧带有连结椎弓的黄韧带及连结突起的棘间韧带、棘上韧带、横突间韧带等。
关节突关节由相邻椎骨的上、下关节突构成,属于平面关节,只能做轻微滑动。
（3）寰椎与枕骨及枢椎之间借关节相连结。

2. 椎骨与肋骨之间的连结

胸椎与肋骨后端构成关节,包括肋头关节和肋横突关节。

3. 肋与胸骨之间的连结

肋与胸骨之间借肋软骨相连。其中,第1～7对肋骨借肋软骨直接与胸骨连结;第8～10对肋软骨的前端与上一肋软骨相连,在两侧形成肋弓,与胸骨间接相连;第11和12对肋骨前端没有软骨,悬浮于腹后壁的肌肉之中,谓之游离肋。

4. 脊柱的整体观及其运动

1）脊柱的整体观

脊柱(vertebral column,见图2-29)由24块独立的椎骨、1块骶骨、1块尾骨以及连结它们的23个椎间盘、关节和韧带连结构成。脊柱前面观和后面观,大致位于人体正中线上。从侧面观察,可见成人脊柱有颈、胸、腰、骶4个生理性弯曲。其中颈曲和腰曲凸向前,胸曲和骶曲凸向后。脊柱的生理性弯曲是人类在漫长的进化过程中形成的,这些弯曲增大了脊柱的弹性,对维持人体的重心稳定和减轻震荡有重要意义。胸曲和骶曲在胚胎时已形成,胚胎是在全身屈曲状态下发育的。婴儿出生后3～4个月开始抬头,对颈曲的形成产生影响,而腰曲则是在出生后1岁左右开始直立行走时才形成。脊柱的每一个生理性弯曲都有它的功能意义,颈曲支持头的抬起;腰曲使身体重心垂线后移,以维持身体的前后平衡,保持稳固的直立姿势;而胸曲和骶曲在一定意义上扩大了胸腔和盆腔的容积。

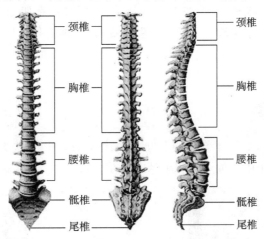

图2-29 脊柱整体观示意图

2）脊柱的运动

脊柱可近似看成多轴关节,可做屈伸、侧屈、回旋和环转运动。脊柱各部的运动形式和范围不同,腰部活动范围最大,这主要取决于关节突关节的方位和形状、椎间盘的厚度、韧带的位置及强弱等。

3）脊柱的功能

脊柱是构成人体躯干的中轴和支柱，具有支持负重的功能，还可以缓冲震荡，间接保护了大脑，并能传递力，减轻震荡，维持重心平衡和达到稳定的目的。脊柱的椎管容纳了脊髓，对保护脊髓有重要作用。脊柱还构成胸腔、腹腔、盆腔的后壁，对保护内脏脏器极其重要。

5. 胸廓

胸廓(thorax,见图 2-30)由 12 块胸椎、12 对肋、1 块胸骨和它们之间的连结共同构成，主要连结有肋椎关节和胸肋关节。

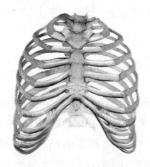

图 2-30　胸廓示意图

（1）肋椎关节　肋骨与脊柱的连结包括肋头和椎体的连结（即肋头关节）及肋结节和横突的连结（即肋横突关节）。这两个关节在功能上是联合关节，运动时肋骨沿肋头至肋结节的轴线旋转，使肋上升或下降，以增加或缩小胸廓的前后径和横径，从而改变胸腔的容积，有助于呼吸。

（2）胸肋关节　由第 2~7 肋软骨与胸骨相应的肋切迹构成，属微动关节。第 1 肋与胸骨柄之间的连结是一种特殊的不动关节，第 8~10 肋软骨的前端不直接与胸骨相连，而依次与上位肋软骨形成软骨间连结。因此，在两侧各形成一个肋弓，第 11 和 12 肋的前端游离于腹壁肌肉之中。

成人胸廓近似圆锥状，前后稍扁，上窄下宽，上口小而下口大。上口由第 1 胸椎、第 1 肋骨和胸骨柄上缘围成；下口由第 12 胸椎，第 11、12 对肋前端，肋弓和胸骨剑突围成，并被膈肌封闭。

胸廓除保护、支持功能外，主要参与呼吸运动。吸气时，在肌肉作用下，肋的前部抬高，伴以胸骨上升，从而加大了胸廓的前后径。肋上提时，肋体向外扩展，加大胸廓横径，使胸腔容积增大。呼气时，在重力和肌肉作用下，胸廓做相反的运动，使胸腔容积减小。胸腔容积的改变，促成了肺呼吸。

四、颅骨及其连结

颅骨(skull,见图 2-31)位于脊柱的上方，与颈椎相连，由 23 块大小不等、形态各异的不规则骨或扁骨构成(位于中耳的 3 对听小骨未计在内)。

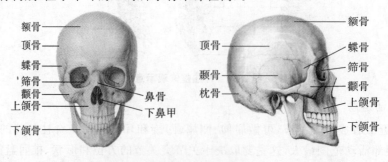

图 2-31　颅示意图

颅骨大部分以缝的形式连结,缝内含有薄层结缔组织纤维膜;小部分以软骨方式形成连结;此外还有以关节形式连结的颞下颌关节,简称下颌关节,由下颌骨的下颌头和颞骨的下颌窝组成,属于联合关节,左右两侧同时运动。

第四节 运动对骨的影响

一、运动对骨密度的影响

骨的基本形态是由遗传因子调控的,但环境因素对骨的生长发育也有影响。影响骨生长发育的因素有神经、内分泌、营养、疾病及其他物理、化学因素等。神经系统调节骨的营养过程。功能增强时,可促使骨质增生,使骨坚韧粗壮;功能减弱时,则使骨质变得疏松,如神经损伤后的瘫痪病人的骨出现脱钙、疏松和骨质吸收,甚至出现自发性骨折。内分泌对骨的发育影响很大,成年之前,如脑垂体生长激素分泌亢进,会促使骨过快过度生长而导致巨人症;若分泌不足,则发育停滞,导致侏儒症。成年人垂体生长激素分泌亢进,会出现肢端肥大症。维生素 A 对成骨细胞和破骨细胞的作用进行调节、平衡,保持骨的正常生长。维生素 D 促进肠道对钙、磷的吸收,缺乏时体内钙、磷减少,影响骨的钙化,在儿童期可造成佝偻病,在成年人可导致骨质软化。此外,机械因素对骨的生长发育也起重要作用,加强锻炼可使骨得到正常发育。

长期、系统、科学的体育锻炼对骨形态结构产生的形态学适应主要表现为促进骨的生长发育,改善骨的内部结构。骨周围肌肉活动得越多,骨的长度增长得越明显,骨密度增厚,骨径变粗,骨面肌肉附着处突起明显,骨小梁的排列依张力和压力的变化更加清晰而有规律。

缺乏或不适当的体育运动将会使骨产生不适应的变化,主要表现为骺软骨的过早愈合;两侧肢体骨的生长发育不均衡,过早出现骨质疏松等变化。

二、不同运动项目对骨形态结构的影响

对优秀运动员身体形态特征的研究发现,不同项目运动员的上肢骨长度有较大差异。投掷项目运动员的上肢(主要由肱骨、尺骨、桡骨构成)较长且粗壮,特别是铁饼运动员,上肢越长,旋转半径和最后用力的工作距离就越长,获得的线速度就越大,越有利于提高铁饼的出手初速度。举重运动员的上肢相对较短,肩较宽,手指指骨较长。射击射箭类项目运动员的上肢也较长,指间距略超过身高,尤其是手枪运动员更是手大指长。体操类项目运动员,锁骨和肩胛骨较平、手臂较直,这样的结构有利于其动作的表现。

三、运动对关节形态结构的影响

系统的体育锻炼可使骨关节面骨密质增厚,从而承受更大的负荷。运动实验证明:短时间的运动可使关节软骨肿胀,运动停止后肿胀消失,这种变化在 25 岁以下的年轻人中更

明显。

动物实验还证明,体育活动可以使肌腱和韧带增粗,增强了关节的稳固性。长期系统的运动可使关节面软骨增厚。关节稳固性的提高加强了对关节的保护作用,但这往往会减小关节活动幅度。

系统的柔韧性练习增加关节囊周围肌腱、韧带和肌肉的伸展性,从而使关节运动幅度增加。所以,在进行力量性练习时应配合一定数量的柔韧性练习,使力量与柔韧素质同时得到相应的发展。柔韧素质的发展有助于动作的协调,对提高运动成绩、减少伤害事故和预防损伤有着重要意义。

不同运动项目对发展各部分关节的柔韧性有不同作用,如游泳和体操可以使肩关节、肘关节、手关节和足关节柔韧性增大,跨栏和跳高可增大髋关节的运动幅度,艺术体操和花样滑冰则可增大脊柱的运动幅度。

【思考题】
1. 简述骨的形态与结构。
2. 关节的基本构造有哪些？分析其功能。
3. 上、下肢骨各由哪些骨组成？哪些骨性标志可在体表摸到？
4. 肘关节为什么容易发生后脱位？
5. 简述肩关节的构造、特点与运动。
6. 简述膝关节的构造、特点与运动。

第三章 骨骼肌

人体骨骼肌简称肌肉(muscle),全身有 600 余块,呈对称分布,绝大多数附着于骨骼上(见图 3-1),约占体重的 40%,四肢肌占全身骨骼肌总重量的 80%,下肢肌占 50%,上肢肌占 30%。

每块肌肉都是一个器官,因为它除了由肌纤维构成外,在肌纤维上还分布有神经纤维,在大小肌束间还有结缔组织、血管、淋巴管等。肌腹内分布有运动神经末梢,来自中枢神经系统的冲动经此传至肌肉,支配肌肉活动。肌腹和肌腱中均有感觉神经末梢,它们主要能感受肌纤维张力变化的刺激,将冲动传到中枢神经系统,以实现各肌肉之间的协调运动。此外,肌肉血管还分布有交感神经纤维,它能调节骨骼肌的代谢,实现营养功能,促进生长发育。

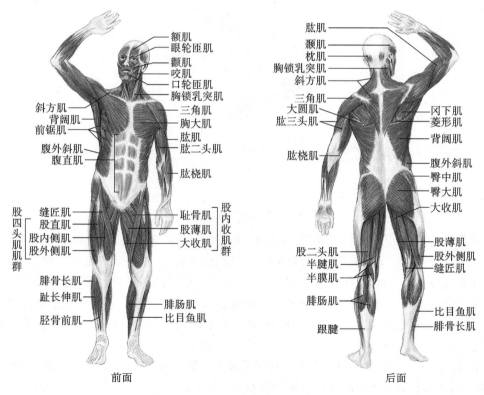

图 3-1 人体肌肉示意图

第一节 骨骼肌总论

一、骨骼肌的基本构造

每块骨骼肌都可分为中部的肌腹和两端的肌腱两部分(见图3-2)。

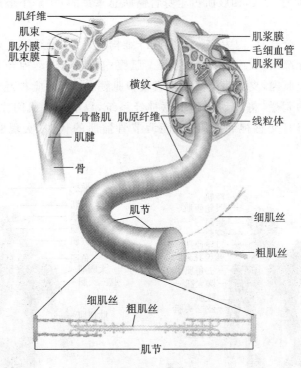

图3-2 骨骼肌的构造示意图

肌腹(muscle belly) 由许多肌纤维构成,肌纤维最短的仅1毫米,最长的可达30厘米,其表面包裹着丰富的毛细血管网的结缔组织膜称肌内膜。上百条肌纤维集合起来,由结缔组织薄膜包裹构成小肌束;许多小肌束集合起来,也由结缔组织薄膜包裹构成大肌束;若干大肌束集合起来,最后由结缔组织薄膜包裹构成整块肌肉的肌腹。包裹在每条肌纤维外面的薄膜叫肌内膜,包裹在大小肌束外的薄膜叫肌束膜,包裹在整块肌肉外面的薄膜叫肌外膜。

肌腱(tendon) 肌肉借肌腱附着于骨或筋膜上。肌腱缺乏收缩性,但很坚韧,可抵抗较大的张力,人体肌腱每平方厘米的抗张力强度为611～1265千克。因为肌腱是由许多胶原纤维构成的,而且是互相交织排列形成辫状,这种结构可使肌肉力量均匀地作用于肌腱在骨上的附着处,同时不因运动时关节角度变化而使肌肉力量受到影响。

二、骨骼肌的辅助结构

肌肉周围有一些利于肌肉活动的结构,称为肌肉的辅助结构,包括筋膜、腱鞘、滑膜囊、籽骨和滑车等。

(一) 筋膜

筋膜(fascia)是包在肌肉外面的结缔组织。筋膜分为浅筋膜和深筋膜两种。

浅筋膜又叫皮下筋膜,位于皮下,由含脂肪成分的疏松结缔组织构成。它对深面的肌肉、血管、神经具有保护的功能。

深筋膜位于浅筋膜深面,由致密结缔组织构成。它在骨突之间增厚,形成假韧带;包被肌肉成肌鞘;插入肌群之间,形成肌间隔,以约束肌肉牵引方向,并保证肌肉或肌群单独活动,互不干扰。筋膜还可为肌肉附着,增大肌肉附着面积,利于肌肉收缩时更好地发挥力量。筋膜还具有限制炎症的扩散、保护健康的功能。

(二) 腱鞘

腱鞘(tendinous sheath,见图 3-3)是套在活动性较大的腕、踝、手指和足趾肌腱周围的密封双层筒状长管。其外为纤维鞘,内为滑膜鞘。滑膜鞘又分为两层,紧贴肌腱的叫脏层,脏层反折衬于纤维鞘内面的叫壁层。脏、壁两层之间为一裂隙,内有少量滑液,可减小运动时肌膜与骨面之间的摩擦。有的一个腱鞘包绕一条肌腱,有的包绕两条或多条肌腱。

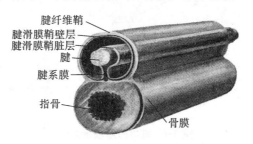

图 3-3 腱鞘示意图

(三) 滑膜囊

滑膜囊(synovial bursa)是由关节囊的滑膜层向关节外突出所形成的扁形的结缔组织囊,内有少许滑液,存在于肌腱与骨、软骨、韧带、肌肉之间,以减少运动时肌腱与骨之间的摩擦。

(四) 籽骨

籽骨(sesamoid bone)是由肌腱骨化而成的小骨,通常位于肌腱与骨的附着处,它可以改变肌腱附着于骨处的角度,增大肌肉的拉力臂,提高力的作用效果。髌骨为人体中最大的籽骨。

(五) 滑车

滑车有两种：一种是覆盖有软骨的槽，另一种是通过肌腱的结缔组织环。肌腱通常在滑车处改变方向，由于滑车的存在，肌腱不会向旁边移位。

三、骨骼肌的分类

骨骼肌的形态多种多样，往往与其功能相适应。

肌肉根据其外形可分为长肌、短肌、扁肌和轮匝肌四类（见图 3-4）。长肌主要分布于四肢，收缩时可引起大幅度的运动。短肌主要分布于躯干深部，能持久收缩，并发挥巨大的力量。扁肌主要分布于胸、腹壁，有保护内脏器官的作用。轮匝肌分布于孔裂周围，纤维呈环状，收缩时可使孔裂缩小或关闭。

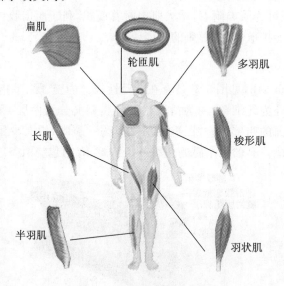

图 3-4 肌肉的形态示意图

长肌根据头数又可分为二头肌、三头肌和四头肌；根据肌纤维排列方向又可分为梭形肌、多羽肌、羽状肌（单羽状肌）、半羽肌等。

第二节 骨骼肌的分布

一、头颈肌

(一) 头肌

头肌（见图 3-5）可分为面肌和咀嚼肌两部分。面肌为扁薄的皮肌，位置表浅，大多起自颅骨的不同部位，止于面部皮肤，主要分布于面部口、眼、鼻等孔裂周围，可分为环形肌和辐射肌两种,有闭合或开大上述孔裂的作用,同时牵动面部皮肤显示喜怒哀乐等各种表情,故面肌又叫表情肌。面肌包括颅顶肌、眼轮匝肌、口周围肌、鼻肌,人耳周围肌已明显退化。咀嚼肌包括咬肌、颞肌、翼外肌和翼内肌,分布于下颌关节周围,参与咀嚼运动。

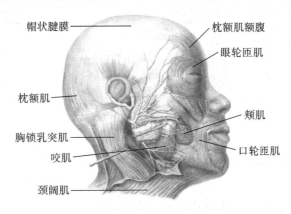

图 3-5 头肌(侧面)示意图

(二) 颈肌

颈以斜方肌前缘分为前后两部,前部为狭义的颈,后部为项部。颈肌可依其所在位置分为颈浅肌和颈外侧肌、颈前肌、颈深肌三群,除运动头部外,与发声、吞咽、呼吸也有密切关系。

与运动关系较密切的是胸锁乳突肌(sternocleidomastoid)。胸锁乳突肌在颈部两侧皮下,大部分为颈阔肌所覆盖,是一强有力的肌,在颈部形成明显的标志,起自胸骨柄前面和锁骨的胸骨端,二头会合斜向后上方,止于颞骨的乳突。一侧肌收缩使头向同侧倾斜,脸转向对侧;两侧收缩可使头后仰。该肌最主要的作用是维持头正常的位置,端正姿势以及使头在水平方向上从一侧到另一侧,分别向两侧的观察事物运动。一侧病变使肌挛缩时,可引起斜颈。

二、上肢肌

上肢肌包括肩带肌、上臂肌、前臂肌和手肌。

(一) 肩带肌

肩带肌起自锁骨和肩胛骨,止于肱骨。包括三角肌、冈上肌、冈下肌、小圆肌、肩胛下肌和大圆肌。

三角肌(deltoid)如图 3-6 所示。

位置:位于肩关节前、外、后方,为一块倒三角形的肌肉,中部为多羽肌,前后部为单羽肌。

起点:起于锁骨外侧半、肩峰和肩胛冈。

止点:止于肱骨体三角肌粗隆。

功能:近固定时,前部纤维收缩使上臂屈、水平屈和内旋;后部纤维收缩使上臂伸、水平

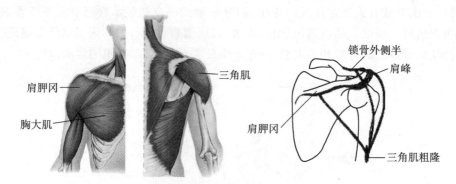

图 3-6 胸大肌和三角肌的前部示意图

伸和外旋;中部或整块肌肉收缩使上臂外展。

三角肌在上臂外展 90°～180°时,具有最大的收缩力。当臂上举过头时,前、后部纤维还有使上臂内收的作用。因此,三角肌在肩关节处有使上臂屈、伸、收展、内旋、外旋和环转等运动功能,该肌对加固肩关节有一定作用。

(二)上臂肌

上臂肌包绕肱骨周围,分前、后两群。

1. 前群(屈肌群)

上臂肌前群如图 3-7 和图 3-8 所示。

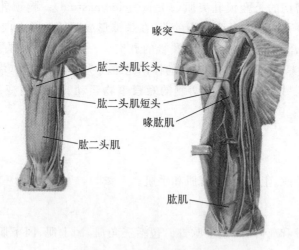

图 3-7 上臂肌前群示意图

(1)肱二头肌(biceps brachii)。

位置:位于上臂前面浅层,为梭形肌,有长、短二头。

起点:长头起自肩胛骨盂上结节,短头起自肩胛骨喙突。

止点:止于桡骨粗隆和前臂筋膜。

功能:肱二头肌跨过肩关节、肘关节和桡尺近侧关节,因此对上述三个关节起作用。近固定时,使上臂在肩关节处屈,使前臂在肘关节处屈,并使前臂在内旋的情况下,在桡尺关节处外旋,远固定时,使肘关节屈(即上臂向前臂靠拢),如引体向上动作。

(2) 喙肱肌(coracobrachialis)。

位置:位于肱二头肌上半部内侧,为长梭形肌。

起点:起于肩胛骨喙突。

止点:止于肱骨中部内侧(与三角肌粗隆相对应)。

功能:近固定时,使上臂屈、内收和外旋。

(3) 肱肌(brachialis)。

位置:位于肱二头肌深层,肱骨前面下半部,为梭形肌。

起点:起于肱骨前面下半部。

止点:止于尺骨粗隆和冠突。

功能:近固定时,屈前臂;远固定时,使上臂靠拢前臂。肱肌是肘关节屈负荷最大的屈肌。经常练习前臂弯举、引体向上、爬绳、爬竿、提拉杠铃等,可以发展肱肌、肱二头肌的力量。

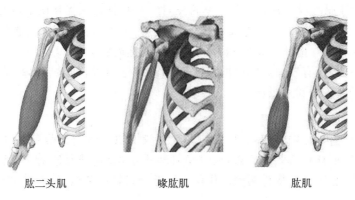

肱二头肌　　　喙肱肌　　　肱肌

图 3-8　肱二头肌、喙肱肌和肱肌示意图

2. 后群(伸肌群)

(1) 肱三头肌(triceps brachii,见图 3-9)。

位置:位于上臂后面。有长头、外侧头和内侧头三个头。

起点:长头起于肩胛骨盂下结节,外侧头起于肱骨体后面桡神经沟外上方,内侧头起于肱骨体后面桡神经沟内下方。

止点:三个头合成一个肌腹,以其腱止于尺骨鹰嘴。

功能:近固定时,使上臂和前臂伸;远固定时,使肘关节伸,如俯卧撑的撑起动作。

(2) 肘肌(anconeus)。

位置:位于肘关节后面,呈三角形。

起点:起于肱骨外上髁。

止点:止于尺骨背面上部。

图 3-9　肱三头肌示意图

功能：使肘关节伸，并加固肘关节。卧推、冲拳、俯卧撑、实力推、推铅球等辅助练习均可发展肘关节伸肌群的力量。

(三) 前臂肌

前臂肌位于尺、桡骨的周围，分为前（屈肌）、后（伸肌）两群，主要运动腕关节、指骨间关节。除了屈、伸肌外，还配布有旋肌，这对于手的灵活运动有重要意义。前臂肌大多数是长肌，肌腹位于近侧，细长的腱位于远侧，所以前臂的上半部膨隆，下半部逐渐变细。

1. 前群

前臂肌前群共 9 块肌，分四层排列（见图 3-10 和图 3-11）。

1) 第一层

第一层有 5 块肌，自桡侧向尺侧依次为：

（1）肱桡肌　起自肱骨外上髁的上方，向下止于桡骨茎突，作用为屈肘关节。

其他四块肌共同以屈肌总腱起自肱骨内上髁以及前臂深筋膜。

（2）旋前圆肌　止于桡骨外侧面的中部，作用为使前臂旋前、屈肘关节。

（3）桡侧腕屈肌　以长腱止于第 2 掌骨底，作用为屈肘、屈腕和使腕外展。

（4）掌长肌　肌腹很小而腱细长，连于掌腱膜，作用为屈腕和紧张掌腱膜。

（5）尺侧腕屈肌　止于豌豆骨，作用为屈腕和使腕内收。

肱桡肌位置表浅，有较恒定的血供和神经支配，易于寻找，切除后不影响前臂功能，因此为良好的肌瓣及肌皮瓣移植供体。

2) 第二层

第二层只有 1 块肌，即指浅屈肌，肌的上端为浅层肌所覆盖。起自肱骨内上髁、尺骨和桡骨前面，肌束往下移行为四条肌腱，通过腕管和手掌，分别进入第 2～5 指的屈肌腱鞘，每一个腱分为二脚，止于中节指骨两侧。作用为屈近侧指骨间关节、屈掌指关节和屈腕。

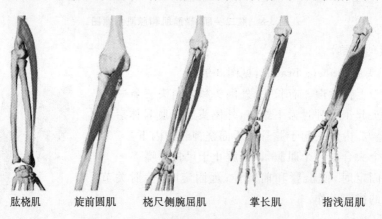

肱桡肌　旋前圆肌　桡尺侧腕屈肌　掌长肌　指浅屈肌

图 3-10　前臂肌前群示意图一

3) 第三层

第三层有 2 块肌：

（1）拇长屈肌　位于外侧半，起自桡骨前面和前臂骨间膜，以长腱通过腕管和手掌，止于拇指远节指骨底，作用为屈拇指指骨间关节和掌指关节。

（2）指深屈肌　位于内侧半，起自尺骨的前面和前臂骨间膜，向下分成四条肌腱，经腕管入手掌，在指浅屈肌腱的深面分别进入第 2~5 指的屈肌腱鞘，在鞘内穿经指浅屈肌腱二脚之间，止于远节指骨底。作用为屈第 2~5 指的远侧指骨间关节、近侧指骨间关节、掌指关节和屈腕。

4）第四层

第四层为旋前方肌，是方形的小肌，贴在桡、尺骨远端的前面，起自尺骨，止于桡骨。作用为使前臂旋前。

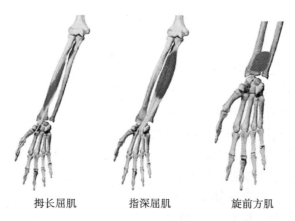

拇长屈肌　　　指深屈肌　　　旋前方肌

图 3-11　前臂肌前群示意图二

2. 后群

前臂肌后群共 10 块肌，分浅、深两层排列。

1）浅层

浅层有 5 块肌（见图 3-12），以一个共同的腱即伸肌总腱起自肱骨外上髁以及邻近的深筋膜，自桡侧向尺侧依次为：

（1）桡侧腕长伸肌　向下以其长腱至手背，止于第 2 掌骨底。作用主要为伸腕，还可使腕外展。

（2）桡侧腕短伸肌　在桡侧腕长伸肌的后内侧，止于第 3 掌骨底。作用为伸腕、使腕外展。

（3）指伸肌　肌腹向下移行为四条肌腱，经手背，分别到第 2~5 指。在手背远侧部，掌骨头附近，四条腱之间有腱间结合相连，各腱到达指背时向两侧扩展为扁的腱膜，称指背腱膜，止于中节和远节指骨底。作用为伸指和伸腕。

（4）小指伸肌　是一条细长的肌，附于指伸肌内侧，肌腱移行为指背腱膜，止于小指中节和远节指骨底。作用为伸小指。

（5）尺侧腕伸肌　止于第 5 掌骨底，作用为伸腕，使腕内收。

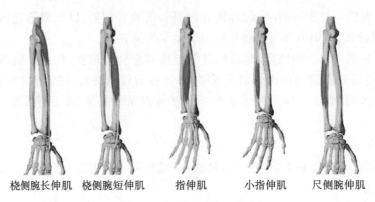

桡侧腕长伸肌　桡侧腕短伸肌　指伸肌　小指伸肌　尺侧腕伸肌

图 3-12　前臂肌后群浅层

2）深层

深层也有 5 块肌，从上外向下内依次为：

（1）旋后肌　位置较深，起自尺骨近侧，肌纤维斜向下外并向前包绕桡骨，止于桡骨上端 1/3 的前面。作用为使前臂旋后。

其余 4 肌皆起自桡、尺骨和骨间膜的背面。

（2）拇长展肌　止于第 1 掌骨底。

（3）拇短伸肌　止于拇指近节指骨底。

（4）拇长伸肌　止于拇指远节指骨底。

（5）示指伸肌　止于示指的指背腱膜。

以上各肌的作用同其名。

（四）手肌简介

手的固有肌位于手的掌侧，全是短小的肌肉，其作用为运动手指。人类手指灵巧，除可做屈、伸、收、展的动作外，还有对掌运动。为了完成这些运动，也配布了相应的肌。手肌分为外侧、中间和内侧三群。来自前臂的长肌（外部肌）完成手和手指的用力运动，而手的内部肌主要完成手的精细的技巧性动作。长肌、短肌共同作用，使手能执行一系列的重要功能，如抓、捏、握持、夹、提等。

（五）小结

上述上肢的肌肉均按局部进行叙述，为了便于体育专业的学生、教师和教练员的运用，下面以关节为中心，将肌肉进行小结。

首先小结运动上肢带的肌肉。上肢带骨包括锁骨和肩胛骨，因此上肢带运动包括锁骨和肩胛骨的运动。这一运动比较复杂，因为它涉及的关节有胸锁关节、肩锁关节和肩关节。所以肩带的运动往往用肩胛骨的运动来作代表。

上提肩胛骨的肌肉有：斜方肌上部、菱形肌、肩胛提肌和胸锁乳突肌。

下降肩胛骨的肌肉有：斜方肌下部、胸小肌和前锯肌下部肌纤维。

前伸肩胛骨的肌肉有：前锯肌、胸大肌和胸小肌。

后缩肩胛骨的肌肉有：斜方肌和菱形肌。

上回旋肩胛骨的肌肉有：斜方肌上、下部肌纤维和前锯肌下部肌纤维。

下回旋肩胛骨的肌肉有：菱形肌、胸小肌和肩胛提肌。

屈肩关节的肌肉有：胸大肌、三角肌前部肌纤维、肱二头肌和喙肱肌。

伸肩关节的肌肉有：三角肌后部肌纤维、肱三头肌长头、背阔肌、冈下肌、小圆肌和大圆肌。

外展肩关节的肌肉有：三角肌和冈上肌。

内收肩关节的肌肉有：肩胛下肌、胸大肌、背阔肌、冈下肌、小圆肌、大圆肌和喙肱肌。

外旋肩关节的肌肉有：三角肌后部、冈下肌和小圆肌。

内旋肩关节的肌肉有：三角肌前部、胸大肌、背阔肌、肩胛下肌和大圆肌。

屈肘关节的肌肉有：肱肌、肱二头肌、肱桡肌和旋前圆肌。

伸肘关节的肌肉有：肱三头肌和肘肌。

内旋肘关节的肌肉有：旋前圆肌、旋前方肌和肱桡肌。

外旋肘关节的肌肉有：旋后肌、肱二头肌和肱桡肌（后两块肌肉是在内旋前臂的情况下外旋）。

三、下肢肌

下肢肌包括盆带肌、大腿肌、小腿肌和足肌。

(一) 盆带肌

盆带肌分前后两群。前群起自骨盆内面，后群起自骨盆外面。

1. 前群（内侧群）

盆带肌前群有3块肌，如图3-13所示。

(1) 髂腰肌(iliopsoas)。

位置：位于腰椎两侧及髂窝内，由腰大肌(psoas major)和髂肌(iliacus)组成。腰大肌为单羽状肌，髂肌呈扇形。

起点：腰大肌起自第12胸椎和第1～5腰椎体侧面和横突；髂肌起自髂窝。

止点：两肌相合，经髋关节前内侧腔股沟韧带深面，止于股骨小转子。

功能：髂腰肌是一块强有力的肌肉，近固定时，使大腿屈和外旋；远固定时，单腿站立一侧收缩使脊柱向同侧屈和旋转，两侧收缩使脊柱前屈和骨盆前倾（如做直腿体前屈和仰卧起坐动作）。

正踢腿、负重高抬腿跑、悬垂举腿、仰卧起坐、仰卧剪刀腿等练习均可发展髂腰肌的力量。

(2) 腰小肌(psoas minor)。出现率50%，起自第12胸椎，贴腰大肌前面下行，止于髂耻隆起。作用为紧张髂筋膜。

(3) 阔筋膜张肌(tensor fasciae latae)。位于大腿上部前外侧，起自髂前上棘，肌腹在阔筋膜两层之间，向下移行于髂胫束，止于胫骨外侧髁。作用为使阔筋膜紧张并屈髋。

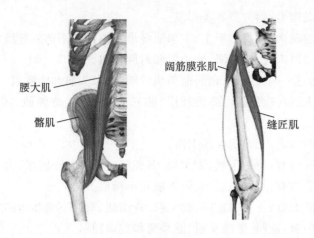

图 3-13　盆带肌前群示意图

2. 后群

盆带肌后群主要位于臀部,故又称臀肌,有 7 块。

(1) 臀大肌(gluteus maximus,见图 3-14)。

位置:位于骨盆后外侧,臀部皮下。呈宽厚的四方形,肌纤维很粗。

起点:起于髂骨翼外面及骶、尾骨背面。

止点:止于臀肌粗隆和髂胫束。

功能:近固定时,使大腿伸和外旋,上部肌纤维收缩使大腿外展,下部肌纤维收缩使大腿内收;远固定时,一侧肌肉收缩使骨盆转向对侧,两侧同时收缩使骨盆后倾。

一般认为臀大肌有维持人体直立的功能,但目前有争议。在地上缓慢行走时,臀大肌作用不大。但在攀登、斜坡跑和上楼梯时起着较大作用。

后踢腿、俯卧背腿、负重腿屈伸、后蹬跑、跑斜坡、蛙跳和多级跨跳等练习均可发展臀大肌的力量。

(2) 梨状肌(piriformis,见图 3-14)。

位置:位于骶骨前面,经坐骨大孔穿出,将坐骨大孔分为上、下两部分,分别称为梨状肌上孔和梨状肌下孔,两孔中均有血管、神经通过。坐骨神经从梨状肌下孔出骨盆,到下肢肌肉、皮肤中去。

起点:起于第 2~5 骶椎前侧面。

止点:止于股骨大转子尖端。

功能:近固定时,使大腿外展和外旋;远固定时,一侧收缩使骨盆转向对侧,两侧收缩使骨盆后倾。

因为我国有近 30% 的人,腓总神经从梨状肌中部穿出,如果这些人梨状肌损伤,常常压迫坐骨神经而引起腰腿痛。这在运动医学中称为"梨状肌损伤综合征"。

(3) 臀中肌(gluteus medius)和臀小肌(gluteus minimus),如图 3-15 所示。

位置:位于髂骨翼外面,臀中肌后部位于臀大肌深层,臀小肌位于臀中肌深层。均为羽状肌。

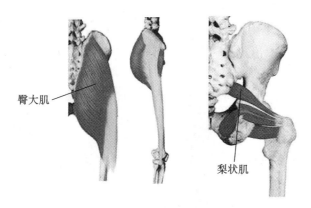

图 3-14 臀大肌、梨状肌示意图

起点:起于髂骨翼外面。

止点:止于股骨大转子。

功能:近固定时,使大腿外展,前部使大腿屈和内旋,后部使大腿伸和外旋;远固定时,一侧肌肉收缩使骨盆向同侧倾,两侧前部肌纤维使骨盆前倾,后部肌纤维使骨盆后倾。

这两块臀肌是走步和站立时保持良好姿势的重要肌肉。正常人走路时,躯干基本保持直立,髋相对固定,提腿跨步侧的髋由于臀中、小肌收缩稍抬高。在这两块肌肉无力时,髋不能固定,也无力提起、外展和旋转该侧大腿,所以走路时每跨一步,身体向对侧屈,以升高对侧髋,以搬动该侧下肢提步跨腿。这种步态称为鸭步式臀肌失效步态。

侧踢腿(包括负重)和侧控腿等辅助练习可以发展梨状肌,臀中、小肌的力量。

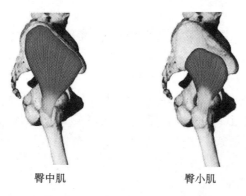

图 3-15 臀中肌和臀小肌示意图

(二) 大腿肌

大腿肌可分为前外侧群、内侧群和后群。

1. 前外侧群

大腿肌前外侧群如图 3-16 所示。

(1) 股四头肌(quadriceps femoris)。

位置:位于大腿前面,是人体中体积最大的肌肉,其中股直肌为羽状肌。

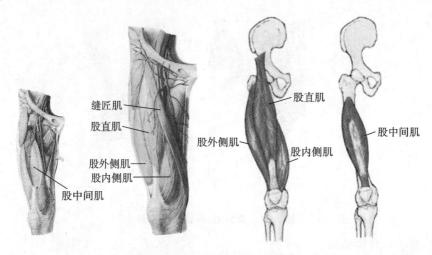

图 3-16 大腿肌前外侧群示意图

起点:股四头肌有股直肌、股中肌、股外侧肌和股内侧肌四个头,股直肌起自髂前下棘,股中肌起自股骨体前面,股外侧肌起自股骨粗线外侧唇,股内侧肌起自股骨粗线内侧唇。

止点:四个头相合,成一条强有力的腱,由前面及两侧包绕髌骨,并在髌骨下方形成髌韧带,借此止于胫骨粗隆。

功能:近固定时,使小腿伸;远固定时,可使大腿在膝关节处伸。股直肌是多关节肌,还能使大腿屈和伸。

一般认为股四头肌是维持人体直立的重要肌肉。髌骨的存在,增大了股四头肌的力矩和旋转力矩。

立定跳远、多级跨跳、纵跳摸高、负重深蹲、哑铃蹲跳等辅助练习,都可以发展股四头肌的力量。

(2) 缝匠肌(sartorius)。

位置:位于大腿前内侧浅层,肌纤维从大腿外上方向内下斜行。是人体中最长的肌肉,呈梭形。它和股直肌都跨过了髋关节和膝关节,为多关节肌,缝匠肌在体育运动中容易发生"主动不足"和"被动不足"现象。

起点:起于髂前上棘。

止点:止于胫骨粗隆内侧面。

功能:近固定时,使大腿屈和外旋,并使小腿屈和内旋;远固定时,两侧收缩,使骨盆前倾。

2. 内侧群

大腿肌内侧群如图 3-17 所示。

内侧群共有 5 块肌,位于大腿的内侧,均起自闭孔周围的耻骨支、坐骨支和坐骨结节等骨面,分层排列。

(1) 耻骨肌 长方形的短肌,在髂腰肌内侧。

(2) 长收肌 呈三角形,在耻骨肌内侧。

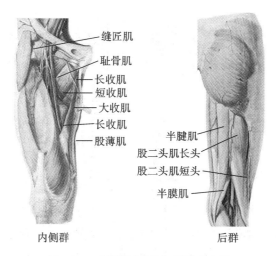

图 3-17 大腿肌内侧群、后群示意图

(3) 股薄肌 长条肌,在最内侧。

(4) 短收肌 近似三角形的扁肌,在耻骨肌和长收肌的深面。

(5) 大收肌 在上述肌的深面,大而厚,呈三角形。

除股薄肌止于胫骨上端的内侧以外,其他各肌都止于股骨粗线,大收肌还有一个腱止于股骨内上髁上方的收肌结节,此腱与股骨之间形成一裂孔,称为收肌腱裂孔,有股血管通过。作用:主要使髋关节内收。

股薄肌位置表浅,是内收肌群中的非主要作用肌,切除后对功能影响不大,为临床常用的肌瓣移植的供体,用以修复肛门括约肌或肌袢成形术治疗下肢深静脉瓣功能不全。

3. 后群

大腿肌后群如图 3-18 所示。

后群有股二头肌、半腱肌、半膜肌,均起自坐骨结节,跨越髋、膝两个关节,常称为"腘绳肌"。

(1) 股二头肌(biceps femoris)。

位置:位于大腿后外侧浅层,为梭形肌,有长、短两个头。

起点:长头起自坐骨结节,短头起自股骨粗线外侧唇下半部。

止点:止于腓骨头。

功能:近固定时,长头使大腿伸,并使小腿屈和外旋;远固定时,使大腿在膝关节处屈(如下蹲动作);当小腿伸直时,则使骨盆后倾。

股二头肌、半腱肌和半膜肌合称股后肌群(或股三弦肌、腘绳肌)。它们都是多关节肌,在体育运动中应注意发展它们的力量和伸展性,克服"主动不足"和"被动不足"现象。立定跳远、多级跨跳、蛙跳、后蹬跑、纵跳摸高和俯卧背腿等辅助练习,可以发展它们的力量。正压腿、纵劈腿、正踢腿、侧踢腿和直腿体前驱(吻靴)等辅助练习,可以发展上述肌肉的伸展性。

(2) 半腱肌(semitendinosus)。位于股后部的内侧,肌腱细长,几乎占肌的一半,止于胫

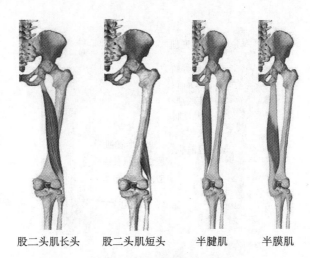

| 股二头肌长头 | 股二头肌短头 | 半腱肌 | 半膜肌 |

图 3-18 大腿肌后群示意图

骨上端的内侧。

半腱肌亦是一块适合做转移肌瓣或肌皮瓣的良好供肌,临床常用来覆盖修补坐骨部褥疮或外伤缺损。

(3) 半膜肌(semimembranosus)。在半腱肌的深面,上部是扁薄的腱膜,几乎占肌的一半,肌的下端以腱止于胫骨内侧髁的后面。

作用:后群3块肌可以屈膝关节、伸髋关节。屈膝时股二头肌可以使小腿旋外,而半腱肌和半膜肌使小腿旋内。

(三) 小腿肌

小腿肌可分为三群:前群,在小腿骨间膜的前面;后群,在小腿骨间膜的后面;外侧群,在腓骨的外侧面。小腿肌的后群强大,与行走或跑时足的跖屈动作、产生巨大推动力以及维持人体直立姿势有关。因小腿旋转机能甚微,故缺乏回旋肌,其旋转机能来自大腿肌。另外,小腿肌的分化程度不如前臂,所以,肌的数目较前臂少。

1. 前群

小腿肌前群有3块肌(见图3-19)。

(1) 胫骨前肌 起自胫骨外侧面,肌腱向下穿经伸肌上、下支持带的深面,止于内侧楔骨内侧面和第1跖骨底。作用为伸踝关节(背屈)、使足内翻。

(2) 趾长伸肌 起自腓骨前面、胫骨上端和小腿骨间膜,向下经伸肌上、下支持带深面至足背分为四个腱到第2~5趾,成为趾背腱膜,止于中节、远节趾骨底。作用为伸踝关节、伸趾。另外,此肌分出一腱,止于第5跖骨底,称第三腓骨肌,仅见于人类,是新发生的肌,可使足外翻。

(3) 踇长伸肌 位于上述两肌之间,起自腓骨内侧面下2/3和骨间膜,止于踇趾远节趾骨底。作用为伸踝关节、伸踇趾。

2. 外侧群

小腿肌外侧群有腓骨长肌和腓骨短肌,两肌皆起自腓骨外侧面,长肌起点较高,并掩盖

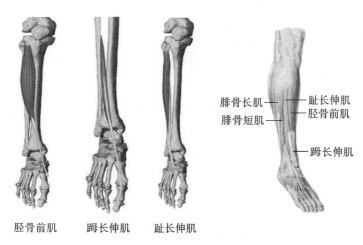

图 3-19 小腿肌前群、外侧群示意图

短肌。两肌的腱均经外踝后方转向前,通过腓骨肌上、下支持带的深面,腓骨短肌腱向前止于第 5 跖骨粗隆,腓骨长肌腱绕至足底,斜行向足内侧,止于内侧楔骨和第 1 跖骨底(见图 3-19)。

作用:使足外翻和屈踝关节(跖屈)。此外,腓骨长肌腱和胫骨前肌腱共同形成"腱环",对维持足横弓,调节足的内翻、外翻有重要作用。

3. 后群

小腿肌后群分浅、深两层(见图 3-20)。

1)浅层

浅层有强大的小腿三头肌,浅表的两个头称腓肠肌,起自股骨内、外侧髁的后面,内、外侧头会合,约在小腿中点移行为腱性结构;位置较深的一个头是比目鱼肌,起自腓骨后面的上部和胫骨的比目鱼肌线,肌束向下移行为肌腱,和腓肠肌的腱合成粗大的跟腱止于跟骨。腓肠肌在行走、跑、跳中提供推动力,比目鱼肌富含慢性、抗疲劳的红肌纤维,主要与站立时小腿与足之间的稳定有关。

功能:近固定时,使足跖屈,腓肠肌还能在膝关节处屈小腿;远固定时,在膝关节处拉大腿向后,协助伸膝,有维持人体直立的功能。

2)深层

深层有 4 块肌,腘肌在上方,另 3 块在下方。

(1)腘肌 斜位于腘窝底,起自股骨外侧髁的外侧部分,止于胫骨的比目鱼肌线以上的骨面。作用:屈膝关节并使小腿旋内。

(2)趾长屈肌 位于胫侧,起自胫骨后面,它的长腱经内踝后方、屈肌支持带深面至足底,然后分为 4 条肌腱,止于第 2~5 趾的远节趾骨底。作用:屈踝关节和屈第 2~5 趾。

(3)𨄖长屈肌 起自腓骨后面,长腱经内踝之后、屈肌支持带深面至足底,与趾长屈肌腱交叉,止于𨄖趾远节趾骨底。作用:屈踝关节和屈𨄖趾。

(4)胫骨后肌 位于趾长屈肌和𨄖长屈肌之间,起自胫骨、腓骨和小腿骨间膜的后面,

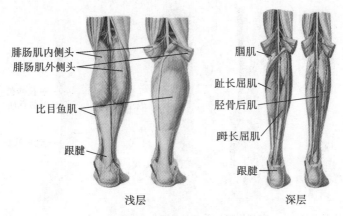

图 3-20　小腿肌后群示意图

长腱经内踝之后、屈肌支持带深面到足底内侧,止于舟骨粗隆和内侧、中间及外侧楔骨。作用:屈踝关节和使足内翻。

(四) 足肌简介

足肌可分为足背肌和足底肌。足背肌较薄弱,为伸踇趾的踇短伸肌和伸第 2～4 趾的趾短伸肌。足底肌的配布情况和作用与手肌相似,足底肌也分为内侧群、外侧群和中间群,但没有与拇指和小指相当的对掌肌。

足底肌内侧群有踇展肌、踇短屈肌和踇收肌;外侧群有小趾展肌和小趾短屈肌;中间群由浅入深排列有趾短屈肌、足底方肌、4 条蚓状肌、3 块骨间足底肌和 4 块骨间背侧肌。各肌的作用同其名,足底方肌的作用是协助趾长屈肌腱向正后方屈足趾。总的来说,足底肌的主要作用在于维持足弓。

(五) 小结

下肢肌按关节运动小结如下:

屈髋关节的肌肉有:髂腰肌、股直肌、缝匠肌、阔筋膜张肌和耻骨肌等。

伸髋关节的肌肉有:臀大肌、大收肌、股二头肌、半腱肌和半膜肌等。

外展髋关节的肌肉有:臀中肌、臀小肌、臀大肌上部和梨状肌等。

内收髋关节的肌肉有:大收肌、长收肌、短收肌、臀大肌下部、股薄肌和耻骨肌等。

外旋髋关节的肌肉有:髂腰肌,臀大肌,梨状肌,臀中、小肌后部和缝匠肌等。

内旋髋关节的肌肉有:臀中、小肌前部和阔筋膜张肌等。

屈膝关节的肌肉有:腓肠肌、股二头肌、半腱肌、半膜肌和股薄肌等。

伸膝关节的肌肉有:股四头肌等。

内旋膝关节的肌肉有:缝匠肌、半腱肌、半膜肌、股薄肌和腓肠肌内侧头等。

外旋膝关节的肌肉有:股二头肌和腓肠肌外侧头等。

下肢肌中维持人体直立的主要肌肉有:臀大肌、股四头肌和小腿三头肌等。

四、躯干肌

躯干肌包括背肌、胸肌、膈肌、腹肌和会阴肌。

(一) 背肌

背肌(见图 3-21)分为浅、深两层。

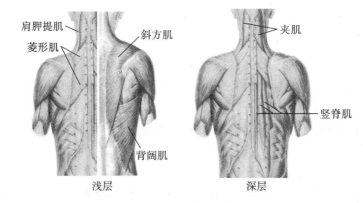

图 3-21 背肌示意图

1. 背浅层肌

背浅层肌位于躯干背面浅层,包括斜方肌、背阔肌、肩胛提肌和菱形肌等。

(1) 斜方肌(trapezius)。

位置:位于项部及背上部皮下,一侧为三角形扁肌,两侧合为斜方形。

起点:起于枕外隆突、项韧带及全部胸椎棘突。

止点:止于锁骨外 1/3、肩峰和肩胛冈。

功能:肌纤维分为上、中、下三部,近固定时,上部肌纤维收缩使肩胛骨上提、上回旋和后缩,下部肌纤维收缩使肩胛骨下降、下回旋和后缩,中部肌纤维收缩使肩胛骨后缩;远固定时,一侧肌纤维收缩使头向同侧屈并向对侧回旋,两侧上部同时收缩使头后仰(伸),一侧整块肌肉收缩使脊柱向对侧回旋,两侧整块肌肉收缩使脊柱伸。因此,在儿童少年时期,应注意发展斜方肌和竖脊肌的力量,可以预防和矫正驼背。

提杠铃耸肩、负重直臂侧上举、负重扩胸、俯卧飞鸟展翅、拉弹簧扩胸等辅助练习,都可发展斜方肌的力量。

(2) 背阔肌(latissimus dorsi)。

位置:位于腰背部皮下,是人体中面积最大的一块肌肉。

起点:起于下 6 胸椎和全部腰椎棘突、骶正中嵴、髂嵴后部及下 3 肋骨外侧面。

止点:止于肱骨小结节嵴。

功能:近固定时,使上臂伸、内收和内旋;远固定时,拉躯干向上,并协助吸气。

引体向上、爬绳、爬竿和向后拉拉力器等辅助练习,均可发展背阔肌力量。

双人压肩、扶墙压肩、振臂和握体操棍转肩等辅助练习,均可发展背阔肌的伸展性。

(3) 肩胛提肌(levator scapulae)。位于项部两侧、斜方肌的深面,起自上4颈椎横突,止于肩胛骨的上角。作用:上提肩胛骨,并使肩胛骨下角转向内,如肩胛骨固定,可使颈向同侧屈曲。

(4) 菱形肌(rhomboideus)。

起点:起于下2颈椎和上4胸椎的棘突。

止点:止于肩胛骨内侧缘。

功能:近固定时,使肩胛骨上提、后绕和下回旋。

2. 背深层肌

背深层肌分布于脊柱两侧,分为背长肌和背短肌。背长肌位置较浅,主要有竖脊肌和夹肌;背短肌位于深部,种类较多而复杂,有枕下肌、棘间肌、横突间肌、肋提肌等。它们都是从肌节演变而来,短肌仍保留明显的分节特征,长肌是肌节在不同程度上融合后形成的。背深部的长、短肌对维持人体直立姿势起重要作用,短肌还与脊柱的韧带一起保持各椎骨之间的稳固连结。

(1) 竖脊肌(erector spinae)。

位置:纵列于背部正中线(全部棘突连线)两侧,充填于棘突和横突之间的槽沟内,呈长索状,由棘肌、最长肌和髂肋肌三部分组成。为脊柱的强大伸肌。

起点:起于骶骨背面、髂嵴后部、腰椎棘突和胸腰筋膜。

止点:止于颈、胸椎的棘突与横突、颞骨乳突和肋角。

功能:下固定时,一侧收缩使脊柱向同侧屈,两侧收缩,使头和脊柱伸,并协助呼气。

纵跳摸高、负重体屈伸、俯卧两头起和向后抛铅球等辅助练习,可以发展竖脊肌等脊柱伸肌的力量。

(2) 夹肌(splenius)。位于斜方肌、菱形肌的深面,起自项韧带下部、第7颈椎棘突和上部胸椎,向上外止于颞骨乳突和第1~3颈椎横突。作用:单侧收缩使头转向同侧,两侧收缩使头后仰。

(二) 胸肌

胸肌(见图3-22)分为胸上肢肌和胸固有肌。

1. 胸上肢肌

胸上肢肌包括胸大肌、胸小肌、前锯肌等。

(1) 胸大肌(pectoralis major)。

位置:位于胸前皮下,为多羽状扇形扁肌。

起点:起于锁骨内侧、胸骨和上6肋骨前面及腹直肌鞘前壁上部。

止点:止于肱骨大结节嵴。

功能:近固定时,使上臂屈、内收和内旋,如投掷的鞭打动作;远固定时,拉躯干向上臂靠拢,如引体向上动作,并可提肋助吸气。

双杠支撑摆动臂屈伸、俯卧撑和引体向上等辅助练习,均可发展胸大肌的力量。

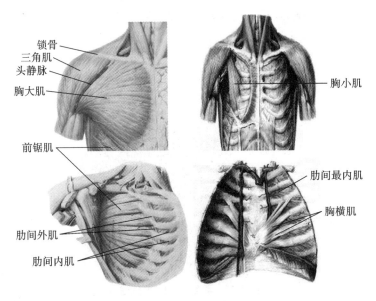

图 3-22 胸肌示意图

（2）胸小肌（pectoralis minor）。

位置：位于胸大肌深层，为三角形扁肌。

起点：起于第 3～5 肋骨前面。

止点：止于肩胛骨喙突。

功能：近固定时，使肩胛骨下降、前伸和下回旋。

（3）前锯肌（serratus anterior）。

位置：位于胸廓侧面浅层，前上部被胸大、小肌遮盖。为锯齿状的宽大扁肌。

起点：以 9～10 个肌齿起于上 8～9 肋骨外侧面（第 2 肋有两个肌齿）。

止点：止于肩胛骨内侧缘和下角前面。

功能：近固定时，使肩胛骨前伸，下部纤维收缩使肩胛骨下降与上回旋；远固定时，提肋助吸气。

仰卧撑、马步冲拳、卧推和推铅球等辅助练习，都可发展前锯肌的力量。

2. 胸固有肌

（1）肋间外肌　共 11 对，位于各肋间隙的浅层，起自肋骨下缘，肌束斜向前下，止于下位肋骨的上缘，其前部肌束仅达肋骨与肋软骨的结合处，在肋软骨间隙处，移行为一片结缔组织膜，称肋间外膜。

作用：提肋，使胸廓纵径及横径皆扩大，以助吸气。

（2）肋间内肌　位于肋间外肌的深面，起自下位肋骨的上缘，止于上位肋骨的下缘，肌束方向与肋间外肌相反，前部肌束达胸骨外侧缘，后部肌束只到肋角，自此向后为肋间内膜所代替。

作用：降肋助呼气。

（3）肋间最内肌　位于肋间内肌的深面，肌束方向和作用与肋间内肌相同。

(4) 胸横肌 在胸前壁的内面,起自胸骨下部,纤维向上外,止于第 2~6 肋的内面。作用:拉肋骨向下,助呼气。

(三) 膈肌

膈肌(diaphragm)如图 3-23 所示。

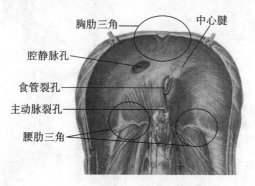

图 3-23 膈肌(下面)示意图

位置:位于胸腹腔之间。为穹隆形的扁肌,肌纤维由周围向中部汇集成为腱膜,叫中心腱,膈肌上有食管裂孔、主动脉裂孔和腔静脉孔,相应的血管和器官从中通过。膈上有三个裂孔:在第 12 胸椎体前方,左右两个膈脚与脊柱之间有主动脉裂孔,有主动脉和胸导管通过;主动脉裂孔的左前上方,约在第 10 胸椎水平,有食管裂孔,有食管和迷走神经通过;在食管裂孔的右前上方的中心腱内有腔静脉孔,约在第 8 胸椎水平,有下腔静脉通过。

起点:上位 3 腰椎体前面、下位 6 肋内面及胸骨剑突后面。

止点:止于中心腱。

功能:膈为主要的呼吸肌,收缩时,膈穹隆下降,胸腔容积扩大,以助吸气;松弛时,膈穹隆上升恢复原位,胸腔容积减小,以助呼气。膈与腹肌同时收缩,则能增加腹压,协助排便、呕吐、咳嗽、喷嚏及分娩等活动。

深呼吸运动和练气功等均可增强膈肌的力量。

(四) 腹肌

腹肌位于胸廓下缘与骨盆之间,是形成腹腔壁的肌肉(见图 3-24)。包括形成腹前壁的肌肉(腹直肌、腹外斜肌、腹内斜肌和腹横肌)和形成腹后壁的肌肉(腰方肌)。

(1) 腹直肌(rectus abdominis)。

位置:位于腹前壁正中线两侧,前后被腹直肌鞘包裹,为扁长带状肌,肌纤维被 3~4 条横行的腱划分隔。腱划与腹直肌鞘前壁相连,防止腹直肌收缩时移位。

起点:起于耻骨上缘。

止点:止于第 5~7 肋软骨前面及胸骨剑突。

功能:腹直肌有较大的生理横断面,因此有相当大的肌力。此外,杠杆臂较长,是脊柱强有力的屈肌。上固定时,两侧收缩使骨盆后倾。下固定时,一侧收缩使脊柱向同侧屈;两侧收缩使脊柱前屈;降肋拉胸廓向下,协助呼气。

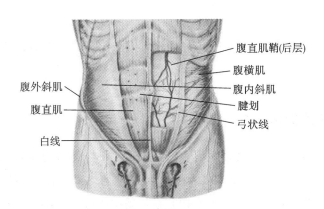

图 3-24 腹肌示意图

(2) 腹外斜肌(obliquus externus abdominis)。

位置：位于腹前外侧部浅层，为扁阔肌。肌纤维由外上向内下斜行。此肌腹膜下缘形成腹股沟韧带，位于髂前上棘和耻骨结节之间。

起点：起于下8肋骨外侧面。

止点：止于髂嵴、耻骨结节及白线(即胸骨剑突与耻骨联合之间的连线)。其腱膜参与腹直肌鞘前壁的组成。

功能：上固定时，两侧收缩使骨盆后倾。下固定时，一侧收缩使脊柱向同侧屈，并向对侧回旋；两侧收缩下拉胸廓，呼气，并使脊柱屈。

(3) 腹内斜肌(obliquus internus abdominis)。

位置：位于腹外斜肌深层，为扁阔肌。

起点：起于胸腰筋膜、髂嵴及腹股沟韧带外侧 2/3。

止点：止于下3肋及白线。其腱膜参与腹直肌鞘前、后壁的组成。

功能：上固定时，两侧收缩使骨盆后倾。下固定时，一侧收缩使脊柱向同侧屈和向同侧回旋，两侧收缩使脊柱前屈。

仰卧起坐、仰卧举腿、仰卧两头起、仰卧直角坐和悬垂举腿等辅助练习，均可发展上述肌肉的力量。

俯卧两头起、向后下腰和体操"桥"等辅助练习，均可发展上述肌肉的伸展性。

(五) 小结

躯干肌按功能小结如下：

屈脊柱的肌肉有：腹直肌、腹外斜肌、腹内斜肌、髂腰肌和胸锁乳突肌等。

伸脊柱的肌肉有：竖脊肌、斜方肌、胸锁乳突肌和臀大肌等。

回旋脊柱的肌肉有：同侧的腹内斜肌和对侧的腹外斜肌，此外还有对侧胸锁乳突肌、斜方肌和菱形肌等。

呼吸运动的肌肉有：固有呼吸肌(膈肌、肋间外肌、肋间内肌、胸横肌)和辅助呼吸肌(如胸大肌、胸小肌、胸锁乳突肌等为助吸气肌，腹直肌、腰方肌、髂肋肌等为助呼气肌)。

维持腹压的肌肉有：腹直肌、腹外斜肌、腹内斜肌、腹横肌、腰方肌和会阴肌等。

第三节 体育动作的运动解剖学分析

一、肌肉工作的协作关系

人们的动作有的很简单,但更多的是复杂的动作。一个简单的动作,往往不是一块肌肉所能完成的,而复杂的体育动作,则在数块或数群肌肉的协调工作下,使环节产生各种各样的运动,或使人体维持某种姿势。肌肉根据其在运动中所起的作用,可分为原动肌、对抗肌、固定肌及中和肌等。

1. 原动肌(主动肌、次动肌)

直接完成某动作的肌肉叫作原动肌。如肱肌、肱二头肌、肱桡肌和旋前圆肌 4 块肌肉是屈肘关节的原动肌。其中前两块在原动肌中起主要作用,因此叫主动肌;后两块起次要作用,叫次动肌(或副动肌)。

2. 对抗肌

与原动肌功能相反的肌肉叫对抗肌。如肱三头肌就是屈肘关节肌的对抗肌。当肘关节做伸的动作时,则相反。

3. 固定肌

将原动肌定点所附着的骨固定起来的肌肉叫固定肌。如做前臂弯举动作时,肩关节周围的肌肉必须固定肱骨,才能更好地完成这一动作,这时肩关节周围的肌肉就是固定肌。

4. 中和肌

有的原动肌具有数种功能,如斜方肌除了可使肩胛骨后缩外,还能使它上回旋。在进行扩胸运动时,只要求肩胛骨后缩,不要求上回旋。这时有另一些肌肉(如菱形肌和胸小肌)参与工作以抵消斜方肌上回旋的作用,使斜方肌充分发挥肩胛骨后缩的功能。这些限制或抵消原动肌发挥其他功能的肌肉就叫作中和肌。

有时两块原动肌都具有多种功能,其中有一种(或两种)功能是共同的,其他则是互相对抗的。如胸大肌可使上臂屈、内收和内旋,背阔肌可使上臂伸、内收和内旋,因此胸大肌和背阔肌在上臂内收和内旋方面为原动肌,在屈、伸方面的功能则相互限制或抵消,因此互为中和肌。

在体育教学、运动训练与科学研究的实践中,人们可以从运动解剖学、运动生理学、运动生物化学、运动生物力学、运动训练学、专项运动理论等不同学科的角度,对体育运动动作进行深入的分析。从不同学科的角度,对体育动作进行分析时,其分析内容、步骤与方法不同,侧重点也有所不同。

二、动作分析的内容、步骤与方法

（一）动作分析的内容

体育动作解剖学的分析内容，主要是探讨在体育运动动作的完成过程中，人体骨、关节、骨骼肌在完成各种体育动作或保持某种动作姿势时的机械运动规律。其分析的目的主要是通过揭示动作完成过程中，骨、关节、骨骼肌活动的机械运动规律，了解动作过程中关节运动的特点与幅度，以及参与工作的运动肌群及其工作特征，为科学地、有针对性地发展肌肉力量与柔韧性，提供直接的运动解剖学参数；为评价、鉴别体育动作技术的合理性、科学性，改进体育教学与专项运动训练，提高运动技术水平提供运动解剖学依据。

（二）动作分析的步骤与方法

随着体育动作的创新与发展、传统体育项目的挖掘与传承、体育项目的日益增多，体育运动动作千姿百态、千变万化，数不胜数。体育运动动作的分类方法有很多，角度不同分类也不同。依据肌肉工作的特征，可将体育动作分为两类，即在运动过程中运动环节发生位移或相对身体位置变化，肌肉以动力性工作为主的动力性动作，以及在运动过程中保持身体姿势相对不变，肌肉以静力性工作为主的静力性动作。

1. 静力性动作的分析步骤与方法

静力性动作的运动解剖学分析，通常只需要描述动作姿势。如在直角支撑动作中，大腿前举保持在髋关节处的屈位。又如分析"马步站桩"下肢动作，髋关节和膝关节半屈曲、踝关节背伸。

2. 动力性动作的分析步骤与方法

动力性动作的解剖学分析，通常可分为动作阶段的划分与描述、各动作阶段的关节运动及其原动肌分析、小结与建议等三个步骤。

1）动作阶段的划分与动作描述

可按照专项理论与动作技术，依据组成动作的几个部分或动作结构划分动作阶段，如百米跑可划分为预备、起跑、途中加速以及冲刺几个阶段；而途中跑的下肢动作可分为支撑、后蹬、后摆、前摆与下压等五个动作阶段。途中跑下肢动作可结合专项技术动作要领与要求进行描述，如支撑动作阶段下肢各关节屈曲，以减小支撑反作用力；后蹬动作阶段是下肢各关节蹬伸，获得向前的动力；后摆动作阶段是通过屈膝形成大、小腿折叠；前摆动作阶段以髋关节为支点屈膝摆动，使转动半径减小；下压动作阶段应通过大腿压小腿，积极伸髋带动伸膝，避免出现前踢小腿动作。

2）各阶段动作分析内容

各阶段分析，可采用文字描述与列表两种形式。文字描述有利于结合专项动作的要领与要求，适用于分析连贯性强、变化较复杂或较简单的动作阶段。列表分析具有简洁明了的特点，适用于分析结构层次较分明的周期性动作。实践中常针对动作阶段中的关键阶段、主要的肢体部分进行分析，通常包括以下四个内容：

(1) 描述参加运动的环节（关节）及其所做的运动。

描述参与运动的各关节名称和各相应的运动术语。体育动作过程中的关节运动具有直观的特点，并且能够相对准确地感知，可以作为运动解剖学动作分析的已知条件。熟悉、掌握、准确地描述各种体育动作中的关节运动十分重要，这也是对体育动作进行解剖学分析的前提和关键步骤。

(2) 分析运动的原动肌。

在体育动作的运动解剖学分析中，一般仅分析引起关节运动的原动肌。如前所述，对抗肌、固定肌与中和肌均是依据原动肌的概念提出的，只要抓住直接参与完成动作的原动肌，其他的矛盾（其他运动肌群的分析）就迎刃而解了。

(3) 分析原动肌工作的条件。

分析完成动作中原动肌收缩时的工作条件。一般来说，四肢采用近、远固定，躯干采用上、下、无固定较为方便，见骨骼肌总论相关内容。

(4) 分析原动肌工作的性质。

分析完成动作的原动肌收缩时的工作性质。动力性工作包括克制（向心）工作和退让（离心）工作。

3) 小结与建议

在体育动作完成过程中，针对关节运动的特点与幅度、工作肌群的工作条件与特征，对不同动作的分析讨论与建议可有所侧重。

专项动作应从专项技术的角度，侧重于技术性评价与建议，指出完成动作的关键部分、易出现的错误动作，以及改进动作技术的方法与建议，如途中跑、投篮与扣球动作。在竞技运动实践中，对优秀运动员的技术动作进行诊断时，应综合考虑工作肌群及其协作关系。

发展专项技术与身体素质的辅助性练习动作，应侧重于练习作用或效果的评价与建议，指出该练习动作对发展某部肌群（力量或伸展性）所产生的作用与效果，以及辅助性练习对改进某技术动作结构的有效性，如俯卧撑、立定跳远与小步跑、后蹬跑等。

三、体育动作的运动解剖学分析举例

在体育运动实践中，无论是从事体育专业工作，还是锻炼身体，对不同的体育动作应该知其然，还知其所以然，这样才能真正满足实际需要。本节选择的体育动作分析实例包括体质健康的测试指标、发展肌肉力量与伸展性的基本练习、基本的动力性与静力性动作，以及深受人们喜爱的健身、休闲运动动作，深入浅出地介绍其分析的步骤与方法，为在运动实践中的应用提供参照。

（一）静力性工作

燕式平衡是体操、武术等项目中常见的平衡动作，属于静力性动作，形成动作姿势后需保持2～3秒，要求上体与非支撑腿超过臀部形成反弓姿势，两臂侧举，单腿支撑并保持身体平衡。下肢动作的分析可分支撑腿、非支撑腿分别进行：

支撑腿的骨盆以髋关节为支点保持前倾（髋关节屈）位，大、小腿保持中立位，在膝、踝关

节处伸。维持动作姿势的原动肌是由髂腰肌等髋关节屈肌群，以及股四头肌等膝关节伸肌与小腿三头肌、胫骨后肌等踝关节屈肌群组成。

非支撑腿在髋关节处保持伸位，原动肌为臀大肌、股后肌群等；膝关节伸，原动肌为股四头肌；踝关节屈，原动肌为小腿三头肌。

（二）动力性工作

（1）立定跳远是发展、测定下肢弹跳力的练习之一，下面以此为例进行体育动作分析。

① 动作阶段的划分与描述。

立定跳远可分为预备、起跳、腾空和落地缓冲四个动作阶段。其中起跳阶段最为关键，仅对本阶段进行具体分析。

② 起跳阶段动作分析如表 3-1 所示。

表 3-1　蹬地起跳动作阶段的关节运动与原动肌分析表

运动环节及其运动	运动的原动肌	工作条件	工作性质
髋关节伸	臀大肌，臀中、小肌后部，股后肌群	远固定	向心工作
膝关节伸	股四头肌	远固定	向心工作
踝关节屈	小腿三头肌、胫骨后肌等	远固定	向心工作

③ 小结与建议。

立定跳远动作需在极短的时间内完成起跳动作，可以有效地发展臀大肌、股四头肌、小腿三头肌等髋关节伸、膝关节伸、踝关节屈肌群的爆发力。

（2）原地侧向推铅球动作中，推球阶段上肢与躯干的动作分析（以右手持球为例）。

这里只需要依次叙述参加运动的关节（或环节）及其所进行的运动，指出各关节运动的原动肌或主动肌，说明上述肌肉的工作条件和工作性质，如表 3-2 所示。

表 3-2　原地侧向推铅球动作中，推球阶段上肢与躯干的动作分析

关节（环节）及其运动	原动肌	工作条件	工作性质
肩胛骨前伸（伴上回旋）	前锯肌、胸小肌	近固定	向心工作
肩关节屈	三角肌前部、胸大肌、肱二头肌、喙肱肌	近固定	向心工作
肘关节伸、旋内	肱三头肌、肘肌、旋前圆肌、旋前方肌	近固定	向心工作
躯干左回旋	左侧腹内斜肌、右侧腹外斜肌	下固定	向心工作

【思考题】

1. 肌肉的辅助结构有哪些？
2. 简述肱二头肌和肱三头肌的起点、分布以及功能。

3. 简述股四头肌、股二头肌的起点、分布以及功能。
4. 简述胸大肌、背阔肌的起点、分布以及功能。
5. 简述腹直肌、腹外斜肌的起点、分布以及功能。
6. 试分析单臂右手投篮出手时的上肢动作。
7. 试分析正足背踢球,球踢出瞬间的下肢动作。

第四章 骨骼肌生理

第一节 骨骼肌的特性

一、骨骼肌的物理特性

1. 伸展性与弹性

肌肉在外力作用下,可被拉长的这种特性叫作伸展性。当外力解除后,被拉长的肌肉又可恢复原状,这种特性叫作弹性。肌肉的伸展性与弹性同柔韧性密切相关。在体育运动中,有目的、有计划地发展肌肉的伸展性和弹性,对于加大运动幅度、增强关节柔韧性和预防肌肉拉伤有着重要意义。

2. 黏滞性

肌肉的黏滞性是肌肉收缩或被拉长时,肌纤维之间、肌肉之间或肌群之间发生摩擦的外在表现。这是原生质的普遍特性,是其内所有胶体物质造成的。它使肌肉在收缩或被拉长时产生阻力,并额外消耗一定的能量。肌肉黏滞性的大小与温度有关,温度低时黏滞性大,反之则小。因此,在气温低的季节进行训练或比赛时,必须首先做好充分的准备活动,以增加体温,从而减小肌肉的黏滞性,提高肌肉收缩和放松的速度,并可避免肌肉拉伤。

二、骨骼肌的生理特性

(一) 兴奋性与传导性

骨骼肌是可兴奋组织,受到刺激后可产生兴奋(即产生动作电位)的特性称为兴奋性(excitability)。肌细胞某一点受到刺激引起的兴奋迅速传播到整个肌纤维的特性称为传导性(conductivity)。

引起兴奋的刺激条件有:

(1) 刺激强度 要使组织产生兴奋,刺激必须达到一定强度。引起组织兴奋的最小刺激称为阈刺激。大于阈刺激强度的刺激称为阈上刺激;低于阈刺激强度的刺激称为阈下刺激。阈刺激可以作为评定组织兴奋性高低的指标。阈刺激小表示组织的兴奋性高,阈刺激大则表示兴奋性低。

(2) 刺激的作用时间 无论刺激强度多大,要使可兴奋组织兴奋,刺激必须持续足够长的时间。在一定范围内,刺激强度越小,需要的刺激作用时间就越长。

(3) 刺激强度变化率　要使可兴奋组织兴奋,刺激必须有足够的变化率。刺激强度变化率是指刺激电流由无到有或由小到大的变化速率。同样的电流强度,变化速率越大越容易引起组织兴奋。

(二) 收缩性

骨骼肌受到刺激产生兴奋后,立即产生收缩反应,这种特性称为收缩性。

第二节　骨骼肌收缩的形式及力学表现

一、骨骼肌收缩的形式

骨骼肌收缩可表现为整块肌肉的长度发生变化,也可不发生变化。根据收缩时的长度变化,把收缩分为三种基本形式,即向心收缩、离心收缩和等长收缩。在完成工作或对抗地心引力对身体的作用时,这几种收缩往往同时或按顺序发生。

(一) 向心收缩

肌肉收缩时,长度缩短的收缩称为向心收缩(concentric contraction)。向心收缩时肌肉长度缩短、起止点相互靠近,因而引起身体运动。而且,肌肉张力增加出现在前,长度缩短发生在后。向心收缩是人体得以实现各种位移运动的基础,如屈肘、高抬腿、挥臂等。向心收缩又可根据收缩时负荷和速度的变化分为等张收缩和等动收缩。

1. 等张收缩

在向心收缩过程中,肌肉张力在肌肉开始缩短后即不再增加,直到收缩结束,这种收缩形式称为等张收缩(isotonic contraction)。

肌肉在等张收缩过程中,由于在不同关节角度骨杠杆率的变化,或由于肌肉长度的变化,其能发挥的力量的大小,在不同关节角度就有所不同(见图4-1)。在整个关节活动范围内,肌肉进行向心收缩时所产生的张力往往不是肌肉的最大力量。

如图4-1所示,当肘关节屈曲举起一恒定负荷时,肱二头肌在屈肘时所能产生的张力,随关节角度的变化而改变,在关节角度为120°时最大,而在关节角度为30°时最小。由于肌肉举起一物体所需的张力,必须稍大于被举起的物体,因此,肱二头肌在整个屈肘范围内所能举起的最大重量,必然不会大于其张力最弱点即在关节为30°时所能举起的重量。也就是说,在最大等张收缩时,只有在它的张力最弱点处,肌肉才能达到最大收缩能力,而在关节其余部分,则小于此值,这是等张训练的不足之处。

2. 等动收缩

等动收缩(isokinetic contraction)指肌肉在整个关节运动范围内,以恒定速度进行最大收缩。由于在整个收缩过程中收缩速度是恒定的,等动收缩有时也称为等速收缩。在运动实践中,自由泳的划水动作就具有等动收缩的特点。

等动收缩和等张收缩具有本质上的不同。肌肉进行等动收缩时在整个关节范围内都能产生最大的肌张力(见图4-2),而等张收缩时只能在关节张力最弱处产生最大收缩能力。这是由于等动收缩的负荷(外加阻力)能随关节运动的进程而精确地调整。在关节角度的张力最弱点负荷最轻,在关节角度的张力最强点负荷最重。此外,等动收缩的速度可以根据需要控制,而等张收缩的运动速度不但不能控制而且较慢。在日常的训练中,等动收缩需要借助专门的等动(或等速)训练器才能实现。因此,理论和实践证明,等动练习是提高肌肉力量的有效手段。

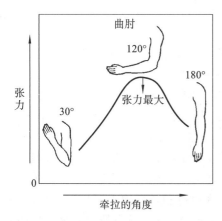

图 4-1　等张收缩时,肌肉收缩产生的张力随关节角度而变化
(引自 Edwards L,Fox,1979)

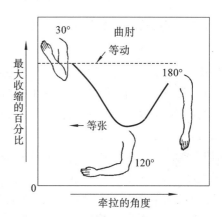

图 4-2　等动收缩时,在整个关节范围内肌肉都能产生最大张力
(引自 Edwards L,Fox,1979)

(二) 离心收缩

肌肉在收缩产生张力的同时被拉长的收缩称为离心收缩(eccentric contraction)。如下蹲时,股四头肌在收缩的同时被拉长,以控制重力对人体的作用,使身体缓慢下蹲,起缓冲作用。因此,肌肉的离心工作也称为退让工作。再如搬运重物时,将重物放下,以及下坡跑和下楼梯等也需要肌肉进行离心收缩。肌肉离心收缩可防止运动损伤。如从高处跳下时,脚先着地,通过反射活动使股四头肌和臀大肌产生离心收缩。由于肌肉离心收缩的制动作用,减缓了身体的下落速度,不至于使身体造成损伤。离心收缩时肌肉做负功。

(三) 等长收缩

肌肉在收缩时其长度不变,这种收缩称为等长收缩(isometric contraction),又称为静力收缩。肌肉等长收缩时由于长度不变,因而不能克服阻力做机械功。

等长收缩有两种情况。其一,肌肉收缩时对抗不能克服的负荷,如试图拉起根本拉不起的杠铃时,肱二头肌所进行的收缩就是等长收缩。其二,当其他关节由于肌肉离心收缩或向心收缩发生运动时,等长收缩可使某些关节保持一定的位置,为其他关节的运动创造适宜的条件。要保持一定的体位,某些肌肉就必须做等长收缩。如做蹲起动作时,肩带和躯干的某些肌肉发生等长收缩以保证躯干的垂直姿势,同时腿部和臀部的某些肌肉做向心收缩。当蹲下时,肩带和躯干的某些肌肉同样发生等长收缩以保证躯干的垂直姿势,但腿部和臀部的某些肌肉做离心收缩。在更复杂的运动中,身体姿势不断发生变化,因此肌肉的收缩形式也不断发生变化。在体育运动中,如体操中的"十字支撑""直角支撑"和武术中的站桩,参加工作的肌肉就是进行等长收缩。

二、骨骼肌的力学表现

肌肉收缩表现为收缩时产生的张力和(或)缩短程度,以及产生张力或缩短的速度。骨骼肌的力学表现由收缩时承受的负荷、自身的收缩能力和总和效应等因素决定。

(一)前负荷——长度-张力关系

前负荷(preload)是指肌肉收缩前所承受的负荷。前负荷决定了肌肉在收缩前的长度,亦即肌肉的初长度,因而初长度可以作为前负荷的观测指标。

在等长收缩条件下,可以测定不同前负荷(肌肉初长度)对主动收缩所产生的张力影响。

当肌肉伸展到一定长度时,由于肌肉中结缔组织的回弹,会产生一定的被动张力,施加刺激后,又可记录到一个收缩后的张力,此张力为被动张力与肌肉主动收缩产生的张力之和,即总张力。将肌肉固定于不同的初长度进行测量,可得到被动张力和总张力与肌肉长度的关系曲线,两条曲线相减,即为主动张力与肌肉长度的关系曲线(见图4-3)。该关系曲线表明,当前负荷逐渐增大时,它每次收缩产生的主动张力也相应地增大,但在超过某一限度后,再增加前负荷反而使主动张力越来越小,以致最后下降至零。这种肌肉收缩时产生最大张力的前负荷或初长度,称为最适前负荷或最适初长度。

肌肉在最适初长度时为何能产生最大的张力?图4-4是肌节长度与主动张力关系曲线。在曲线的 d 点肌节的初长度最大,粗、细肌丝完全不重叠,肌肉收缩时产生的主动张力为零;在曲线 c 点和 b 点,肌节的初长度分别为 $2.2~\mu m$ 和 $2.0~\mu m$,粗、细肌丝处于最适重叠状态,即所有的横桥都处于能与细肌丝重叠而有可能相互作用的位置(M线两侧各 $0.1~\mu m$ 范围内无横桥),肌肉等长收缩时产生的主动张力可达最大值;在曲线的 a 点,肌节长度为 $1.6~\mu m$,细肌丝穿过 M 线,造成两侧细肌丝相互重叠而发生卷曲,影响了部分横桥与细肌丝的接触,收缩张力相应减小。

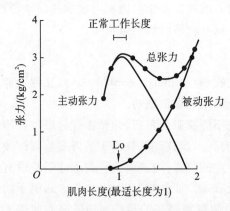

图4-3 肌肉长度-张力关系曲线

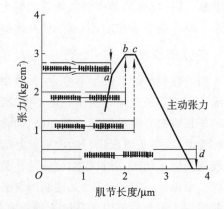

图4-4 肌节长度与主动张力的关系曲线

以上结果表明,肌肉收缩产生的张力是与能和细肌丝接触的横桥数目成比例的,因此,最适肌节长度应是 2.0 μm～2.2 μm。由于整个肌肉的初长度决定了收缩前肌肉中每个肌节的长度和肌丝间的相互关系,因此能维持最适肌节长度的肌肉初长度,就是肌肉的最适初长度,也即最适前负荷。处于最适初长度时,肌肉收缩可以产生最大的主动张力。骨骼肌在体内的自然长度大致相当于它们的最适初长度。

(二) 后负荷——张力-速度关系

后负荷(afterload)指肌肉开始收缩时才遇到的负荷或阻力。在等张收缩的条件下,测定不同后负荷情况下肌肉收缩产生的张力和缩短的速度,可得到张力-速度曲线(见图 4-5)。该曲线表明,在有后负荷的条件下,肌肉能产生的张力和它收缩时的初速度呈反变关系。随着后负荷的增加,收缩张力增加而肌肉缩短速度减小。当后负荷增加到使肌肉不能再缩短时,肌肉可产生最大等长收缩张力(p_0);当后负荷为零时,肌肉缩短可达最大缩短速度(v_{max})。

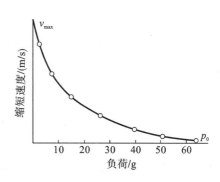

图 4-5　张力-速度曲线(离体肌肉)

肌肉收缩时产生的张力大小,取决于活化的横桥数目;收缩速度则取决于能量释放速率和肌凝蛋白 ATP 酶活性,而与活化的横桥数目无关。

研究表明,肌肉收缩的张力-速度关系曲线可通过训练而改变。与无训练者相比,有训练的运动员的张力-速度关系曲线向右上方偏移,亦即在相同的力量下,有训练的运动员可发挥更大的速度;或在相同的速度下,可表现出更大的力量。

(三) 肌肉的收缩能力

肌肉的收缩能力(contractility)是指与负荷无关的、决定肌肉收缩效能的内在特性。肌肉收缩能力提高后,收缩时产生的张力和(或)缩短,以及产生张力和缩短的速度都会提高,表现为长度-张力曲线上移和张力-速度曲线右上移。

肌肉这种内在的收缩特性与多种因素有关,例如兴奋-收缩耦联期间胞浆内 Ca^{2+} 的水平、肌球蛋白 ATP 酶的活性以及细胞内各种功能蛋白及其亚型的表达水平等。许多神经递质、体液因子、病理因素和药物都是通过上述途径来调节和影响肌肉收缩能力的。例如,缺氧、酸中毒、肌肉中能源物质的缺乏,以及其他原因引起的兴奋-收缩耦联、肌肉蛋白质或横桥功能特性的改变,都可能降低肌肉收缩的效能;而咖啡因、肾上腺素等体液因素则可能通过影响肌肉的收缩机制而提高肌肉的收缩效能。

(四) 收缩的总和

骨骼肌通过收缩的总和(summation of contraction)可以快速调节收缩的强度。总和的发生是在神经系统的调节下完成的,它有两种形式:运动单位数量的总和以及冲动频率效应的总和。

1. 运动单位数量的总和

一个 α 运动神经元及其轴突分支所支配的全部肌纤维,总称为一个运动单位(motor unit,见图4-6)。运动单位的大小差别很大,不同运动单位所包含的肌纤维数可以从几条至上千条,如眼外直肌每个运动单位只有 5~7 条肌纤维,而腓肠肌有 200 多条肌纤维。一般来说,一个运动单位中的肌纤维数目越少,就越灵活,而越多则产生的张力越大。每个运动单位又可分成许多亚单位。每个亚单位由 10~30 条肌纤维组成。

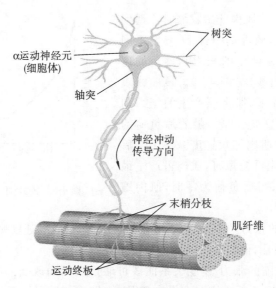

图 4-6 运动单位模式图

在同一运动单位中的肌纤维的兴奋与收缩是同步的,而同一肌肉中不同运动单位的肌纤维的活动则不一定是同步的。当肌肉进行收缩活动时,参与收缩的运动单位愈多且同步,肌肉收缩产生的力量愈大。

运动单位可根据它受支配的神经元和肌纤维的特性分成两类:一类称快运动单位,由大运动神经元连同它所支配的快肌纤维组成;一类称慢运动单位,由小运动神经元连同它所支配的慢肌纤维组成。

2. 冲动频率效应的总和

运动神经元发放的冲动频率同样会影响骨骼肌的收缩形式和收缩强度。

当骨骼肌受到一次短促的刺激时,可产生一次动作电位,随后出现一次收缩和舒张,这种形式的收缩称为单收缩(single twitch)。

在一次单收缩中,动作电位时程(相当于绝对不应期)仅 1~2 ms,而收缩过程可达几十甚至几百毫秒,因而有可能在机械收缩过程中接受新的刺激并发生兴奋和收缩,于是新的收缩便与上次尚未结束的收缩发生总和。

当骨骼肌受到频率较高的连续刺激时,可出现以这种总和过程为基础的强直收缩。如果刺激频率相对较低,总和过程发生于舒张期,就会出现不完全强直收缩;提高刺激频率,使总和过程发生于收缩期,就出现完全强直收缩(见图 4-7)。通常所说的强直收缩是指完全强直收缩。在等长收缩条件下,强直收缩产生的张力可达单收缩的 3~4 倍。

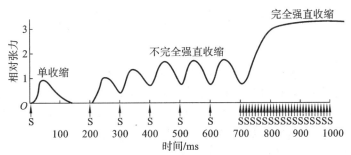

图 4-7 刺激频率对骨骼肌收缩的影响

在生理条件下,支配骨骼肌的传出神经总是发生连续的冲动,所以骨骼肌的收缩都是强直收缩;即使在安静状态下,中枢神经也经常发放低频率的神经冲动至骨骼肌,使之产生一定程度的强直收缩,这种微弱而持续的收缩状态导致了肌紧张,即肌肉呈现一定的紧张度。

三、肌肉的机械功与功率

当肌肉克服某一外力而缩短,或因缩短而拉起某一负荷时,肌肉就完成了一定量的机械功。机械功等于所克服的阻力(负荷)和肌肉缩短长度的乘积。

肌肉收缩时究竟以产生张力为主,还是以表现缩短为主,以及收缩时做功的多少,要看负荷的大小以及肌肉本身的机能状态。例如在动力性工作中,肌肉的长度变化很明显,负荷的重物或肢体产生位移,这时就会做功;而在静力性工作中,肌肉长度没有什么变化,肌肉张力增加虽很明显,但因为肢体及所负的负荷并不产生位移,所以是不做功的。

人体运动时所输出的功率,实际上就是运动生理学中所说的爆发力,是指人体单位时间内所做的功。

爆发力的计算公式为:

$$P = \frac{F \times D}{t} \tag{1}$$

由于

$$F = m \times a \tag{2}$$

所以公式(1)又可以写成:

$$P = \frac{m \times a \times D}{t} \tag{3}$$

式中:P 表示功率(爆发力),单位是 N·m/s;F 表示力,单位是 N;D 表示位移的距离,单位是 m;m 表示质量;a 表示加速度;t 表示做功时间,单位是 s。

在运动中使器械或人体体重(m)产生加速度(a)所需要的力(F)来自肌肉收缩。肌肉收缩使力量和加速度增加。加速度增加,完成运动所需要的时间(t)减少,从而使运动的输出功率(P)增加。在某些运动项目中,如投掷、短跑、跳跃、举重、拳击和橄榄球等项目,运动员必须有较大的爆发力。

第三节 肌纤维类型与运动能力

Ranvier(1883)用电刺激法证明了红肌、白肌的收缩机能不同,红肌收缩慢而持久,白肌收缩快而短暂。之后人们对骨骼肌肌纤维类型的形态、机能和代谢特征等进行了较全面的研究。Bergstrom(1962)创造了肌肉的活检技术,使得对人体骨骼肌肌纤维类型的研究有了飞跃性的发展。对运动员骨骼肌快、慢肌纤维的分布、机能及代谢特点等进行了较为广泛的研究,而且这些研究的结果被广泛地应用到运动实践中。

一、肌纤维类型的划分

划分肌纤维类型有许多种方法,根据不同分类方法,可将肌纤维划分为不同的类型。有如下几种划分肌纤维类型的方法:①根据收缩速度,可将肌纤维划分为快肌纤维(fast-twitch,FT)和慢肌纤维(slow-twitch,ST);②根据收缩及代谢特征,可将肌纤维划分为快缩、糖酵解型,快缩、氧化、糖酵解型和慢缩、氧化型;③根据收缩特性及色泽,可将肌纤维划分为快缩白、快缩红和慢缩红三种类型;④布茹克司(Brooks,1970)将肌纤维分为Ⅰ型和Ⅱ型,其中Ⅱ型肌纤维又分为Ⅱa、Ⅱb、Ⅱc(Ⅱc是一种介于Ⅱa和Ⅱb之间的过渡型肌纤维)三个亚型。

二、不同类型肌纤维的形态、机能及代谢特征

(一)不同类型肌纤维的形态特征

快肌纤维与慢肌纤维的主要形态学特征如表4-1所示。

表4-1 快、慢肌纤维的形态学特征

形态学特征	Ⅰ型(慢肌)	Ⅱ型(快肌)
α运动神经元	小	大
α运动神经元支配纤维数	少	多
肌纤维的直径	小	大
肌浆网(内质网)	不发达	发达
突触小泡	少	多
终板面积	小	大
毛细血管网	较丰富	不太丰富
肌红蛋白	多	少
线粒体	多而大	少而小
糖原贮量	少	多
在运动员中的分布	有氧耐力运动员高	无氧耐力运动员高

(二) 不同类型肌纤维的代谢特征

快肌纤维与慢肌纤维的主要代谢特征如表 4-2 所示。

表 4-2 快、慢肌纤维的代谢特征

代谢特征	Ⅰ型(慢肌)	Ⅱ型(快肌)
有氧代谢能力	强	弱
无氧代谢能力	弱	强
酶活性	有氧代谢酶活性高	无氧代谢酶活性高
ATP 酶活性	1 倍	3 倍
肌激酶活性	1 倍	1.8 倍
磷酸肌酸激酶活性	1 倍	1.3 倍
乳酸脱氢酶活性	1 倍	2.0~2.5 倍
细胞色素氧化酶活性	高	低
苹果酸脱氢酶活性	高	低
琥珀酸脱氢酶活性	高	低
最大乳酸产生量	低	高

(三) 不同类型肌纤维的生理学特征

快肌纤维与慢肌纤维的主要生理学特征如表 4-3 所示。

表 4-3 快、慢肌纤维的生理学特征

生理学特征	Ⅰ型(慢肌)	Ⅱ型(快肌)
运动神经元兴奋性	兴奋阈值低	兴奋阈值高
运动神经元传导速度	2~8 m/s	20~40 m/s
收缩速度	慢	快
收缩力量	小	大
肌肉收缩能量供给	有氧代谢能力强	无氧代谢能力强
抗疲劳能力	不易疲劳	易疲劳
动员模式	力量、速度类活动	耐力类活动

1. 快肌纤维收缩速度快,慢肌纤维收缩速度慢

在人体的骨骼肌中,快肌纤维与慢肌纤维是相互混杂的,但每块肌肉中快肌与慢肌的分布比例是不同的。研究发现,肌肉收缩速度与快肌纤维百分比成正比,快肌纤维收缩速度大于慢肌纤维(见图 4-8(a))。

2. 快肌产生的力量大,慢肌产生的力量小

快肌纤维百分比较高的肌肉收缩时产生的张力较大。让受试者进行最大力量伸膝时,股外肌快肌纤维百分比较高的人,最大伸膝力量也较大。最大伸膝力量与快肌纤维百分比

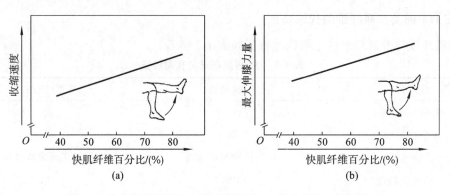

图 4-8　快肌纤维百分比与肌肉收缩速度、最大伸膝力量的关系
(引自 Edwards L,Fox,1979)

成正比关系(见图 4-8(b))。

由于收缩力量和速度均与肌肉中快肌纤维百分比有关,快肌纤维百分比较高的肌肉的收缩速度和力量均大于慢肌纤维百分比较高的肌肉,故快肌纤维百分比较高的肌肉的力量-速度曲线向右上方转移(见图 4-9(a))。因此,运动员在完成某一动作时,如果参与工作的肌肉中快肌纤维百分比较高,则在同样的运动速度下能发挥较大的力量,当肌肉力量相同时能产生较大的收缩速度。图 4-9(b)表示的是不同项目运动员的力量-速度曲线,可以看到,快肌纤维百分比越高的运动员,其力量-速度曲线在图中的位置越靠近右上方。

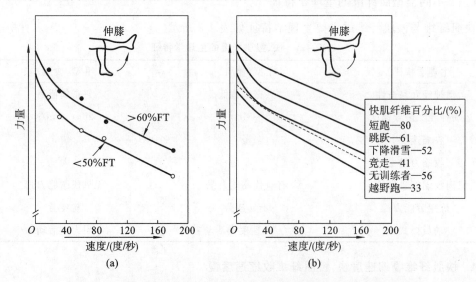

图 4-9　无训练者和快肌纤维百分比不同的运动员的力量-速度曲线
(引自 Edwards L,Fox,1979)

力量-速度曲线与快肌纤维百分比有关,尽管无训练者的快肌纤维百分比仅稍低于短跑和跳跃项目的运动员(56%对 61%),但是由于缺乏训练,其肌肉的力量及收缩速度均较低,低于快肌纤维百分比分别为 52%和 41%的下降滑雪和竞走项目的运动员。这说明运动训练可以对力量-速度曲线产生明显的影响,运动员通过运动训练可以使力量-速度曲线向右上方转移。

3. 快肌容易疲劳,慢肌不容易疲劳

快肌纤维比慢肌纤维更容易疲劳,快肌纤维百分比与疲劳呈正相关(见图 4-10(a))。

图 4-10(b)比较了人的快肌纤维和慢肌纤维的抗疲劳特性,当以每秒 180°的角速度重复完成最大用力伸膝运动时,在开始阶段股外肌中快肌纤维百分比为 61%的受试者,伸膝时股外肌的肌肉力量远远大于快肌纤维百分比为 38%的受试者。而当继续进行重复收缩时,快肌纤维百分比为 38%的受试者的力量下降速度较慢,而快肌纤维占 61%的受试者的力量下降速度较快,并且很快低于快肌纤维百分比较低的受试者。由此可见,和慢肌纤维相比,快肌纤维在收缩时能产生较大的力量,但容易疲劳。

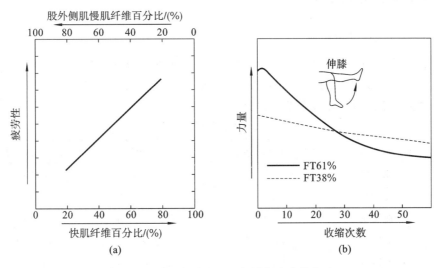

图 4-10 快肌纤维和慢肌纤维与疲劳的关系

(引自 Edwards L,Fox,1979)

三、骨骼肌活动时肌纤维的有序募集和大小原则

许多研究表明,运动单位工作时肌纤维的募集是按照固定顺序进行的,称为有序募集原理,即特定肌肉内的运动单位是按照一定方式募集的。例如,假设肱二头肌有 200 个运动单位,按序依次从 1 排到 200,如果需要一个非常精确的肌肉收缩产生极其小的力量,仅需要运动单位 1 被募集;当需要的力量增加时,运动单位 2、3、4 等逐渐被募集;达到最大收缩时,几乎所有的运动单位都会被募集。如果产生一个特定的力,每次都会动员同样的运动单位,并且是按照同样的顺序动员的。

能部分解释有序募集原理的机制是大小原则,即运动单位的有序募集直接与运动单位的大小有关。弱收缩时,总是那些较小的运动单位(慢运动单位)发生收缩;随着收缩的加强,就会有越来越多的大运动单位(快运动单位)参加收缩,产生的张力也随之增加。舒张时,停止放电和收缩的首先是最大的运动单位,最后才是最小的运动单位。骨骼肌的这种调节收缩强度的方式称为大小原则。复杂人体运动中肌纤维是如何募集的,目前还不完全

清楚。

高耐克(Gollnick)等人让受试者用 2/3 最大摄氧量强度运动,发现慢肌纤维中的糖原首先被消耗,继而转向快肌纤维。甚至当慢肌纤维中的糖原完全空竭时,快肌纤维中还有糖原剩余。当运动强度为 150% 最大摄氧量强度时,快肌纤维中的糖原首先被消耗。这说明,在以较低的强度运动时,慢肌纤维首先被动员;运动强度较大时,快肌纤维首先被动员。

在运动训练时,采用不同强度的练习,可以发展不同类型的肌纤维。为了增强快肌纤维的代谢能力,训练计划必须包括高强度的练习;如果要提高慢肌纤维的代谢能力,训练计划就要由低强度、持续时间较长的练习组成。

四、运动项目与肌纤维类型

(一)一般人的肌纤维组成

研究发现(见表4-4),一般人上下肢肌肉的慢肌纤维百分比平均为 40%～60%。从每个受试者来看,慢肌纤维百分比最低的为 24%,最高的为 74.2%,相差的范围很大。这说明在一般人中肌纤维的百分比分布范围很大。

表 4-4 一般人的肌纤维组成

受试者	肌 肉	ST 百分比/(%)	变化范围	作 者
男(19)	股外肌	57.7	±2.5	Burke 等
男(11)	腓肠肌	52.6	38.0～73.2	Costil 等
女(10)	腓肠肌	51.0	27.4～72.0	Costil 等
男(8)	腓肠肌	46.7	±3.7	Coyle 等
男(14)	腓肠肌	43.9	24.0～72.9	Gollnick 等
男(14)	三角肌	45.2	33.5～58.3	Gollnick 等
男(9)	股外肌	43.8	26.0～60.6	Green 等
男(69)	股直肌	53.9	±12.2	Jansson 等
男(6)	股外肌	54.8	±9.7	Jansson 等
男(23)	股外肌	46.0	±13.0	Komi 等
男(10)	股外肌	44.6	——	Thorstensson 等
女(4)	股外肌	36.4	27.2～42.1	Prince 等
男(14)	股外肌	44.3	28.2～74.2	胜田 等
男(14)	三角肌	57.5	40.1～68.3	胜田 等

(二)运动员的肌纤维组成

研究发现,运动员的肌纤维组成具有项目特点。参加时间短、强度大项目的运动员,骨骼肌中快肌纤维百分比较从事耐力项目运动员和一般人高。相反,从事耐力项目运动员的慢肌纤维百分比高于非耐力项目运动员和一般人。既需要耐力又需要速度的运动项目(如中跑、自行车运动等),肌肉中快肌纤维和慢肌纤维百分比相当。

表4-5显示运动员和非运动员的肌纤维组成。需要很强耐力的长跑运动员,腿部肌肉慢肌纤维占优势。研究报道,马拉松世界冠军的腓肠肌中,慢肌纤维所占比例为93%~99%。而且,尽管优秀长跑运动员肌纤维横断面积不同,但他们腿部肌肉的慢肌纤维面积比快肌纤维面积平均多22%。需要速度和力量的短跑运动员,腓肠肌主要由快肌纤维组成。研究报道,短跑世界冠军的腓肠肌内,慢肌纤维的比例仅有25%。游泳运动员上肢含有较多慢肌纤维(60%~65%),而未经训练的人仅含有45%~55%的慢肌纤维,优秀运动员与顶尖运动员的肌纤维类型没有明显区别。

表4-5 不同性别运动员特定肌肉中慢肌纤维和快肌纤维的比例及横断面积

运动员	性别	肌 肉	慢肌纤维百分比/(%)	快肌纤维百分比/(%)	肌纤维的横断面积/μm^2	
					慢肌纤维	快肌纤维
短跑	男	腓肠肌	24	76	5878	6034
	女	腓肠肌	27	73	3752	3930
长跑	男	腓肠肌	79	21	8342	6485
	女	腓肠肌	69	31	4441	4128
自行车运动	男	股外侧肌	57	43	6333	6116
	女	股外侧肌	51	49	5487	5216
游泳	男	三角肌后部	67	33	—	—
举重	男	腓肠肌	44	56	5060	8910
	女	三角肌	53	47	5010	8450
三项全能	男	三角肌后部	60	40	—	—
	男	股外侧肌	63	37		
	男	腓肠肌	59	41		
皮划艇	男	三角肌后部	71	29	4920	7040
铅球	男	腓肠肌	38	62	6367	6441
非运动员	男	股外侧肌	47	53	4722	4709
	女	腓肠肌	52	48	3501	3141

(引自 Wilmore, et al., 2008)

五、运动训练对肌纤维的影响

关于如何解释不同项目运动员的肌纤维类型分布不同,有两种观点:一种观点认为,每个人生来肌纤维类型的分布比例就已经确定,而且这种比例是不能通过训练和其他方法得到改变的,各专项优秀运动员之所以具有相应的、有利于本专项的肌纤维的百分比组成乃是"自然选择"的结果;另一种观点则认为,运动员在长期的系统的专项训练下,肌肉结构和功能可发生适应,并把这种适应解释为肌纤维比例改变的依据。这两种观点至今还在提供实验依据,但由于检测技术等原因,这个问题有待于更多的研究和进一步探讨。

不论运动训练能否改变肌纤维类型,运动训练能使肌纤维形态和代谢特征发生较大的变化是毋庸置疑的。

(一) 肌纤维选择性肥大

Costil(1976)研究发现,长跑运动员慢肌纤维的相对面积(ST area)要比快肌纤维的相对面积大 22%($p<0.05$),不同项目的赛跑运动员慢肌纤维相对面积如表 4-6 所示。

表 4-6 赛跑运动员慢肌纤维相对面积

项 目	性 别	例 数	ST area/(%)
短 跑	男	2	22.7
	女	2	28.6
中 跑	男	18	62.1
	女	7	60.4
长 跑	男	14	82.9

(引自 Costil,1976)

Saltin 研究发现,耐力训练可引起慢肌纤维选择性肥大,速度、爆发力训练可引起快肌纤维选择性肥大,通过 10 周的举重训练,快肌纤维面积由 5473 μm^2 增加到 7140 μm^2($p<0.05$)。Saltin(1973)对 6 名成年男受试者进行了 5 个月的长跑训练,在训练前后,测定受试者的最大摄氧量、慢肌纤维百分比、慢肌纤维面积、琥珀酸脱氢酶活性和磷酸丙糖激酶等指标(见表 4-7),结果发现,受试者的最大摄氧量、慢肌纤维面积、琥珀酸脱氢酶活性和磷酸丙糖激酶在训练后都显著提高了,但慢肌纤维百分比没有明显提高。

表 4-7 长跑训练对肌纤维的影响

指 标	训练前	训练后	p
最大摄氧量/(L/min)	3.9	4.5	<0.01
慢肌纤维百分比/(%)	32	36	>0.05
慢肌纤维面积/(%)	27.9	38.1	<0.001
琥珀酸脱氢酶(SDH)活性/(mmol/(g·min))	4.7	9.1	<0.001
磷酸丙糖激酶/(μmol/(g·min))	27.1	58.8	<0.01

(引自 Saltin,1973)

(二) 肌肉中毛细血管数增加

肌肉对有氧训练最重要的适应之一是增加肌纤维周围的毛细血管/肌纤维比值。Hermansen(1973)等研究发现(见表 4-8),训练良好的男性腿部肌肉毛细血管/肌纤维比值比未训练男性多将近 50%。训练良好者有较大的肌纤维,因为在同样面积下(每平方厘米)

有较少的纤维数。

也有研究显示,长期的有氧训练会增加超过15%的毛细血管数量。拥有较多的毛细血管可增加血流和肌纤维之间气体、热量、废物与营养物质的交换。增加毛细血管密度有利于扩散,因此维持良好的供血环境有助于肌肉组织的能量产生和肌肉收缩。

表 4-8 训练良好的男性与无训练男性的肌纤维与毛细血管

	每平方厘米毛细血管数	每平方厘米肌纤维数	毛细血管/肌纤维比值	扩散距离
训练良好者				
运动前	640	440	1.5	20.1
运动后	611	414	1.5	20.3
无训练者				
运动前	600	557	1.1	20.3
运动后	599	576	1.0	20.5

注:扩散距离是毛细血管在横断面之间以微米单位所代表的平均半程。
(引自 L. Hermansen 和 M. Wachtlova,1971)

(三) 肌红蛋白量增加

肌红蛋白与血红蛋白的结构相似,但肌红蛋白对氧的亲和力比血红蛋白高得多。

当氧气进入肌纤维,会与肌红蛋白结合成氧合肌红蛋白。当肌肉活动时氧受到限制,肌红蛋白会释放氧,氧进入线粒体内。储备的氧可供从休息到运动的过渡期使用,亦即从运动开始到心血管输送氧增加之间的延迟期,提供氧给线粒体利用。

肌红蛋白进行氧运输的真正机制尚未完全了解,但已有的研究表明有氧训练会使肌肉中肌红蛋白的含量增加70%~80%。如果肌红蛋白能够提升肌肉的氧化代谢能力,那么训练的适应是值得期待的。

(四) 线粒体功能增强

有氧(氧化)能量的产生场所是线粒体。毫无疑问,有氧训练也会导致线粒体功能改变,即促进肌纤维产生 ATP 的能力。这种利用氧和通过氧化产生 ATP 的能力,取决于肌肉线粒体的数量与体积。这两者都会随着有氧训练而增加。一项研究表明,大鼠进行 27 周的耐力训练,结果发现线粒体的实际数量增加约 15%;在训练期间,线粒体的平均体积也增加约 35%。有氧训练量增加,线粒体的数量和体积随之增加。

(五) 肌纤维内酶活性改变

肌纤维对训练的适应还表现为肌肉中有关酶活性的有选择性增强。另外,Costil 研究了不同项目赛跑运动员和无训练者腿肌中琥珀酸脱氢酶(SDH)、乳酸脱氢酶(LDH)及磷酸化酶(PHOSP)的活性,发现长跑运动员的肌肉中,与氧化供能有密切关系的 SDH 活性较高,而与糖酵解及磷酸化供能有关的 LDH 及 PHOSP 活性则最低。短跑运动员则相反,

LDH 和 PHOSP 活性较高,而 SDH 活性较低。中跑运动员居短跑和长跑运动员之间(见表 4-9)。

表 4-9 短、中、长跑运动员肌肉中酶活性的差异

项目	性别	例数	SDH	LDH	PHOSP
短跑	男	2	12.9	1287	15.3
中跑	男	7	14.8	868	8.4
长跑	男	5	16.6	767	8.1
无训练者	男	11	7.4	822	7.6

(引自 Costil,1976)

表 4-10 显示未训练者、无氧训练者和有氧训练者来自三种能量系统的肌肉酶的活性,清楚地说明了肌肉中有关酶活性的有选择性增强。

表 4-10 男性未训练者、无氧训练者和有氧训练者肌肉酶的活性

单位:mmol/(g·min)

供能系统	相关酶	未训练者	无氧训练者	有氧训练者
有氧氧化系统	琥珀酸脱氢酶	8.1	8.0	20.8*
	苹果酸脱氢酶	45.5	46.0	65.5*
	肉碱棕榈酰基转移酶	1.5	1.5	2.3*
ATP-CP 系统	肌酸激酶	609.0	702.0*	589.0
	肌激酶	309.0	350.0*	297.0
糖酵解系统	磷酸激酶	5.3	5.8	3.7*
	磷酸果糖激酶	19.9	29.2*	18.9
	乳酸脱氢酶	766.0	811.0	621.0

注:* 与未训练者比较具有显著差异。(引自王瑞元、汪军译《运动生理学》,2011)

【思考题】

1. 试述骨骼肌的特性。
2. 骨骼肌有几种收缩形式?说明肌肉收缩形式对体育实践的意义。
3. 试分析长度-张力关系曲线的生理机制及其在运动实践中的作用。
4. 试分析张力-速度关系曲线的生理机制及其在运动实践中的意义。
5. 举例说明两类运动单位有序募集原理在运动实践中的意义。
6. 骨骼肌肌纤维类型是如何划分的?不同类型肌纤维的形态学、生理学和代谢特征是什么?
7. 从事不同项目运动员的肌纤维的组成有什么特点?
8. 运动时不同类型的肌纤维是如何被动员的?
9. 运动训练对肌纤维组成有什么影响?

第五章 血 液

第一节 概 述

一、体液与内环境

人体细胞内、外的液体统称为体液(body fluid),占体重的60%~70%。体液的大部分存在于细胞内,组成细胞内液,占体重的40%~45%。小部分存在于细胞外,组成细胞外液,占体重的15%~20%。细胞外液包括血浆、组织液、淋巴液及各种腔室中的液体,如脑脊液、眼房水等。机体内细胞的物质交换都是通过细胞外液进行的(见图5-1)。

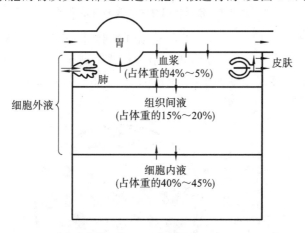

图5-1 细胞内液和细胞外液的分布及其交换示意图

细胞外液是细胞生存的直接环境,细胞新陈代谢所需的氧和养料可直接由细胞外液提供,细胞的代谢终产物也需要通过细胞外液排出,这样才能维持人体正常机能,因此,把细胞生活的环境——细胞外液称为机体的内环境(internal environment),以区别于外环境。

正常机体,其内环境的理化性质如温度、渗透压、pH、离子浓度等经常保持相对的稳定,这种内环境理化性质相对稳定的状态称为稳态(homeostasis)。内环境的相对稳定是机体正常生命活动的必需条件。在某些疾病或特殊情况下(如中毒、失血),机体内环境的理化性质会发生较大的变化,将引起机体功能紊乱,甚至危及生命。

二、血液组成与血量

(一) 血液的组成

正常血液(blood)为红色黏稠液体,由血浆和有形成分组成。

从血管中取出少量血液加入适量抗凝剂(柠檬酸钠、肝素),经离心沉淀后,血液可分为三层(见图5-2)。上层呈淡黄色的透明液体称为血浆(plasma),占全血的50%~60%;下层呈暗红色的不透明固体部分称红细胞;二者之间有一薄层的白色物质,是血小板和白细胞。

图5-2 分血计试管中血液分层示意图

血液的有形成分占全血的45%~50%,包括红细胞、白细胞和血小板(见图5-3)。红细胞占有形成分容积的99%以上;白细胞和血小板总共不到1%。红细胞在全血中所占的容积百分比称为红细胞比容或红细胞压积(hematocrit value)。健康成人的红细胞比容,男子为40%~50%,女子为37%~48%。

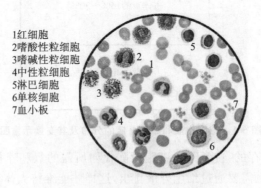

图5-3 显微镜下血细胞示意图

流出体外的血液如不加抗凝剂或进行其他处理,几分钟后就会凝固成胶冻血块。在室温下搁置1小时以上,血块缩小,并在血块周围出现少量黄色澄清液,称为血清。血清与血浆的主要区别在于血浆含有纤维蛋白原,而血清不含纤维蛋白原。

血浆是血细胞以外的液体部分。血浆通常占总血容量的55%~60%,但是在急性运动时血浆的比重比正常值低10%或更多,而在耐力训练或热环境下血浆的比重要增加10%或更多。血浆中90%的成分为水,7%为血浆蛋白,还有3%为细胞营养物质、电解质、酶、激素、抗体和代谢产物等。

当进行几分钟或更短时间的运动时,血浆量变化不大。长时间运动时,血浆量减少10%~15%。同样,反复进行1分钟力竭性运动也会使血浆量减少15%~20%。进行抗阻训练时,血浆量的减少和用力程度成正比,减少10%~15%。

如果是运动强度或是环境等状况导致流汗,血浆量的减少会更多。虽然排出汗液的水分主要来自组织间液,而随着流汗持续,组织间液的量会减少,造成组织间隙的渗透压升高(因为组织中的蛋白质不会随水分移动),这个压力更让血浆中的水分移入组织间隙中。组织间液的量很难准确地直接测量,但是研究指出细胞内液会流失,甚至于红细胞中的水分也会减少,使得细胞小幅萎缩。

血浆量的减少会使得运动能力减弱。长时间运动下,脱水会造成散热困难,为了散热,流到皮肤的血液要增加,流到肌肉的血液就减少。身体严重脱水时不只造成肌肉血流变慢,血浆量下降也会增加血液的黏稠度,使得人体心输出量及有氧能力下降,血液中的氧气更不容易进入组织,代谢产物堆积增多,疲劳加剧,运动能力下降,特别是在红细胞比容超过60%时。

(二) 血量

血量(blood volume)是指全身血液的总量,正常成年人的血量占体重的7%~8%。体内血量根据体型和训练状态有显著的个体差异,以平均体型和正常的身体活动为例,男子的血量为5~6 L,女子的血量为4~5 L。身材高大和耐力训练水平高的人血量也大。

血量的相对稳定是机体维持正常生命活动的重要保证。一般情况下,成人一次失血在500 mL以下,即不超过血液总量的10%时,通过心血管系统的调节及储存血量的动员等机体的代偿作用,血量和血液的主要成分能很快恢复到正常水平。如水和电解质可由组织液回流加速,在1~2 h得以恢复;血浆蛋白可由肝脏加速合成,在24 h左右得到恢复;红细胞则由骨髓造血功能增强,在一个月内得到补充而恢复到正常水平。因此,少量失血无明显的临床症状出现,正常人一次献血200~300 mL,并不会对其身体带来损害。中等失血即一次失血约1000 mL,达全身血量的20%时,人体功能则难以通过代偿恢复到正常水平,将会出现血压下降、脉搏加快、四肢冰冷、眩晕、恶心、乏力等现象,严重时会昏倒,需要输血、输液等处理。大失血即失血量达血液总量的30%以上时,如不及时进行抢救,就会危及生命。

安静状态下,人体大部分的血量都在心血管中迅速流动,称为循环血量。还有一部分血量潴留在肝、肺、腹腔静脉以及皮下静脉丛等处,流动缓慢,血浆较少,红细胞较多,这部分血量称为贮存血量。

循环血量和贮存血量不是一成不变的,在运动、劳动、情绪激动和体温升高等情况下,体内需要大量循环血时,贮存血便被迅速释放出来加入到循环血中,增加循环血量。同时,消化、排泄器官等的血液也转移到肌肉中去,以利于各器官的需要。在运动停止后转入安静状态,不需要更多循环血量时,又有小部分血液进入血库内贮存起来,以便减轻心脏的负担。

一次性运动对血容量的影响,取决于运动的强度、持续时间、项目特点、环境温度、湿度、热适应和训练水平等。如短时间大强度运动后,血浆容量和血细胞容量都明显增加,而血细胞容量增加较明显。血容量的增加主要是由于贮存血被动员入循环,使循环血量增加。长时间耐力运动时,由于体内产热增加,大量排汗以散热,温度越高、运动时间越长,血浆的损失也越多。一次长时间运动,可使血浆量减少10%左右。有资料报道,高温环境下运动脱水时若体重下降3%~8%,血浆容量可减少6%~25%。

长期耐力训练使血容量增加,血容量增加的主要原因是血浆容量的增加,但红细胞增多也是其中的原因。血浆容量增加通过两种机制来实现。第一种机制分为两个阶段,第一阶段是增加大量的血浆蛋白,特别是白蛋白,血浆蛋白增加导致渗透压升高,结果使更多的液体吸收进入血液。单次的激烈运动中,蛋白质会离开血管移动到间隙处,经过淋巴系统再吸收,故血浆量迅速增加的第一阶段是增加血浆蛋白,而且会在第一次训练后恢复期的1小时内出现。第二阶段,因反复运动而启动合成(上调节)新的蛋白质。第二种机制是使抗利尿激素(ADH)和醛固酮释放增多,促使肾重吸收水和钠增多,从而引起血浆容量增加。

三、血液的功能

(一) 维持内环境的相对稳定作用

血液能维持水、氧和营养物质的含量;维持渗透压、酸碱度、体温和血液有形成分等的相对稳定。

(二) 运输作用

血液不断地将从呼吸器官吸入的氧和消化系统吸收的营养物质,运送到身体各处,供给组织细胞进行代谢;同时,又将全身各组织细胞的代谢产物二氧化碳、水、尿素等运输到肺、肾、皮肤等器官排出体外。

(三) 调节作用

血液将内分泌的激素运输到周身,作用于相应的器官(称靶器官),改变其活动,起着体液调节作用。所以,血液是神经-体液调节的媒介。

通过皮肤的血管舒缩活动,血液在调节体温过程中发挥重要作用。温度升高时,皮肤的血管舒张,血液将体内深部产热器官产生的热运送到体表散发;温度降低时,皮肤血管则收缩,减少皮肤的血流量,以维持体温。

(四) 防御和保护作用

血液有防御和净化作用,白细胞对于侵入人体的微生物和体内的坏死组织都有吞噬分解作用,称为细胞防御。血浆中含有多种免疫物质,如抗毒素、溶菌素等,总称为抗体,能对抗或消灭外来的毒素和细菌(总称为抗原),从而免于传染性疾病的发生。血小板有加速凝血和止血作用,机体损伤出血时,血液能够在伤口发生凝固,防止继续出血,对人体具有保护作用。

第二节 血液的化学成分和理化特性

一、血液的化学成分

血浆和血细胞的主要化学成分既有相似之处,也有明显差异。血浆中绝大部分是水,小部分是固体物质。在固体物质中,血浆蛋白占绝大部分。血浆中无机盐类较少,其中以氯化钠为主,其余为非蛋白有机物质。

$$全血\begin{cases}水\ 分:约占80\%\\ 固体物:约占20\%\end{cases}\begin{cases}血\ \ 浆\begin{cases}水\ \ 分:占91\%\sim92\%\\ 固体物:占8\%\sim9\%\end{cases}\\ 血细胞\begin{cases}水\ \ 分:占65\%\sim68\%\\ 固体物:占32\%\sim35\%\end{cases}\end{cases}$$

血细胞中,红细胞占了绝大部分。

血浆的主要成分是水、血浆蛋白、电解质、气体(O_2、CO_2)、代谢废物和激素等。这些成分是决定血浆理化特性的物质基础。血浆化学成分及其生理功能如表5-1所示。

表5-1 血浆的化学成分及其生理功能

血浆(55%)	特性/功能特性/功能
水(90%)	血浆和血细胞中各种物质的溶剂
血浆蛋白(6%)	
白蛋白(54%)	维持血液与组织液间隙液渗透压
球蛋白(38%)	脂类与金属离子载体、抗体
纤维蛋白原(7%)	凝血因子,促进血液凝固
其他(1%)	
电解质	
Na^+、K^+、Ca^{2+}、Mg^{2+}、Cl^-、HCO_3^-、SO_4^{2-}、HPO_4^{2-}	维持血浆渗透压、酸碱度以及神经肌肉的正常兴奋性等
气体:O_2、CO_2、N_2	
营养物质	
葡萄糖	其他碳水化合物、能源物质
氨基酸	蛋白质组成单位
脂类	脂肪、类固醇、磷脂
胆固醇	质膜及类固醇激素的成分
代谢物	
尿素	蛋白质降解产物

续表

血浆(55%)	特性/功能特性/功能
肌酸酐	肌酸和磷酸肌酸代谢的终产物、肌肉分解产物
尿酸	核酸降解产物
胆红素	血红蛋白降解产物
激素	参与体液调节

二、血液的理化特性

（一）颜色和比重

血液的颜色决定于红细胞内血红蛋白的含量。动脉血含氧多，呈鲜红色；静脉血含氧少，呈暗红色；皮肤毛细血管的血液近似鲜红色。血浆和血清因含胆红素，故呈淡黄色。正常人全血的比重为1.050～1.060。全血的比重主要取决于红细胞的数量和血浆蛋白的含量。

（二）黏滞性

黏滞性是由于液体分子的内摩擦形成的。通常在体外测定血液或血浆与水相比的相对黏度，这时血液的相对黏度为4～5，血浆为1.6～2.4。

全血黏度主要取决于红细胞的数量，血浆的黏度主要取决于血浆蛋白的含量。

登山运动，由于空气稀薄，氧分压低，红细胞增多，血液黏度升高；长跑运动，由于大量出汗，其结果引起血液浓缩，红细胞比例相对增大，血流阻力加大，血流速度缓慢，导致血压升高。

（三）渗透压

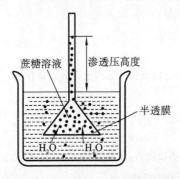

图5-4 渗透现象与渗透压示意图

如果半透膜两侧为不同浓度的溶液，水将渗入溶质多的浓溶液，这种水分子通过半透膜向溶液扩散的现象称为渗透。在渗透现象中，高浓度溶液所具有的吸引和保留水的能力称为渗透压（osmotic pressure，见图5-4）。渗透压的大小与溶液所含溶质颗粒数目成正比。

血液的渗透压一般指血浆渗透压。血浆渗透压主要来自其中的晶体物质（包括各种电解质的离子，其中最主要的是氯化钠，其次是碳酸氢钠和非电解质的小分子化合物，如葡萄糖、尿素等），为血浆晶体渗透压（crystal osmotic pressure）；另一部分来自蛋白质，主要是白蛋白，称为血浆胶体渗透压（colloid osmotic pressure），如图5-5所示。

正常人体内细胞膜为半透膜，允许水自由通过而不允许晶体物质自由通过。血浆中的

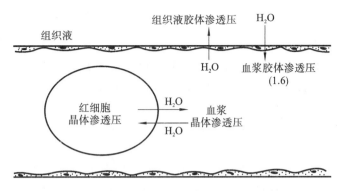

图 5-5　血浆晶体渗透压与血浆胶体渗透压示意图

大部分晶体物质不易自由通过红细胞膜。因此,血浆晶体渗透压在维持红细胞内外水的分布和细胞的正常形态及功能方面起着重要的作用。

血浆胶体渗透压较小,为 25~30 mmHg(1 mmHg≈133 Pa)。胶体渗透压虽小,但可防止过多水分渗透出毛细血管外,对水分出入毛细血管起着调节作用。所以,胶体渗透压对水在体内各部体液中的分布具有重要作用。

在临床或生理实验中,将渗透压与血浆渗透压相等的溶液称为等渗溶液,如 0.9% NaCl 溶液(又称生理盐水)和 5% 葡萄糖溶液等。渗透压高于血浆渗透压的溶液称为高渗溶液,而渗透压低于血浆渗透压的溶液称为低渗溶液。红细胞在高渗 NaCl 溶液中会失水而发生皱缩,在低渗 NaCl 溶液中会因过多的水分渗入引起膨胀乃至破裂,如图 5-6 所示。红细胞破裂后,血红蛋白被释放入血,这种现象称为渗透性溶血。某些溶血性疾病患者的血浆渗透压高于正常人,表明溶血性病人的红细胞对低渗溶液的抵抗力比正常人的小。通常将红细胞所具有的抵抗低渗溶液的特性,称为红细胞脆性。红细胞对低渗溶液的抵抗能力小,则表示脆性大;反之,则表示脆性小。

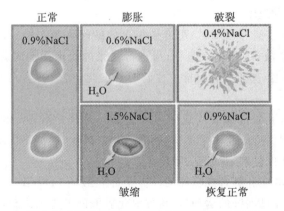

图 5-6　不同渗透压溶液对红细胞形态的影响

血浆渗透压在正常生理情况下有一定的变动。在进行剧烈肌肉运动时,由于大量排汗和代谢产物(乳酸等)进入血液,渗透压暂时升高;大量饮水后,可以降低渗透压。但是,这些变化可以很快通过肾脏排泄和皮肤泌汗进行调节,从而维持相对恒定的状态。

(四) 酸碱度

正常人血浆的 pH 值为 7.35～7.45，平均值为 7.4。人体生命活动所能耐受的最大 pH 变化范围为 6.9～7.8。血浆 pH 值能够维持相对恒定是由于在血浆和红细胞中均含有缓冲对（血液中有数对具有抗酸和抗碱作用的物质，称为缓冲对）。

血浆中的主要缓冲对为：$NaHCO_3/H_2CO_3$、蛋白质钠盐/蛋白质、Na_2HPO_4/NaH_2PO_4。

红细胞膜上的主要缓冲对为：$KHCO_3/H_2CO_3$、KHb/HHb、$KHbO_2/HHbO_2$、K_2HPO_4/KH_2PO_4。

其中以血浆 $NaHCO_3$ 与 H_2CO_3 这一对缓冲对最为重要。在正常情况下 $NaHCO_3/H_2CO_3$ 比值为 20∶1。血液中缓冲酸性物质的主要成分是碳酸氢钠，通常以每 100 毫升血浆的碳酸氢钠含量来表示碱贮备。

组织代谢所产生的酸性物质进入血浆，与血浆中的 $NaHCO_3$ 发生作用，形成 H_2CO_3（弱酸）。在碳酸酐酶作用下 H_2CO_3 又解离为 CO_2 由呼吸器官排出，从而减低酸度，保持血液的酸碱度。例如肌肉运动时的代谢产物——乳酸（HL）等进入血液后，部分被肝脏重新合成为肝糖原，另一部分在血浆中与碳酸盐类结合形成碳酸，缓冲血液的酸度，其反应如下：

$$HL + NaHCO_3 \longrightarrow NaL + H_2CO_3$$
$$\downarrow$$
$$CO_2 + H_2O$$

当碱性物质（主要来自食物）进入血浆后与弱酸发生作用，形成弱酸盐，降低碱度。经过这两方面的调节，血液的酸碱度就能维持相对恒定。体内产生酸性物质大大胜于碱性物质，所以，血液中的缓冲物质抗酸的能力远远大于抗碱的能力。

血液酸碱度的相对恒定，对生命活动有重要意义。如果血液 pH 值的变动超过正常范围，就会影响各种酶的活性，从而引起组织细胞的新陈代谢、兴奋性及各种生理机能的紊乱，甚至会出现酸或碱中毒现象。

肌肉活动时（特别是激烈运动时）可产生很多的酸性代谢产物。例如，安静时乳酸的含量很少，每 100 毫升血液含 10～15 毫克；当进行紧张的肌肉运动时乳酸可以增加到 250～300 毫克。这时血液的氢离子指标可能发生暂时性变化，血液的氢离子指标可能从 7.35 下降到 7。

激烈运动停止后，乳酸常继续从肌肉进入血液。尤其是激烈运动结束后的 2～8 分钟内，血液中的乳酸仍然保持最高水平不变，然后才开始减少，根据不同运动强度虽有不同，但经 30～90 分钟一般即恢复到运动前的数值。

运动时生成的乳酸在肝脏合成糖原的仅占全部乳酸的 1/6～1/4，其余大部分则在骨骼肌和心肌中被氧化。经过训练的运动员，这种氧化乳酸的能力大大提高，如训练水平高的自行车运动员，心肌有氧代谢的 89% 是氧化乳酸而获得的，心肌功能提高也是运动员血液中乳酸低的一个原因，此外，还有部分乳酸随尿、汗排出体外。

第三节 血细胞生理

一、血细胞生成的部位和一般过程

(一) 血细胞生成的部位

随着个体发育过程的变化,造血中心也不断地发生着变迁:胚胎早期在卵黄囊造血;从胚胎第二个月开始,由肝、脾造血;胚胎发育到第四个月以后,肝、脾的造血功能逐渐减弱,骨髓开始造血并逐渐增强;到婴儿出生时,几乎完全依靠骨髓造血,但在机体需要量增加时,肝、脾仍可再参与造血以补充骨髓造血的不足,此时髓外造血具有代偿作用;到4岁以后,骨髓腔的增长速度超过造血干细胞增加的速度,脂肪组织逐渐填充入多余的骨髓腔;到18岁左右,造血部位主要位于脊椎骨、髂骨、肋骨、胸骨、颅骨和长骨近端骨骺处,这些部位足可以满足机体的功能需要(见图5-7)。正常成年人的各种血细胞均起源于骨髓,并且除T淋巴细胞(在胸腺组织)外均在骨髓中发育成熟。

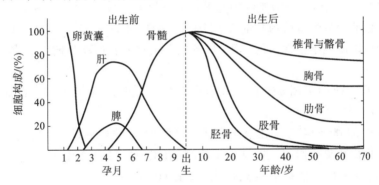

图5-7 血细胞生成的过程中造血部位的迁移示意图

(二) 血细胞生成的过程

各类血细胞均起源于造血干细胞。血细胞发生过程一般可分为造血干细胞、定向祖细胞和可辨认的前体细胞三个阶段。造血干细胞具有自我复制能力、多向分化能力和很强的增殖潜能等特性。造血干细胞能定向分化形成各系定向祖细胞,在分化过程中首先形成两种干细胞:一种是髓系干细胞,由此进一步分化为红系祖细胞、粒-单核系祖细胞、巨核系祖细胞,再进一步分化为红细胞、粒细胞和血小板;另一种是淋巴系干细胞,由此分化成T、B淋巴祖细胞,再进一步分化成各类淋巴细胞。

二、红细胞

(一) 红细胞的形态和数量

成熟的红细胞(erythrocyte 或 red blood cell,RBC)没有细胞核,呈双凹圆碟形,平均直径 8 微米,周边较厚,中央较薄。

成年男子血液中红细胞为 $(4.5\sim5.5)\times10^{12}$ 个/L,平均为 5.0×10^{12} 个/L;成年女子为 $(3.8\sim4.6)\times10^{12}$ 个/L,平均为 4.0×10^{12} 个/L。

血液中红细胞的数量有年龄和性别的差异,如初生婴儿红细胞数较多,可超过 6.0×10^{12} 个/L,以后逐渐减少,儿童时期一直保持在较低水平上,到青春发育期逐渐增加到成人水平。在青春发育期以前红细胞无性别差异,由于青春发育期性腺成熟,分泌不同的性激素,这时红细胞才出现明显的性别差异。

红细胞数不仅有性别和年龄的差异,还可因其他条件而发生改变,如营养良好、体格健壮者一般红细胞数较多;经常从事体育锻炼的人红细胞增多;长期居住在高原者比在沿海平原居住者红细胞多。

(二) 红细胞的生理功能

红细胞的功能为运输气体(O_2 和 CO_2)、缓冲血液的酸碱度和免疫。红细胞的氧运输主要是通过红细胞内的血红蛋白来完成的。

(三) 血红蛋白及其功能

血红蛋白(hemoglobin,Hb)是红细胞内含量最为丰富的蛋白成分,占细胞重量的 32%,我国成年男性血液中血红蛋白的含量为 120~160 g/L,女性为 110~150 g/L。成人红细胞数量或血红蛋白浓度低于正常值的下限,称贫血。正常人和运动员的血红蛋白含量差异不大,如表 5-2 所示。

每一血红蛋白分子(见图 5-8)由一分子的珠蛋白和四分子亚铁血红素组成,珠蛋白约占 96%,血红素占 4%。

血红蛋白中的亚铁(Fe^{2+})在氧分压高时(肺内),易与氧结合,生成氧合血红蛋白(HbO_2),这种现象称氧合作用。在氧分压低时(组织内),与氧很易分离,把氧释放出来,供细胞代谢之需要,这种现象称为氧离作用。1 g Hb 能结合 1.33~1.34 mL 的 O_2,因此 100 mL 血液可结合多达 20 mL 的 O_2。

表 5-2 正常人和运动员的血红蛋白含量

对象	例数	血红蛋白含量/(g/L)		研究者及时间
		男	女	
中国人	2889	143.5	127.5	易见龙等综合(1959)
日本人	935	141	120	Sell(1956)
加拿大奥运会队员	187	147	129	Glement 等
荷兰奥运会队员	179	155	144	Dewijn 等
我国运动员(11 项)	580	138.3	144.4	北京运动医学研究所(1974)
我国成年运动员(42 项)	1130	144.5	129.1	秦孝梅等(1984)
我国青少年运动员(42 项)	383	140.1	131.1	秦孝梅等(1984)
北京体院学生	111	147.6	130.1	宋成忠等(1978)

血红蛋白的正常值随年龄和性别有生理性的变化(见图 5-9)。新生儿血红蛋白值较高,可达 150~230 g/L,以后逐渐减少;4~5 岁后又略有增加,约 130 g/L。男性成人高于女性成人。男子在 30~35 岁达到最高水平,以后逐渐下降;女子 Hb 则在 13 岁左右达到第一次高峰,以后逐渐下降,20~30 岁维持于较低水平,30~40 岁又逐渐升高,达到第二次高峰。随着年龄增大,男女差别减小,老年人血红蛋白值偏低。

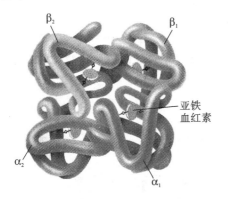

图 5-8　血红蛋白分子组成示意图

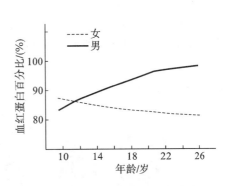

图 5-9　性别、年龄与血红蛋白的关系

Hb 不仅有运输氧的作用,还有运输 CO_2 和缓冲血液酸碱度的作用。

Hb 的含量对运动员的运动能力影响很大,对耐力运动员的专项素质尤为重要。因为运动时人体的代谢率增高,需氧量增大,酸性代谢产物增多,这时就需要更多的血红蛋白,才能增加氧的供应及增强缓冲酸性代谢产物的能力。如果血红蛋白和红细胞数量减少到贫血程度,就会导致运动能力下降。血红蛋白量较高就会出现良好的机能状态,从而提高运动能力。由于 Hb 指标相对稳定,又能较敏感地反映身体机能状态,所以运动训练中经常利用这一指标来进行运动员选材和评定运动员机能状态及运动能力。

1. 用 Hb 指标进行运动员选材

实践证明,按每名运动员的 Hb 平均值,可将 Hb 值的个体差异分为三个类型,即偏高型、正常型和偏低型。每一个基本类型又可分为两个亚型,即按标准差(SD)大于 10 g/L 为波动大者,小于 10 g/L 为波动小者。因此,理论上可以把运动员的血红蛋白分为六个类型。但实际工作中经常遇到的只有四个类型,即偏高波动小者、正常波动大者、正常波动小者和偏低波动小者。运动训练实践证明,以血红蛋白值高、波动小者为最佳。这种类型运动员能耐受大负荷运动训练,从事耐力性项目运动较好。而以血红蛋白值偏低、波动小者为较差。

在运动员训练期间,每周或每隔一周测定一次血红蛋白,1~2 个月就可以基本判定运动员属于哪种类型。但也要注意,分析时应根据运动训练的实际情况综合分析,并和同队的其他队员进行横向比较,这样才较为客观。这个指标在耐力性项目或速度耐力性项目运动员选材时可做参考。

2. 评定运动员机能状态

国外有关资料报道,运动员出现最佳成绩时,血红蛋白都在 135 g/L 右右。血红蛋白过低或过高都会影响运动员的运动能力。低于正常值,即出现贫血,氧和营养物质供给不足,必然导致工作能力下降。Hb值过高时,血液中红细胞数量和压积也必然增多。这样,血流的黏滞性增大,造成血流阻力增加和心脏负担加重,使血流动力学改变,也会引起身体一系列的不适应和紊乱。保持Hb值在最适范围,可使运动员达到最佳机能状态,这也是科学地进行训练的有效途径之一。

(四) 红细胞的生成、调节和破坏

1. 生成

在骨髓内有原始血细胞(又称干细胞),它在促红细胞生成素(erythropoietin,EPO在肾脏形成)的作用下,分化成原始红细胞,再经过分裂发育成为网织红细胞。网织红细胞发展成为成熟红细胞便离开骨髓进入循环血中(见图5-10)。一个原始红细胞通过繁殖分裂可产生16个成熟的红细胞。

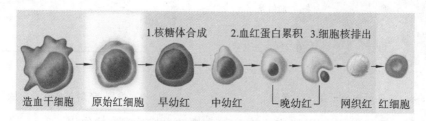

图5-10 红细胞生成过程示意图

红细胞生成过程中需要有一定的物质,包括蛋白质、铁、维生素B_{12}、叶酸、维生素C等,如果供给不足,可引起贫血和影响红细胞的成熟。

2. 调节

当人体缺O_2或组织耗氧量增加,如激烈运动、高原空气稀薄、失血等情况,体内产生的促红细胞生成素增多,刺激骨髓造血组织,促进红细胞的生成,于是循环血中红细胞数增加,从而改善缺氧状况。当血中促红细胞生成素增加到一定浓度时,可反过来抑制红细胞的产生。通过这两方面的反馈作用,维持循环血液中红细胞数量的恒定。

3. 破坏

红细胞每天都在不断地新生和成熟,也不断地衰老和破坏,其寿命平均为120天。红细胞衰老破坏的主要原因是代谢减退以及碰撞损伤,其破坏途径有:一是在血管内运行1000千米左右时,由于长时间机械力的作用使红细胞破碎;二是在血管外被脾、肝、骨髓外的网状内皮系统的吞噬细胞所吞噬。

(五) 血型

血型(blood group)是指红细胞膜上特异抗原的类型。自1901年奥地利生物学家兰德斯坦纳(Landsteiner)首先发现人类红细胞的凝集现象后,经过20世纪数十年的实验研究和临床实践,根据红细胞所含凝集原的不同,至今已发现25个不同的红细胞血型系统,例如Rh、MNSs、ABO、P等血型系统。并且发现血型并不是红细胞所独有的,白细胞、血小板、血清蛋白等都有其自身的血型。本书重点介绍ABO血型系统。

在人类ABO血型系统中,红细胞含有两种不同的凝集原(agglutinogen),叫凝集原A

和凝集原 B。与此相对应，人类血清中含有两种不同的凝集素（agglutinin），叫抗 A 凝集素和抗 B 凝集素。当含有 A 凝集原的红细胞遇到抗 A 凝集素时，或含 B 凝集原的红细胞遇到抗 B 凝集素时，就会发生一系列反应，使红细胞凝集成团。

A 凝集原 ＋ 抗 A 凝集素 → 凝集反应
（在红细胞）　（在血清）（红细胞凝集成团）

根据红细胞中所含的凝集原 A 和 B，可将人 ABO 血型系统分成四种类型（见表 5-3）。

表 5-3　人的 ABO 血型

血型	红细胞膜上的凝集原	血清凝集素
O 型	无	抗 A＋抗 B
A 型	A	抗 B
B 型	B	抗 A
AB 型	AB	无

从表 5-3 可见，当 A 型红细胞与 B 型血清混合时，A 型红细胞就会凝集；当 B 型红细胞与 A 型血清混合时，B 型红细胞也会凝集；AB 型红细胞可被 AB 型和 O 型血清所凝集；O 型红细胞没有凝集原，与 A、B 和 AB 型血清混合都不发生凝集。

ABO 血型的检测方法是，在双凹载玻片上分别滴上一滴 A 型血清、B 型血清，然后在每种血清中分别滴加一滴受检者稀释的血液，使红细胞和血清混匀并静置几分钟后，在显微镜下观察有无凝集现象发生（见图 5-11）。

输血时必须检查供血者的红细胞（凝集原）是否为受血者的血清（凝集素）所凝集，正常情况下应选择同型血，特殊紧急情况下可选择 O 型血。由于血液中还有许多其他的凝血因子，即使同型之间的输血也不是完全安全的。所以，只要条件允许，应在输血前进行交叉配血实验（见图 5-12）。

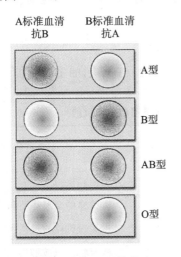

图 5-11　ABO 血型检验法

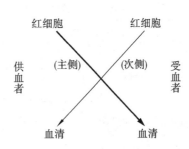

图 5-12　交叉配血实验示意图

如果交叉配合的主侧和次侧均不发生凝集，即为配血相合，可以输入。凡主侧凝集的则为配血不合,禁止输入。主侧不凝集、次侧凝集的(一般见于 O 型供血者输给其他血型,或 AB 型受血者接受其他血型),一般不宜输入,在特殊情况下进行异型输血时,输入的量不宜过多,速度不宜过快,并严密观察。同型血尤其是 A 型或 AB 型之间输血,也须做交叉配血实验(防止 A 亚型不合)。重复输血(同一供血者)仍须做交叉配血实验,以防止 Rh 血型不合引起的输血反应。

三、白细胞

(一) 白细胞的形态和数量

白细胞(leukocyte 或 white blood cell,WBC)无色,有核,体积比红细胞大。根据形态差异可分为颗粒白细胞和无颗粒白细胞两大类。颗粒白细胞的细胞浆含有颗粒,根据颗粒染色的不同,分为中性、嗜酸性和嗜碱性粒细胞。无颗粒白细胞分为淋巴细胞和单核细胞(见图 5-13)。

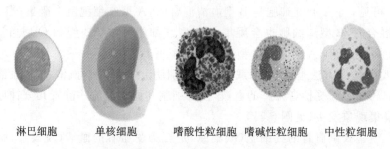

淋巴细胞　　单核细胞　　嗜酸性粒细胞　嗜碱性粒细胞　中性粒细胞

图 5-13　各种白细胞形态示意图

正常人安静时血液中的白细胞数为 $(4\sim10)\times10^9$ 个/L,白细胞的生理变动范围较大,一日之内,下午比早晨多;运动时比安静时多;进食后、炎症、月经期和分娩期都增多。训练程度、季节、气候对白细胞也有影响。

(二) 白细胞的生理功能

白细胞主要参与机体的防御功能,不同种类的白细胞具有不同的生理功能。白细胞的分类计数范围和主要机能如表 5-4 所示。

表 5-4　正常成年人白细胞的分类计数范围和主要机能

白细胞名称	绝对数/(个/mm³) 范围	均值	百分率/(%) 范围	均值	主要机能
白细胞总数	4000~10 000	7000			防御和保护
中性粒细胞	2000~7000	4500	50~70	66	有很强的变形运动和吞噬能力
嗜酸性粒细胞	0~700	100	0~7	1.5	可能与机体的过敏反应有关
嗜碱性粒细胞	0~100	25	0~1	0.5	能产生组织胺和肝素,参加过敏反应和抗凝作用

续表

白细胞名称	绝对数/(个/mm³)		百分率/(%)		主要机能
	范围	均值	范围	均值	
淋巴细胞(T、B)	800~4000	1800	20~40	26	T细胞参与细胞免疫,B细胞参与体液免疫
单核细胞	80~800	450	2~8	6	有变形运动和吞噬活动,协助淋巴细胞发挥免疫功能

(三)白细胞的特性

白细胞具有渗出性、变形运动、化学趋向性和吞噬作用等特性(见图5-14)。

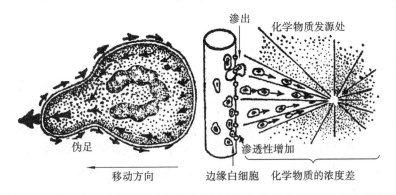

图 5-14　白细胞运动机理的假说示意图(右图表示白细胞对组织坏死处的化学趋向性)

(四)白细胞的生成与破坏

白细胞的生成和前述的红细胞生成一样,也是起源于骨髓中的造血干细胞。不同白细胞的寿命不同,中性粒细胞进入组织4~5天后即衰老死亡或经消化道排出。吞噬过量细菌后则释放溶酶体酶而发生"自我溶解"。单核细胞在血液中停留2~3天,然后进入组织,并发育成为巨噬细胞,在组织中可生存约3个月。淋巴细胞的寿命较难准确判断,因为这种细胞经常往返于血液—组织液—淋巴液之间。

四、血小板

(一)形态和数量

血小板(platelets 或 thrombocyte)又称血栓细胞,主要来自骨髓中的巨核细胞,其数量正比于巨核细胞的数量。全身三分之一以上的血小板储藏于脾脏内。血小板在止血、凝血及纤溶过程中起着重要作用,还与毛细血管的完整性的保持有关。其发挥作用与它所具有的黏附、聚集、释放等生理功能是分不开的。正常成人血小板的含量为$(100\sim300)\times10^9$个/L,其寿命为8~12天,代谢十分旺盛。在运动后、饭后、组织损伤、大量失血及传染病恢复期,血小板增加;月经开始时,血小板减少。血小板减少到五分之一($(20\sim50)\times10^9$个/L)时,就会引起皮肤和黏膜下出现血瘀。

(二) 血小板的机能

血小板主要有黏着、聚集、释放、收缩和吸附等特性,所以血小板的主要机能是促进止血和加速凝血,同时还具有保持血管内皮完整性的作用。

1. 促进止血和加速凝血

止血是指血管破损而出血时,出血得到制止;凝血是指血液凝固成块。血小板在止血和凝血过程中的作用如下:

血小板在毛细血管或小静脉的损伤部位聚集成团,形成血栓,阻塞损伤部位而止血。血小板可释放活性物质 5-羟色胺、儿茶酚胺等,能引起局部血管平滑肌收缩,促进止血。血小板能释放一些与凝血有关的物质,如血小板第三因子,可加速在受损伤血管周围形成凝块,堵塞伤口。在血小板处还吸附血浆中与凝血有关的各种因子,因此,当血管受损时,血小板在受损部位发生黏着、聚集后,与凝血有关的各种因子的浓度大增,有利于纤维蛋白的形成。

2. 保持血管内皮的完整性

当血小板数降至每立方毫米 5 万个以下时,毛细血管脆性增加,皮肤与黏膜出现紫癜,甚至发生自发性出血。动物实验证明,当血液中血小板减少时,红细胞能够通过毛细血管内皮细胞而钻出血管。在输入血小板后,就可防止红细胞的逸出。从电子显微镜下可看到血小板对血管内皮细胞的作用,在输入血小板后,血小板首先黏附于毛细血管内皮细胞上,而后逐渐融合并进入血管内皮细胞中。因此,血小板对保持血管内皮细胞的健全或对内皮细胞的修复具有重要作用。

(三) 血小板的生成与破坏

血小板是由骨髓的巨核细胞生成的,在循环血液中的寿命为 7~14 天,平均为 10 天。在体内循环着的血小板只占 20%~25%,而且还是初生成的血小板,具有止血作用;其余的大部分是衰老无活力的血小板,被肝、脾、骨髓的网状内皮细胞吞噬;小部分的老化血小板,会在循环过程中被破坏。血小板的破坏是促进血小板生成的主要条件,在人体内血小板的生成与破坏经常保持动态平衡。

第四节 血液凝固与抗凝

一、血液凝固

血液凝固(blood coagulation)是指血液由流动的液体状态变成不能流动的凝胶状态的过程,简称血凝。它是一系列顺序发生的酶促反应过程,其实质就是血浆中的可溶性纤维蛋白原转变成为不溶性的纤维蛋白的过程。参加凝血的因子有十几种,在正常情况下,大多凝血因子存在于血浆中,是无活性的酶原。自 1964 年 Macfarlane 和 Davies 等人分别提出凝血过程的"瀑布学说"以来,其内容不断得到补充和完善。"瀑布学说"的主要内容是:凝血是一系列凝血因子相继酶解激活的过程,其每一步酶解反应均有放大反应,血凝过程一旦开始,各种凝血因子便按一定顺序先后被激活,形成"瀑布"样的级联放大的正反馈反应链,直至血凝过程结束。

血凝过程分为3个主要阶段(见图5-15):第一,凝血酶原激活物形成;第二,凝血酶原激活物催化凝血酶原转变为凝血酶;第三,凝血酶催化纤维蛋白原转变为纤维蛋白。

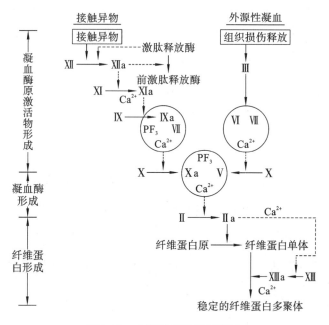

图 5-15　血液凝固过程示意图

上述过程中,Ca^{2+} 作为一个重要的凝血因子,在多个环节中起促凝血作用,在临床上可用添加 Ca^{2+} 或除去 Ca^{2+} 达到"促凝"或"抗凝"的目的。

二、抗凝系统

正常情况下,人体心血管系统中的血液保持流体状态,环流不息,并不发生凝固,是因为血液中既存在血凝系统,也存在抗凝系统。血凝和抗凝两个相互颉颃的系统在正常时保持着平衡,机体正常的血液循环才能得以保证。

机体在活动中常会有轻微的血管损伤,体内会有低水平的凝血系统的激活,但循环血液并不会发生凝固,仍能保持流体状态。即使当组织损伤发生止血时,凝血现象也仅限于病变部位处的某一小段血管,并不延及未损部位。这除了与血流速度较快、血液循环不息,致使一些凝血因子不易被激活,即使激活也容易被血流冲走;血管内皮细胞可释放前列腺素 I_2 和一氧化氮等活性物质,抑制血小板活化、聚集等作用,从而产生抗凝作用;纤维蛋白吸附凝血酶以及其他凝血因子,单核巨噬细胞可吞噬活化的凝血因子等作用有关外,还主要与体内的生理性抗凝物质有关。血浆中重要的抗凝物质主要有抗凝血酶Ⅲ、蛋白 C 系统、组织因子途径抑制物和肝素等。

血液中还存在使纤维蛋白溶解和对抗其溶解的颉颃系统(见图5-16)。正常血管中,少量、轻度的血凝会经常发生,如果所形成的血凝块不能及时被清除,将使血管阻塞,这种现象如不能立即消除将引起严重的后果。然而,正是由于在血浆中存在纤溶酶,它可使血凝时形成的纤维蛋白网被溶解,清除不必要的血栓,使血管变得畅通。同时,血浆中还存在对抗纤溶酶的抗纤溶酶,两者对抗的结果,可以使纤溶的强度在一定的范围内变动。如果纤溶过弱,可能导致血栓生成或纤维蛋白沉积过多等现象;纤溶过强,可使血液中的凝血因子消耗过多,产生出血倾向。纤溶系统对于限制血凝范围的扩展和保持血液流畅具有重要意义。

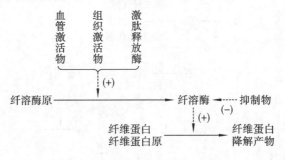

图5-16 抗凝系统作用过程示意图

第五节 运动对血液有形成分的影响

一、运动对红细胞的影响

红细胞数目和血红蛋白的含量因运动而发生变化,其数量变化与运动的种类、运动强度和持续时间有关。有人报道,在$100\%\mathrm{VO_{2max}}$强度运动后即刻,红细胞数目比运动前增加10%左右,运动后30分钟也还有5%的增加。

(一) 一次性运动对红细胞的影响

一般认为,进行短时间大强度快速运动比进行长时间耐力运动红细胞增加得更明显。在同样时间的运动中,运动量越大,红细胞增加越多。不过这种增多,在很大程度上是与血浆的相对减少和绝对减少有关的。所以,不能以单位容积血中红细胞的绝对数值作为评定红细胞数量变化的依据。

运动后即刻观察到的红细胞数增多,主要是由于血液重新分布的变化所引起的。长时间运动时,排汗和不感蒸发的亢进引起血液浓缩。运动中肌细胞代谢产物如乳酸、无机磷酸盐等浓度升高,使细胞内渗透压增高,与毛细血管中血浆渗透压梯度增大,钾离子进入细胞外液使肌肉毛细血管舒张,这些因素均造成血浆水分向肌细胞和组织液移动,也使血液浓缩增加。而短时间运动后即刻的红细胞增多,有人认为,主要是贮血库释放的较浓缩的血液进入循环血,相对提高了红细胞的浓度。在短时间的静力性或动力性运动中,肌肉持续紧张收缩使静脉受到压迫,血液流向毛细血管增多,并贮留在那儿使毛细血管内压升高,血浆中的水分渗出,也使血液出现浓缩。

运动中红细胞数量的暂时性增加,在运动停止后便开始恢复,1~2小时后可恢复到正常水平。

(二)长期运动训练对红细胞的影响

在训练期间(特别是训练初期)或比赛期间Hb和红细胞数值减少,出现暂时性的贫血现象称为运动性贫血。这种现象在耐力性项目运动员中较为常见。产生的原因有:①由于运动时体内产生代谢产物和化学物质等引起红细胞破坏增多,运动时由于脾脏分泌卵磷脂使红细胞脆性增加,细胞膜抵抗力减弱,加之血流加速,增大了摩擦力,而使红细胞破碎;②蛋白质补充不足;③由于缺铁,而引起贫血。如果调整运动量或补充足够的蛋白质,即可使贫血好转或预防贫血的出现。

经过长时间、系统的运动训练,尤其是耐力性训练的运动员安静时红细胞数并不比一般人高,在正常范围内的上限水平。由于运动员血容量增加与红细胞量增加相比在很大程度上是以增加血浆量为前提,所以血细胞容量的相应指标如红细胞数、红细胞压积、血红蛋白含量等比一般人有降低的趋势。虽然单位体积的红细胞数、血红蛋白含量不高,但红细胞总数和血红蛋白总量较高(见表5-5)。

表5-5 运动员和非运动员的红细胞指标

研究对象	红细胞浓度/(百万/mm³)	血红蛋白浓度/(%)	血红蛋白总量/g	血红蛋白相对量/(g/kg)
中长跑运动员($n=40$)	4.77	14.6	840	13.6
非运动员($n=12$)	4.97	15.1	747	11.3
滑雪运动员($n=27$)		16.0	1061	15.6
摔跤运动员($n=14$)		15.6	984	13.2

(引自Я·M科查,王步标等译,1991)

研究发现(见图5-17),经过训练的运动员的总血容量和血浆容量都增加,血浆容量增加更显著,红细胞比容从44%下降至42%,但是红细胞总量增加了10%。红细胞比容会下降到疑似贫血的水平上,运动员的红细胞和血红蛋白浓度相当低(假性贫血)。这种假性贫血,是红细胞机能性稀释的反映,是一种适应及健康的表现,不能误认为"贫血"。

安静时运动员的血浆容量增加,血黏度下降,增大了运动时的心输出量,减小了血流阻力,加快了血流速度,改善了血液的流变特性,使静脉血栓的发生率明显减小,有利于血液对器官及工作肌灌注,改善微循环,增强血液的携氧能力和运输营养物质的能力,也加快对代谢废物的排出率,对于提高人体的运动能力尤其是有氧耐力有非常重要的意义。

二、运动对白细胞的影响

早在20世纪30年代就有人报道运动后外周血中白细胞增多的现象,之后又有众多的

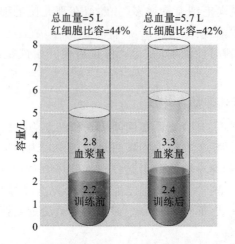

图 5-17 耐力训练前后血容量和血浆容量变化图
（引自 Wilmore, et al., 2008）

研究观察到这一现象。苏联叶果罗夫和兰道斯把运动引起的白细胞增多称为肌动白细胞增多，并将其分为三个时相，即淋巴细胞时相、中性粒细胞时相和中毒时相（见表5-6）。

表 5-6 运动过程中白细胞三个时相的变化

时相	中性粒细胞/(%)			嗜碱性粒细胞/(%)	嗜酸性粒细胞/(%)	淋巴细胞/(%)	单核细胞/(%)	白细胞总数/(个/mm³)
	幼稚	杆状	分叶					
安静时	1~2	2~5	55~65	0.5~1	2~5	25~30	3.8	5000~8000
淋巴细胞时相	1~2	2~5	44~55	0.5~1	2~5	40~50	3.8	10 000~12 000
中性粒细胞时相	1~2	26	65~75	0.5~1	1	12	3.8	16 000~18 000
中毒再生阶段	1~2	10~12	60	0.5~1	0	5~10	3.8	30 000~50 000
中毒变质阶段	1~2	26	60	0.5~1	0	5~10	3.8	20 000~25 000

（引自苏联 A. H. 克列斯托夫尼科夫）

淋巴细胞时相的主要特点是白细胞总数略有增加，可达每立方毫米 1 万~1.2 万个，淋巴细胞数增加到40%~50%，中性粒细胞相对减少了10%~15%。此时相在肌肉始动工作时，短时间轻微体力活动后及赛前状态都可出现。此时淋巴细胞增多的原因，主要是肌肉活动使贮血库释放贮存血入循环，淋巴结也释放大量淋巴细胞入血循环。

中性粒细胞时相的主要特点是白细胞总数明显增加，可达每立方毫米 1.6 万~1.8 万个。其中，中性粒细胞明显增加，淋巴细胞减少到10%~12%，嗜酸性粒细胞减少到1%~2%。此时相是有训练的运动员在进行长时间中等强度运动或大强度运动后出现的。

中毒时相可分为两个阶段：再生阶段和变质阶段。再生阶段的特点是白细胞总数大大增加，可达每立方毫米 3 万~5 万个，嗜酸性粒细胞消失。变质阶段的血液中白细胞被破坏，白细胞总数开始减少。出现中毒时相是没有训练的人在进行长时间的、大强度的力竭性运动时,引起造血器官机能下降的不良反应。

运动后白细胞的恢复与运动强度和持续时间有关。运动强度越大,持续时间越长,白细胞的恢复速度越慢。

三、运动对血小板的影响

训练水平较高的运动员以及一般不常参加体育活动的健康大学生,一次性剧烈运动后即刻血小板数量、血小板平均容积增加,血小板活性增强,循环血中血小板聚集趋势也增强。这些变化可能与运动时肾上腺素分泌增多有关,也可能与ADP、血小板激活因素和花生四烯酸等因素有关。

【思考题】
1. 何谓内环境?简述血液对维持内环境相对稳定的作用及意义。
2. 试述血液的组成与功能。
3. 试述血浆渗透压的组成及其生理意义。
4. 试述血液在维持机体酸碱平衡中的作用。
5. 试述血液凝固的基本过程,分析影响血液凝固的因素。
6. 何谓运动性贫血?简述运动性贫血产生的原因。

第六章 循环系统

第一节 概 述

循环系统(circulatory system,图 6-1)包括心血管系统和淋巴系统,是人体内一套封闭的管道系统。心血管系统流动着血液,淋巴系统中流动着淋巴(或称淋巴液)。主要功能是不断地把营养物质、氧气和激素等运送到体内各器官、组织和细胞;同时又将各器官、组织和细胞在新陈代谢过程中产生的二氧化碳、尿素等运往肺、肾和皮肤等排出体外,保证人体新陈代谢的正常进行。此外,循环系统对于维持机体内环境的理化特性和机体防御功能有着重要作用。由于淋巴液的生成与回流和心血管系统有着非常密切的关系,一般常将淋巴系统看作是心血管系统的辅助系统。

心血管系统由心脏、动脉、静脉及毛细血管组成。心脏是心血管系统的动力中枢,动脉是引导血液出心的管道,血液通过动脉输送到全身。动脉经过反复的分支,越分越细,最后移行为毛细血管。毛细血管连于微动脉和微静脉之间,呈网状,管径很细(6~8 μm),管壁很薄,遍布全身各处。毛细血管内血流缓慢,仅为主动脉血流速度的 1/800,有利于血液与组织液间的物质交换。静脉是引导血液回心的管道,起于毛细血管,在回心行程中逐渐汇合成小、中、大静脉,最后注入心房。血液就是沿着这个密闭的管道系统周而复始地流动,形成血液循环。血液循环分为体循环和肺循环两部分。

体循环(systemic circulation)又称大循环,左心室收缩时,携带氧和营养物质的动脉血进入主动脉,然后再经过动脉的各级分支,流入全身各组织器官的毛细血管,在毛细血管内与组织进行物质交换,把氧和营养物质释放给组织,同时又把组织在代谢过程中产生的二氧化碳和代谢产物回收入血液,鲜红的动脉血转变为暗红色的静脉血。最后通过上、下腔静脉返回右心房。

肺循环(pulmonary circulation)又称小循环,当右心室收缩时,将静脉血经肺动脉运达左、右两肺。肺动脉在肺内经过多次分支,最后构成肺泡壁上的毛细血管网。在此,静脉血中的二氧化碳与肺泡中的氧进行交换。于是,静脉血又转化为含氧较高、色泽鲜红的动脉血,然后经肺静脉回流入左心房。由肺循环回流入左心房的动脉血经左房室口入左心室,再与体循环相连续。

上述两种循环途径同时进行,实现两种不同的功能。体循环的主要功能是把营养物质和氧输送给全身的器官和组织,同时带走器官和组织在新陈代谢过程中产生的代谢产物和二氧化碳;肺循环的主要功能是将静脉血输送至肺进行气体交换,放出二氧化碳,摄入氧,使静脉血转化为动脉血,再输送回心脏。

第六章 循环系统

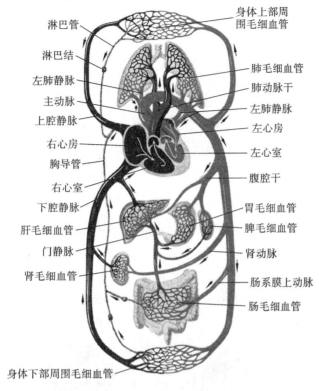

图 6-1 循环系统模式图

第二节 循环系统的组成和结构

一、心脏

心脏（heart）是一个由心肌组织构成并具有瓣膜结构的空腔器官，是血液循环的动力装置，是实现泵血功能的肌肉器官。在生理状态下，心脏不断做收缩和舒张的交替活动：舒张时容纳返回心脏的静脉血，收缩时把血液射入动脉，为血液流动提供能量。通过心脏的这种节律性活动以及由此而引起的瓣膜的节律性开启和关闭，推动血液沿单一的方向循环流动。

心脏不仅是血液循环的动力器官，同时还具有内分泌功能。由心房肌细胞合成的心钠素（或心房钠尿肽），具有利尿、利钠、舒张血管和降低血压的作用。除心钠素外，还有其他一些生物活性肽。

（一）心脏的形态和结构

1. 心脏的位置

心脏位于胸腔内，膈肌上方的两肺之间，外裹以心包。2/3 在正中矢状面左侧，1/3 在右侧。前方平对胸骨体和第 2～6 肋软骨，后方平对第 5～8 胸椎，并与食管、迷走神经和胸主动脉等相邻。后上方连接出入心的大血管,下方邻膈,两侧与纵隔胸膜和肺相邻(见图6-2)。

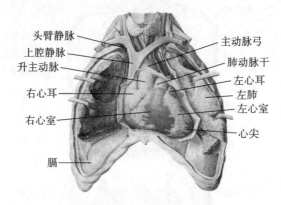

图6-2　心脏位置示意图

2. 心脏的外形

心脏稍大于本人拳头。成人男性心脏重约284 g,女性约258 g。心脏的大小和重量因年龄、身高、体重、体力活动等因素差异较大。心脏呈前后略扁的圆锥体,斜向左前下方。长轴由右后上方向左前下方倾斜,与正中线成45°夹角(见图6-3)。

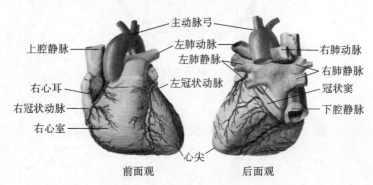

图6-3　心脏的外形和血管示意图

心脏表面有1尖、1底、2面、3缘和4条沟,划分左右心房和左右心室4部。

心脏在胸前壁的体表投影可用下列四个点及其连线来确定。

左上点:在左侧第2肋软骨下缘,距胸骨左缘约1.2 cm。

右上点:在右侧第3肋软骨上缘,距胸骨右缘约1 cm。

右下点:在右侧第6胸肋关节处。

左下点:在左侧第5肋间隙,锁骨中线内侧1～2 cm处(或距前正中线7～8 cm处)。

左、右上点的连线为心上界,左、右下点的连线为心下界,左上、下点间向右微凸的连线为心右界,左上、下点间向左微凸的连线为心左界。了解心左、右界的正常位置,对检查和判断心脏是否扩大有参考价值。

(二) 心腔

心脏共有四腔(见图6-4),即左、右心室和左、右心房。左、右心房之间有房间隔,左、右心室之间有室间隔。在正常情况下,心脏左半与右半完全被分隔,互不相通。每侧房室之间由房室口相通,房室口的位置相当于冠状沟的平面。

(1) 右心房(right atrium) 位于右上部,壁薄腔大,向左前方突出的部分称作右心耳。右心房有三个入口,上壁有上腔静脉口,导入上半身静脉血;下壁有下腔静脉口,导入下半身静脉血;在下腔静脉口与右房室口之间有冠状窦口,导回心壁静脉血。右心房的出口为右房室口,通向右心室。在右心房后内侧壁,即在房间隔下部有一卵圆形浅窝,称卵圆窝。

(2) 右心室(right ventricle) 位于右心房的左前下方,构成胸肋面的大部分,室腔略呈锥体形。它有一个入口和一个出口。入口即右房室口,出口为肺动脉口。右房室口周缘附有三片三角形瓣膜,称三尖瓣或右房室瓣。

右心室壁较厚,在壁内层形成纵横交错的肌性隆起,其中有几个特别粗大,称乳头肌。乳头肌由腱索连于相邻两个瓣膜的游离缘。当右心房收缩时,三尖瓣对合,封闭右房室口,由于腱索的牵引,三尖瓣不至翻入右心房,从而阻止血液返流入右心房。

在右房室口的左上方有肺动脉口。在肺动脉口的周缘有三个袋状的半月形瓣膜,叫肺动脉瓣。当右心室舒张时,瓣膜关闭,阻止血液向右心室逆流。

(3) 左心房(left atrium) 构成心底的大部分,其向右前方突出的部分名左心耳。左心房两侧壁各有两个肺静脉口,前下方有一左房室口。

(4) 左心室(left ventricle) 构成心尖及心脏的左缘。左心室有两个开口,主动脉口和左房室口。左房室口周缘有两片瓣膜,名二尖瓣。

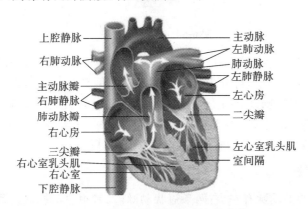

图 6-4 心脏各腔及血流方向示意图

左心室壁特别肥厚,由乳头肌尖端起始的腱索分别附于两个尖瓣。主动脉口的周缘也附有三个半月形瓣膜,称主动脉瓣。当左心室舒张时,主动脉瓣关闭,阻止血液从主动脉逆流回左心室。

房室瓣和动脉瓣的共同特点:其开放状态取决于瓣膜两侧的压力差,但只能单向开启,房室瓣只能朝向心室开放,动脉瓣只能朝向动脉方向开放,以保证血液以固定途径流动。

心脏瓣膜的体表投影和听诊区如图 6-5 所示。

(三) 心壁

心壁由心内膜、心肌层和心外膜 3 层构成(见图 6-6)。

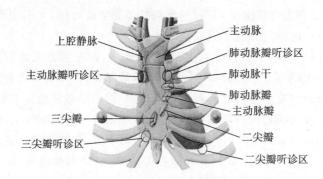

图 6-5　心脏瓣膜的体表投影和听诊区示意图

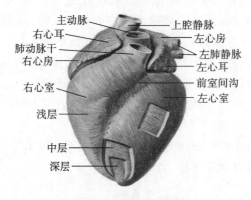

图 6-6　心壁的示意图

心内膜是衬于心脏内表面的一层光滑薄膜,与血管内膜相延续。心肌层由心肌细胞组成,是心壁三层中最厚的一层,可分为心房肌和心室肌两部分。它作为心肌的支架,环绕在左、右房室口和主动脉口、肺动脉口处,心房肌和心室肌及瓣膜就附着在上面。因此,心房肌的兴奋不能直接传递给心室肌,必须通过心脏内的特殊传导系统。心外膜是被覆在心脏的外面的一层光滑浆膜,是心包膜的脏层,与心包膜的壁层相延续。

(四) 心脏的血管

(1) 动脉:营养心的动脉有左、右两条冠状动脉,二者由主动脉起始部发出后,在心外膜的深侧沿冠状沟行走,分支营养心壁。

(2) 静脉:心壁各层的静脉网合成较大的静脉分支,多数汇入冠状窦,冠状窦位于冠状沟的后部,开口于右心房。

(五) 心包

心包(pericardium)呈囊状,包在心脏和大血管根部的外面。分内外两层,外层为纤维层,内层为浆膜层。纤维层由致密结缔组织构成,致密而坚韧,无伸缩性。它的上部与出入心的大血管外膜相延续,下方则附着于膈肌的中心腱。浆膜层薄而光滑,为一完整的浆膜囊,可分为壁层和脏层。壁层紧贴在纤维性心包的内面;脏层紧贴在心肌外面,构成心外膜。脏壁两层之间的潜在性腔隙称心包腔,内含少量浆液,起润滑作用,可减少心搏时的摩擦。

心包对心脏具有保护作用,可防止心过度扩张。由于纤维性心包无伸缩性,故它在心包腔内大量积液时,不易向外扩张,以致压迫心,影响心的正常功能活动。

二、血管

血管是一系列复杂分支的管道。人体除角膜、毛发、指(趾)内、牙质及上皮等处无血管外,血管遍及全身。各种类型的血管在组织结构上各具特点,在生理活动中发挥各自独特的功能。根据血管结构及功能特点,可将血管分为动脉、毛细血管和静脉3种。

血管分布的主要规律是:

(1) 身体左右对称部分的血管分布通常也具有对称性。

(2) 血管分布与机能相适应。如新陈代谢旺盛的甲状腺,血管特别丰富;肾脏具有泌尿功能,其血管口径较一般脏器粗大。

(3) 血管走行多与长轴并行,常与神经一起被结缔组织包裹成血管神经束,血管神经束一般位于关节屈侧。

(4) 在容易受到牵引或挤压的地方(如关节周围)以及经常变换形状的器官(胃、肠)处,血管大多吻合成网或弓。

由左、右心室射出的血液都要经由动脉、毛细血管和静脉串联构成的血管系统,然后返回心房。各类血管因其在整个血管系统中所处的部位不同,具有不同的功能。与之相适应,各类血管不仅管径和管壁厚度不同,而且构成管壁的内皮、弹力纤维、平滑肌和胶原纤维四种主要成分的相对比例也有很大差别(见图6-7)。

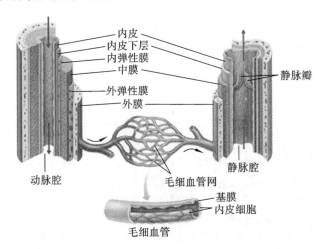

图 6-7 动脉、静脉和毛细血管壁的构造示意图

(一) 动脉

动脉(artery)是引导血液离开心的血管。可分为大、中、小、微动脉4种。动脉管壁分为内膜、中膜和外膜三层。内膜的表层为内皮,薄而光滑,可减少血流的阻力;中膜较厚,由弹性纤维和平滑肌组成,使动脉具有弹性和收缩性;外膜主要由结缔组织构成,内含营养血管

和神经等。

主动脉和大动脉管壁较厚,含有丰富的弹力纤维。左心室射血时,主动脉和大动脉管壁能被动扩张,容量增大,将一部分血液暂时贮存起来并缓冲血压波动。当心室舒张而主动脉瓣关闭后,被扩张的动脉管壁发生弹性回缩,把射血期贮存的部分血液继续向外周方向推动。所以从功能上说,主动脉和大动脉可称为弹性贮器血管。

动脉一再分支,口径逐渐变细,管壁逐渐变薄,管壁中的弹力纤维逐渐减少,而平滑肌的成分逐渐增多。最细的小动脉(即微动脉)内径只有 20~30 μm,对血流阻力很大。在神经和体液的调节下,其舒缩活动能改变口径大小,决定外周阻力的大小,起到调节血压的作用,故也称阻力血管。微动脉的管壁中仍有完整的平滑肌层,平滑肌的舒缩可改变管径大小,从而改变该器官的血液量。在身体的许多部位,微动脉可再分支为后微动脉。后微动脉是微动脉和毛细血管之间的过渡形式,其管壁的平滑肌逐渐稀少。

起于左心室的动脉称主动脉,全长分为升主动脉、主动脉弓和降主动脉 3 段。升主动脉很短,起始处有左右冠状动脉分支。主动脉弓呈弓形弯向左后方,其上端有左锁骨下动脉、左颈总动脉和无名动脉。无名动脉又分为右颈总动脉和右锁骨下动脉。左颈总动脉上行分为颈内、颈外动脉以供应头部血液,左右锁骨下动脉主要是供应上肢血液。降主动脉又分为胸主动脉及腹主动脉。胸主动脉分支有肋间动脉、食管动脉和支气管动脉。腹主动脉分支有腹腔动脉、肠系膜上下动脉和左右肾动脉等,供应胸腔、腹腔内器官血液。腹主动脉再下行,分为左右髂总动脉。髂总动脉又分为髂内动脉和髂外动脉。髂内动脉分支到盆腔内脏器官、臀部等,髂外动脉下行为股动脉,供给下肢血液(见图 6-8)。

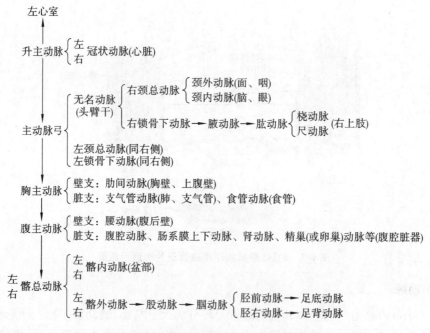

图 6-8　全身主要动脉及其分支归纳示意图

(二) 毛细血管

毛细血管(capillary)是连接于微动脉与微静脉之间的血管,互相吻合成网状,数量最多,分布最广,管径最细,管壁最薄。毛细血管壁由一层扁平内皮细胞组成,管壁外侧有一薄层基膜,具有极大通透性,毛细血管总的截面积很大,故血流缓慢,是血液与组织液之间进行物质交换的场所,又称为交换血管。毛细血管的起始部有平滑肌环绕,构成毛细血管前括约肌。毛细血管前括约肌属于毛细血管前阻力血管的一部分,主要是控制毛细血管的启闭,起着控制毛细血管血流量的阀门样作用。

(三) 静脉

静脉(vein)是输送血液回心的血管。毛细血管汇合成微静脉和小静脉,管壁又逐渐出现平滑肌。微静脉和小静脉对血流的阻力虽远比微动脉小,但其管壁平滑肌收缩时仍足以使管径变小而增加血流阻力,因此微静脉和小静脉在功能上属于毛细血管后阻力血管。毛细血管前阻力和毛细血管后阻力比值的改变会影响毛细血管血压,从而影响血液和组织液之间液体的转移。

静脉和相应的动脉比较,其数量较多,口径较大而管壁较薄,故容量大。此外,静脉管的可扩张性也大,也就是说,较小的压力变化可使容量发生较大的变化。在安静状况下,循环血量的60%~70%容纳在静脉中。静脉的口径发生较小的变化时,静脉的血量就可发生较大的变化,而压力的变化并不大。静脉的这种特性使它在血管系统中起着血液贮存库的作用,故功能上把静脉血管称为容量血管。容量血管的舒缩活动可改变回心血量,从而使心输出量发生相应的变化。

较大的静脉具有由内膜向内折叠而形成的瓣膜,防止血液倒流。静脉的主要作用是调节血管系统容量,收集血液返回心房。静脉有浅、深之分,浅静脉互相连通,深静脉通常与同名动脉伴行。

体循环静脉可分为3大系统,即上腔静脉系、下腔静脉系和心静脉系。上腔静脉系是收集头部、上肢和胸背部等处静脉血返回心脏的管道;下腔静脉系是收集腹部、盆部、下肢静脉血回心的一系列管道。门静脉属下腔静脉系中的血管,主要是收集腹腔内消化管道、胰和脾的静脉血进入肝的静脉管道。心静脉系是收集心脏静脉血的管道(见图6-9)。

三、淋巴系统

淋巴系统是循环系统的一个组成部分,由输送淋巴液的淋巴管和产生淋巴细胞和生成抗体的淋巴器官(包括淋巴结、扁桃体、脾、胸腺和消化管内的各种淋巴组织等)所组成。

淋巴循环是血液循环的辅助装置,主要功能如下:

(1) 回收蛋白质及运输营养物质。由于组织液中的蛋白质可透入毛细淋巴管而进入血液,故淋巴液回流的最重要意义是回收蛋白质。每天有75~200 g蛋白质由淋巴液带回到血液中,使组织液中的蛋白质能保持较低的水平。此外,小肠黏膜吸收的营养物质特别是脂肪可由小肠绒毛的毛细淋巴管吸取而转运至血液中。

(2) 消除组织中的红细胞、细菌、异物。进入组织间隙的红细胞或侵入体内的细菌、异

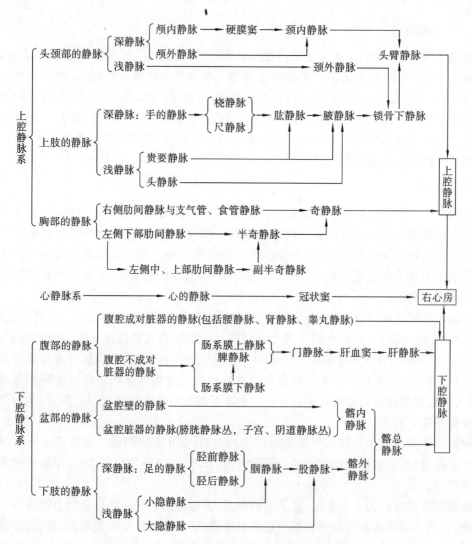

图 6-9 全身主要静脉及其属支归纳示意图

物,由于毛细淋巴管的通透性较大,故可进入淋巴液,在淋巴液流经淋巴结时,被淋巴结中的巨噬细胞吞噬。此外,淋巴结尚能产生淋巴细胞和浆细胞,参与免疫反应。故淋巴系统还具有防御的功能。

第三节 心脏生理

一、心肌的生理特性

心肌具有自动节律性、传导性、兴奋性和收缩性。根据组织学特点、电生理特性以及功能上的区别,心肌细胞可分为两类:一类是普通心肌细胞,构成心房壁和心室壁的主要部分,主要执行收缩功能,故又称为工作细胞;另一类是一些特殊分化的心肌细胞,除具有兴奋性和传导性之外,还具有自动产生节律性兴奋的能力,故称为自律细胞。由自律细胞组成心脏的特殊传导系统,包括:窦房结、房室结、房室束(房结区、结区、结束区)及房室束在室间隔两侧的左右分支。左右分支分别在左右两侧心内膜深部下降,逐渐分为细小的分支,传到浦肯野纤维,再和心室肌细胞相连(见图 6-10)。

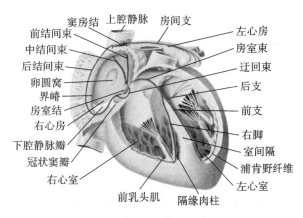

图 6-10　心脏的特殊传导系统示意图

(一) 自动节律性

自动节律性(auto-rhythmicity)是指心肌在不受外来刺激的情况下自动地产生节律性兴奋和收缩的特性。心肌自律性源于心脏的特殊传导系统内的自律细胞,它具有自动产生节律性兴奋并传导兴奋的能力,但无收缩功能。特殊传导系统中以窦房结的自律细胞自律性最高,为正常心脏活动的起搏点,以窦房结为起搏点的心脏活动称为窦性心率。

窦房结自律细胞的自动兴奋频率约为每分钟 100 次。但健康成人安静时由于窦房结的自律性经常处于迷走神经的抑制作用下,安静时的心率维持于每分钟约 75 次。窦性心率的正常范围为每分钟 60～100 次,若超过 100 次称为窦性心动过速,少于 60 次称为窦性心动过缓。

(二) 传导性

心肌细胞有传导兴奋的能力,称为传导性(conductivity)。心脏的传导系统和心肌纤维均有传导性,但因房室间心肌细胞不相连,所以房室之间兴奋的传导要靠心脏特殊传导系统传递。

正常情况下心脏内兴奋传导的途径为:窦房结→结间束→房室结→房室束→浦肯野纤维→心室肌。由窦房结发出的兴奋先传到心房肌,引起心房肌收缩,同时也传导到房室结。房室结兴奋后再通过房室束及其分支传至心室肌,引起心室肌兴奋和收缩。

心肌细胞与心肌细胞之间的闰盘为低电阻区,局部电流可以通过此处,使兴奋得以在心肌细胞间扩布。

心脏特殊传导系统各部分的传导速度是不相同的(见图 6-11)。兴奋在房室交界处传导的速度较慢,传导延搁时间较长,约需 0.1 s,这种现象称为房室延搁。房室延搁的重要生理意义在于保证了房、室先后有序的收缩,使心室有充分的血液充盈。房室束和浦肯野纤维传导速度为 4 m/s,是心室肌传导速度的 6 倍,这对于保证心室肌的同步收缩是十分重要的。

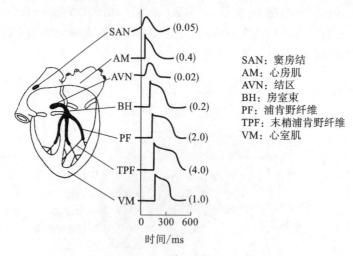

SAN：窦房结
AM：心房肌
AVN：结区
BH：房室束
PF：浦肯野纤维
TPF：末梢浦肯野纤维
VM：心室肌

图 6-11　心脏特殊传导系统各部分的传导速度

（引自张镜如,1998）

（三）兴奋性

心肌细胞具有对刺激产生反应的能力,具有兴奋性(excitability)。心肌细胞的跨膜电位变化在波形和形成机制上要比神经和骨骼肌细胞复杂得多,心脏中不同部位心肌细胞的动作电位也各不相同。

与神经或骨骼肌一样,心肌细胞每产生一次扩布性兴奋之后,兴奋性总要经历有效不应期、相对不应期和超常期,然后才恢复到正常周期性变化(见图 6-12)。

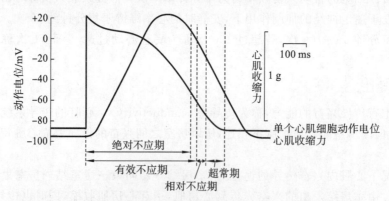

图 6-12　心室肌动作电位期间兴奋性变化及其与机械收缩的关系

心肌细胞兴奋性变化的特点是有效不应期特别长,绝对不应期一直延长至机械变化的舒张期开始以后,在此期内,任何刺激都不能使心肌发生兴奋和收缩。因此,心肌不会发生强直收缩。

正常心脏是按窦房结发出的兴奋进行节律性收缩活动的。在心肌正常节律的有效不应期结束后,人为的刺激或窦房结以外的其他部位兴奋,使心室可产生一次正常节律以外的收缩,称为期前收缩或期外收缩。由于期前收缩也有自己的有效不应期,所以紧接着期前收缩之后的一次窦房结的兴奋传到心室时,往往正好落在有效不应期中,因此不能引起心室兴奋,再一次窦房结的兴奋传到时才发生收缩。因而在一次期前收缩之后,往往有一段较长的心舒张期,称为代偿间歇(见图6-13)。

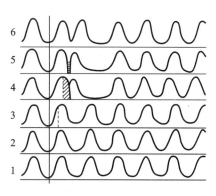

图 6-13　期前收缩和代偿间歇示意图

(四) 收缩性(contractility)

心肌细胞和骨骼肌细胞一样,在受刺激发生兴奋时,首先是细胞膜爆发动作电位,通过兴奋-收缩耦联引起肌丝滑行,使肌细胞缩短。但心肌细胞的收缩与骨骼肌细胞也不完全相同,其特点是:

1. 对细胞外液的 Ca^{2+} 浓度有明显的依赖性

心肌细胞和骨骼肌细胞都是以细胞外液的 Ca^{2+} 作为兴奋-收缩耦联的媒介的。但是,心肌细胞的肌质网终池很不发达,容积很小,贮存 Ca^{2+} 量比骨骼肌少。因此,心肌兴奋-收缩耦联所需的 Ca^{2+} 除终池释放外,更需要细胞外液中的 Ca^{2+} 通过肌膜和横管内流。

2. "全"或"无"同步收缩

心房和心室内特殊传导系统的传导速度快,而心肌细胞间闰盘处的电阻低,兴奋可以在细胞间迅速传播,使整个心房或心室的所有心肌细胞几乎同时发生收缩。对心室肌来说,这种同步收缩可大大提高心室的泵血效果。由于存在同步收缩,心脏要么不收缩,如果一旦发生收缩,其收缩就达到一定强度,称为"全或无"式收缩。

3. 不发生强直收缩

心肌发生一次兴奋后,其有效不应期特别长,可达 200 ms,而骨骼肌有效不应期仅为 2 ms。在有效不应期内,任何刺激都不能使心肌细胞再发生扩布性兴奋和收缩,因此,心脏不会产生强直收缩而始终保持收缩和舒张交替的节律活动,从而保证了心脏的充盈与射血。

二、心脏的泵血功能

(一) 心动周期与心率

1. 心动周期

心房或心室每收缩和舒张一次,称为一个心动周期(cardiac cycle)。由于心脏由心房和心室这两个功能合胞体构成,心动周期包括心房的收缩期和舒张期以及心室的收缩期和舒张期。心脏的活动由一连串的心动周期组合而成,因此,心动周期可以作为分析心脏机械活动的基本单元。在心脏的泵血活动中,心室起主要作用,故心动周期常指心室的活动周期。

心动周期的长短与心率有关,如以正常成人平均心率75次/min计算,则一个心动周期为0.8 s。一个心动周期中,两心房首先收缩,持续0.1 s,继而心房舒张,持续0.7 s。当心房收缩时,心室处于舒张期,心房进入舒张期后,心室开始收缩,持续0.35 s,随后进入舒张期,占时0.45 s。心室舒张的前0.4 s期间,心房也处于舒张期,这一时期称为全心舒张期(见图6-14)。

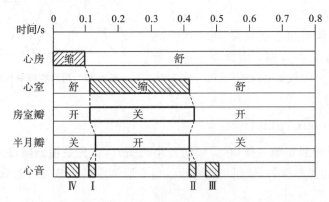

图 6-14 心动周期中心房和心室活动顺序和时间关系

正常时,左、右心房或心室的活动几乎是同步进行的,且心房或心室的舒张期均长于收缩期,这样既有利于静脉血回心,又使心脏得到了充分的休息,所以有利于心脏更有效地射血。心动周期的长短与心率成反比,当心率加快时,心动周期缩短,收缩期和舒张期均缩短,但以舒张期的缩短更明显。因此,心率过快时,由于舒张期的显著缩短而使心室充盈不足,回心血量减少,心肌得不到充分休息,将不利于心脏的持久工作(见表6-1)。

表6-1 不同心率时每个心动周期中心室的收缩期与舒张期的时间比较

心率/(次/min)	心动周期/s	收缩期/s	舒张期/s
75	0.8	0.35	0.45
90	0.66	0.32	0.34
120	0.50	0.28	0.22
150	0.40	0.23	0.17
180	0.33	0.20	0.13

2. 心率

每分钟心脏搏动的次数叫心率(heart rate)。正常成人安静时心率为60~100次/min,平均75次/min。心率有明显的个体差异,不同年龄、性别和不同的生理状况,心率都不相同。新生儿的心率可达130次/min,随着年龄增长,心率逐渐减缓,到青春期接近成年人心率。在成年人中,女性较男性快3~4次/min,训练良好的耐力运动员,安静、睡眠时心率较慢。卧位比站立时慢,体力活动、进食后、体温升高时及情绪激动和精神紧张时心率都可以加快。

心率的增加有一定的限度,这个限度叫最大心率。最大心率随年龄而递减,通常一般人的最大心率约为220－年龄。但这只是估算值，个体间存在明显差异。例如，一个40岁的人，估算的最大心率为180次/分，$HR_{max}=220-40$。实际上，68%的同龄人最大心率在168～192次/分之间（平均值±1个标准差）；95%的同龄人最大心率在156～204次/分之间（平均值±2个标准差）。这表明利用年龄估算最大心率可能存在误差。较为准确的估算最大心率的公式为：$HR_{max}=208-(0.7×年龄)$。

（二）心脏的泵血过程

每一心动周期心脏射血一次，它开始于两侧心房收缩，称心房收缩期。心房收缩时心房内压升高，将其中的血液挤入心室，而使心房容积缩小。心房收缩结束后即舒张，心房内压下降，与此同时心室开始收缩。根据心室内压力、容积的改变及瓣膜开闭与血流情况，可将心室从收缩开始到舒张结束划分为等容收缩期、快速射血期、减慢射血期、等容舒张期、快速充盈期和减慢充盈期，各时相心室内压力、容积改变和瓣膜开闭及血流情况如表6-2所示。

表6-2 一个心动周期各时相中心脏（左侧）内压力、容积和瓣膜开闭的各种变化

腔室	时相	时间/s	压力比较	房室瓣	半月瓣	腔容积	血流方向
心房	房缩期	0.1	房内压＞室内压	开	闭	缩小	心房→心室
心室	等容收缩期	0.1	房内压＜室内压＜动脉内压	闭	闭	无变化	无流动
	快速射血期	0.06	房内压＜室内压＞动脉内压	闭	开	迅速减小	心室→动脉
	减慢射血期	0.11	房内压＜室内压＞动脉内压	闭	开	继续缩小	心室→动脉
	等容舒张期	0.14	房内压＜室内压＜动脉内压	闭	闭	无变化	无流动
	快速充盈期	0.06	房内压＞室内压＜动脉内压	开	闭	迅速增大	心房→心室
	减慢充盈期	0.11	房内压＞室内压＜动脉内压	开	闭	继续增大	心房→心室

三、心音

在心动周期中，心肌的收缩、瓣膜闭启、血液流速改变和形成涡流等因素引起心壁和大动脉壁的振动，通过周围组织传导至胸壁，形成可用听诊器听到的特定声音，称为心音（heart sound）。每一个心动周期一般可以听到两个心音，即第一心音和第二心音。在某些健康儿童或青年人，有时可听到第三心音。

第一心音音调低，历时较长，约为0.14～0.16 s，在左侧第5肋间隙心尖处听得最清楚。此声音是由于心室肌收缩和房室瓣关闭时的振动，以及主动脉和肺动脉管壁在射血开始时所引起的振动而产生的，第一心音的出现标志着心室收缩的开始，称为心缩音。它的响度和性质的变化，常常反映心肌收缩的强弱和房室瓣的机能状态。

第二心音音调较高，时间较短，约0.08 s，在第2肋间靠近胸骨左右缘听得最清楚。此声音是由主动脉和肺动脉的半月瓣关闭时的振动所产生的，标志着心室舒张的开始，也称心舒音。它可反映半月瓣的功能状态。

当心瓣膜发生障碍时，即出现不正常的心音，称为杂音。

四、心泵功能的评定

评定心脏泵血功能是否正常,是医疗实践中的重要问题。以下是一些常用的评定心泵功能的指标。

(一) 每搏输出量与射血分数

一侧心室每次收缩所射出的血量称为每搏输出量(stroke volume,SV),简称搏出量。其大小可用心室舒张末期容积与收缩末期容积之差表示。正常成年人安静时,搏出量约 70 mL。心室每次收缩并没有将心室内血流全部射出,搏出量只占心室舒张末期容积的一定比例。搏出量占心室舒张末期的容积百分比称为射血分数(ejection fraction)。

$$射血分数 = \frac{每搏输出量(mL)}{心室舒张末期容积(mL)} \times 100\%$$

健康成年人,静息时的射血分数为 55%~65%。

搏出量和射血分数均与心肌的收缩力有关。心肌收缩力越强,心脏搏出量越大,心室内余血量越少,射血分数越高。肌肉活动时,射血分数提高。

在评定心脏泵血功能时,若单纯以搏出量作指标而不考虑心室舒张末期的容积是不全面的。心脏功能正常时,搏出量与舒张末期的容积是相适应的。就是说心室舒张末期容积增大时,搏出量相应增加,其射血分数不变。但若心室病理性扩大,心室功能减退,搏出量可能与正常人无异,但其射血分数明显下降。

(二) 每分输出量与心指数

1. 心输出量

每分钟由一侧心室射出的血量称为每分输出量,简称心输出量(cardiac output)。

$$心输出量 = 每搏输出量 \times 心率$$

心输出量的大小要与机体代谢水平相适应,可因性别、年龄和生理状况不同而异。安静时,健康成年男子搏出量约 70 mL,心率平均每分钟 75 次,心输出量为 5 L/min 左右。女性比同体重男性的心输出量约低 10%,青年时期的心输出量高于老年,情绪激动或体力活动时心输出量增加。优秀运动员在剧烈运动时,心输出量可高达 25~35 L/min。

2. 心指数

研究表明,人在安静时的心输出量与体表面积成正比。体表面积不同的个体,心输出量也不同。以单位体表面积计算出来的心输出量,称为心指数(cardiac index)。中等身材的成年人体表面积为 1.6~1.7 m²,安静和空腹情况下心输出量为 5~6 L/min,故心指数为 3.0~3.5 L/(min·m²)。安静或空腹情况下的心指数称为静息心指数,是分析比较不同个体心泵功能的常用指标。

心指数随不同生理条件而不同。年龄在 10 岁左右时,静息心指数最大,可达 4 L/(min·m²)以上,以后随着年龄的增长逐渐下降,到 80 岁时,静息心指数接近 2 L/(min·m²)。运动时心指数随运动强度的增加大致成比例增高。妊娠、情绪激动和进食时心指数均增高。

（三）心输出量的影响因素

心输出量受到心率和搏出量的影响,而搏出量又取决于心肌收缩力和静脉回流量。

1. 心率和每搏输出量

心输出量等于每搏输出量与心率的乘积,因此心率加快和每搏输出量增多都能使心输出量增加。如果每搏输出量不变,在一定的范围内,心率加快,可使每分输出量增加。但心率过快时,每个心动周期缩短,特别是舒张期缩短更加明显,因此心室没有足够的充盈时间,以致使每搏输出量减少。心率加快了,但由于每搏输出量显著减少,每分输出量仍然减少了,故一般体力较差者,当心率超过 140 次/min 时,每分输出量减少。反之,如果心率过缓(低于 40 次/min),虽然舒张期延长了,心脏能获得足够的血液充盈,使每搏输出量有所增加,但因心率过低,每分输出量同样会减少。运动员,特别是耐力项目运动员,虽然心率较低,但由于心肌发达,收缩力强,每搏输出量高,从而能保证正常的心输出量。

2. 心肌收缩力

如果心率不变,每搏输出量增加,则每分输出量也增加。因此,心肌收缩力是决定每搏输出量的主要因素之一。一般地说,心肌收缩力强,每搏输出量就多;心肌收缩力弱,每搏输出量就少。因为在正常情况下,心室每次收缩并不能把其中的血液完全排出,在心缩末期,心室腔内仍存留部分血液。心肌收缩力愈强,射血分数愈高,心室内的血液排出更加完全,心室收缩末期容积愈小,心室内余血量减少,则每搏输出量愈多,心输出量增加。反之,心肌收缩力愈弱,心缩末期心室内余血量愈多,则每搏输出量愈少,心输出量减少。

在一定的范围内,心肌纤维收缩力与心肌纤维收缩前的"初长度"有关。在生理范围内,心肌纤维初长度愈长,收缩力也愈强。对于心脏来说,心肌纤维初长度取决于心室血液的充盈度。离体实验证明:在一定的范围内,心室舒张时充盈量愈多,则心肌纤维被拉长的程度愈大,心室收缩力也愈强,从而使每搏输出量增多;反之,则心室舒张时容积小,每搏输出量少。

在完整的机体内,心肌收缩力的变化是受神经体液因素调节的。运动时,支配心脏的交感神经兴奋,血浆中肾上腺素和去甲肾上腺素增多,促使心肌收缩力显著增强,射血分数增加,每搏输出量也随之提高;另一方面,心搏频率加快,每分输出量亦增加。当然,这种心输出量的增加只有在静脉回流血量相应增加的情况下才能得到保证。

3. 静脉回流量

心脏输出的血量来自静脉回流,静脉回流量的增加是心输出量持续增加的前提。血液由腔静脉回流入右心房,主要取决于静脉血压与右心房内压的压差。只有在压差大,静脉回流血量增加时,心输出量才能有所增加。

在正常人体内,静脉回流量与心输出量保持着动态平衡。当神经体液因素引起心肌收缩加强时,每搏输出量增加,同时心缩末期心室容积减小。待心室舒张时,心室内压下降更加明显,因而静脉血液由心房流入心室更快更多,故心肌收缩力加强,一方面可增加心输出量,另一方面又可加速静脉血液流回心脏,使二者达到新的平衡。

静脉回流量还与肌肉收缩、胸内压密切相关。强烈肌肉运动时,交感-肾上腺系统总动员,不仅增加心率和每搏输出量,而且还可以使静脉血管广泛收缩,提高静脉充盈压,加速血液回流。实验表明,安静时静脉充盈压约为 7 mmHg,强烈肌肉运动时,静脉充盈压可升至正常值的 2.5 倍。此外,心室舒张吸力、呼吸动作和四肢肌肉对静脉的挤压作用,都有助于静脉回流,从而保证在极短促的心舒期中,不影响心室充盈量。

总之,在神经系统的作用下,肌肉运动时心输出量的增加主要是心肌收缩、心率和外周血管的紧张性等各种调节机制所起的整合效应。

(四) 心脏泵血功能贮备

心输出量随机体代谢需要而增长的能力,称为泵血功能贮备,或心力贮备(cardiac reserve),包括心率贮备和搏出量贮备。健康成年人静息状态下的心率为 75 次/min,搏出量约 70 mL,心输出量约为 5 L/min。剧烈体育运动时,心率可达每分钟 180～200 次,搏出量可增加到 150 mL 左右,心输出量可增至 25～30 L/min,是静息时的 5～6 倍。在静息状态下,心输出量并不是最大,但能够在需要时成倍增加,表明健康人心脏泵血功能有一定的贮备。

心力贮备的大小取决于心率贮备和搏出量贮备。

1. 搏出量的贮备

搏出量是心室舒张末期容积和收缩末期容积之差,搏出量贮备又可分为舒张期贮备和收缩期贮备(见图 6-15)。

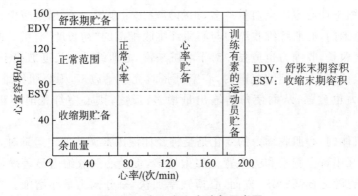

图 6-15 左心室心力贮备示意图

(1) 舒张期贮备 静息状态下舒张末期容积约为 125 mL,由于心肌的伸展性小,心室不能过分扩大,一般最大只能达到 140 mL 左右,即舒张期贮备只有 15 mL 左右。

(2) 收缩期贮备 安静状态下舒张末期容积约为 125 mL,搏出量为 70 mL,射血后心室剩余血量为 55 mL。当心肌收缩能力增加时,能射出更多的血,使心室剩余血量不足 20 mL。可见,通过动用收缩期贮备,就可使搏出量增加 35～40 mL。

2. 心率的贮备

心率的最大变化约为静息时心率的 2 倍。充分动用心率贮备,就可以使心输出量增加 2～2.5 倍。在正常成人,能使输出量增加的最高心率为 160～180 次/min,这就是心率贮备的上限。

心力贮备的大小反映心脏泵血功能对代谢需要的适应能力,也反映心脏的训练水平。耐力水平高的人,心力贮备明显高于一般人,其最大心输出量可达静息心输出量的5~6倍。个别优秀的耐力运动员甚至可达到静息心输出量的8倍(40 L/min)。研究认为,坚持体育锻炼的人,心肌纤维较粗,心肌收缩力强,射血分数提高,因此搏出量贮备增加;同时,由于静息心率因训练而减慢,故心率贮备也增大。例如优秀耐力运动员的静息心率可低到50次/min以下,而运动时的最高心率达190~200次/min时,搏出量仍不减少,故最大心输出量大幅度增加。

(五) 心室舒张功能

研究发现,心室舒张功能较收缩功能更加敏感地反映心脏泵血功能状态。当心肌出现疲劳或早期损伤时,心肌收缩功能通过代偿调节作用并不表现下降,此时心脏射血量并无明显降低,这种射血量的维持是通过加强心肌收缩功能来完成的,但心室舒张功能则可出现明显减弱,主要表现出心室快速充盈速率和快速充盈量下降,心室血液充盈量减少,最终会导致心脏泵血功能的降低。

五、心电图

每个心动周期中,由窦房结发出的兴奋按一定的途径和时程,依次传向心房和心室,心脏兴奋的产生和传播时所伴随的生物电变化,可通过周围组织传导到全身,使身体各部位在每一心动周期中都发生有规律的电变化。用引导电极置于肢体或躯体的一定部位记录下来的心电变化的波形称心电图(electrocardiogram,ECG)。心电图是整个心脏在心动周期中各细胞电活动的综合向量变化。它反映了心脏兴奋的产生、传导和恢复过程中的生物电变化,而与心脏的机械收缩活动无直接关系。

(一) 正常典型心电图的波形及生理意义

通过在上下肢和胸前安置的电极可以从不同的角度记录到十二导联心电变化情况,包括三个标准肢体导联Ⅰ、Ⅱ、Ⅲ,三个加压单极肢体导联 aVR(加压右上肢导联)、aVL(加压左上肢导联)、aVF(加压左下肢导联)和六个单极胸导联 V1~V6(见图6-16)。其中以标准Ⅱ导联记录的心电图最为典型,通常进行单导联心电监护时都记录此导联。

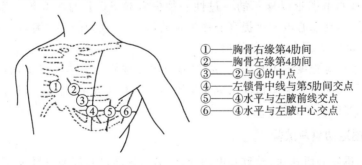

图6-16 胸导联的探测电极安放的位置

①——胸骨右缘第4肋间
②——胸骨左缘第4肋间
③——②与④的中点
④——左锁骨中线与第5肋间交点
⑤——④水平与左腋前线交点
⑥——④水平与左腋中心交点

不同导联记录下来的心电图波形各有特点,但基本上包括一个P波、一个QRS波群和一个T波,T波之后还可能出现一个U波。在心电图上,除各波的形状有特定的意义外,各波以及它们之间的时程关系也具有重要的理论和实践意义,其中比较重要的有P-R(或P-Q)间期、Q-T间期和S-T段(见图6-17)。

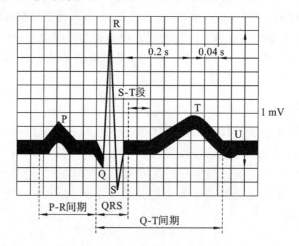

图6-17 正常人心电模式图

P波,表示左右心房兴奋去极化时产生的电变化。

QRS波群,表示左右心室兴奋去极化所产生的电变化。

T波,表示左右心室复极化过程。

P-Q(P-R)间期,指从P波的起点到QRS波群起点之间的时程,表示心房去极化开始到心室去极化开始所需要的时间。

S-T段,指从QRS波群终了到T波起点之间的与基线平齐的线段,表示心室去极化完毕,复极尚未开始,各部位之间无电位差。

Q-T间期,指从QRS波群起点到T波终点的时程,表示心室开始兴奋去极化到全部复极化所需的时间。

(二) 动态心电图

动态心电图或称Holter心电监测。动态心电图可记录24小时或更长时间的持续心电信息,可发现常规心电图难以显示的一过性心律失常和ST-T的改变等一系列心电变化。因此在临床医学中,动态心电图可提高心律失常的检出率,在判断某些症状与心律失常的关系和冠心病的诊断等方面有重要的价值。

近年来,由于训练强度的不断加大,运动员心律失常的发生率逐年增加,尤其在高水平运动员中更加明显,动态心电图目前已成为诊断运动员心律失常,评定运动员机能状态及安排科学训练和比赛的重要方法。

(三) 心电图运动负荷试验

通过运动以诱发心肌缺血,导致心电图异常,借以诊断冠心病或判断受试者心脏功能的方法,称为心电图运动负荷试验。目前,临床常用的运动负荷试验方法有二阶梯双倍运动试验、跑台运动试验和功率自行车运动试验。

跑台运动试验时受试者在有一定坡度和速度的跑台上行走,运动负荷根据跑台的坡度和速度每 3 分钟增加一次,一般从 10°的坡度和 1.7 km/h 的速度至 22°的坡度和 6.0 km/h 的速度,共分 7 级。试验前进行常规十二导联心电图描记,以便与监护导联心电图对照。试验过程中随时观察示波器上显示的心电图变化,如有异常应随时进行描记。在每次递增运动负荷前要先描记一次监护心电图,运动后即刻、2、4、6、10 分钟各描记一次心电图。

当达到预期心率(可按 195－年龄计算)或当受试者出现典型心绞痛、严重心率失常、头晕、面色苍白、步态不稳或下肢无力不能坚持运动、运动中心电图出现 S-T 段下降或下垂性下降大于 1 mm,以及在运动前 S-T 段原基础上下降 1 mm 时终止试验。

跑台运动试验主要用于可疑冠心病患者的诊断,亦可用于判断受试者心脏功能。

第四节　血　管　生　理

一、动脉血压

血压是指流动的血液对单位面积血管壁的侧压力。不同血管处的血压不同,一般所说的血压是指动脉血压(arterial blood pressure)。

(一) 动脉血压的正常值

在一个心动周期中,动脉血压随着心室的收缩和舒张而发生规律性的波动。心室收缩时,动脉血压的最高值称为收缩压(systolic pressure),心室舒张时动脉血压的最低值称为舒张压(diastolic pressure)。收缩压和舒张压之差称为脉搏压或脉压(pulse pressure)。整个心动周期内各瞬间动脉血压的总平均值称为平均动脉压,由于心脏的收缩期比舒张期短,所以平均动脉压的数值较接近舒张压,约等于舒张压＋脉压/3。临床医学中动脉血压的习惯写法是"收缩压毫米汞柱/舒张压毫米汞柱",其法定计量单位的写法为收缩压 kPa/舒张压 kPa。

一定高度的动脉血压,是推动血液循环和保持各器官组织足够血流量的必要条件之一。正常人安静时的动脉血压较为稳定,变动范围较小,收缩压为 13.3～16.0 kPa(100～120 mmHg),舒张压为 8.0～10.6 kPa(60～80 mmHg),脉压为 4.0～5.3 kPa(30～40 mmHg)。血压随性别、年龄及其他生理情况而变化。男性一般比女性略高。年龄增大,动脉血压也逐渐升高,但收缩压的升高比舒张压的升高更加显著。体力劳动、运动或情绪激动时血压可暂时性升高。国际上通用的成年人血压分级标准如表 6-3 所示。

测定清晨卧床血压和一般安静时血压对运动员训练程度和运动疲劳的判定有重要参考价值。随着训练水平的提高,运动员安静时的血压可略有降低。如果清晨卧床血压较同年龄组血压高 15％～20％,可能是运动负荷过大或运动疲劳所致。

表 6-3 成年人(≥18周岁)的血压分级值

类 别	收缩压		舒张压	
	/kPa	/mmHg	/kPa	/mmHg
理想血压	13.3~16	100~120	8~10.6	60~80
正常血压	<17.3	<130	<11.3	<85
正常偏高血压	17.3~18.5	130~139	11.3~11.8	85~89
一级高血压(轻度)	18.6~21.2	140~159	12~13.2	90~99
二级高血压(中度)	21.3~23.8	160~179	13.3~14.5	100~109
三级高血压(重度)	>23.9	>180	>14.6	>110
低血压	<12	<90	<8	<60

注:kPa(千帕) 1 kPa=7.52 mmHg,1 mmHg=0.133 kPa。

(二) 动脉血压的形成

动脉血压是在有足够量的血液充满血管的前提下,由心室收缩射血、外周阻力和大动脉弹性的协同作用产生的。

一般情况下,每次心脏收缩时,左心室向主动脉射出 60~80 mL 血液。此时由于血液质点的相互摩擦,以及血液与血管壁的摩擦而产生阻力(外周阻力),阻止血液顺利地从主动脉流向外周。一般在心缩期只有搏出量的三分之一,即 20~30 mL 的血液流向外周,其余的三分之二血液留在主动脉内,对管壁施加侧压力,拉长了管壁的弹性纤维,使动脉管壁被动扩张。这不但缓冲了动脉管壁突然增大的压力,而且更主要的是通过这种方式,将一部分能量以势能的形式贮存于被拉长了的弹性纤维中。心室舒张时射血停止,此时在心缩期被扩张了的主动脉,由于管壁弹性纤维的回缩,压迫血液继续向外周流动,并保持一定的血压。因此,主动脉管的弹性对血液循环起着两种作用,一是把心室收缩时释放的一部分能量以势能的形式贮存起来,于心舒期推动血液继续流动;二是缓冲动脉血压的变化,使心室收缩时动脉血压不致过高,舒张时动脉血压不致过低(见图 6-18)。

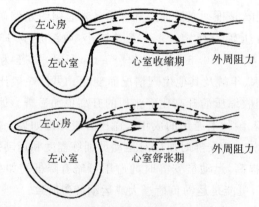

图 6-18 动脉管壁弹性作用示意图

(三) 影响动脉血压的因素

凡能影响心输出量、外周阻力和循环系统的血液充盈程度的因素都能影响动脉血压(见表 6-4)。

表 6-4 影响动脉血压的因素

因 素	收缩压(SBP)	舒张压(DBP)	脉压	主要影响
每搏输出量(SV)↑	↑↑	↑	↑	收缩压
心率(HR)↑	↑	↑↑	↓	舒张压
外周阻力↑	↑	↑↑	↓	舒张压
主动脉与大动脉的弹性↓	↑↑	↓	↑	收缩压、脉压
循环血量与血管容积比↓	↓	↓	—	收缩压、舒张压

注:↑为上升,↓为下降,↑↑为显著上升,—为变化不明显。

1. 每搏输出量

如其他因素不变,每搏输出量增加,心缩期心室射入主动脉和大动脉的血量大于流出动脉系统的血量,主动脉和大动脉内血量增加显著,故收缩压升高明显。由于动脉血压升高,血流速度加快,收缩期内增多的这部分血量仍可在心舒期流入毛细血管和静脉。到心舒期末,大动脉内存留的血量和每搏输出量增加之前相比,有增加但不多。因此,每搏输出量增加引起的动脉血压升高,主要表现为收缩压升高明显,舒张压升高不大,脉压增大。反之,每搏输出量减少,血压下降,主要是收缩压降低明显,脉压减小。可见每搏输出量的变化主要影响收缩压,而收缩压的高低也主要反映了每搏输出量的多少。

2. 心率

如其他因素不变,心率在一定范围内增加,心输出量增加,动脉血压增加,但舒张压升高明显,而收缩压升高不多,脉压减小。

3. 外周阻力

如其他因素不变,仅外周阻力加大,心舒期中血液向外周流动的速度减慢,心舒期末存留在动脉中的血量增多,舒张压升高。外周阻力增加时,收缩期血压也升高,收缩压升高使血流速度加快,由于收缩压的升高不如舒张压的升高明显,所以脉压变小。反之,当外周阻力减小时,舒张压的降低比收缩压的降低更为明显,故脉压加大。可见,在一般情况下,舒张压的高低主要反映外周阻力的大小。

4. 主动脉和大动脉的弹性贮器作用

主动脉和大动脉管壁的可扩张性和弹性具有缓冲动脉血压变化的作用。老年人常因动脉管壁硬化,大动脉的弹性贮器作用减弱,出现收缩压升得过高,舒张压降得过低,脉压增大。

5. 循环血量与血管容量的关系

如前所述,循环系统平均充盈压是形成动脉血压的前提,而循环系统平均充盈压的大小,又取决于循环血量和心血管系统容积二者的相应关系。在正常机体内,循环血量与血管容量相适应,血管系统的充盈情况变化不大,只有在急性大失血以后,循环血量骤减,此时血管系统的收缩不足以代偿血量的减少,将使体循环平均压降低,从而使动脉血压下降。

以上对影响动脉血压各种因素的叙述,都是在假设其他因素不变的前提下,分析单一因素发生变化对动脉血压可能产生的影响。实际上,在完整机体的情况下,当一种因素发生改变时,机体将对其他因素重新进行调整,因此动脉血压的任何改变,往往是各种因素相互作用的综合结果。

二、动脉脉搏

在每个心动周期中,动脉内的压力发生周期性的波动,引起动脉血管发生搏动,这种由于心脏的收缩、舒张所引起的动脉管壁扩张、回缩现象为动脉脉搏(arterial pulse)。动脉脉搏产生后沿着血管壁向末梢传播出去,因此在浅表的动脉上可用手触摸到这种搏动。我国中医学的切脉就是以手指的触觉和压觉,分析桡动脉脉搏的频率、强弱以及其他特征,作为诊断疾病的重要指标之一。正常情况下脉搏的次数和心率是一致的,运动实践中,常用测定脉搏来代替心率,以了解训练课的运动强度、运动后的恢复状况和运动员的身体机能水平。

三、静脉血压和静脉回心血量

(一)静脉血压

当体循环血液经过动脉和毛细血管到达微静脉时,血压下降至 2.0～2.7 kPa(15～20 mmHg)。右心房作为体循环的终点,血压最低,接近于零。通常将右心房和胸腔内大静脉的血压称为中心静脉压,而各器官静脉的血压称为外周静脉压。中心静脉压高低取决于心脏射血能力和静脉回心血量之间的相互关系。如果心脏机能良好,能及时将静脉血泵回右心房并由右心室泵入肺动脉,则中央静脉压就较低,有利于静脉血回心。

(二)静脉回心血量及其影响因素

单位时间内的静脉回心血量取决于外周静脉压和中心静脉压的差,以及静脉对血流的阻力。故凡能影响外周静脉压、中心静脉压以及静脉阻力的因素,都能影响静脉回心血量。

(1) 体循环平均充盈压　是反映血管系统充盈程度的指标。当血流量增加或容量血管收缩时,体循环平均充盈压升高,静脉回心血量增多。

(2) 心脏收缩力量　心脏收缩时将血液射入动脉,舒张时则可从静脉抽吸血液。如果心脏收缩力强,射血时心室排空较完全,在心舒期心室内压就较低,对心房和大静脉内血液的抽吸力量也就较大,静脉回心血量也就较高。

(3) 体位、温度改变　当人体从卧位转变为立位时,身体低垂部分静脉扩张,容量增大,故回心血量减少。站立时下肢静脉容纳血量增加的程度可受到若干因素的限制,例如下肢静脉内的静脉瓣,以及下肢肌肉收缩运动和呼吸运动等。下肢静脉瓣膜受损的人,常不能长久站立。即使在正常人,如长久站立不动,也会导致回心血量减少,动脉血压降低,引起脑部缺氧而发生头晕甚至昏厥，称为重力性休克。

在高温环境中，皮肤血管舒张，皮肤血管中容纳的血量增多，如果人在高温环境中长时间站立不动，更易引起头晕和休克。长期卧床的病人，静脉管壁的紧张性较低，可扩张性较高，加之腹壁和下肢肌肉的收缩力量减弱，对静脉的挤压作用减小，故由平卧位突然站起来时，亦可发生上述反应。

（4）骨骼肌的挤压作用　当骨骼肌做节律性收缩与舒张运动时，肌肉收缩可挤压肌内和肌间静脉血，将其推向心脏方向流动；肌肉舒张，静脉内压降低，有利于血液从毛细血管流入静脉而使静脉充盈，同时，由于外周静脉中有瓣膜的存在，故可以防止血液倒流。这样，骨骼肌舒缩和静脉瓣一起，对静脉血回流起到了"泵"的作用，称为静脉泵或肌肉泵。

（5）呼吸运动　由于胸膜腔内负压的存在，胸腔内的大静脉和右心房处于充盈扩张状态。吸气时，胸内负压增大，大静脉和右心房更加扩张，中心静脉压下降，与外周静脉压之间的压力差加大，有利于外周静脉血液回流，静脉回心血量相应增加。呼气时，胸内负压减小，静脉回心血量相应减少。可见呼吸运动对静脉回流也起着"泵"的作用。

第五节　运动对心血管系统的影响

一、运动时心血管功能的变化

（一）心率

1. 运动时心率的变化

运动时心率变化速率与幅度因运动强度、时间和个体而异。研究表明，机体完成同一较小强度运动时，心率在运动初期出现迅速上升，达到一定水平后较长时间维持在一个波动不大的范围，即稳定状态心率，提示这段时间各系统机能处于相对稳定状态。随着运动的持续，机体各系统机能平衡被破坏后，心率将出现再次增高直至达到最大心率（见图6-19）。机体完成同一大强度运动时，由于机体代谢水平很高，各系统机能不能保持在相对稳定的状态，因此心率的变化将持续增高至最大心率（见图6-20）。

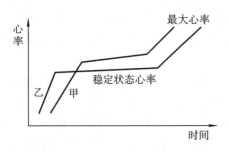

图6-19　同一较小强度运动时心率的变化

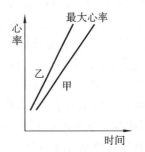

图6-20　同一大强度运动时心率的变化

2. 测定心率(脉搏)在运动实践中的应用

1) 作为评定运动强度的生理负荷指标

在一定范围内,心率随运动强度增加而成正比例增加(见图 6-21)。当接近最大强度运动时,心率出现平台期,不会随着运动强度的增大而增加,这意味着心率已经接近最大值即最大心率(见图 6-22)。

运动生理学中,目前广泛使用最大摄氧量百分比来表示运动强度。Åstrand 等在 19 世纪 50 年代对 80 名男女成年人的研究证明,心率和吸氧量及最大吸氧量成线性相关,并发现最大心率百分比和最大吸氧量的百分比也成线性相关,为心率评定运动强度奠定了理论基础。通常将心率从 185(或 190)次/min 至最大心率视为极限强度,将 170~184 次/min(或 189 次/min)视为亚极限强度;将 150~169 次/min 视为大强度;将 120~149 次/min 视为中等强度。

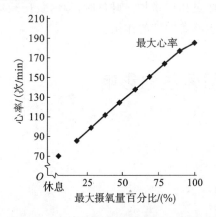

图 6-21 心率与最大摄氧量百分比的关系
(引自 Wilmore,et al.,2008)

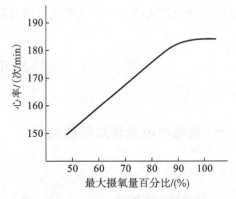

图 6-22 心率与运动强度的关系
(引自 Richard A. Berger,1982)

2) 评定心脏功能及身体机能水平

安静时一般人和运动员心脏机能变化并不十分明显,只有在进行强度较大的运动时,这种差异才能明显地表现出来。通过定量负荷或最大强度负荷试验,比较负荷前后心率的变化及运动后心率恢复过程,可以对心脏功能及身体机能水平做出恰当的判断。目前常用的定量负荷试验有一次负荷试验、联合机能负荷试验及台阶试验等。

图 6-19 表示甲、乙两名受试者在进行同一负荷强度运动时,体能较佳者(即心肺耐力较好者)的稳定状态心率通常比体能较差者低。因此,稳定状态心率是预测心肺能力的一个有效指标,较低的稳定状态心率表示心肺机能较好。

图 6-23 表示两个同年龄的人进行次最大强度运动测试的结果,通过 3~4 个不同负荷分别测定两人的稳定状态心率,将不同负荷下的心率连成直线。由于运动强度与摄氧需求成正比,因此稳定状态心率和在自行车记功计运动试验中测得的摄氧需求保持一致。根据所形成的直线可以推算出由年龄预测的最大心率,并且可以用于评价个人的最大运动能力。在较大范围内,心率的增加与功率输出和摄氧量都呈线性关系,最大摄氧量可以通过估算受试者最大心率推算出来。图 6-23 表示两名受试者估算的最大心率值相近,但最大运动能力

的差异却很大,受试者 A 的体能水平比受试者 B 高,是因为:①在同样的次最大强度下,受试者 A 的心率较低;②受试者 A 推算出的最大心率反映出他的最大运动能力($\dot{V}O_{2\,max}$)更强。

当两个人做同样的工作时,心脏机能好的人心率上升较少,而且在工作后恢复较快。

3)作为心血管适应能力的指标

图 6-24 是某人进行有氧训练前后在完成同样工作负荷下的心率变化。从图中可以看出,经过有氧训练的适应,训练后在同样负荷条件下运动时心率反应低,恢复较快。在耐力训练后心率恢复期缩短了,所以对心率恢复期的测量常被建议用来作为评估心肺功能的间接指标。一般来说,体能好的人运动后心率恢复比差的人快。

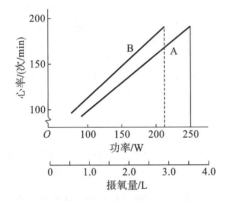

图 6-23 不同水平者心率与运动强度的关系
(引自 Åstrand,et al.,2003)

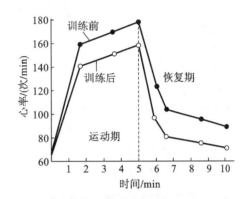

图 6-24 训练前后运动时和恢复期心率变化
(引自 Richard A. Berger,1982)

4)评定身体机能状态

清晨起床前静卧时的心率为基础心率,身体健康、机能状况良好时,基础心率稳定并随训练水平及健康状况的提高而日趋平稳下降。如身体状况不良或感染疾病等,基础心率则会有一定程度的波动。因此基础心率常作为自我监督和医务监督的指标。

在运动训练期间,运动量适宜时,基础心率平稳,如果在没有其他影响心率因素(如疾病、强烈的精神刺激、失眠等)存在的情况下,在一段时间内基础心率波动幅度增大,可能是运动量过大,身体疲劳积累所致。

(二)运动时搏出量和心输出量的变化

运动引起血流速度加快,静脉回心血量增加,使舒张末期心室容积提高,同时通过交感神经兴奋及儿茶酚胺分泌增加使心肌收缩力增强,减小收缩末期心室容积,二者共同作用导致每搏输出量明显增加。大多数研究者认为当运动强度为最大运动强度的 40%~60% 时,搏出量随运动强度的增加而增长。超过此强度范围后,搏出量到达平台期(见图 6-25)。

当人体处于直立位时,最大强度运动时的搏出量大约是安静时的两倍。例如,一个未经训练的人,安静时的搏出量大 60~70 mL,而最大强度运动时的搏出量就会增加到 110~130 mL。对于高水平耐力运动员而言,安静时的搏出量为 80~110 mL,最大强度运动时的搏出量就会增加到 160~200 mL。当人体处于仰卧位运动时,如平躺蹬自行车,搏出量也会增加,但不会像直立位升高得那么多,只会提高安静时的20%~40%。

为什么身体的姿势会造成如此的差异呢?当身体处于仰卧位时,血液不会聚集在下肢,容易回流到心脏,这意味着仰卧位安静时的搏出量大于直立位时。因此,进行最大强度运动时,仰卧位运动的搏出量的增长量比直立位运动增长得少,这是因为仰卧位安静时的搏出量的水平就比较高。有意思的是,直立位运动时搏出量所能达到的最大值仅比倾斜位安静时的搏出量值略高。以直立位进行低、中强度运动时,搏出量的增加主要是用于弥补由重力造成的血液滞留下肢的现象。

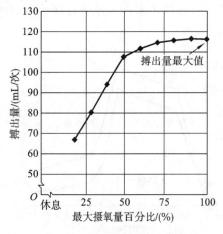

图6-25 递增负荷运动时搏出量的变化
(引自Wilmore,et al.,2008)

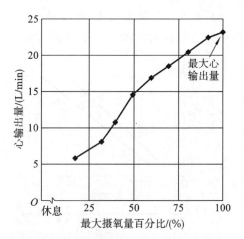

图6-26 心输出量与运动强度的关系
(引自Wilmore,et al.,2008)

心输出量等于心率与搏出量的乘积,心输出量会随着运动强度的增加而增大,直至最大值(见图6-26)。每搏输出量的增加和心率的加快使心输出量显著加大,当心率超过150次/min时,由于心舒期缩短导致静脉回心血量减少,心肌收缩力的增强程度有限,搏出量逐渐减少。当心率超过180次/min时,由于搏出量的大幅度减少,心输出量也可能随之下降。

(三)运动时动脉血压的变化

运动时,平均动脉压升高,但是收缩压和舒张压的增长幅度不同。当人体进行全身性的耐力运动时,收缩压会随运动强度的增大明显升高,而舒张压则不会显著增加,甚至会略有下降。正常成年人,安静时收缩压约为120 mmHg,而最大强度运动时收缩压可能超过200 mmHg。有文献报道,高水平运动员在最大强度有氧运动时,收缩压可高达240~250 mmHg。

运动强度增加,心输出量增大,从而收缩压升高。血压升高,增加了血管中的血流量,也决定了会有多少血浆(即流体静压)流出毛细血管,进入组织并运送到需要的部位。因此,收缩压的升高有助于将物质运送到工作的肌肉。在进行次最大强度耐力运动时,血压保持相对恒定。当运动强度增大时,收缩压也会随之升高。当运动强度保持恒定时,收缩压可能会缓慢下降,但是舒张压保持恒定。如果收缩压缓慢下降,属于正常反应,这是由于活跃的肌肉内小动脉扩张增强,总外周血管阻力下降。

以同样运动强度进行上肢运动或下肢运动时，其动脉血压的反应不同。上肢运动时动脉血压的升高显著大于下肢运动（见图6-27），这可能是因为上肢与下肢相比有较少的肌肉数量和血管参与运动，此外上肢在运动时需要额外的能量消耗用于身体躯干的稳定。

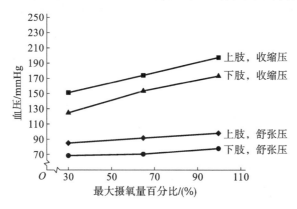

图6-27　上肢和下肢递增负荷运动时动脉血压的变化
(引自Åstrand,et al.,1965)

动力性运动时收缩压明显升高，舒张压的变化相对较小，甚至可能略有下降。因为动力性运动导致心脏收缩增强，血流速度加快，血压升高，但同时运动时交感舒血管神经兴奋使外周血管扩张，肌肉收缩的推挤加快静脉回流，使动静脉压力差增加，促进了动脉血外流，使得外周阻力相对下降，结果使得舒张压变化幅度较小。

静力性运动时由于憋气使胸腔压力增大，后负荷增加，搏出量有所下降，心室余血量较多，静脉回流阻力也增加，加之肌肉紧张性收缩对外周血管的静力性压迫，外周血流不畅，外周阻力显著增加，结果使收缩压的升高幅度相对较小，而舒张压升高明显，对小血管造成很大的压力。中老年人由于血管弹性下降，脆性增加，大强度静力性运动时因外周阻力过大易发生小血管的破裂，故应尽量少进行大强度静力性运动。

瓦尔沙瓦现象：

体操练习中静力性工作产生憋气，血压随动作的进行和恢复出现特殊变化规律，其特征表现为：血压先升高，后降低，再上升，而后恢复到运动前水平；血流量也呈先少、后多，再恢复常量，这种现象称为瓦尔沙瓦现象。随体操运动员训练程度的提高，心血管调节机能使血液分配能力得到完善，瓦尔沙瓦现象可以得到缓解；反之，若训练程度下降，瓦尔沙瓦现象可再度出现。

（四）运动时各器官血液量的变化

运动时心输出量和血液的快速变化，使得全身血流量上升。这有助于将血液运送到需要的组织中去，主要是运动中的肌肉。此外，交感神经对心血管系统的调节，使循环血液重新分配，从而使得代谢需求最高的组织，接收的血液多于其他低需求组织。

1. 运动时血液的重新分配

运动时心输出量增加，但增加的心输出量并不是平均分配给全身各个器官的。安静时，只有15%～20%心输出量的血液流入肌肉，但在大强度运动时，80%～85%心输出量的血液流入肌肉。肌肉中血流量的增加主要是来自肾脏和包括肝脏、胃、小肠等脏器循环的血流量的减少。在不同强度的运动中,由于每分输出量的绝对数的不同,所以各器官所获得的份额也是不同的(见表6-5)。

表6-5 安静时和不同强度运动10分钟时各器官的血流量

器官	血流量/(mL/min)			
	安静时	低强度	中等强度	大强度
腹腔内脏	1400	1100	600	300
肾脏	1100	900	600	250
脑	750	750	750	750
冠状血管	250	250	750	1000
骨骼肌	1200	4500	12 500	22 000
皮肤	500	1500	1900	600
其他器官	600	400	400	100
心输出量	5800	9400	17 500	25 000

皮肤血流量变化比较特殊,在运动开始时,皮肤血流也减少,但以后由于肌肉产热增加,体温升高,通过体温调节机制,使皮肤血管舒张,血流增加,以增加皮肤散热。但从表6-5中还可见到,当最大强度运动时,皮肤血流减少,可见此时肌肉的运动更需要血液供应,通过各种调节机制使皮肤血管收缩,腾出一部分血量供给肌肉,所以在这种情况下,运动者的面色苍白、体温升高。

血液重新分配现象,在身体空间的位置发生变化时也很明显。如人体由卧姿迅速变成站姿时,由于受地球引力的作用,血液由身体上部流向下部。如果血液循环调节机能完善,这种姿势变化对脑的血液供应影响不大;在调节不完善的情况下,可能由于身体上部血液流向下部而发生头晕,甚至有昏厥的现象。

倒立时,有时脸会变得很红,这是血液流向头部的结果。如果机体对血流分配得比较完善,这类现象会少一些。在做旋转动作时,如体操练习中,离心力和加速度影响机体的血液分配。血液时而流向下肢,时而流向头部。在这种情况下,如果血液循环调节不完善,脑部可能出现暂时性的贫血。在训练过程中,血管口径调节机制和血液重新分配机制逐步完善,当身体上部血管口径收缩时,下部血管口径随之扩大;或者相反。这有助于使机体内的血压得到平衡。

运动时各器官血流量的重新分配具有十分重要的生理意义,即通过减少对不参与活动的器官的血流分配,保证有较多的血流分配给运动的肌肉。由于阻力血管舒张,肌肉中开放的毛细血管数目增加,使血液和肌肉组织之间进行气体交换的面积增大,气体扩散的距离缩短,从而能满足肌肉运动时增加的氧耗。有人曾经推算,人在做剧烈运动时,由于内脏器官、皮肤和不参与运动的肌肉的阻力血管收缩,可以从心输出量中省出大约3 L/min的血液,分配至运动的肌肉。如果动脉血的含氧量为20%,则即使心输出量不增加,仅通过血流量的重新分配,就可向运动的肌肉多提供600 mL/min的氧。对于心脏机能不健全的人来说,运动时心输出量的增加有限,因此,血流量的重新分配就显得更为重要。

2. 运动时心血管的变化

长时间或热环境下进行恒定强度的有氧运动时,搏出量逐渐下降,心率逐渐升高,因而心输出量会维持在较高的水平,而动脉血压则会降低。

如图 6-28 所示,在 20 ℃正常环境下,以直立姿势进行长时间中等强度运动时的变化称为心血管变化,与体温的升高有直接的关系。在心血管变化中,当心输出量增加时,其中一部分会直接流入扩张的皮肤,用于散热和降低机体的核心温度。皮肤中血流量的增加是为了降低机体的温度,只有少量的可利用的血液会回流到心脏,从而降低前负荷。此外,由于排汗和经毛细血管流到周围组织的血浆发生变化,血流量略有减少,这些因素相互结合,降低了心室灌注压力,回流到心脏的静脉血量减少,使得舒张末期容积下降,搏出量也跟着下降。为了维持心输出量,心率就必须上升以弥补搏出量的不足。

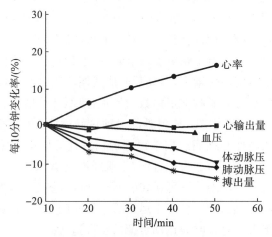

图 6-28 中等强度运动时的循环反应

(引自 Peachy,1983)

二、长期运动对心血管功能的影响

经常进行运动训练或体育锻炼,心血管系统可以出现许多良好变化,但大都是可逆的,如果停止训练,多年后,这些良性变化还会消退。

(一)运动性心动徐缓

优秀的耐力运动员安静时心率可低至 40~50 次/min,最低者竟达 21 次/min。这种由于长期运动引起安静时心率低于 60 次/min 的现象,称为运动性心动徐缓。产生的原因是安静状态心迷走神经紧张性相对增高。心交感神经和心迷走神经功能的动态平衡维持心率在特定水平。长期的运动训练使机体对高心率刺激逐渐产生适应,同样强度的运动刺激,其心率增加幅度降低。当机体处于安静状态时,交感神经对迷走神经的抑制作用减弱,导致安静状态下植物性神经系统功能平衡点向副交感神经系统方向移动,使心率减慢。

运动性心动徐缓是可逆的,即使安静心率已降到 40 次/min 的优秀运动员,停止训练多年后,有些人的心率也可恢复到接近正常值。一般认为运动员的运动性心动徐缓是经过长期训练,心功能改善的良好反映,故可将运动性心动徐缓作为判断训练程度的参考指标。

(二) 运动性心脏肥大

长期系统的运动训练使运动员心脏发生明显的增大,称为运动性心脏肥大。普通人心脏体积的大小约为本人的拳头大小,重量为 200~300 g,运动员的心脏可达 400~500 g,一般不超过 500 g,以耐力性运动员和力量性运动员尤为明显。

运动性心脏肥大表现在心腔的扩大和心肌肥厚两个方面。超声心动图和影像测试表明,长期承受耐力性刺激的心脏肥大以心室腔内径扩大为主,以心室肌的肥厚为辅;长期承受力量性运动刺激的心脏则以心肌肥厚为主,其心腔内径的改变相对较小甚至无改变。

运动性心腔扩大主要是由于经常性的长时间耐力运动刺激使静脉回心血量增加,逐渐引起心肌纤维肌小节数量和长度增加,导致心腔由功能性扩大转化为器质性扩大。由于运动强度不大,运动后负荷增加较小,心肌收缩阻力增加也较小,故心肌的肥厚程度也较小。运动性心肌肥厚主要是机体在克服高阻力负荷时,肌肉收缩紧张性高,运动性憋气等因素使心脏收缩时的后负荷增加,引起搏出量减少,机体只能通过加强心肌的收缩力来保证心脏的供血,心肌代谢水平的增高使消耗增多,运动后合成代谢特别是心肌收缩蛋白的合成也更加旺盛。长期训练的结果,是使心肌收缩蛋白数量增加,肌原纤维增粗。

运动性心脏肥大是心肌细胞对运动刺激的一种良好适应,是一种功能性代偿。它和临床上冠心病、肺心病和风湿性心脏病后期常出现的病理性心脏肥大不同。病理性增大的心脏扩张、松弛,收缩时射血能力弱,心力贮备低,心肌纤维内 ATP 酶活性下降,不能承受哪怕是轻微的体力负荷,肥大一经出现将不可逆转。而运动性心脏肥大,外形丰实,收缩力强,泵血效率提高,搏出量大,心力贮备高,且终止运动后一段时间,肥大心脏可逐渐恢复到正常状态。因此,运动性心脏肥大是对长时间运动负荷的良好适应。

(三) 心血管机能改善

每搏输出量的增加是耐力训练的结果之一。安静时的每搏输出量有训练者高于无训练者(见图 6-29(b)),在亚极量强度运动时,有训练者心率的增幅减小(见图 6-29(c)),而每搏输出量的增幅加大(见图 6-29(b)),总的每分输出量的增幅较无训练者小(见图 6-29(a))。这是由于有训练者肌肉工作的机械效率高,完成同样的运动轻松省力,能耗量小,表现为心泵功能节省化。

当进行极量强度运动时,有训练者能达到的最大心率与无训练者无差异(见图 6-29(c))。而极量强度运动时,有训练者的每搏输出量明显大于无训练者,一般人每搏输出量最大可达 120 mL,而有训练者可达 160 mL 左右,有些优秀运动员甚至可达 180~190 mL。

一般人和运动员在安静状态下和从事最大运动时每搏输出量与每分输出量(每分输出量=心率×每搏输出量)的变化可用下列数据说明:

安静时:
一般人:5000 mL/min≈71 mL/次×70 次/min
运动员:5000 mL/min=100 mL/次×50 次/min

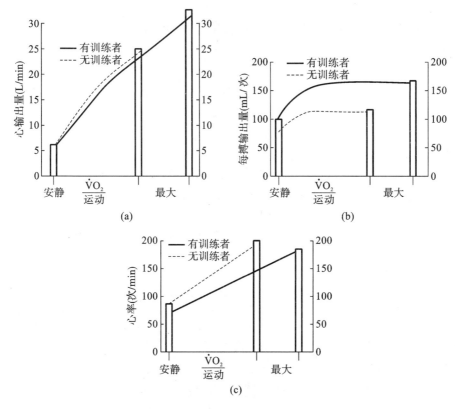

图 6-29 运动训练对安静和运动时心功能的影响
(引自邓树勋等,2005)

最大运动时:

一般人:22 000 mL/min≈113 mL/次×195 次/min

运动员:35 000 mL/min≈179 mL/次×195 次/min

可见,安静时两者心输出量相等,但运动员的心率较低,故每搏输出量较大。当完成定量负荷时,心率加快,每搏输出量增加,心输出量增大,心血管机能的动员快,恢复快,机能反应小;当进行最大强度运动时,由于心力贮备大,能充分发挥心血管系统的最大潜力,运动后恢复也快。

(四)运动性低血压

经过长期耐力训练的运动员,安静时血压降低,叫运动性低血压。一般收缩压可以降到 85~105 mmHg,舒张压可以降到 40~60 mmHg,脉压不变或加大。表示心肌的收缩力加强,血管的舒张能力得到改善(外周阻力减小),即机能节省化现象。

【思考题】

1. 试述血液循环的途径和功能。
2. 心肌的各种生理特性有何生理意义?

3. 正常心脏的节律性兴奋是如何传导的？
4. 在心脏泵血过程中，左心室内压力、容积改变和瓣膜开闭是如何保证血液正常流动的？
5. 各种因素是如何影响心输出量的？
6. 心力贮备在反映心脏机能上有何生理意义？
7. 何谓运动性心动徐缓？它是如何产生的？
8. 试述动脉血压的成因和影响因素。
9. 长期运动对心血管功能有何影响？
10. 有训练的人和一般人在进行定量工作时心血管机能有何不同？
11. 测定脉搏（心率）在运动实践中有何应用？

第七章 呼吸系统

第一节 概　　述

人体在新陈代谢过程中,需要不断地消耗 O_2,并产生 CO_2,机体从空气中摄取所需的氧,并将 CO_2 排出体外,这种机体与外界环境之间进行气体交换的过程称为呼吸(respiration)。呼吸是维持生命活动的基本生理过程之一,呼吸发生障碍,将导致组织缺氧和血液 CO_2 积蓄,造成内环境紊乱和器官功能障碍,严重时将危及生命。

机体的呼吸由三个相互衔接并同步进行的过程完成(见图 7-1):

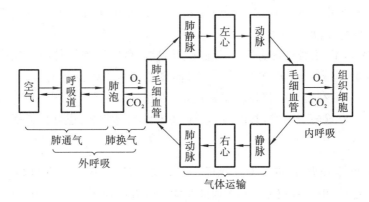

图 7-1　呼吸全过程中三个相互衔接的环节

(1) 外呼吸,又称肺呼吸,包括肺通气(ventilation,外界空气与肺泡之间的气体交换)和肺换气(pulmonary gas exchange,肺泡与肺毛细血管血液之间的气体交换)。

(2) 气体运输(gas transport),指气体通过血液循环在肺与组织细胞间的转运过程。

(3) 内呼吸,又称组织呼吸,指血液与组织细胞之间的气体交换。

可见,呼吸过程除呼吸系统参与外,还需要血液循环系统的配合,这种协调配合,以及呼吸功能与机体代谢水平的相互适应都受到神经和体液因素的调节。

第二节　呼吸系统的组成与结构

呼吸是由呼吸系统(respiratory system,见图 7-2)来完成的。呼吸系统由呼吸道和肺组成。肺是外呼吸气体交换的场所，习惯上称为呼吸器官。

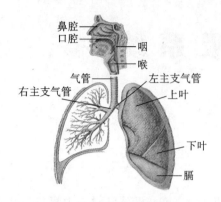

图7-2 呼吸系统模式图

一、呼吸道

呼吸道是气体出入肺的通道，由鼻、咽、喉、气管、支气管及其分支组成。临床通常把鼻、咽、喉称为上呼吸道，气管及各级支气管称为下呼吸道。

(一) 鼻

鼻(nose)包括外鼻、鼻腔和鼻旁窦，是呼吸道的起始部，能净化空气、调节空气温度与湿度，并辅助发音。鼻也是嗅觉器官。

鼻尖两侧呈弧形隆凸的部分为鼻翼，平静呼吸时，鼻翼无显著活动，呼吸困难时，可出现鼻翼扇动，为病理体征。

鼻腔由骨和软骨作支架，内衬以黏膜和皮肤，被鼻中隔分为左右两腔，前方经鼻孔通外界，后方经鼻后孔通鼻咽。鼻腔前下部鼻翼内面较宽大的部分为鼻前庭，内衬皮肤，生有鼻毛，有过滤尘埃和净化空气的作用。鼻前庭和外鼻的皮肤均缺乏皮下组织，为疖肿好发部位，发生疖肿时疼痛剧烈。

鼻旁窦又称鼻窦，由骨性鼻旁窦衬以黏膜而成，是鼻腔周围颅骨内含气的空腔，鼻旁窦包括上颌窦、额窦、蝶窦和筛窦，共四对。可协同鼻腔调节吸入空气的温、湿度，并对发音有共鸣作用。鼻旁窦的黏膜与鼻腔黏膜相延续，故鼻腔炎症时易同时引起鼻旁窦炎。上颌窦的腔最大，且开口位置高于窦底，其内的分泌物不易流出，因此易患慢性炎症。

(二) 喉

喉(larynx)既是呼吸道，也是发音器官。位于颈前部，与第3～6颈椎相对。上开口于喉咽部，下与气管连通，前方被皮肤、颈筋膜和舌骨下肌群所覆盖，后方是喉咽，两侧邻接颈部大血管、神经及甲状腺侧叶。喉以软骨作支架，借关节、韧带和肌肉连结，内衬以黏膜。

喉的软骨主要有甲状软骨、会厌软骨、环状软骨和杓状软骨等。甲状软骨最大，其前角上端向前突出，叫喉结，成年男子喉结特别显著。会厌软骨位于甲状软骨后上方，上宽下窄，上端游离，下端借韧带连于甲状软骨的内面。吞咽时喉上提，会厌软骨盖住喉入口处，防止食物进入气管。环状软骨在甲状软骨的下方，构成喉的底座，是喉与气管中唯一完整的软骨环，对于保持呼吸道的通畅具有重要意义。杓状软骨近似三面锥体形，底朝下与环状软骨板上缘的关节面构成环杓关节(见图7-3)。

(三) 气管与支气管

气管(trachea)位于颈前部正中、食管前方，上端平于第6颈椎下缘，始于喉环状软骨下缘，沿食管前面下行至胸腔，在胸骨角平面分为左、右主支气管(bronchi)，分叉处称气管杈(见图7-4)。在气管杈内面，有一向上凸出的半月状嵴，称为气管隆嵴。当用支气管镜检查时，这是进入支气管的重要标志。

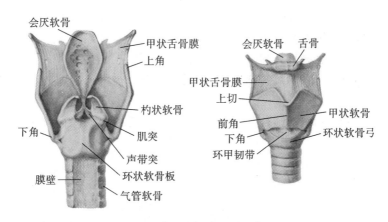

图 7-3 喉软骨及其连结示意图

气管以 14～16 个"C"形的软骨环为基础,缺口向后,借环状韧带连结,由平滑肌和结缔组织组成的膜封闭。气管内衬黏膜,黏膜的上皮为假复层纤毛上皮,咳嗽时纤毛的运动可把吸入的小尘埃随黏液一同向口腔方向排出。气管颈部位置较浅,容易触摸,临床需切开气管时,常沿正中线切开第 3～4 或第 4～5 气管软骨环。

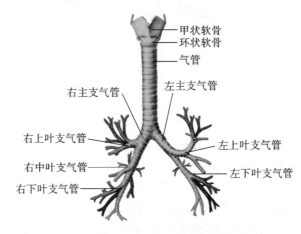

图 7-4 气管和支气管示意图

二、肺

(一) 肺的位置和形态

肺(lung)是呼吸系统的实质性器官,位于胸腔内纵隔的两侧,左右各一。肺呈海绵状,富有弹性,内含空气。因受肝和心脏的影响,右肺较宽短,左肺较窄长。成人肺的重量约相当于体重的 1/50。

肺表面有胸膜脏层被覆,光滑透明,透过胸膜脏层可见许多肺小叶轮廓。肺的颜色随年龄和职业而不同。初生儿为淡红色,成人因不断吸入尘埃,沉积于肺泡壁内,变为深灰色,老年人则呈蓝黑色,吸烟者的肺呈棕黑色。

肺有1尖、1底、3面和3缘。肺尖圆钝,与胸膜顶相贴。肺底与膈相接,又称膈面,肺的内侧面中间椭圆形的凹陷处称为肺门,是主支气管,肺动、静脉以及支气管动、静脉,淋巴管和神经出入肺的地方。这些出入肺门的结构,由结缔组织包绕在一起,称为肺根。其附近有几个支气管肺门淋巴结。肺的后缘圆钝,前缘锐利。右肺前缘近乎垂直,左肺前缘有凹陷,为左肺心切迹。

左肺被分为上、下两叶;右肺被分为上、中、下三叶(见图7-5)。大叶性肺炎即指肺叶的病变。

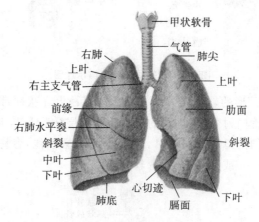

图 7-5 肺的外形示意图

(二)肺的结构

1. 肺的导管部

支气管入肺后不断分支,左主支气管分为2支,右主支气管分为3支,分别插入相应的肺叶(见图7-4)。再反复分支,越分越细,最后连于肺泡,其分支形成树枝状,称为支气管树。分支到终末细支气管(管径在0.35~0.5 mm之间)为止,只输送气体而无气体交换功能,故称为肺的导管部。它们的结构基本与肺外支气管相似。

随支气管的反复分支,管径变小,管壁变薄,壁的结构也发生改变,如上皮由假复层柱状纤毛上皮逐渐变为单层柱状纤毛上皮或单层立方上皮。

2. 肺的呼吸部

肺的呼吸部包括呼吸性细支气管、肺泡管、肺泡囊和肺泡(见图7-6)。

呼吸性细支气管兼有呼吸通道与气体交换的功能。肺泡管是几个肺泡囊的共同通道,肺泡囊又是几个肺泡共同开口的地方。肺泡是半球形的囊泡,直径200~250 μm,是气体交换的地方。在电子显微镜下观察,肺泡壁由单层上皮细胞构成,下面衬有一层基膜。成人肺泡有3亿~4亿个,总面积约100 m^2。

3. 肺的血管

肺有两套血管系统:一是组成小循环的肺动脉和肺静脉,是肺的功能血管,具有完成气体交换的作用;一是属于大循环的支气管动脉和支气管静脉,是肺的营养血管。

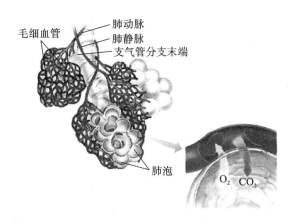

图 7-6　肺泡及表面毛细血管网示意图

三、纵隔

纵隔是左、右肺及两侧纵隔胸膜间全部器官。它的前界为胸骨,后界为胸椎,下至膈肌。纵隔上部主要包括胸腺、上腔静脉、主动脉弓及其分支、气管、食管、胸导管、迷走神经和膈神经等。纵隔中部主要有心包、心脏。后纵隔则包含有胸主动脉、奇静脉、主支气管、食管、胸导管等器官。纵隔正常位置的维持取决于两侧胸膜腔压力的平衡。当一侧胸膜腔压力增高(如气胸)或降低(如肺不张)时,可引起纵隔的移位或摆动。

第三节　肺　通　气

肺通气是指肺泡与外界环境之间气体交换的过程。实现肺通气的器官包括呼吸道、肺泡和胸廓等。呼吸道是沟通肺泡和外界环境的气体通道,不仅具有加温、湿润、过滤和清洁吸入气体的作用,同时还具有防御反射和免疫调节等保护功能;肺泡是肺泡气与血液气体进行交换的场所;而胸廓的呼吸运动则是实现肺通气的动力。

一、肺通气的原理

要实现肺通气取决于两方面因素的相互作用:一是推动气体流动的动力;二是阻碍气体流动的阻力。只有前者克服后者,建立肺泡与外界环境之间的压力差,才能实现肺通气。

(一) 肺通气的动力

肺通气的直接动力是大气压与肺内压间的压力差。肺扩张,肺内压低于大气压,产生吸气;肺缩小,肺内压高于大气压,导致呼气。肺本身无平滑肌,不能主动扩张和收缩,其扩张和缩小是靠呼吸肌的收缩和舒张实现的。

1. 呼吸运动

由呼吸肌的舒缩活动引起胸廓节律性扩大和缩小称为呼吸运动(respiratory

movement)。呼吸肌包括吸气肌、呼气肌和呼吸辅助肌。吸气肌主要有膈肌和肋间外肌;呼气肌主要有肋间内肌和腹壁肌;呼吸辅助肌主要有胸肌、斜方肌、胸锁乳突肌和背阔肌等。

1) 呼吸运动过程

呼吸运动如图 7-7 所示。

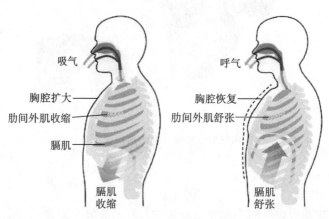

图 7-7 呼吸运动示意图

平静吸气时,吸气主要由膈肌和肋间外肌收缩来完成。膈肌位于胸、腹腔之间,构成胸腔底部,静止时呈穹隆状向上隆起。当膈肌收缩时,穹隆部下降,从而使胸腔上下径增大(见图 7-8(a));肋间外肌起自上一肋骨的下缘,斜向前下方止于下一肋骨的上缘,肋间外肌收缩时,肋骨和胸骨上抬,并使肋骨下缘和肋弓稍外展,从而增大胸腔的前后径和左右径(见图 7-8(b))。胸腔的上下、前后和左右径增大,引起胸腔和肺容积增大,肺内压低于大气压,气体进入肺内,完成吸气。

平静呼气时,膈肌和肋间外肌舒张。膈肌和肋间外肌舒张时,肺依靠其自身的回缩力而回位,牵引胸廓,使之缩小,从而引起胸腔和肺容积减小,肺内压高于大气压,肺内气体被呼出,完成呼气动作。平静呼吸时并没有呼气肌的收缩,所以呼气是个被动过程。

用力吸气时,除膈肌与肋间外肌加强收缩外,胸锁乳突肌、斜方肌等呼吸辅助肌也参与收缩,使胸腔容积与肺容积进一步扩大,肺内压比平静吸气时更低,与大气压之间差值更大,在呼吸道通畅的前提下,吸入的气体也就更多。用力呼气时,除吸气肌群舒张外,肋间内肌(其纤维走向与肋间外肌相反)和腹壁肌等呼气肌群也参与收缩,使胸腔容积和肺容积进一步缩小,肺内压比平静呼气时更高,呼出的气体更多。由此可见,用力呼吸时,吸气肌和呼气肌以及呼吸辅助肌都参与了呼吸活动,所以吸气和呼气过程都是主动的。

2) 呼吸形式

根据参与活动的呼吸肌的主次、多少和用力程度,可将呼吸运动分为不同的形式。按其深度一般分为平静呼吸和用力呼吸两种;按引起呼吸运动的主要肌群不同,分为腹式呼吸、胸式呼吸及混合式呼吸三种。

(1) 平静呼吸和用力呼吸。

安静状态下的平稳而均匀的呼吸运动称平静呼吸。呼吸频率为每分钟 12~18 次。

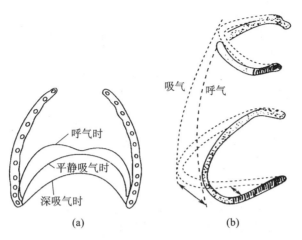

图 7-8 吸气、呼气与膈移动、肋骨移动的关系图

人在劳动或运动时,或者吸入气中 CO_2 含量增加或 O_2 含量减少时,呼吸运动加深加快,这种形式的呼吸运动称为用力呼吸或深呼吸。

(2) 胸式呼吸和腹式呼吸。

肋间肌的活动使肋骨发生提降移动,胸部随之起伏,以肋间肌活动为主的呼吸运动称为肋式呼吸或胸式呼吸。膈肌舒缩,腹部随之起伏,以膈肌活动为主的呼吸运动称为膈式呼吸或腹式呼吸。

婴幼儿以腹式呼吸为主,成年人的呼吸形式一般都是混合式的,但女性偏重胸式呼吸,男性偏重腹式呼吸。临床妊娠后期的妇女,或腹腔有巨大肿块或腹水较多的患者则以胸式呼吸为主。正常成人呼吸大多是胸式呼吸和腹式呼吸同时存在,称为混合式呼吸。

运动时可通过改变呼吸形式而不影响动作的正常发挥。如在双杠或地上做倒立的动作,由于臂和肩胸固定,使胸式呼吸受到限制,再用胸式呼吸既会影响臂和肩胸的固定,也会造成身体重心不稳,故在做倒立时可采用腹式呼吸;若做躯体直角动作造型,腹肌的用力使得腹式呼吸受到限制,此时再用腹式呼吸会造成身体造型的抖动,影响直角动作的质量,则应立即采用胸式呼吸。

2. 呼吸周期中肺内压和胸内压的变化

1) 肺内压

肺泡内的压力称肺内压(intrapulmonary pressure)。肺内压在呼吸周期中呈现周期性变化。在呼吸暂停、声带开放、呼吸道畅通时,肺内压等于大气压,气体停止流动。平静吸气初,肺容积增加,肺内压下降,当低于大气压 1~2 mmHg 时,空气进入肺泡。随着肺内气体的逐渐增多,肺内压也逐渐升高,至吸气末,肺内压升至与大气压相等,气体停止流动,吸气结束。平静呼气初,胸廓缩小,肺弹性回缩,肺内压上升,当高于大气压 1~2 mmHg 时,肺内气呼出。随着肺泡内气体逐渐减少,肺内压逐渐降低,至呼气末,肺内压与大气压又相等,气体又停止流动,呼气结束。

在呼吸过程中,肺内压变化的大小与呼吸运动的深浅、缓急和呼吸道通畅程度有关。若呼吸浅而快,则肺内压变化幅度较小;反之,呼吸深而慢,或呼吸道不够通畅,则肺内压变化较大。若紧闭声门或口鼻,再用力做呼气动作(憋气),肺内压可高于大气压60～140 mmHg。若此时做用力吸气动作,肺内压可低至－30～－100 mmHg。

肌肉运动时,呼吸气体出入肺的流量与流速随运动强度和运动形式而增减,肺内压的波动幅度也发生相应变化。

临床上对某些呼吸暂停的病人施行人工呼吸,就是利用上述原理,通过人工的方法使胸廓被动地节律性扩大和缩小,或间断规律地向肺内正压输气,以维持肺通气。

2) 胸内压

(1) 胸膜腔。

胸膜是一层光滑的浆膜,分别被覆于肺表面、胸廓内表面、膈上面和纵隔两侧面,分为胸膜脏层和胸膜壁层。脏层和壁层在肺根处相互移行,形成左右两个完全封闭的腔,称为胸膜腔(见图7-9)。腔内含有少量浆液,浆液不仅起润滑作用,而且由于液体分子的内聚力,胸膜腔的脏层与壁层紧紧相贴,不易分开,从而保证肺可随胸廓的运动而扩张和缩小。由此可见,胸膜腔并不存在有实际意义的空隙。

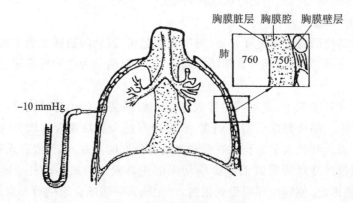

图7-9 胸膜及胸内负压示意图

(2) 胸内压。

胸膜腔内的压力称胸内压(intrapleural pressure)。由于胸内压通常低于大气压,称为胸内负压。

胸膜腔内的压力可以通过特制的检压计进行测定(见图7-9和图7-10)。测定发现,胸内压在呼吸过程中始终低于大气压,为负压。通常平静呼气之末胸内压为－5～－3 mmHg,平静吸气之末胸内压为－10～－5 mmHg。关闭声门,用力吸气时,胸内压可达－30 mmHg。

胸膜腔内负压是出生以后发展起来的。婴儿出生后,胸廓的发育速度比肺快,胸廓的自然容积大于肺的自然容积,所以从胎儿一出生的第一次呼吸开始,肺便被充气而始终处于扩张状态,不能回复到原来的最小状态,胸膜腔负压即告形成并逐渐加大。正常情况下,肺总是表现为回缩倾向的,即使是最强呼气,肺泡也不可能完全被压缩。

胸内负压的形成与作用于胸膜腔的两种力有关,一种是促使肺泡扩张的肺内压,另一种

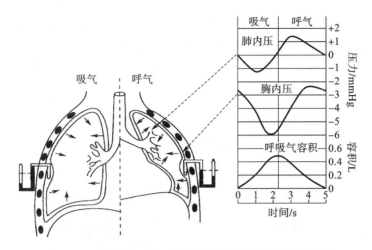

图 7-10 呼吸时肺内压、胸内压及呼吸气量的变化示意图

是促使肺泡缩小的肺回缩力,胸膜腔内压力可表示为:

$$胸内压 = 肺内压(或大气压) - 肺回缩力$$

(3) 胸内负压的生理意义。

胸膜腔负压不但作用于肺,牵引其扩张,也作用于胸腔内其他器官,特别是壁薄而可扩张的腔静脉和胸导管等,有利于静脉血和淋巴液的回流。因此,其生理意义有:一方面维持肺泡的扩张状态,使肺能随胸廓运动而张缩,有利于肺通气;另一方面有利于扩张胸腔内的腔静脉和胸导管,促进静脉和淋巴回流。尤其吸气时胸内负压增加,对心房、腔静脉和胸导管的扩张作用更加显著,更有利于静脉血和淋巴液的回流。因此,运动时采用深呼吸,能够有效地促进肺泡气的交换和有效地促进静脉血的回心。

(二) 肺通气的阻力

肺通气的阻力有弹性阻力和非弹性阻力两类。弹性阻力是指胸廓和肺的弹性回缩力。弹性回缩力越大,吸气时的阻力就越大。非弹性阻力是气流通过呼吸道时受到的阻力,主要指气体分子间及其与气道管道壁的摩擦力。影响气道阻力的主要因素是呼吸道管径,管径缩小时阻力增加,管径变大时阻力减小。支气管哮喘病人,支气管平滑肌痉挛,口径变小,呼吸道阻力增加,出现呼吸困难。气道内有黏液分泌物时阻力增大,可排痰降低气道阻力。呼吸过程中,气道阻力发生周期性变化:吸气时肺泡扩大,对小气道壁的牵拉增强,加上此时胸内负压增大,气道口径增大,阻力减小;呼气时则发生相反变化,气道阻力增大。所以,支气管哮喘病人呼气比吸气困难。

二、肺容积、肺容量与肺通气功能的评价

(一) 肺容积

用肺量计可测量和描记呼吸运动中吸入和呼出的气体容积。有 4 种基本肺容积(pulmonary volume):潮气量、补吸气量、补呼气量及余气量。它们互不重叠,全部相加后等于肺总量(见图 7-11)。

(1) 潮气量　指平静呼吸时,每次吸入或呼出的气体量。它似潮汐的涨落,故名。潮气量可随呼吸强弱而变,正常成人平静呼吸时为 0.4~0.6 L,平均约为 0.5 L。

(2) 补吸气量　平静吸气之末再尽力吸气,所能增加的吸入气量,称为补吸气量。正常成人为 1.5~2.0 L。

(3) 补呼气量　平静呼气之末再尽力呼气,所能增加的呼出气量,称为补呼气量。正常成人为 0.9~1.2 L。

(4) 余气量　最大呼气后,肺内仍残留不能呼出的气量,称为余气量。正常成人为 1.0~1.5 L。

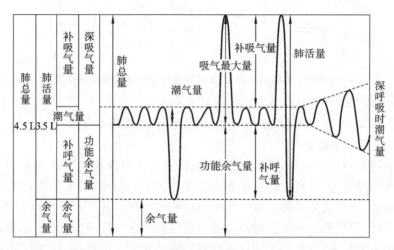

图 7-11　肺容积和肺容量示意图

(二) 肺容量

肺容纳气体的量称为肺容量(pulmonary capacity),是肺容积中两项或两项以上的联合气量(见图 7-11)。在呼吸过程中,肺的通气量和容积发生有规律的周期性变化,变化的大小取决于呼吸运动的强度和深度。

(1) 深吸气量(inspiratory capacity,IC)。

平静呼气末做最大吸气所能吸入的气体,即补吸气量与潮气量之和,称为深吸气量,它是决定最大通气潜力的一个重要因素,深吸气量大,表示吸气贮备能力大。

(2) 功能余气量(functional residual capacity,FRC)。

平静呼气末肺内所余留的气量,称功能余气量,它是补呼气量与余气量之和。正常成人约为 2.5 L。肺弹性回缩力降低(如肺气肿)时,功能余气量增大;肺纤维化、肺弹性阻力增大的病人,功能余气量减小。

功能余气量的存在有重要的生理意义,它能缓冲呼吸过程中肺泡内氧和二氧化碳分压的急剧变化,从而保证肺泡内和血液中的氧和二氧化碳分压不会随呼吸运动而出现大幅度的波动。

(3) 肺活量(vital capacity,VC)与时间肺活量(timed vital capacity,TVC)。

最大深吸气后,再做最大呼气时所呼出的气量,称为肺活量。它是潮气量、补吸气量和补呼气量之和,或为深吸气量与补呼气量之和。正常成人肺活量的平均值,男性约为 3.5 L,女性约为 2.5 L。肺活量的大小与性别、年龄、体表面积、胸廓大小、呼吸肌发达程度以及肺和胸壁的弹性等因素有关,存在较大的个体差异。肺活量的大小仅反映一次呼吸的最大通气能力,是肺静态通气功能的一项重要指标。

在最大吸气之后,以最快速度进行最大呼气,记录在一定时间内所能呼出的气量,称时间肺活量,通常以它占用力肺活量的百分数表示。

正常成人最大呼气时,第 1 秒末、第 2 秒末、第 3 秒末呼出的气量分别占总肺活量的 83%、96%、99%(见图 7-12),在 3 秒钟内人体基本上可呼出全部肺活量的气量,其中第 1 秒的时间肺活量最有意义。

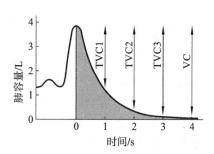

图 7-12 时间肺活量曲线图

时间肺活量是一项评价肺通气功能较好的动态指标,它不仅反映肺活量的大小,而且因为限制了呼气时间,还能反映肺的弹性是否降低、气道是否狭窄、呼吸阻力是否增加等情况,是衡量肺通气功能的一项较理想的指标。

(4) 肺总量(total lung capacity,TLC)。

肺所能容纳的最大气量为肺总量。它是肺活量和余气量之和。其大小因性别、年龄、身材、锻炼情况而异。成年男子平均约为 5.0 L,女子约为 3.5 L。

三、肺通气量和肺泡通气量

(一) 每分通气量

每分通气量(minute ventilation volume)指每分钟吸入或呼出肺的气量。它等于潮气量和呼吸频率的乘积。安静时成年人的呼吸频率为每分钟 12~18 次,潮气量为 500 mL,每分通气量为 6~9 L。

每分通气量随性别、年龄、身材和活动量的不同而有差异。呼吸深度和呼吸频率随人体新陈代谢水平而变化,代谢水平高时,两者俱增。如剧烈运动时,呼吸频率可增至 40~60 次/min,每分通气量可增至 80~150 L 或更多(180~200 L)。

(二) 最大通气量

尽力做深快呼吸时,每分钟能吸入或呼出的气量称最大通气量(maximal voluntary ventilation)。它是反映单位时间内充分发挥全部通气能力所能达到的通气量,是估计一个人能进行多大运动量的生理指标之一。一般只做 15 秒钟通气量的测定,并将所测得的值乘以 4 获得。人进行强体力劳动或剧烈运动时,最大通气量可达到 70~120 L。将平静呼吸时每分通气量与最大通气量进行比较,可以了解通气功能的贮备能力,常用通气贮量百分比表示:

$$通气贮量百分比 = \frac{最大通气量 - 安静时通气量}{最大通气量} \times 100\%$$

正常通气贮量百分比值应大于或等于93%，若小于70%，表明通气贮备功能不良。

(三) 肺泡通气量

肺泡通气量(alveolar ventilation volume)指每分钟吸入肺泡的实际能与血液进行气体交换的有效通气量。

每次呼吸吸入的气量，总有一部分留在鼻、咽、喉、气管和支气管等管腔内，这部分呼吸道无交换功能，故这部分空腔称为解剖无效腔。成人的解剖无效腔容量约为150 mL。每次呼气时，首先会呼出留在解剖无效腔内的气体，随后才逐渐呼出肺泡中的气体，到呼气末时解剖无效腔内停留的是陈旧的肺泡气，待下次吸气时这部分气将会首先被吸入肺泡。

此外，进入肺泡的气体，也可因血流在肺内分布不均而未能全部与血液进行气体交换。未能发生气体交换的这一部分肺泡容量称为肺泡无效腔。解剖无效腔与肺泡无效腔之和称为生理无效腔。因此，真正能够进入肺泡的有效气量，应是每次吸入的新鲜气量，除去生理无效腔气后的那部分气量，即：

$$肺泡通气量 = (呼吸深度 - 无效腔气量) \times 呼吸频率$$

健康人平卧时生理无效腔等于或接近解剖无效腔。但在运动时肺泡无效腔对肺泡通气量的影响将加大。体育锻炼和运动训练可以改善肺泡的血液循环，减小肺泡无效腔，提高肺泡通气量。

肺泡通气量总是少于肺通气量的，浅而快的呼吸和深而慢的呼吸，肺通气量可能是一致的，但肺泡通气量由于无效腔的存在，结果是不一样的(见表7-1)。

表7-1 不同呼吸频率和潮气量时的肺通气量和肺泡通气量的比较

呼吸频率/(次/min)	潮气量/mL	肺通气量/(mL/min)	肺泡通气量/(mL/min)
8	1000	8000	6800
16	500	8000	5600
32	250	8000	3200

从肺泡通气的效果考虑，深而慢的呼吸比浅而快的呼吸，肺泡气的更新要多。安静时，呼吸采用适当的深度与频率次数，既节省用于呼吸肌工作的能量消耗，又保持了一定的肺泡通气量，有利于气体交换。运动时，呼吸不仅要深而且也要适当加快，这对进一步提高肺泡通气量是有帮助的，但由于用于呼吸肌工作的能量消耗增多，所以只有在进行剧烈运动、对O_2需求大的情况下才采用这种方式的呼吸。

第四节 气体交换和运输

气体的交换包括气体在肺泡的交换和在组织的交换，即肺泡和血液之间、血液和组织之间的O_2和CO_2的交换。在这两个过程中，血液则担负O_2和CO_2的运输任务。

一、气体交换

(一) 气体交换原理

气体分子总是由分压高处向分压低处移动,直至气体分子分布均匀为止,这一过程称为扩散。肺换气和组织换气就是以扩散方式进行的。

1. 气体交换的动力

气体的分压是指混合气体中各种气体的压力,可由总的大气压力及其在大气中的容积百分比计算而得。某一气体高分压与低分压之差,叫作该气体的分压差。

气体交换的动力是气体分压差,气体总是从分压高处向分压低处扩散。分压差越大,预示气体扩散越多。气体扩散的最终结果是压力平衡,分压差消失。

溶解的气体分子从液体中逸出的力,称为张力,也可以说,气体的张力就是某一气体在液体中的分压。

人在正常状态下,不同部位各种气体分压较为恒定。现将空气、肺泡气、血液与组织中各种气体的分压列于表 7-2 中。

表 7-2 海平面上空气、肺泡气、血液及组织中的各种气体的分压/kPa(mmHg)

气体分压	空 气	肺泡气	动脉血	静脉血	组 织
PO_2	21.15(159)	13.83(104)	13.3(100)	5.32(40)	4.0(30)
PCO_2	0.04(0.3)	5.32(40)	5.3(40)	6.12(46)	6.7(50)
PN_2	79.4(597)	75.68(569)	76.18(573)	75.68(569)	75.68(569)
PH_2O	0.49(3.7)	6.25(47)	6.3(47)	6.3(47)	6.3(47)
合计	101.08(760)	101.08(760)	101.08(760)	93.42(702)	92.68(696)

2. 气体扩散速率

单位时间内气体扩散的容积称为气体扩散速率(diffusion rate),它与气体的分压差、气体的温度、扩散面积以及气体在液体中的溶解度成正比,与气体分子量的平方根和扩散距离成反比,其关系式为:

$$气体扩散速率 = \frac{分压 \times 温度 \times 扩散面积 \times 溶解度}{\sqrt{气体分子量} \times 扩散距离}$$

气体扩散速率越快,气体交换越快。气体扩散速率与分子量的平方根成反比,与溶解度成正比。CO_2 在血浆中的溶解度约为 O_2 的 24 倍,但 CO_2 的分子量(44)大于 O_2 的分子量(32),因此在同样的分压下,CO_2 的扩散速率约为 O_2 的 21 倍。若再观察气体扩散的动力分压差的大小,则呼吸膜两侧的 PO_2 差为 PCO_2 差的 10 倍。综合考虑气体的分子量、溶解度以及分压差,CO_2 实际的扩散速率约为 O_2 的 2 倍。所以当肺换气障碍时,机体往往缺氧显著,而 CO_2 潴留不明显。

从运动角度分析,因 O_2、CO_2 的分子量和溶解度不会改变,那么气体扩散速率、气体交换的能力与分压差的关系最为密切。

3. 气体的肺扩散容量

在 1 mmHg 分压差作用下,每分钟通过呼吸膜扩散气体的量,称为气体的肺扩散容量(pulmonary diffusion capacity,DL)。肺扩散容量是反映肺换气功能的一个重要指标,往往以测 O_2 的扩散容量(简称氧扩散容量)来评定气体的肺扩散容量。人在安静状态下,氧扩散容量为 20~33 mL/(min·mmHg)。氧扩散容量与体表面积成正比,受年龄、性别及体位的影响,儿童和老年人的氧扩散容量要小于成年人,女性的氧扩散容量小于男性,直立位的氧扩散容量小于仰卧位。在同一个体中,运动或体力劳动时,氧扩散容量增加,这是因为此时参与气体交换的呼吸膜面积和肺毛细血管血流量增加、气体交换能力加强。

(二) 肺换气

1. 肺换气过程

静脉血液流经肺泡毛细血管时,肺泡气的 PO_2 大于静脉血的 PO_2,而肺泡气的 PCO_2 则小于静脉血的 PCO_2,在分压差的推动下,O_2 由肺泡扩散入血液,CO_2 则由静脉血扩散入肺泡,完成肺换气过程,结果使静脉血变成含 O_2 较多、CO_2 较少的动脉血(见图 7-13)。肺泡处 O_2 和 CO_2 的气体扩散仅需 0.3 s 即可平衡,而通常血液流经肺毛细血管的时间约 0.7 s,所以,当静脉血流经肺毛细血管时,有足够的时间进行气体交换。

2. 影响肺换气的因素

1) 呼吸膜的厚度

呼吸膜(respiratory membrane)是指肺泡腔与肺毛细血管腔之间的膜,包括 6 层膜(见图 7-14):含有表面活性物质的液体分子层、肺泡上皮细胞层、上皮基底膜、肺泡上皮和毛细血管之间的间隙、毛细血管基膜和毛细血管内皮细胞层。正常呼吸膜非常薄,平均厚度不到 1 μm,有的部位仅厚约 0.2 μm,因此通透性极大,气体很容易扩散通过。在肺水肿、肺纤维化等病理情况下,呼吸膜的厚度增加,将导致气体扩散量减少。

2) 呼吸膜的面积

正常成年人肺有 6 亿~7 亿个肺泡,呼吸膜总扩散面积有 70~100 m^2。安静状态下,呼吸膜扩散面积约需 40 m^2,故呼吸膜有相当大的贮备面积。运动或劳动时因肺部毛细血管开放数量和开放程度的增加,扩散面积也将大大增加。

3) 通气/血流比值

通气/血流比值(ventilation/perfusion ratio,V_A/Q_C)是指每分钟肺泡通气量和每分钟肺血流量之比。肺内气体要进行充分的气体交换,除要有足够的肺泡通气量和肺血流量外,还要求两者间的比例恰当。健康成年人安静时 V_A/Q_C 为 0.84,表示通气量与血流量配比适当,即肺泡与血液进行气体交换的效率最高。

V_A/Q_C 值小于 0.84,意味着通气不足,血流过剩,部分静脉血未能变成动脉血就流回了心脏,造成功能性"动-静脉短路";V_A/Q_C 值大于 0.84,意味着通气过剩,血流不足,使得静脉血被充分动脉化后仍有部分肺泡气未能与血液交换,致使肺泡无效腔增大。通气/血流比值可作为衡量肺换气功能的指标。

运动时通气量加大,心输出量增加,肺血流量也加大,这对 V_A/Q_C 值的变化影响不大,

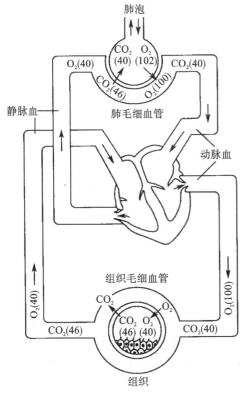

图 7-13 气体交换示意图
（数字为分压，单位：mmHg）

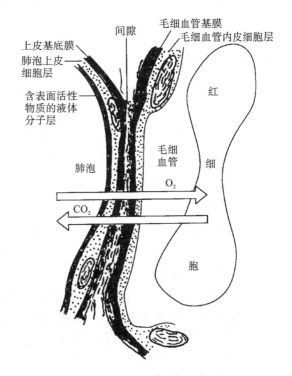

图 7-14 呼吸膜结构示意图

但气体的交换加强了，机体的摄氧量得到提高。

（三）组织换气

1. 组织换气过程

当动脉血流经组织毛细血管时，由于动脉血的 PO_2 高于组织中的 PO_2，PCO_2 低于组织中的 PCO_2，O_2 从血液向组织细胞扩散，CO_2 则从组织细胞向血液扩散，由此形成了组织换气。这样，经过这次换气，动脉血变成了静脉血，组织由此获得 O_2，排出 CO_2。

组织中 PO_2 和 PCO_2 的波动是受组织代谢程度的影响，运动是人体组织新陈代谢剧烈的过程，过多的氧耗和产生过多的 CO_2，使得组织细胞中 PO_2 下降（甚至降到零），PCO_2 升高，导致分压差加大。所以人体在运动时，组织换气过程加快，换气量加大。

2. 影响组织换气的因素

1) 局部器官血流量

对组织换气而言，组织器官血流量大，有利于组织进行气体交换。如肌肉活动加强时，需氧量增加，组织细胞需从血液中吸收更多的 O_2。由于血液氧容量不能增加，要满足组织细胞的 O_2 消耗，主要靠组织局部血流量的增加。

2)温度

气体的扩散速率与温度成正比。剧烈运动时,由于代谢加强,产热大于散热,使体温暂时升高,有利于气体交换。

二、气体的运输

气体在血液中的运输,是实现肺换气和组织换气的中间环节。血液运输气体有两种方式,小部分气体是以物理溶解的方式运输,大部分气体以化学结合的方式运输,这两种方式是相辅相成的。物理溶解的量虽很少,但却是实现化学结合的中间环节。进入血液的气体要先溶解才能发生化学结合,结合状态的气体也要先溶解才能从血液中逸出。物理溶解与化学结合之间处于动态平衡。

(一) O_2 的运输

在动脉血中,溶解状态的 O_2 约占血液 O_2 总含量的 1.5%,而 98.5% 的 O_2 进入红细胞与 Hb 结合,以氧合血红蛋白(HbO_2)的形式运输。

1. Hb 的氧合能力

进入血液中的 O_2 能够与血红蛋白结合,形成氧合血红蛋白,这是一种不需要酶催化、疏松、可逆的结合,称为氧合作用。氧合的速度取决于 PO_2 的高低。在肺内,PO_2 高,Hb 迅速与 O_2 结合,形成的氧合血红蛋白(HbO_2)增多。在 PO_2 低的组织内,HbO_2 迅速释放出 O_2,解离为 Hb 和 O_2,称为氧离作用,即:

$$Hb + O_2 \underset{PO_2 \text{低的组织}}{\overset{PO_2 \text{高的肺部}}{\rightleftharpoons}} HbO_2$$

氧合血红蛋白呈鲜红色,去氧血红蛋白呈暗红色。当毛细血管中去氧血红蛋白含量达到 5 g/100 mL 以上时,口唇、甲床可出现青紫色,称为紫绀。CO 与血红蛋白的亲和力是 O_2 的 210 倍,因此,当 CO 中毒时,大量形成一氧化碳血红蛋白,使血红蛋白失去与 O_2 结合的能力,可造成人体缺氧,此时,去氧血红蛋白并不增多,患者可不出现紫绀,而是出现一氧化碳血红蛋白特有的樱桃红色。

2. Hb 氧饱和度

在足够的氧分压下,1 g Hb 最多可结合 1.34~1.36 mL O_2,折合每 100 mL 血液约可结合氧 20 mL。100 mL 血液中,Hb 与 O_2 结合的最大量称为 Hb 的氧容量,Hb 实际与 O_2 结合的量称为 Hb 的氧含量,Hb 氧含量和氧容量的百分比为 Hb 的氧饱和度(oxygen saturation)。

当动脉血的 PO_2 为 96~100 mmHg 时,氧含量为 19~20 mL,氧容量为 20 mL,则氧饱和度为 95%~100%;当静脉血的 PO_2 为 40 mmHg 时,其氧含量为 15 mL,若氧容量不变,则氧饱和度约为 75%。动脉血的氧饱和度高于静脉血的氧饱和度。

3. 氧离曲线

氧离曲线(oxygen dissociation curve)是表示血 PO_2 和 Hb 氧饱和度关系的曲线。它既能反映在不同 PO_2 下 O_2 和 Hb 结合的情况,也能反映在不同 PO_2 下 O_2 和 Hb 的解离情况。氧离曲线呈"S"形,而非完全线性(见图 7-15)。

氧离曲线的这种特点原因在于 1 分子 Hb 含有 4 个 Fe^{2+},4 个 Fe^{2+} 在与 O_2 的结合过程中并非同时结合 O_2,而是逐一按四步进行,且相互间有协同效应,即 1 个 Fe^{2+} 与 O_2 结合后,由于 Hb 变构效应,其他 Fe^{2+} 更易与 O_2 结合。反之,若 HbO_2 中的 1 个 O_2 释放出来,其他几个 O_2 也更易放出。当 Hb 的氧饱和度为 75% 时,每分子 Hb 中已有 3 个 Fe^{2+} 结合了 O_2,这时所剩下的 1 个 Fe^{2+} 与 O_2 的亲和力增加了 125 倍,故氧结合作用愈加明显;若饱和度在 75% 以下,说明氧结合的 Fe^{2+} 不足 3 个,亲和力无明显提高,相反氧解离作用愈加明显。因此,氧离曲线呈现特殊的"S"形。

这种"S"形曲线具有重要的生理意义。

(1) 曲线上段,即 PO_2 在 60～100 mmHg 时,曲线平坦,表明 PO_2 变化对 Hb 氧饱和度影响不大。

在高原、高空或某些呼吸系统疾病时,吸入气或肺泡气 PO_2 有所下降,但只要 PO_2 不低于 60 mmHg,Hb 氧饱和度仍能保持在 90% 以上,血液仍可携带足够量的 O_2,不致发生明显的缺氧。因此,氧离曲线的上段,对人体的肺换气有利。

(2) 曲线下段,即血液 PO_2 在 15～60 mmHg 范围内变化的曲线,曲线较陡,表示血液 PO_2 稍有降低,血氧饱和度大幅度下降,释放更多的 O_2 供组织细胞利用。

当人体进行剧烈运动时,肌肉组织代谢加强,耗氧量大量增多,使组织的 PO_2 急剧下降,此时 HbO_2 迅速解离,血氧饱和度降到极低的水平。这种特点对组织活动加强时,增加 O_2 的供应十分有利。因此,氧离曲线的下段,有利于人体的组织换气。

影响氧离曲线的因素有血液 PCO_2、pH、体温以及红细胞中糖酵解产物 2,3-二磷酸甘油酸(2,3-DPG)。当血液中 PCO_2 升高、pH 降低、体温升高以及 2,3-DPG 增多时,Hb 对 O_2 的亲和力下降,氧离曲线右移,从而使血液释放出更多的 O_2;反之,血液中 PCO_2 下降、pH 升高、体温降低和 2,3-DPG 减少时,Hb 对 O_2 的亲和力提高,氧离曲线左移,从而使血液结合更多的 O_2(见图 7-16)。

运动过程中,由于肌肉代谢加强,H^+ 和 CO_2 产生增多,体温上升,PCO_2 升高,pH 降低,2,3-DPG 也显著增多(从平原进入海拔较高的高山时,红细胞中的 2,3-DPG 也会增加),导致氧离曲线右移,Hb 对 O_2 的亲和力下降,有利于 O_2 的解离释放。说明在相同的 PO_2 下,血液中 HbO_2 能解离出更多的 O_2,能为机体提供更多的 O_2。另外,CO(煤气的主要成分)与 Hb 的亲和力比 O_2 与 Hb 的大 200 多倍,可以和 O_2 竞争与 Hb 的结合,减少血液对 O_2 的运输,从而向组织扩散的 O_2 量下降,造成组织的呼吸窒息。

4. 氧利用率

每 100 mL 动脉血流经组织时所释放的 O_2 占动脉血氧含量的百分数,称氧利用率。计算方法如下:

$$氧利用率 = \frac{动脉血氧含量 - 静脉血氧含量}{动脉血氧含量} \times 100\%$$

安静时,动脉血 PO_2 为 100 mmHg 时的血氧饱和度约为 98%。正常人每 100 mL 血液的氧含量较恒定(约 20 mL)。静脉血 PO_2 为 40 mmHg 时的血氧饱和度约为 75%,则每

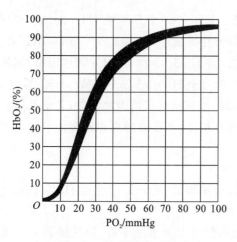

图 7-15 氧离曲线示意图

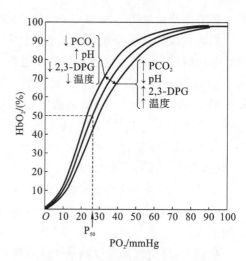

图 7-16 影响氧离曲线的主要因素

100 mL 静脉血的氧含量应为 $20 \times 75\%$ mL $= 15$ mL。因此,氧利用率为 $[(20-15)/20] \times 100\% = 25\%$。剧烈活动的肌肉的 PO_2 可降到 20 mmHg,甚至到 0。若以 $PO_2 = 20$ mmHg 为例,氧饱和度约为 35%,而静脉血的氧含量当为 $35\% \times 20$ mL $= 7$ mL(放出 13 mL O_2)。这时氧利用率则为 $(13/20) \times 100\% = 65\%$,为安静时的 2.6 倍。在剧烈运动中,局部血流量增加 3 倍以上,氧利用率也提高 3 倍以上。因此,毛细血管血液与细胞之间的 PO_2 差增加,使 O_2 的供应比安静时高出 9 倍或更多,氧利用率接近 100%。氧利用率可以作为评定有氧训练程度的指标之一。

5. 氧脉搏

心脏每次搏动输出的血量所摄取的 O_2 量,称为氧脉搏,可以用每分摄氧量除以每分心率计算。氧脉搏高,说明心肺功能好、效率高。据研究,氧脉搏在心率为 130～140 次/min 时,最高值为 11～17 mL,心率过快时则有下降趋势。但目前也有运动员在从事剧烈活动时,氧脉搏值高达 23 mL。氧脉搏可作为判定心肺功能的综合指标。

(二)CO_2 的运输

血液中物理溶解的 CO_2 约占总运输量的 5%,化学结合的占 95%。化学结合的形式主要有碳酸氢盐($NaHCO_3$、$KHCO_3$)和氨基甲酸血红蛋白($HbNHCOOH$)两种,前者约占总运输量的 87%,后者约占 7%。

1. 碳酸氢盐形式的运输

组织细胞代谢所产生的 CO_2 进入血液,主要是以 HCO_3^- 的形式运输。HCO_3^- 在血浆中形成 $NaHCO_3$,在红细胞中形成 $KHCO_3$,随血液循环运送至肺部。

组织细胞生成进入血液的 CO_2 大部分在红细胞内碳酸酐酶的催化下与 H_2O 结合形成 H_2CO_3,H_2CO_3 又迅速解离成 HCO_3^- 和 H^+。生成的 HCO_3^- 除一小部分与细胞内的 K^+ 结合成 $KHCO_3$ 外,大部分扩散入血浆,与 Na^+ 结合生成 $NaHCO_3$,同时血浆中的 Cl^- 向细胞内转移,以保持红细胞内外电荷平衡,这一现象称为氯转移。由于红细胞膜对正离子通透性极小,在上述反应中解离出的 H^+ 则与红细胞内的 HbO_2 结合,同时促进 O_2 释放。由此可见,进入血浆的 CO_2 最后主要以 $NaHCO_3$ 形式在血浆中运输。

在肺毛细血管,CO_2 向肺泡扩散,血液中 CO_2 减少,碳酸反应向相反方向进行。HCO_3^- 自血浆进入红细胞,在碳酸酐酶的催化作用下,与 H^+ 结合生成 H_2CO_3,再解离出 CO_2,CO_2 扩散入血浆,然后扩散入肺泡,排出体外。

2. 氨基甲酸血红蛋白形式的运输

CO_2 进入红细胞后,可直接与 Hb 分子上的自由氨基(-NH_2)结合,形成氨基甲酸血红蛋白(HbNHCOOH),即:

$$HbNH_2 + CO_2 \longleftrightarrow HbNHCOOH$$

该反应迅速、可逆、不需酶催化、运输效率高,但受氧合作用的影响。其结合量主要受 Hb 含氧量的影响。HbO_2 与 CO_2 的结合能力比 Hb 与 CO_2 的结合力小,所以,当动脉血流经组织时,HbO_2 释放出 O_2 成为 Hb,与 CO_2 结合力增加,形成大量的 HbNHCOOH;在肺部,由于 HbO_2 形成,减小了结合力,迫使 CO_2 从 Hb 解离,扩散入肺泡。用这种方式运输 CO_2 的量,虽只占 CO_2 总运输量的7%,但在肺部排出 CO_2 的总量中,由 HbNHCOOH 解离出来的 CO_2,约有18%是由氨基甲酸血红蛋白所释放,可见这种形式的运输对 CO_2 的排出有重要意义。

三、呼吸与酸碱平衡

CO_2 在血液运输过程中,形成了 H_2CO_3 和 $NaHCO_3$,这两种物质是血液中重要的缓冲对。当 $NaHCO_3/H_2CO_3$ 的比值为20:1时,血液的 pH 为7.40。血液的 pH 的正常范围为7.35~7.45。当乳酸等酸性产物大量入血时,血浆中的 $NaHCO_3$ 与之作用形成 H_2CO_3。H_2CO_3 不稳定,分解为 CO_2 和 H_2O,使血液中的 PCO_2 升高,导致呼吸运动加强,CO_2 排出量增加,从而维持了 $NaHCO_3/H_2CO_3$ 的比值稳定。当血液中碱性物质增多时,H_2CO_3 与之作用使血液中的 $NaHCO_3$ 增多,由于 H_2CO_3 浓度和 PCO_2 降低,呼吸运动减弱,H_2CO_3 浓度因此而逐渐回升,保持了 $NaHCO_3/H_2CO_3$ 的正常比值。

由此可见,呼吸在体内维持酸碱平衡中的作用是通过改变呼吸运动的强弱来调节肺通气量,从而调节血浆 H_2CO_3 的含量,使血浆中的 $NaHCO_3/H_2CO_3$ 的比值保持正常而实现的。此外,人体酸碱平衡的维持还依靠血液的缓冲作用和肾脏作用的共同参与进行调节。

第五节 运动对呼吸机能的影响

运动时机体代谢增强,呼吸系统将发生一系列的变化,以适应机体代谢的需要,保证运动的进行和完成。

一、运动时呼吸机能的变化

呼吸的主要功能是给机体的组织细胞提供代谢所需要的氧并排出组织细胞产生的二氧

化碳。运动时,运动强度增加,耗氧量和二氧化碳产生量随之增多,呼吸机能也将发生相应的变化以适应运动时机体代谢增强的需要。其表现为肺通气机能和肺换气机能的改变。

(一) 运动时肺通气机能的变化

运动时呼吸加深加快,肺通气量增加。潮气量可从安静时的 500 mL 上升到 2000 mL 以上,呼吸频率可由每分钟 12~18 次增加到每分钟 40~60 次。运动时的肺通气量可从安静时的每分钟 6~8 L 增加到 100 L 以上。

运动中肺通气量的增加是通过增加潮气量和呼吸频率实现的。在运动强度较低时,肺通气量的增加主要是潮气量的增加,呼吸频率增加不明显;当运动强度超过某一强度后,肺通气量的增加则主要靠呼吸频率的增加(见图 7-17)。

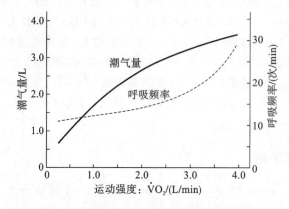

图 7-17 不同强度运动时,潮气量和呼吸频率的变化

人体在进行时间较长、中低强度的运动过程中,肺通气量的增加可分五个时相:运动开始后的快速增长期、缓慢增长期和稳定期,以及运动停止后的快速下降期和缓慢下降期(见图 7-18)。

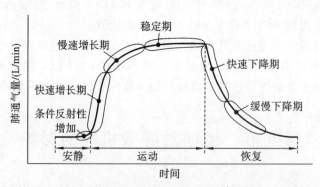

图 7-18 亚极量运动肺通气量的变化

一般认为,肺通气量的快速增长期和快速下降期是神经调节机制,即通过活动的肌肉和关节的感受器发放或终止神经冲动而实现的;缓慢增长期和缓慢下降期是化学性调节机制。如果进行的是最大强度的运动,肺通气量的增加不出现稳定状态,而是持续增加直到衰竭。

在一定范围内肺通气量与运动强度成直线相关,若超出这一范围,肺通气量的增加与运动强度失去线性相关,肺通气量的增加明显大于运动强度的增加(见图7-19(a))。

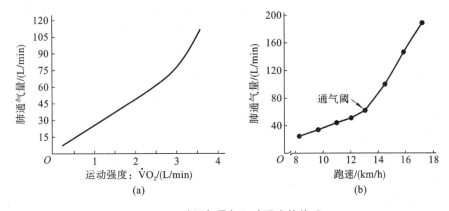

图 7-19 肺通气量与运动强度的关系

随着运动强度的增大,肺通气量会在某一点突然增加,与耗氧量的增长不成比例。出现的这个拐点称为通气阈,如图7-19(b)所示。当运动强度为 $55\%\sim70\%\dot{V}O_{2\,max}$ 时,通气阈出现的拐点一般正是血乳酸出现的拐点。

(二) 运动时换气机能的变化

运动时换气机能的变化,主要是通过 O_2 的扩散和交换来体现。

1. 运动时肺换气功能的变化

(1) O_2 在肺部的扩散速率增大:运动时人体各组织器官代谢增强,耗氧增加,使流向肺部的静脉血中的 PO_2 降低,引起呼吸膜两侧的 PO_2 差增大,O_2 的扩散速率增大。

(2) 呼吸膜的面积增大:运动时血液中的儿茶酚胺增多,使呼吸细支气管扩张,导致通气肺泡的数量增多;肺泡毛细血管前括约肌舒张,肺泡毛细血管开放增加,因而呼吸膜的面积增大。

(3) 氧扩散容量增大:运动时右心室泵血量增加,使肺血流量增加,通气/血流比值仍可维持在 0.84,氧扩散容量增大。

2. 运动时组织换气功能的变化

(1) O_2 在肌肉组织部位的扩散速率增大:活动肌肉组织的耗氧量增加,组织的 PO_2 迅速下降,使组织和血液之间的 PO_2 差增大。

(2) 组织处气体交换面积增大:活动组织毛细血管开放数量增多,组织的血流量增大。

(3) 肌肉的氧利用率提高:运动时组织中的 CO_2 积累和局部温度的升高,使氧解离曲线右移,HbO_2 解离加强,释氧增多,肌肉的氧利用率约可提高3倍。

(三) 运动时的呼吸异常

1. 呼吸困难

许多体能欠佳的人在进行运动时,常因为血液二氧化碳和氢离子增加过多,出现呼吸困难的情形。虽然,运动导致呼吸困难的感觉是无法呼吸,不过真正原因是身体无法对血液二氧化碳和氢离子的变化做出调节。

运动时无法降低呼吸中枢的刺激,与呼吸肌功能的不足有关。因为呼吸肌很容易疲劳,即使呼吸中枢传来增加呼吸的指令,呼吸肌也无法进行降低血液二氧化碳和氢离子的调节。

2. 过度换气

在运动即将开始时,感到焦虑或是呼吸性紊乱,都会发生肺通气量超过身体代谢所需的情形,这种呼吸过度的状况称为过度换气(hyperventilation)。安静时的过度换气会使得肺泡和动脉血液原来 PCO_2 从 40 mmHg 下降到 15 mmHg 左右。血液二氧化碳浓度下降,血液 pH 值上升,这两个情形反而会抑制呼吸。即使时间只有短短数秒,但是这种深而急促的过度换气常会引起头晕甚至失去意识的情形。这个例子也说明了呼吸调节系统对血液二氧化碳和 pH 值的变化相当敏感。

3. 瓦尔沙瓦现象

当运动中有较强的肌肉收缩,并且有憋气动作(在口、鼻及声门关闭时还努力呼气)时,胸内压可增加两倍以上,腹腔和胸腔内压力急速增加,血流受阻,回心血量减少,使脑的供血不足,引起头晕或昏厥,这种因胸内压引起的胸内静脉压变化而产生的症状,称为瓦尔沙瓦现象。常常出现在进行某些特定运动的时候,例如憋气举起重物、体操练习中静力性工作时。憋气用力若过久,回流到心脏的血液会大幅减少,心输出量跟着减少并使动脉血压改变(见第六章)。

4. 林加尔德现象

在体操练习中,有很多支撑、悬垂、折体、回环等动作,常常要求胸廓与腹壁等部位同时或交替固定,因而使呼吸肌的活动受到限制,造成呼吸运动困难。丹麦生理学家林加尔德发现,在进行静止用力动作时,呼吸和循环机能变化没有运动后明显,这种生理反应称为林加尔德现象(见表 7-3)。

表 7-3 静止用力时和恢复期的耗氧量

静止用力	持续时间/min	耗氧量/(mL/min)	
		静止时用力	静止后用力
单杠屈臂悬垂	0.8	557	853
俯卧撑	2.01	562	595
屈膝举蹬站立	1.28	742	807

产生的机理主要是静止用力时,大脑皮质运动中枢产生强烈的持续性兴奋,该兴奋引起负诱导,因而使呼吸和循环机能受到抑制。其次,静止用力时,肌肉的持续收缩挤压肌肉中的小动脉和毛细血管,使肌肉中血流受阻,氧气供应不足。运动后血流通畅,肌组织加强代谢,这也是造成运动后机能变化超过运动时的原因之一。

随着训练水平的提高,呼吸循环机能的加强,林加尔德现象逐渐减轻。技术水平高的体操运动员在做体操练习时,甚至不产生林加尔德现象。在做体操练习时,呼吸形式配合得好即动作与呼吸形式配合协调,可加强呼吸深度,加大肺通气量,减少缺血缺氧现象,瓦尔沙瓦现象和林加尔德现象都可减轻或被克服。

二、呼吸对运动的适应

呼吸系统功能不会限制运动成绩,因为气体交换比心血管功能有更大的潜能。长期的体育锻炼和运动训练可改善与增进呼吸系统的功能,提高运动时的最大肺通气量以及肺换气和组织换气的效率。呼吸对训练的适应变化表现在以下几个方面。

(一) 肺容积对训练的适应

影响肺通气能力的基础是肺容量,横向研究表明,除潮气量外,有训练者的肺容积的各个成分都比无训练者大。通过训练,呼吸肌的力量加强,吸气和呼气的能力提高。研究表明,有训练的运动员肺活量较一般人高,优秀的划船运动员、游泳运动员可达 7000 mL 左右,锻炼还可延缓肺活量随年龄增长而下降的趋势。

(二) 肺通气功能对训练的适应

1. 肺通气量的适应变化

训练对安静时的肺通气量影响不大。虽然耐力训练不会改变肺部的结构或基本生理功能,但是会降低次最大运动强度下通气量的 20%~30%。未受训练的久坐生活者,最大肺通气为 100~120 L/min,经过耐力训练后增加到 130~150 L/min 或更多。高强度训练运动员的肺通气通常会增加到 180 L/min;而超高强度训练耐力运动员的肺通气甚至超过 200 L/min。训练后增加最大肺通气量的原因有两种:在最大运动时增加潮气量和增加呼吸频率。

通常认为通气不是影响耐力运动成绩的限制因素。然而,研究发现,经过高强度训练适应的人,肺部运输氧气的功能可能无法满足肢体和心血管系统的需求,其原因为运动引发动脉血氧过低,其动脉氧饱和度低于 96%。例如,高强度训练的优秀运动员有低氧饱和度的现象,可能是因为运动中大量右侧心脏的心输出量迅速通过肺部,使得血液停留在肺内的时间减少。

2. 肺通气效率提高

训练可使安静时呼吸深度增加、呼吸频率减慢,运动时呼吸深度和频率匹配得更加合理。运动时,在相同肺通气量的情况下,运动员的呼吸频率较无训练者低,运动员肺通气的增长,主要依靠呼吸深度的增加。运动时较深的呼吸可使肺泡通气量和气体交换率提高,呼吸肌的耗氧量减少,这对进行长时间的运动十分有利。

3. 氧通气当量下降

氧通气当量(VEO_2)是指每分通气量与每分吸氧量的比例,即机体每吸入 1 L 氧所需要的通气量。安静时的氧通气当量为 20~28。一般来说,氧通气当量愈小,氧的摄取率愈高,运动生理学上把氧通气当量最小点称为最佳呼吸效率点。在中小强度运动时,每分通气量与每分吸氧量保持直线相关,氧通气当量的值仍保持在安静时的范围内。当人体从事每分吸氧量大于 4 L 的运动时,氧通气当量可达 35,通气效率降低。氧通气当量的变化与性别、年龄和运动项目有关。有训练的耐力性运动员其值可低于 20。当氧通气当量增大至 30~

35时,表明呼吸效率极低,此时无训练者不能坚持较长时间的运动;但训练水平高的运动员,即使氧通气当量达40～60,仍能奋力运动。在相同强度运动时,优秀耐力运动员的氧通气当量较一般人低,提示在相同吸氧量情况下,运动员的通气量比无训练者少;在相同肺通气量的情况下,运动员的吸氧量较无训练者要大,即呼吸效率高,能完成的运动强度大。

(三)肺换气功能对训练的适应

肺换气功能可用氧扩散容量来评定。长期的耐力训练对提高氧扩散容量有良好的影响,经常参加体育锻炼的人,氧扩散容量随年龄降低的趋势将推迟。无论安静时和运动时运动员的氧扩散容量比非运动员高(见图7-20)。不同项目的运动员,氧扩散容量增大的程度不同,以耐力划船运动员最大,游泳运动员次之。运动员之所以有较高的氧扩散容量,是其心输出量大,参与气体交换的肺泡与肺泡毛细血管的面积增加,以及呼吸膜阻力下降等因素共同作用的结果。

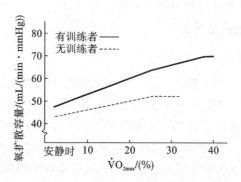

图 7-20　有训练者和无训练者运动时氧扩散容量的变化
(引自 Richard A. Berger,1982)

(四)肌肉摄氧能力对训练的适应

肌肉摄氧能力的高低可由肌肉动-静脉氧差来衡量。动-静脉氧差随着训练而增加,它反映组织摄取氧气的能力提高,以及更有效地将血液分配到活动组织中去。一般人安静时的动-静脉氧差为4.5%。耐力训练可使慢肌纤维线粒体增大、增多,线粒体氧化酶活性增强,摄取氧、利用氧的能力增强,使动-静脉氧差增大至15.5%或更大。

三、运动时的合理呼吸

运动时进行合理的呼吸,有利于保持内环境的稳定,提高训练效果和充分发挥人体的机能能力,以创造优异的运动成绩。

(一)减小呼吸道阻力

正常人安静时由呼吸道实现通气,通过呼吸道净化、湿润、温暖或冷却空气。剧烈运动时,为减少呼吸道阻力,人们常采用以口代鼻或口鼻并用的呼吸。其利有三:①减少肺通气阻力,增加通气;②减少呼吸肌为克服阻力而增加的额外能量消耗,推迟疲劳出现;③暴露满布血管的口腔潮湿面,增加散热途径。据研究,运动时增加口的通气,肺通气量由仅用鼻呼吸的 80 L/min 增至 173 L/min。但应注意,在严寒季节里进行运动,启口不宜过大,尽可能使吸入的空气经由口腔加温后再通过咽喉、气管入肺。

(二) 提高肺泡通气效率

提高肺通气量的方法,有增加呼吸频率和增加呼吸深度两种方式。运动时(尤其是耐力运动),期望在吸气时肺泡腔中有更多的含 O_2 的新鲜空气,呼气时能呼出更多的含 CO_2 的代谢气体,因此,提高肺泡通气量比提高肺通气量意义更大。表浅的呼吸使肺泡通气量下降,深呼吸能吸入更多新鲜空气,提高肺泡气中空气新鲜率,PO_2 随之提高,导致 O_2 的扩散量增加。但过深过慢的呼吸,也能限制肺通气量进一步提高,并可导致肺换气功能受阻。

有意识地采取适宜的呼吸频率和较大的呼吸深度是很重要的。一般地,径赛运动员的呼吸频率以每分钟不超过 30 次为宜。爬泳运动员即使有特殊需要,也不宜超过每分钟 60 次。那么强调运动时的深呼吸,以偏重深吸气好还是以偏重深呼气好?深呼气(或称深吐气)动作能有效减少功能余气量,吸入更多新鲜空气,提高肺泡气内的 PO_2,从而保证机体摄入更多的 O_2。

因此,运动时(特别是在感到呼吸困难、缺氧严重的情况下),节制呼吸频率,在适当加大呼吸深度的同时注重深呼气,更有助于提高肺泡通气量。例如:人在跑步或游泳时因体内过多的负氧而出现"极点"现象,为有效克服或缓解"极点"、提高 O_2 的摄入量,应有意识地保持有节奏的深呼吸。蛙泳时的正确呼吸应该是在水中做深呼气,将气吐尽,然后再抬头出水面吸气。

(三) 与技术动作相适应

呼吸的形式、时相、节奏等,必须适应技术动作的变换,必须随运动技术动作而进行自如的调整,这不仅为提高动作的质量、配合完成高难度技术动作提供了保障,同时也能推迟疲劳的发生。这对于从事投掷、体操、技巧、武术、跳水、花样滑冰等专项的运动员来说,尤显重要。

1. 呼吸形式与技术动作的配合

呼吸的主要形式有胸式呼吸和腹式呼吸。运动时采用何种形式的呼吸,应根据有利于技术动作的运用而又不妨碍正常呼吸为原则,灵活转换。

通常有些技术动作需要胸肩带部的固定,才能保证造型,那么呼吸形式应转换成腹式呼吸。如体操中的手倒立、肩手倒立、头手倒立、吊环十字悬垂、下"桥"动作等,这些需胸肩带部固定的技术动作,采用腹式呼吸,就会消除身体重心不稳定的影响。而另一些技术动作需要腹部的固定,则要转为胸式呼吸,如上固定或下固定时的屈体静止造型动作、"两头起"的静止造型动作等,采用胸式呼吸有助于腹部动作的保持和完成。

2. 呼吸时相与技术动作的配合

通常非周期性的运动要特别注意呼吸的时相,应以人体关节运动的解剖学特征与技术动作的结构特点为依据。

一般在完成两臂上举、外展、外旋、扩胸、提肩、展体或反弓动作时,采用吸气比较有利;在完成两臂内收、内旋、收胸、塌肩、屈体或团身等动作时,采用呼气比较顺当。如:"卧躺推杠铃"练习,杠铃放下过程吸气,推起过程呼气;"仰卧起坐"练习,仰卧时吸气,起坐时呼气;"俯卧撑"练习,俯卧时吸气,撑起过程呼气。但有例外时(如杠铃负重蹲起时的展体,改为呼气较好),以立足完成技术动作为基础,然后再考虑吸气与呼气的时相协调。

3. 呼吸节奏与技术动作的配合

通常周期性运动采用富有节奏的、混合型的呼吸,会使运动更加轻松和协调,更有利于创造好成绩。如周期性跑步运动,长跑宜采用2～4个单步一吸气、2～4个单步一呼气的方法进行练习;短跑常采用"憋气"与断续性急促呼吸相结合,即每"憋气"2～12个(或更多)单步后,做1次1秒以内完成的急骤深呼吸。周期性游泳运动的呼吸节奏,蛙泳可采用1次划手、1次蹬腿、1次头出水面呼吸的组合;爬泳可采用两侧呼吸,即3次划臂(打腿次数以个人特点定),完成一次单侧换气的组合。

(四) 合理运用憋气

或深或浅地吸气后,紧闭声门,做尽力呼气动作,称为憋气。通常完成最大静止用力的动作,需要憋气来配合,如大负荷的力量练习、举重运动、角力、拔河、"掰手腕"等。憋气对运动良好的作用有:①憋气时可反射性地引起肌肉张力的增加,如人的臂力和握力在憋气时最大,呼气时次之,吸气时较小;②可为有关的运动环节创造最有效的收缩条件,如短跑时憋气一方面可控制胸廓起伏,使快速摆臂动作获得相对稳定的支撑点,另一方面又避免腹肌松弛,为提高步频、步幅提供更强劲的牵引力。

憋气对人体也会产生不良影响:①长时憋气压迫胸腔,使胸内压上升,造成静脉血回心受阻,输出量锐减,血压大幅下降,导致心肌、脑细胞、视网膜供血不全,产生头晕、恶心、耳鸣、眼黑等感觉,影响和干扰运动的正常进行;②憋气结束,出现反射性的深呼吸,造成胸内压骤减,原先潴留于静脉的血液迅速回心,冲击心肌并使心肌过度伸展,心输出量大增,血压骤升。这对心力贮备差者,十分不利。特别是儿童的心脏因承受能力低而易使心肌过度伸展导致松弛,对老年人因血管弹性差、脆性大而容易使心、脑、眼等部位的血管破损,都会带来不良的后果。

由此看来,憋气对运动有利有弊。有些时候需要通过奋力和憋气才能取胜,那么这样的憋气是有必要的,是不可避免的。正确合理的憋气方法应该是:①憋气前的吸气不要太深;②结束憋气时,为避免胸内压的骤减,使胸内压有一个缓冲、逐渐变小的过程,呼出气应逐步少许地、有节制地从声门中挤出,即采用微启声门、喉咙发出"嗨"声的呼气;③憋气应用于决胜的关键时刻,不必每一个动作、每一个过程都做憋气。如跑近终点的最后冲刺、杠铃举起、摔跤制服对手的一刹那,可运用憋气。对运动员和健康人来说,一般的憋气也属于生理现象,如排便动作。有时还可以把采用适当的憋气作为提高心肺功能的手段之一,只是要遵守循序渐进的规律而已。

【思考题】

1. 呼吸的生理意义是什么?
2. 呼吸是由哪三个环节组成的?各个环节的主要作用是什么?

3. 呼吸形式有几种？运动过程中如何随技术动作的变化而改变呼吸形式？
4. 胸内负压的成因及其生理意义是什么？
5. 肺通气的动力是什么？
6. 影响肺换气的因素有哪些？
7. 比较深而慢和浅而快的呼吸，哪一种呼吸效率高？为什么？
8. 试述 O_2 和 CO_2 在血液中的运输过程。
9. 试述氧离曲线的特点和生理意义。
10. 运动训练对肺通气功能和肺换气功能有何影响？
11. 运动时应如何进行与技术动作相适应的呼吸？如何合理地使用憋气？

第八章 消化系统

第一节 消化系统的组成与结构

消化系统(alimentary system)由消化管和消化腺两大部分组成的(见图8-1)。消化管由口腔至肛门,为粗细不等的弯曲管道,长约9 m,包括口腔、咽、食管、胃、小肠(又分为十二指肠、空肠及回肠)和大肠等部分。临床上通常把从口腔到十二指肠的一段,称为上消化道;空肠到肛门的一段,称为下消化道。消化腺是分泌消化液的腺体,包括大、小两种。大消化腺有唾液腺、肝和胰腺;小消化腺则位于消化管壁内,如食管腺、胃腺和肠腺等。

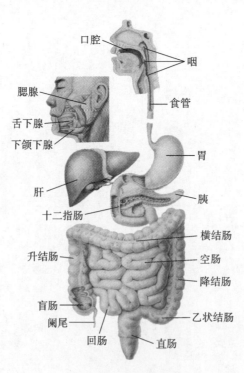

图8-1 消化系统模式图

第八章 消化系统

一、消化管

(一) 口腔

1. 口腔的构造及功能

口腔(oral cavity)为消化管的起始部分,以上、下颌骨和肌为基础,外面覆以皮肤,内面衬以黏膜而构成。口腔前壁及侧壁为口唇和颊,下壁为口腔底,上壁以腭与鼻腔相隔。向前借口裂通体外,向后经咽峡通咽腔(见图 8-2)。口腔有咀嚼、初步消化食物、尝味、辅助发音等功能。

2. 口腔的分部

口腔由上、下牙弓分为固有口腔和口腔前庭两部。牙弓与口唇及颊之间的腔隙称为口腔前庭;牙弓以内称为固有口腔。当上、下牙咬合时,口腔前庭和固有口腔仍借上、下牙弓后方的间隙相通。临床上病人牙关紧闭时,可通过此间隙将导管送入固有口腔及咽腔,注入营养物质。

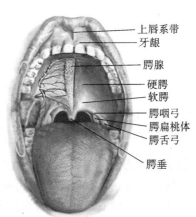

图 8-2 口腔与咽峡示意图

3. 口腔的形态结构

(1) 口唇 由皮肤、口轮匝肌和黏膜构成。上、下唇的游离缘共同围成口裂,口裂的两端称为口角。上唇表面正中线上有一浅沟,称人中,其中上 1/3 交界处为人中穴,临床针刺该穴可抢救昏迷病人。在上唇的外侧有一浅沟,称为鼻唇沟。面神经麻痹的病人,鼻唇沟变浅或消失。

(2) 腭 为口腔上壁,可分软腭和硬腭两部分,硬腭以骨质作为基础,表面覆以黏膜而成;软腭连于硬腭之后,由肌和黏膜组成,其后缘中央有一向下垂的突起,称为腭垂(悬雍垂)。自腭垂向两侧各有两条弓形黏膜皱襞,前方的一条向下连于舌根部,称为腭舌弓;后方的一条向下连于咽侧壁,称为腭咽弓。两弓之间的窝内有腭扁桃体,是淋巴组织,具有防御功能。

(3) 咽峡 是口腔通咽腔的门户,由腭垂、左右腭舌弓和舌根共同围成。

(4) 牙 是人体最坚硬的器官,嵌入上、下颌骨牙槽内,分别排列成上牙弓和下牙弓。可咬切和磨碎食物,并对发音有辅助作用。

(5) 舌 是口腔中随意运动的器官,位于口腔底,以骨骼肌为基础,表面覆以黏膜而构成。具有搅拌食物、协助吞咽、感受味觉和辅助发音等功能。

(二) 咽

1. 咽的形态位置

咽(pharynx)呈漏斗形,上起自颅底,下至第 6 颈椎下缘高度(平环状软骨弓),续于食管,全长 12 cm,位于上 6 个颈椎之前,在鼻腔、口腔和喉腔之后。咽是消化管从口腔到食管的必经之路,也是呼吸道中联系鼻腔和喉腔的要道(见图 8-3)。因此,咽是消化系统和呼吸系统共同的器官。

2. 咽腔的分部和结构

咽腔可分为咽腔鼻部、咽腔口部和咽腔喉部。

(1) 咽腔鼻部(鼻咽部) 位于鼻腔后方,向前借鼻后孔与鼻腔相通。在侧壁约下鼻甲的后方有咽鼓管咽口,空气可经此口进入中耳的鼓室,以维持鼓膜内、外压力的平衡。咽鼓管咽口的后方有一凹陷,称为咽隐窝,为鼻咽癌的好发部位。

(2) 咽腔口部(口咽部) 位于口腔的后方,向前借咽峡与口腔相通,向上继鼻咽,向下通喉咽。口咽的前壁主要为舌根后部,此处有一呈矢状位的黏膜皱襞,称为舌会厌正中襞,连于舌根后部正中与会厌之间。该襞两侧的深窝称会厌谷,异物易停留于此。口咽的外侧壁在腭舌弓与腭咽弓之间的凹陷称扁桃体窝,容纳腭扁桃体。

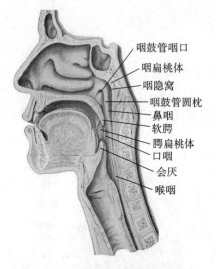

图 8-3 头颈部正中矢状切面示意图

腭扁桃体为由淋巴组织与上皮紧密联合构成的淋巴上皮器官,有防御功能。腭扁桃体呈扁卵圆形,其内侧面朝向咽腔,表面覆以黏膜,黏膜内陷成 10~20 个小凹,称扁桃体小窝。腭扁桃体发炎时常有红肿热痛,扁桃体小窝可有脓液。

(3) 咽腔喉部(喉咽部) 位于喉的后方,向前借喉口与喉腔相通,向下与食管相续。

(三) 食管

1. 食管的位置

食管(esophagus)是输送食物的管道。上端平环状软骨弓连于咽,向下沿脊柱的前方、气管的后方入胸腔,通过左主支气管之后方,再沿主动脉胸部的右侧下行。下段斜跨过主动脉胸部的前方至其左侧,穿过膈的食管裂孔至腹腔,续于胃的贲门。

2. 食管的形态及狭窄

食管为消化管最扁窄的部分,从鼻前孔至食管末端的长度为 42~45 cm。食管全长有三个生理性狭窄。

(1) 第 1 狭窄 位于咽与食管相续处,正对第 6 颈椎体下缘,距中切牙约 15 cm。

(2) 第 2 狭窄 位于食管与左主支气管交叉处,相当于第 4、5 胸椎之间的平面,距中切牙约 25 cm。

(3) 第 3 狭窄 位于食管穿过膈的食管裂孔处,相当于第 10 胸椎平面,距中切牙约 40 cm。

这些狭窄处是异物容易停留的部位,也是食管癌好发部位。

(四) 胃

胃(stomach,见图 8-4)是消化管的最膨大的部分。食物由食管入胃,混以胃液经初步消化后,再逐渐输送至十二指肠。

1. 胃的形态及分部

胃的形状和大小随内容物多少而有不同。胃特别充满时,其容量约有 3000 mL,但在极度收缩时(如饥饿),又可缩成管状。胃有两口、两壁、两缘和三部。两口:入口为食管与胃相续处,称为贲门;出口为胃与十二指肠相续处,称为幽门。两壁:胃前壁朝向前上方,胃后壁朝向后下方。两缘:上缘称胃小弯,下缘称胃大弯。三部:自贲门向左上方膨出的部分,称胃底;胃的中间广大部分,称为胃体;近于幽门的部分称为幽门部。幽门部中紧接幽门而呈管状的部分,称幽门管;幽门管左侧稍膨大的部分,称为幽门窦。

2. 胃的位置

胃充满到中等程度时,约 3/4 位于左季肋区,1/4 位于腹上区。其贲门较为固定,约在第 11 胸椎的左侧,幽门约在第 1 腰椎的右侧。胃底与膈、脾相贴。胃前壁的右侧部被肝左叶遮盖,左侧部则被膈和左肋弓所遮盖;而中间三角形区域的胃前壁直接与腹前壁相贴,常作为胃的触诊部位。胃的后壁邻接胰和左肾等。胃的位置可因胃内容物多少或近邻器官的影响有所改变,如胃在特别充满时,可垂下至脐以下。

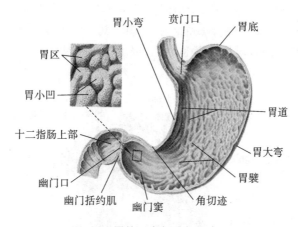

图 8-4 胃的形态与分部示意图

3. 胃壁的构造

胃黏膜呈淡红色,在胃空虚时黏膜有许多皱襞,在胃小弯处黏膜皱襞多呈纵行排列。胃的肌层发达,由外纵、中环和内斜共三层平滑肌构成。在幽门处,胃的环行肌特别增厚,形成幽门括约肌,黏膜在此处形成环状皱襞,称为幽门瓣,具有防止肠内容物逆流入胃的作用。

(五) 小肠(small intestine)

小肠为消化管中最长而弯曲的一段,全长 5~7 m,是消化食物和吸收营养的重要部分。小肠由上至下分为十二指肠、空肠和回肠三部分。

1. 十二指肠

十二指肠为小肠起始段,全长 25~30 cm,相当于十二个横指并列的距离(见图 8-5)。上端起于幽门,下端至十二指肠空肠曲与空肠接续。十二指肠呈"C"字形包绕胰头,可分为上部、降部、水平部和升部。

(1) 上部 约在第1腰椎的右侧,起于幽门,行向右后方,至胆囊处急转向下移行于降部。上部甚短,活动性较大,黏膜光滑无环形皱襞,又称为球部,临床上十二指肠溃疡多发生于此部。

(2) 降部 起于十二指肠上部,沿第1~3腰椎右侧下行,至第3腰椎体的下缘又急转向左移行于水平部。在降部肠腔的左后壁上有一纵行的黏膜皱襞,其下端称十二指肠大乳头,有胆总管和胰管的共同开口,胆汁和胰液由此流入十二指肠内。

(3) 水平部 起于十二指肠降部下端,自右向左横过腰椎的前方,移行于升部。

(4) 升部 自水平部斜向左上方升至第2腰椎的左侧,然后向前弯曲形成十二指肠空肠曲,而连续空肠。十二指肠空肠曲以十二指肠悬肌固定在腹后壁,这是辨认空肠起点的重要标志。

2. 空肠和回肠

空肠与回肠迂曲回旋,盘绕在腹腔的中、下部,其周围被结肠包围。空肠上端起于十二指肠空肠曲,回肠下端与盲肠相连。空肠与回肠之间无明显界限。空肠约占空、回肠的上2/5,主要位于左外侧区和脐区;回肠约占空、回肠的下3/5,主要位于脐区和右腹股沟区。空、回肠的表面都被有腹膜,并借腹膜形成的小肠系膜将其固定于腹后壁,故活动范围较大。

空、回肠的黏膜具有许多环形皱襞和绒毛,以增加小肠黏膜的面积,有利于营养物质的吸收。

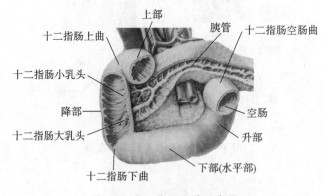

图 8-5 十二指肠和胰示意图

(六) 大肠

大肠(large intestine)长约1.5 m,在空、回肠的周围形成一个方框。大肠根据其位置特点,分为盲肠、结肠和直肠三部分。

大肠在外形上与小肠有明显的不同,一般大肠口径较粗,肠壁较薄。

1. 盲肠和阑尾

(1) 盲肠(见图8-6) 为大肠起始的膨大盲端,长约6~8 cm,位于右髂窝内,向上通升结肠,向左连回肠。回、盲肠的连通口称为回盲口。回盲口处的黏膜折成上、下两个半月形的皱襞,称为回盲瓣,此瓣具有括约肌的作用,可防止大肠内容物逆流入小肠。在回盲瓣的下方约 2 cm 处,有阑尾的开口。

（2）阑尾（见图 8-6）　形如蚯蚓,又称蚓突。上端连通盲肠的后内壁,下端游离,一般长 7～9 cm。阑尾全长都附有阑尾系膜,其活动性较大。

阑尾根部在体表的投影位置,通常以脐和右髂前上棘连线的外、中 1/3 交界处作标志,临床上称麦氏点,急性阑尾炎时该处可有压痛。

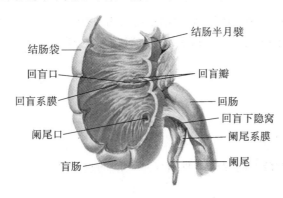

图 8-6　盲肠和阑尾示意图

2. 结肠

结肠为介于盲肠和直肠之间的部分,按其所在位置和形态,又分为升结肠、横结肠、降结肠和乙状结肠四部分。

（1）升结肠　长约 15 cm,是盲肠向上延续部分,自右髂窝沿腹后壁的右侧上升,至肝下方向左弯形成结肠右曲,移行于横结肠。升结肠后面借结缔组织附贴于腹后壁,故活动性较小。

（2）横结肠　长约 50 cm,起自结肠右曲,向左横行至脾处再向下弯成结肠左曲,移行于降结肠。横结肠全部被腹膜包被,并借横结肠系膜连于腹后壁,其中部下垂,活动性较大。

（3）降结肠　长约 20 cm,从结肠左曲开始,沿腹后壁的左侧下降,至左髂嵴处移行于乙状结肠。降结肠后面借结缔组织附贴于腹后壁,所以活动性也小。

（4）乙状结肠　长 40～45 cm,平左髂嵴处接续降结肠,呈"乙"字形弯曲,至第 3 骶椎前面移行于直肠。空虚时,其前面常被小肠遮盖,当充盈扩张时,在左髂窝可触及。乙状结肠全部被腹膜包被,并借乙状结肠系膜连于左髂窝和小骨盆后壁,其活动性也大。

3. 直肠

1）直肠的位置及毗邻

直肠为大肠的末段,长 15～16 cm,位于小骨盆内。上端平第 3 骶椎处接续乙状结肠,沿骶骨和尾骨的前面下行,穿过盆膈,下端以肛门而终。直肠与盆腔脏器的毗邻关系男女不同,男性直肠的前面有膀胱、前列腺和精囊腺;女性则有子宫和阴道。因此,临床指诊时,经肛门可触查前列腺和精囊腺或子宫和阴道等。

2）直肠的形态

直肠在盆膈以上的部分称为直肠盆部,盆部的下段肠腔膨大,称为直肠壶腹。盆膈以下的部分缩窄,称为肛管或直肠肛门部。直肠有两个弯曲:上段凸向后,与骶骨前面的曲度一致,形成骶曲;下段向后下绕过尾骨尖,形成凸向前的会阴曲。

3) 直肠的构造

直肠壶腹内面的黏膜,形成2~3条半月状的直肠横襞,其中位于前右侧壁的一条,大而恒定,距肛门约7 cm,相当于腹膜返折的水平。

直肠周围有内、外括约肌围绕。肛门内括约肌由直肠壁环行平滑肌增厚而成,收缩时能协助排便。肛门外括约肌是位于肛门内括约肌周围的环行肌束,为骨骼肌,可随意括约肛门。

二、消化腺

(一) 肝

肝(liver)是人体中最大的腺体。我国成年人肝的重量在男性为1230~1450 g,在女性为1100~1300 g。

1. 肝的形态

肝血液供应丰富,为棕红色,质软而脆,受暴力打击易破裂出血。肝呈楔形,可分为上、下两面,前、后两缘,左、右两叶(见图8-7)。

肝的前缘锐利;肝的后缘钝圆,与脊柱相贴。肝的上面凸隆,贴隔;肝的下面凹凸不平,与许多内脏接触。下面有略呈"H"形的左、右两条纵沟和一条横沟。左纵沟的前部内有肝圆韧带;右纵沟前部容纳胆囊,后部内有下腔静脉通过。连接左、右纵沟的横沟为肝门,有门静脉、肝固有动脉、肝左右管、淋巴管和神经等出入。肝以肝镰状韧带的附着线为界,分为左、右两叶。左叶小而薄,右叶大而厚。

2. 肝的位置及体表投影

肝主要位于右季肋区和腹上区,只有小部分延伸到左季肋区,大部分被肋弓所覆盖,仅在腹上区左、右肋弓间露出,并直接接触腹前壁。

3. 肝的主要功能

肝的功能很复杂,其主要功能如下:

(1) 参与物质代谢　肝几乎参与体内的一切代谢过程,人们称它为物质代谢的"中枢"。它是肝内糖、脂类、蛋白质等合成与分解、转化与运输、贮存与释放的重要场所,也与激素和维生素的代谢密切相关。

(2) 分泌胆汁　肝细胞分泌胆汁,帮助肠道内脂肪的消化和吸收,并促进脂溶性维生素的吸收。成人的肝每日可分泌胆汁500~1000 mL。

(3) 排泄吞噬功能　肝脏可以通过生物转化作用对非营养性物质(包括有毒物质)进行排泄;对进入人体内的细菌、异物进行吞噬,以保护机体。

4. 肝外的胆道

肝外的胆道包括胆囊和输胆管道。

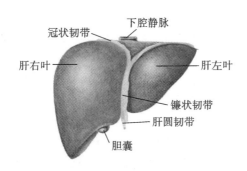

图 8-7 肝脏示意图

1）胆囊

胆囊略呈鸭梨形，位于肝右纵沟前部内，上面借结缔组织与肝结合，下面由腹膜覆被，有贮存和浓缩胆汁的作用。胆囊从前向后可分为胆囊底、胆囊体、胆囊颈和胆囊管四部。胆囊底为突向前下的膨大盲端，常在肝前缘处露出，其体表投影相当于右侧腹直肌外缘与右肋弓相交处，当胆囊发炎时，此处可有压痛。

2）输胆管道

肝内的胆小管逐级汇合成肝左管和肝右管，两管出肝门后汇合成肝总管下行，肝总管与胆囊管汇合，共同形成胆总管。胆总管长 4~8 cm，在肝固有动脉右侧和门静脉前方，下行于十二指肠上部的后方，至胰头进入十二指肠降部的左后壁，在此处与胰管汇合，开口于十二指肠大乳头。在开口周围有奥狄括约肌，属平滑肌。小肠内蛔虫如钻入胆总管，由于括约肌和胆道平滑肌痉挛性收缩，可引起腹上区剧烈疼痛。

（二）胰

1. 胰的位置

胰（pancreas）是人体第二大消化腺，位于胃的后方，在第 1、2 腰椎体的高处横贴于腹后壁，其位置较深。

2. 胰的形态结构

胰形态细长，可分为胰头、胰体和胰尾三部分。胰头部宽大，被十二指肠包绕。胰体为胰的中间大部分，横跨下腔静脉和主动脉，位于腹部前面。胰尾较细，伸向左上，至脾门后下方。

胰管位于胰实质内，与胰的长轴平行。它起自胰尾部，向右行过程中收集胰小叶的导管，最后胰管离开胰头与胆总管合并，共同开口于十二指肠大乳头。

3. 胰的功能

胰由胰腺外分泌部和胰腺内分泌部混合组成。外分泌部分泌胰液，可分解蛋白、糖类和脂肪，帮助消化；内分泌部分泌胰岛素，可调节血糖的代谢。

（三）唾液腺

人体的唾液腺有大、小两种，小唾液腺散在于各部口腔黏膜内（唇腺、颊腺、腭腺、舌腺）；

大唾液腺是位于口腔周围的独立的器官,包括腮腺、下颌下腺和舌下腺,它们都由结缔组织被膜包裹。分泌的唾液经导管进入口腔,具有湿润溶解食物、消化糖类、清洁口腔的功能。

第二节 消 化

消化(digestion)是指食物在消化道内被分解为小分子的过程。消化的方式有两种,一是机械性消化,即通过消化道的运动,将食物研磨,与消化液混合、搅拌,并向消化道远端推送的过程;二是化学性消化,即通过消化腺分泌的各种消化酶的作用,将食物中的大分子物质分解为可被吸收的小分子物质的过程。两种消化方式同时进行,互相配合,共同协调完成对食物的消化作用。

一、口腔内消化

食物在口腔中,经过咀嚼被磨碎并与唾液混合形成食团,然后被吞咽入胃,与此同时,唾液中的消化酶对食物有较弱的化学性消化作用。

(一) 唾液

唾液(saliva)是由人口腔内的腮腺、下颌下腺、舌下腺和众多散在的小唾液腺分泌的混合液,是无色、无味、近于中性(pH6.6~7.1)的低渗液体。其中水分占99%,其余为唾液淀粉酶、溶菌酶、黏蛋白、球蛋白和少量无机盐等。

唾液的作用如下。①湿润口腔和食物,便于说话和利于咀嚼、吞咽和引起味觉。②消化作用:唾液淀粉酶(最适pH7.0)可使食物中的淀粉分解为麦芽糖。③排泄功能:进入体内的某些物质如铅汞可部分随唾液排出,有些致病微生物(如狂犬病毒)也可从唾液排出。④清洁和保护口腔:可清洁口腔中的残余食物颗粒,当有害物质进入口腔时,可引起唾液大量分泌,起到中和、冲洗和清除有害物质的作用。⑤杀菌作用:唾液中的溶菌酶、IgA、硫氰酸盐、乳铁蛋白等具有杀灭或抑制细菌和病毒的作用。

(二) 咀嚼与吞咽

咀嚼(mastication)是由咀嚼肌协调有序的收缩和舒张而完成的反射性动作。吞咽(deglutition)是食团由口腔经食管进入胃内的过程,是一个复杂的反射活动。

二、胃内消化

(一) 胃液

纯净的胃液(gastric juice)是无色透明呈酸性的液体,pH 0.9~1.5,正常成人每日分泌量为1.5~2.5 L。胃液的成分除水外,主要有盐酸、胃蛋白酶、黏液、HCO_3^- 和内因子。

1. 盐酸

盐酸由胃底腺的壁细胞分泌,主要作用有:①激活胃蛋白酶原,使其转变为胃蛋白酶,并为胃蛋白酶提供适宜的酸性环境;②使食物中的蛋白质变性,易于分解;③杀死进入胃内的细菌;④有利于铁和钙在小肠内的吸收;⑤盐酸进入小肠可促进胰液和胆汁的分泌。盐酸分泌过少,会引起消化不良、食欲不振;盐酸分泌过多对胃和十二指肠黏膜有侵蚀作用,是溃疡病发病的重要原因之一。

2. 胃蛋白酶原

胃蛋白酶原由胃底腺的主细胞合成分泌。在盐酸的作用下,或在酸性条件下,胃蛋白酶原转变为有活性的胃蛋白酶。胃蛋白酶为内切酶,可分解蛋白质,产生际、胨和少量的多肽及氨基酸。胃蛋白酶作用的最适 pH 为 2.0~3.5,当 pH>5 时便失活。

3. 黏液和 HCO_3^-

黏液由胃黏膜的表面黏液细胞和胃腺中的黏液细胞所分泌,可润滑食物。HCO_3^- 主要由胃黏膜表面黏液细胞分泌,可中和盐酸。二者联合作用形成"黏液-碳酸氢盐屏障",该屏障在胃黏膜表面为不可溶性黏液凝胶层,可有效保护胃黏膜,防止盐酸、胃蛋白酶以及胃内坚硬食物对胃壁的损伤。

4. 内因子

内因子是由胃底腺的壁细胞分泌的一种糖蛋白,它可与食物中的维生素 B_{12} 结合,形成一种复合物,从而促进维生素 B_{12} 的吸收。缺乏这种因子,会引起恶性贫血。

(二) 胃的运动

胃运动的功能主要有:①容纳进食时摄入的食物;②对食物进行机械性消化;③以适当的速度向十二指肠排出食糜。胃底和胃体的前部(也称头区)运动较弱,主要是容纳食物。胃体的远端和胃窦(也称尾区)则运动明显。

1. 胃的运动形式

(1) 容受性舒张 当咀嚼和吞咽时,食物对咽和食管处感受器的刺激可通过迷走神经的反射引起胃头区肌肉舒张,胃腔容量增加,称为容受性舒张。它适应于摄入大量食物,而胃内压变化不大。

(2) 紧张性收缩 胃壁平滑肌经常保持一定程度的持续性收缩,称为紧张性收缩。这种紧张性收缩有助于保持胃的正常位置和形态,并使胃腔内有一定的压力,有利于消化液渗入食物及协助运送食物入十二指肠。

(3) 蠕动 食物入胃后 5 min 左右,胃蠕动开始。胃蠕动是朝幽门方向推进的环形收缩波,每分钟 3 次。一般从胃的中部开始,一个蠕动波到达幽门约需 1 min,因此,常见几个蠕动波一起运行。胃的反复蠕动可将食物与胃液充分混合并推送胃内容物进入十二指肠。

2. 胃排空

食糜由胃排入十二指肠的过程称为胃排空(gastric emptying)。胃的运动加强、胃内压升高是排空的动力;幽门和十二指肠收缩是胃排空的阻力。排空的速度主要取决于胃与十二指肠间的压力差,它与食物的理化性状也有关。一般来说,稀的流质食物比稠的固体食物排空快;等张溶液比高张或低张溶液排空快;在三大物质中,糖类最快,蛋白质次之,脂肪类最慢。混合食物完全排空需 4~6 h。凡能增强胃运动的因素均能使胃内压升高,加快胃排空;反之,则减慢胃排空。

3. 呕吐

呕吐是将胃及肠内容物从口腔强力驱出的动作。当舌根、咽部、胃、大小肠、胆总管、泌尿生殖器官、视觉和内耳前庭等处的感受器受到刺激时,都可反射性地引起呕吐。呕吐的中枢在延髓。呕吐时,胃和食管下端舒张,膈肌和腹肌猛烈收缩,挤压胃内容物通过食管而进入口腔。同时,小肠发生逆蠕动,使小肠内容物倒流入胃,故呕吐物中常混有胆汁和小肠液。

三、小肠内消化

食糜由胃进入十二指肠后就开始了小肠内的消化,小肠内消化是整个消化过程中最重要的阶段。在这里,食糜受到胰液、胆汁和小肠液的化学性消化,以及小肠运动的机械性消化。食物通过小肠后,消化过程基本完成。许多营养物质也都在这一部位被吸收,食物残渣则从小肠进入大肠。食物在小肠一般停留 3~8 h。

(一) 胰液的成分和作用

胰液是无色、无臭的碱性液体(pH 7.8~8.4)。正常成人每日分泌胰液 1~2 L,内含有大量的碳酸氢盐和多种消化酶。碳酸氢盐能中和进入小肠的胃酸,使肠内保持弱碱性的环境,以利于肠内消化酶的活动。主要的消化酶有:

(1) 胰淀粉酶(pancreatic amylase) 将淀粉水解为麦芽糖。

(2) 胰脂肪酶(pancreatic lipase) 在胆汁的协同作用下,能将脂肪分解为甘油和脂肪酸。

(3) 胰蛋白酶(trypsin)和糜蛋白酶(chymotrypsin) 两者都以不具有活性的酶原形式存在于胰液中。肠液中的肠致活酶可激活胰蛋白酶原,使之变为具有活性的胰蛋白酶。此外,酸和胰蛋白酶本身也能激活胰蛋白酶原。糜蛋白酶原在胰蛋白酶作用下转化成有活性的糜蛋白酶。胰蛋白酶和糜蛋白酶的作用极为相似,都能将蛋白质分解为䏡和胨。当两者共同作用于蛋白质时,则可使蛋白质分解为小分子多肽和氨基酸。

(二) 胆汁的成分和作用

胆汁是由肝细胞分泌的,胆汁的分泌是一个连续不断的分泌过程,但排放入小肠却是间断性的。胆汁是黏稠而味苦的液体。人的胆汁呈金黄色,胆囊内胆汁因浓缩而色变深。成人每日分泌胆汁 0.8~1 L。胆汁的主要成分为胆盐、胆色素等。其颜色决定于所含胆色素的种类和浓度。肝细胞直接分泌的胆汁称肝胆汁,为金黄色,呈弱碱性(pH 值为 7.4),胆色素是血红蛋白的分解产物。胆汁的消化功能主要是通过胆盐的作用而实现的。胆盐的作用有:①加强胰脂肪酶的活性;②和脂肪酸结合形成水溶性复合物,促进脂肪酸和脂溶性维生素 A、D、E、K 的吸收;③乳化脂肪,促进脂肪的消化,使脂肪变成微滴,增加与酶接触的面积,便于脂肪分解。总之,胆汁对于脂肪的消化与吸收具有重要意义。

(三) 小肠液的成分和作用

小肠液是由小肠的肠腺及十二指肠腺所分泌的一种弱碱性液体,pH 约为 7.6。成年人每日分泌量为1~3 L。大量的小肠液可以稀释消化产物,使其渗透压下降,有利于吸收的进行。小肠液中含有多种消化酶,如肠致活酶、肠肽酶、肠淀粉酶、肠蔗糖酶、肠麦芽糖酶等。由小肠腺分泌入肠腔内的消化酶可能只有肠致活酶一种,它可激活胰蛋白酶原。其他消化酶存在于小肠上皮细胞的刷状缘上或细胞内,对一些进入上皮细胞的营养物质继续起消化作用,从而阻止没有完全分解的消化产物吸收入血。这些酶随脱落的肠上皮细胞进入肠腔内,对肠腔内消化并不起作用。

(四) 小肠的运动

1. 紧张性收缩

小肠平滑肌的紧张性收缩是其他运动形式的基础。当紧张性降低时,肠腔易于扩张,肠内容物的混合和转运减慢;相反,紧张性升高,小肠的转运作用加大。

2. 分节运动

分节运动是一种以肠管环形肌为主的节律性收缩和舒张运动。在食糜的刺激作用下,由于多处环形肌同时收缩,将食糜分割成许多节段。随后收缩处舒张,舒张处收缩,使食糜重新分成许多节段,这样反复交替进行。分节运动的作用是使消化液和食糜充分混合,并能增加与肠壁的接触,有利于消化、吸收的进行。此外,它还挤压肠壁,有利于血液和淋巴液的回流。

3. 蠕动

蠕动是环形肌和纵形肌都参与的一种波形活动。小肠蠕动始于十二指肠,向大肠方向运行,肠内容物即借此向前推送,但运行速度较慢,每分钟1~2 cm。每个蠕动波的运行距离可长可短。小肠的蠕动常伴随分节运动的进行,将经过分节运动作用后的食糜推进到一个新肠段,再开始分节运动。此外,小肠还有一种快速的蠕动称为蠕动冲,它可以推进食糜一直到小肠末端,其速度很快,每秒钟可达2~25 cm。

四、大肠内消化

人类大肠内没有重要的消化活动。大肠的主要生理功能是吸收残余的水分、无机盐和暂时贮存粪便。

大肠内有大量的细菌,它们来自空气和食物。粪便中死的或活的细菌占粪便固体重量的20%~30%。由于大肠内的pH环境、温度,特别是大肠内容物在大肠滞留的时间较长,很适合于细菌繁殖。大肠内的细菌种类很多,包括厌氧菌和需氧菌。肠道内的细菌对人体的作用较繁杂,包括有益的和有害的作用。其主要作用有:①发酵未消化或不消化的碳水化合物(主要是纤维素)和脂类,产生短链脂肪酸和多种气体;②利用肠内的简单物质合成维生素K、B_1、B_2、B_{12}和叶酸;③可将胆红素转化为尿胆素原,分解胆固醇、药物和某些食物添加剂;④使某些氨基酸脱羧生成胺,包括组胺、酪胺及有臭味的吲哚和粪臭素。细菌对糖和脂肪的分解称为发酵,对蛋白质的分解称为腐败。

第三节 吸　　收

食物的成分或其消化后的产物通过上皮细胞进入血液和淋巴的过程称为吸收（absorption）。消化道的不同部位，对物质的吸收能力和吸收速度明显不同，这主要取决于消化道各部位的组织结构，以及食物在各部位被消化的程度和停留的时间。

食物经消化道的消化之后，不能被吸收的大分子营养物质变成了可被吸收的小分子营养物质，机体对食物消化的最终目的是吸收。

一、吸收的部位

口腔和食管基本上没有吸收的功能。胃的吸收能力也很差，因为胃黏膜无绒毛，且上皮细胞之间又是紧密连结，所以仅能吸收酒精和少量水分。大肠一般只能吸收水分和无机盐。小肠吸收的物质种类最多、量最大，是吸收的主要部位。各种营养物质在消化道的吸收部位如图8-8所示。

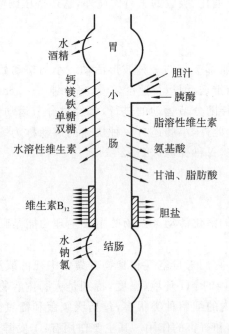

图8-8　各种营养物质在胃肠的吸收部位示意图

二、小肠内吸收

小肠是吸收的主要部位，一般认为，糖类、脂肪和蛋白质的消化产物大部分在十二指肠和空肠吸收，回肠能够吸收胆盐和维生素 B_{12}。

（一）小肠吸收的特点

小肠长约 4 m，黏膜具有环形皱襞，并拥有大量的绒毛，使得小肠的吸收面积比同样长短的简单圆筒的面积增加约 600 倍，达到 200 m²。绒毛是小肠黏膜的微小突出构造，其长度为 0.5~1.5 mm，每条绒毛的外面是一层柱状上皮细胞。电子显微镜下可见，柱状上皮细胞顶端细胞膜有突起，被称为微绒毛。因此，环形皱襞、绒毛及微绒毛共同作用使得小肠具有巨大的吸收面积（见图 8-9）。此外，食物在小肠停留的时间较长（3~8 h），以及食物在小肠内已被消化为利于吸收的小分子物质，这些有利条件均有助于小肠的吸收作用。

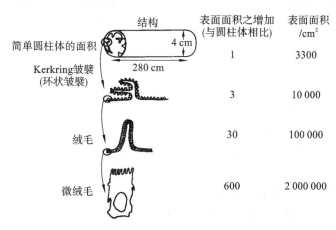

图 8-9 小肠增加吸收面积的三种机制示意图

（二）小肠内主要营养物质的吸收

水、无机盐、维生素可不经消化被小肠直接吸收入血。人体每日吸收回体内的水分总量可达 8 L。值得注意的是铁的吸收，食物中的铁绝大部分是三价的高铁形式，但有机铁和高铁都不易被吸收，须还原为亚铁后方被吸收。亚铁的吸收速度比相同量的高铁要快 2~5 倍。维生素 C 能将高铁还原为亚铁而促进铁的吸收。因此，运动员在大运动量训练期间，补充铁的同时一定要注意补充维生素 C。糖类只有分解为单糖时才能被小肠上皮细胞吸收。蛋白质经消化分解为氨基酸后，几乎全部被小肠吸收。脂肪的消化产物（脂肪酸、甘油一酯及胆固醇等）与胆盐结合形成水溶性复合物，才能被吸收入毛细淋巴管（长链脂肪酸）或是直接进入门静脉（中、短链脂肪酸）。此外，有些未经消化的天然蛋白质或蛋白质分解的中间产物，也可被小肠黏膜吸收，但其量极小。

第四节 运动对胃肠道机能的影响

经常从事体育锻炼，对消化器官的机能有良好影响，可以使胃肠的蠕动增强，消化液的分泌增多，因而使消化和吸收的能力提高，使人的食欲增加，有利于增强体质。

然而，如果运动与进餐的时间安排不当，饭后马上进行剧烈运动，或是在剧烈运动后立即进餐,都对胃肠道机能有不良影响。这是因为剧烈运动时,交感神经高度兴奋,引起骨骼肌血管扩张、血流量增加,内脏血管收缩、血流量减少的效应,因此,胃肠道血流量明显减少(约较安静时减少 2/3 左右),导致消化腺分泌的消化液量下降;运动应激亦可致胃肠道机械运动减弱,故消化能力受到抑制。饱餐后,胃肠道需要的血液量较多,此时立即运动,将会影响消化,甚至可能因食物滞留造成胃膨胀,出现腹痛、恶心、呕吐等运动性胃肠道综合征。

为了解决运动与消化机能的矛盾,一定要注意运动与进餐之间的间隔时间。剧烈运动结束后,亦应经过适当休息,待胃肠道供血量基本恢复后再进餐,以免影响消化吸收机能。

在饭后进行散步或做一些轻缓的活动,可以促进消化器官的血液循环,增进消化腺的分泌和胃肠的运动。进行活动时,呼吸加深、膈肌和腹肌的活动量增大,对胃肠道起到一定的按摩作用,能提高消化与吸收功能。

【思考题】
1. 阐述消化系统的组成。
2. 试述胃的位置、形态、构造与功能。
3. 叙述肝的位置、构造与功能。
4. 什么叫消化、吸收?人体内有哪些消化方式?
5. 试述小肠壁与消化吸收功能相适应的结构特点。
6. 为什么饭后不能立即从事激烈的运动?
7. 试述运动对胃肠道机能的影响。

第九章 能量代谢与运动

第一节 能量代谢

人体生命活动的最基本特征是新陈代谢,包括物质代谢与能量代谢。通常把机体内物质代谢过程中所伴随的能量释放、转移和利用,称为能量代谢(energy metabolism)。单位时间内所消耗的能量称为能量代谢率。

一、能量的来源和去路

(一) 能量的来源

人体一切生命活动所需的能量,主要来源于体内糖、脂肪和蛋白质的氧化分解,这三类营养物质中蕴藏着能被机体利用的化学能,它们是人体活动的能源物质。

1. 糖

人体所需能量的70%以上是由食物中的糖类物质提供的,它的消化分解产物葡萄糖被吸收入血液后,一部分直接被组织细胞利用,多余的部分,在肝或肌肉等组织的细胞中合成为糖原或在脂肪组织中转变为脂肪,作为能源物质贮备。

血液中的葡萄糖为血糖。成人早晨空腹时测得的血糖浓度为80~120 mg/100 mL。在正常情况下,由于神经和体液因素的调节,血糖的利用和补充保持着动态平衡,血糖浓度得以保持在相对稳定的水平。但是,如因饥饿而缺乏能源供给,或持续时间过久的劳动和剧烈运动,能量消耗过大,未及时补充能量物质,会降低血糖。当血糖浓度低于60~70 mg/100 mL时,可出现头晕、心悸、出冷汗等低血糖症反应,低于45 mg/100 mL时,将严重影响脑组织的功能活动,而发生惊厥或昏迷。

人体各种组织中大多含有糖原,但其含量的差异很大。例如,脑组织中糖原含量甚少,而肝脏和肌肉中以糖原方式贮存的糖类有350~400 g,运动员糖原贮量可达400~550 g。肌糖原贮存在肌细胞的胞浆内,机体需要时可分解供能。肝糖原在机体需要时,则先分解成葡萄糖,然后随血液循环到活动组织内进行代谢。糖在体内可以无氧酵解和有氧氧化方式分解供能。

2. 脂肪

人体脂肪的贮存占体重的10%~20%。一般认为,最适宜的体脂含量,男性为体重的6%~14%,女性为10%~14%。若男性体脂大于20%、女性大于30%则属肥胖。除食物脂肪是体脂来源外,人体还能将非脂肪类物质转变为脂肪,即利用糖类和氨基酸等作为原料,在脂肪组织中经过转变而合成脂肪。

脂肪的主要功能是储存和供给能量。脂肪的水解产物——脂肪酸和甘油分别在酶的作用下分解,最后氧化分解为 CO_2 和 H_2O,同时释放大量能量。膳食中的脂肪除供给能量以外,还提供人体必需的脂肪酸,并能携带脂溶性维生素。

体脂除主要作为供能物质外,还具有缓冲机械冲击、保护和固定内脏器官的作用,以及防止体热过多散失的保温作用等。

3. 蛋白质

蛋白质的主要功能是构成人体细胞的重要组成成分,氨基酸用于合成酶、激素等生物活性物质,为机体供能则是它的次要功能。在某些特殊情况下,如长期不能进食,或消耗量极大,如长时间运动,体内的糖原和贮存的脂肪大量消耗,能量极度缺乏时,机体才开始分解蛋白质,以维持必需的生理活动。体内过剩的氨基酸可以转变成脂肪。

(二) 能量的释放、转移和利用

体内的糖、脂肪或蛋白质在氧化分解过程中,生成代谢终产物 H_2O、CO_2 和尿素等,同时释放出蕴藏的化学能,其中约有 50% 以上直接转变为热能,维持体温;其余不足 50% 的化学能是用于做功的"自由能"。"自由能"被二磷酸腺苷(ADP)获取,用于合成三磷酸腺苷(ATP),能量被转移到了 ATP 的高能磷酸键上。ATP 是机体的贮能形式和各种生理活动的直接供能形式,ATP 分解时释放的能量,可用于离子泵跨细胞膜转运离子;用于神经纤维传导兴奋;合成各种组织物质;使肌肉发生收缩运动,以完成人们的日常工作、学习、劳动等(见图 9-1)。由于 ATP 有直接促进或改善组织代谢的作用,临床上常把 ATP 作为治疗昏迷、休克、脑血管疾病、心肌炎等疾病的急救辅助药物。

二、能量代谢的测定

根据能量守恒定律,能量由一种形式转化为另一种形式的过程中,既不能增加,也不能减少,这是所有形式的能量相互转化的一般规律。因此,不考虑用于肌肉做功的部分能量,就可通过测定产热量来测定能量代谢。

能量代谢的测定通常有直接和间接测定两种方式。直接测热法是测定整个机体在单位时间内向外界环境发散的总热量。但直接测热设备复杂,操作烦琐,使用不便,因而极少应用。一般都采用间接测热法。

间接测定的基本原理是,在一般化学反应中,反应物的量与产物的量之间成一定的比例关系,即定比定律。维持机体各种生理机能所需的能量来源于营养物质的氧化分解,而机体在氧化分解不同营养物质时所消耗的氧量与产生的二氧化碳量及释放出的热量之间成一定的比例关系。因此,只要测定人体在一定时间内的耗氧量和二氧化碳的产生量,即可推算出整个机体的能量代谢率。

(一) 食物热价

一克食物完全氧化分解所释放出的热量称为食物热价(thermal equivalent of food)。食

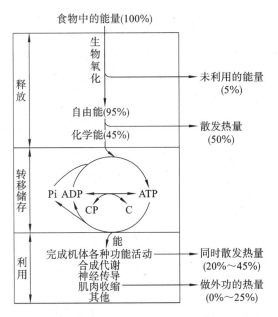

图 9-1 机体能量释放、转移和利用过程示意图

物的热价分为物理热价和生物热价。糖和脂肪的物理热价与生物热价相等,而蛋白质的生物热价小于其物理热价(见表 9-1),这是由于蛋白质在体内不能完全被氧化。

表 9-1 三种能源物质氧化时的比较表

能源物质	物理热价/(kJ/g)	生物热价/(kJ/g)	耗氧量/(L/g)	二氧化碳产量/(L/g)	氧热价/(kJ/L)	呼吸商
糖	17.15	17.15	0.83	0.83	20.66	1.00
蛋白质	23.43	17.99	0.95	0.76	18.93	0.80
脂肪	39.75	39.75	2.03	1.43	19.58	0.71

注:1 千卡(kcal)≈4.18 千焦(kJ)

(二) 氧热价

各种能源物质在体内氧化分解时,每消耗一升氧所产生的热量称为该物质的氧热价 (thermal equivalent of oxygen)。利用氧热价计算产热量的公式为:某种食物的产热量＝该食物的氧热价×该食物的消耗氧量。三种营养物质的氧热价见表 9-1。

(三) 呼吸商

各种物质在体内氧化时所产生的二氧化碳与所消耗的氧的容积之比称为呼吸商 (respiratory quotient,RQ)。糖、脂肪、蛋白质氧化时,其二氧化碳产量与耗氧量各不相同,呼吸商也不一样。葡萄糖在氧化时消耗的氧与产生的二氧化碳分子数相等,故呼吸商为 1。脂肪氧化时需要消耗更多的氧,其呼吸商小于 1,约为 0.71。由于蛋白质在体内不能完全氧化,呼吸商约为 0.80。一般情况下,人类摄取的食物为混合食物,其呼吸商约为 0.85。

由于蛋白质在体内很少用于氧化供能,而且氧化不完全,通常每 6.25 g 蛋白质分解,产生 1 g 尿氮,由尿液排出体外。因此在计算能量代谢时,就需要由非蛋白呼吸商来估计糖和脂肪的氧化比例,由非蛋白呼吸商与氧热价的关系来计算产热量。非蛋白呼吸商(non-protein respiratory quotient,NPRQ)是指糖和脂肪在氧化时,CO_2 产生量与耗氧量之间的比值。非蛋白呼吸商与氧热价的关系如表 9-2 所示。

表 9-2 非蛋白呼吸商和氧热价

非蛋白呼吸商	氧化的百分比/(%)		氧热价	
	糖	脂肪	kJ/L	kcal/L
0.70	0.00	100.0	19.620	4.686
0.71	1.10	98.9	19.637	4.690
0.72	4.75	95.25	19.687	4.702
0.73	8.4	91.6	19.738	4.714
0.74	12.0	88.0	19.792	4.727
0.75	15.4	84.6	19.842	4.739
0.76	19.2	80.8	19.892	4.751
0.77	22.8	77.2	19.947	4.764
0.78	26.3	73.7	19.997	4.776
0.79	29.9	70.1	20.047	4.788
0.80	33.4	66.6	20.102	4.801
0.81	36.9	63.1	20.152	4.813
0.82	40.3	59.7	20.202	4.825
0.83	43.8	56.2	20.257	4.838
0.84	47.2	52.8	20.307	4.850
0.85	50.7	49.3	20.357	4.862
0.86	54.1	45.9	20.412	4.875
0.87	57.5	42.5	20.462	4.887
0.88	60.8	39.2	20.512	4.899
0.89	64.2	35.8	20.562	4.911
0.90	67.5	32.5	20.617	4.924
0.91	70.8	29.2	20.667	4.936
0.92	74.1	25.9	20.717	4.948
0.93	77.4	22.6	20.772	4.961
0.94	80.7	19.3	20.822	4.973
0.95	84.0	16.0	20.872	4.985

续表

非蛋白呼吸商	氧化的百分比/(%)		氧热价	
	糖	脂肪	kJ/L	kcal/L
0.96	87.2	12.8	20.927	4.998
0.97	90.42	9.58	20.997	5.010
0.98	93.63	6.37	21.027	5.022
0.99	96.82	3.18	21.082	5.035
1.00	100.0	0.00	21.132	5.047

(引自 Eston, et al., 1996)

(四) 代谢当量

运动时的耗氧量与安静时耗氧量的比值称为代谢当量(MET)。1 MET 约相当于安静时的能量消耗(耗氧量),即约相当于 250 mL/min 或 3.5 mL/(kg·min)。由于该指标是以安静时机体的能量消耗(耗氧量)为基础的,可以使不同运动方式的运动强度得以互相比较,因此,可以用于评价机体运动时的相对能量代谢水平,在运动处方的制定中具有实际应用价值。

(五) 运动时能量消耗的计算

运动时的能耗量是指某项运动中,减去同一时间内安静状态的能耗量后,所净余的用于该项目的能耗量。在实际计算中,必须同时考虑到不同强度运动中产生的氧亏,以及恢复期中用于偿还这部分氧亏的过量氧耗。

具体步骤如下:①测定安静、运动及恢复期的氧耗和 CO_2 产量;②求出各阶段呼吸商;③根据呼吸商,查出氧热价;④以该氧热价乘以所计算时间段内机体的总耗氧量,再减去同一时间安静状态的能耗,即为该运动阶段的净能量消耗。

计算举例:某受试者完成 5 分钟定量负荷运动(自行车记功计运动),其测试程序及结果如表 9-3 所示,计算该运动中机体的净总能耗量。

表 9-3 受试者定量负荷运动测试结果

运动时间	内容	耗氧量/L	CO_2 产量/L
8:00—8:05	安静(坐在车上)	1.5	1.275
8:05—8:10	蹬车(定量负荷)	16.5	14.851
8:10—8:40	恢复(坐在车上)	14.0	12.320

5 分钟安静时的呼吸商 = 1.275 ÷ 1.5 = 0.85 0.85_{RQ} → 4.862

5 分钟安静时的能量消耗 = 1.5 × 4.862 kcal = 7.293 kcal

5 分钟运动时的呼吸商 = 14.851 ÷ 16.5 = 0.9 0.9_{RQ} → 4.924

5 分钟运动时的净能耗量 = 运动时总能量消耗 − 相同时间安静状态下的能量消耗
= (16.5 × 4.924 − 1.5 × 4.862) kcal = 73.953 kcal

$$30\text{ 分钟恢复期的呼吸商} = 12.32 \div 14.0 = 0.88 \quad 0.88_{RQ} \to 4.899$$
$$30\text{ 分钟安静状态的能量消耗} = 7.293 \div 5 \times 30 \text{ kcal} = 43.758 \text{ kcal}$$
$$30\text{ 分钟恢复期净能量消耗} = (14 \times 4.899 - 43.758) \text{ kcal} = 24.828 \text{ kcal}$$
$$\text{运动总净能量消耗} = \text{运动时净能量消耗} + \text{恢复期的净能量消耗}$$
$$= 73.953 + 24.828 \text{ kcal} = 98.781 \text{ kcal}$$

三、基础代谢

基础代谢(basal metabolism)指人体在清醒、安静、空腹、室温为 20~25 ℃条件下的能量代谢。基础代谢率(BMR)是指单位时间内的基础代谢,即在基础状态下,单位时间内的能量代谢。在基础状态下,各种生理活动都维持在比较低的水平,代谢率比较稳定。基础代谢率以每小时每平方米体表面积的产热量表示,其单位是 $kJ/(m^2 \cdot h)$。我国正常人基础代谢率的平均值如表 9-4 所示。

表 9-4　我国正常人基础代谢率平均值　　　　　　　　　单位:$kJ/(m^2 \cdot h)$

年龄/岁	11~15	16~17	18~19	20~30	31~40	41~50	51 以上
男性	195.5	193.4	166.2	157.8	158.7	154.1	149.1
女性	172.5	181.7	154.1	146.5	146.4	142.4	138.6

无论身材高大或瘦小的人,其每平方米体表面积的产热量都比较接近,除以体表面积后,在不同个体之间可以进行能量代谢率的比较,能区别出不同个体的能量代谢是否正常。体表面积的计算公式如下:体表面积$(m^2) = 0.0061 \times$身长$(cm) + 0.0128 \times$体重$(kg) - 0.1529$。基础代谢率受年龄、性别等因素影响,产生生理波动。一般男性高于女性;幼儿高于成人;老年人低于青年人。20 岁以后,平均每增加 10 岁,基础代谢率降低 3%。另外,基础代谢受人体体温的影响,体温每升高 1 ℃,基础代谢率升高 13%。基础代谢率的测定值与正常值相差 10%~15%之内,均属正常。相差超过 20%属病理情况。过度训练状态下,运动员基础代谢率升高。

四、影响能量代谢的因素

(一) 肌肉活动

肌肉活动对能量代谢的影响最为显著。任何轻微的活动均可提高代谢率。肌肉活动时需要补充能量的多少、耗氧量的大小与肌肉活动的强度成正比关系。轻微活动时,机体耗氧量比安静状态时增加 25%~60%;剧烈运动时,耗氧量可达到安静状态的 10~20 倍,而且在肌肉剧烈活动停止后的一段时间内能量代谢仍然维持在较高水平。

(二) 情绪影响

人在平静地思考问题时,能量代谢所受的影响并不大,产热量略有增加,一般不超过 4%。但在精神紧张如激动、愤怒、恐惧、焦虑时,产热量显著增加。这可能是精神状态变化时,肌肉紧张增强,交感神经-肾上腺髓质系统兴奋,刺激代谢的激素分泌增多等,使能量代谢增强所致。

（三）食物的特殊动力作用

安静状态下摄入食物后，人体释放的热量比食物本身氧化后所产生的热量要多。例如，摄入能产生 100 kJ 热量的蛋白质后，人体实际产热量为 130 kJ，额外多产生了 30 kJ 热量。说明机体额外增加了 30% 的产热量。食物能使机体产生"额外"热量的现象称为食物的特殊动力作用（specific dynamic effect）。糖类或脂肪的食物特殊动力作用为其产热量的 4%～6%，而混合食物可使产热量增加 10%。额外增加的热量不能用于做功，只能用于维持体温。

（四）环境温度

人体安静时的能量代谢在 20～30 ℃ 环境中最稳定。实验证明，当环境温度低于 20 ℃ 时，代谢率开始增加；低于 10 ℃ 时，代谢率显著增加。这主要是由于寒冷刺激反射性地引起寒战及肌肉紧张增强所致。当环境温度超过 30 ℃ 时，人体内的生物化学反应速度加快，人体的呼吸功能、循环功能加强等使能量代谢增强。

第二节 人体运动时的能量供应

人体的生命过程是一个消耗能量的过程，人体活动的直接能量来源于 ATP（三磷酸腺苷）的分解反应。但体内 ATP 的贮量有限，在它消耗的同时，必须重新再合成 ATP。人体在各种运动中所需要的 ATP 分别由三种不同的能源系统供给：磷酸原（ATP-CP）供能系统、糖酵解（乳酸能）供能系统和有氧氧化供能系统（有氧代谢系统）。

一、磷酸原（ATP-CP）供能系统

ATP、CP（磷酸肌酸）分子内均含有高能磷酸键，在代谢中均能通过转移磷酸基团的过程释放能量，所以将 ATP、CP 合称磷酸原。由 ATP、CP 的分解反应组成的供能系统称作磷酸原供能系统。

（一）直接能源——ATP

ATP 是由一分子腺嘌呤、一分子核糖和三个磷酸根构成的，其末端两个磷酸根的结合键属于高能键"～"，末端一个磷酸根断裂后，可释放 8～12 kcal 能量。三磷酸腺苷在 ATP 酶的作用下，可分解成二磷酸腺苷（ADP）、无机磷酸（Pi），释放能量供机体各种生命活动利用。

$$ATP \rightarrow ADP + Pi + 能量$$

糖、脂肪、蛋白质等供能物质则通过相应的分解代谢，将储存在分子内的化学能逐渐释放出来，并转移储存至 ATP 分子内，以保证 ATP 分子供能的连续性。

细胞内 ATP 的浓度很低，肌肉活检测定，安静肌肉 ATP 含量为 5～7 mmol/kg 湿肌，ATP 的最大输出功率达 11.2 mmol/(kg·s)（每千克肌肉每秒动用 ATP 的物质的量），启

动极为迅速。由于 ATP 贮量较少,肌肉收缩若以最大功率输出仅能维持 1~2 s,远远不能满足人体活动时所需的能量,但 ATP 的再合成的速度快,ATP 一旦被分解,便迅速再合成。

(二) 磷酸肌酸

CP 存在于肌浆内,由一分子肌酸和一分子磷酸组成,含一个高能磷酸键。CP 在肌酸激酶作用下,分解为肌酸与磷酸,同时释放能量用于再合成 ATP。此反应是可逆的,当 ATP 通过其他供能系统供能再合成供过于求时,ATP 内的高能磷酸键则转移给肌酸,合成磷酸肌酸,故磷酸肌酸可以看作是高能磷酸基团的储存库。

$$CP + ADP \rightarrow ATP + C$$

肌肉中 CP 的贮量为 ATP 的 3~5 倍,15~20 mmol/kg 湿肌进行剧烈运动时,肌肉中 ATP 含量变化不大,而 CP 却下降很多。如图 9-2 所示,在持续时间为 14 s 的剧烈运动中,最初 8~10 s 内,ATP 含量有所减少但尚可维持稳定,CP 含量快速下降;但至运动后期身体达耗竭状态时,ATP 和 CP 含量均可降至极低水平。

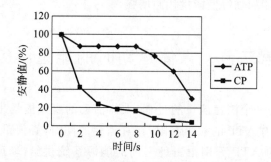

图 9-2 14 s 最大运动时肌肉 ATP、CP 相对含量的变化

除此以外,肌肉 ATP 分解后形成的 ADP 分子还可以进一步在腺苷酸激酶的催化作用下,合成 ATP,即:

$$ADP + ADP \rightarrow ATP + AMP$$

以上三个能够快速合成 ATP 的供能途径被认为是 ATP 再合成的即刻能源。

(三) ATP-CP 供能特点

磷酸原供能系统中 ATP、CP 均以水解分子内高能磷酸基团的方式供能,所以运动开始时最早启动、最快利用,具有快速供能和最大功率输出的特点。是三个供能系统中供能速率最高的一个供能系统。短时间极量运动时,磷酸原系统的最大输出功率可达每千克干肌每秒 1.6~3.0 mmol ATP。

肌细胞内磷酸原贮量有限,故只能维持最大强度运动 6~8 s。磷酸原供能在短时间最大强度或最大用力的运动中起主要供能作用,与速度、爆发力关系密切。短跑、跳跃、投掷、举重等项目的运动,应主要加强磷酸原供能能力的训练。

二、糖酵解供能系统

糖酵解是指由肌糖原或葡萄糖经一系列代谢酶的催化,最后生成乳酸并释放能量的过程,由于该过程不需要氧气的存在,故又称为糖的无氧代谢。

当运动的持续时间在 10 s 以上且强度很大时,ATP-CP 供能系统已不能满足运动的能量需要,此时,运动中再合成 ATP 的能量主要由糖酵解来提供。在全力运动 30~60 s 时,糖酵解供能速率达最大,其输出功率为每千克干肌每秒 1 mmol ATP。随后,由于终产物乳酸的堆积,糖酵解代谢过程受到抑制,故糖酵解供能系统的供能时间为 2~3 min,是 30 s 到 2 min 最大强度运动的主要供能系统。

$$肌糖原(或葡萄糖)+ADP+Pi \rightarrow 乳酸+ATP$$

糖酵解系统在运动实践中具有非常重要的意义:在氧供不足时,该系统仍能维持较长时间的快速供能,以应付身体急需。如 100 m 游泳、400 m 或 800 m 跑等速度耐力项目,该供能系统发挥着至关重要的作用。而篮球、足球等非周期项目在运动中加速、冲刺时的能量亦由磷酸原及糖酵解供能系统提供。

三、有氧氧化供能系统

有氧氧化供能是指在氧参与下,糖、脂肪和蛋白质氧化分解生成二氧化碳和水,同时释放能量的过程。由于蛋白质是人体重要的组成成分,在体内主要起维持和修复组织的作用,满足机体生长的需要,较少参与供能,所以有氧氧化供能系统的主要供能物质是糖和脂肪。

$$能源物质(糖、脂肪、蛋白质)+O_2+ADP+Pi \rightarrow CO_2+H_2O+ATP$$

由于糖,特别是脂肪的贮量大,且无乳酸产生,故有氧氧化供能系统能够持续长时间供能,是长时间耐力运动中占支配地位的供能系统。当运动中氧的供应能满足氧的需要时,如长时间耐力运动,运动所需的 ATP 主要由该系统提供。

三种供能系统的一般特点及特征参数比较如表 9-5、表 9-6 所示。

表 9-5 三种供能系统的一般特点

磷酸原供能系统	糖酵解供能系统	有氧氧化供能系统
无氧代谢	无氧代谢	有氧代谢
十分迅速	迅速	慢
能源:CP	能源:糖	能源:糖、脂肪、蛋白质
ATP 生成很少	ATP 生成有限	ATP 生成很多
肌肉中贮量少	乳酸可导致肌肉疲劳	没有导致疲劳的副产品
用于短跑或高功率、短时间运动	用于 1~3 min 的运动	用于耐力或长时间的运动

表 9-6 三种供能系统的特征参数比较

能量系统	底物	贮量/(mmol/kg 干肌)	可合成 ATP 量 /(mmol/kg)*	最大功率 /(mmol/kg/s)	达最大功率时间	最大运动时间
ATP-CP 供能系统	ATP	25		11.2	<1 s	6~8 s
	CP	77	100	8.6	<1 s	

续表

能量系统	底物	贮量/(mmol/kg 干肌)	可合成 ATP 量/(mmol/kg)*	最大功率/(mmol/kg/s)	达最大功率时间	最大运动时间
糖酵解供能系统	肌糖原	365	250	5.2	<5 s	2～3 min
有氧氧化供能系统	肌糖原	365	13 000	2.7	3 min	1～2 h
	脂肪	49	不受限制	1.4	30 min	

注：* 按人体 30 kg 肌肉、15 kg 体脂，$\dot{V}O_{2\,max}$ 为 4.0 L/min。
（引自 Sahlin，1986；Hultman 等，1990）

四、三种供能系统的相互关系

（1）运动中不存在绝对的单一能源系统的供能。例如，100 m 跑是典型的速度性项目，要求迅速高输出功率的能供，磷酸原供能系统为首选，但糖酵解供能系统在运动中仍占有一定比例；马拉松跑的持续时间长，运动中机体的能量供应以有氧氧化供能系统为主，但糖酵解供能系统供能亦占有一定比例。

（2）各供能途径 ATP 最大合成速率由大到小依次为：磷酸原供能系统＞糖酵解供能系统＞糖有氧氧化＞脂肪酸有氧氧化，且分别以近 50% 的速率依次递减（见表 9-7）。

表 9-7 各种能源物质分解代谢提供能量的速率

供能代谢系统	最大供能速率/(kcal/min)	最大供能速率/(mmol/kg/s)
ATP+CP	36	2.6
糖原酵解	16	1.4
糖有氧氧化	10	0.51～0.68
脂肪酸有氧氧化		0.24

注：1 kcal≈4.18 kJ （引自 Hultman，1990）

（3）不同供能途径提供能量的能力和速率各不相同，运动中各供能系统的活动及其相互关系与运动负荷的强度和持续时间有关（见图 9-3）。当以最大输出功率运动时，各系统能维持的运动时间是：磷酸原供能系统供极量强度运动 6～8 s；糖酵解供能系统供最大强度运动 30～90 s，可维持 2～3 min；3 min 以上的运动能量需求主要依赖有氧氧化途径。

（4）由于运动后 ATP、CP 的恢复及乳酸的清除，须依靠有氧代谢系统才能完成，因此有氧代谢供能是运动后机能恢复的基本代谢方式。

五、能量连续统一体的理论及其应用

（一）能量连续统一体的概念

三种供能系统都可以合成 ATP，为肌肉活动提供能量。但由于各个能量系统的能量贮

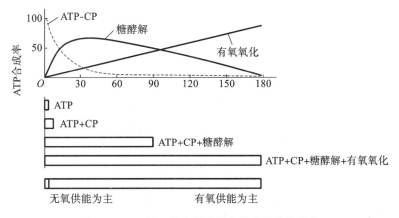

图 9-3　0~180 s 最大运动时各供能系统的变化

(引自王健,2003)

量、能量输出功率存在很大差异,对于不同的运动项目,各供能系统所能提供的 ATP 的量不同。例如,从事时间短、强度大的运动如 100 米跑时,ATP 的再合成主要由高能磷酸化合物供给,即由 CP 的分解来提供;从事时间长、强度小的运动如马拉松跑时,能量几乎全部由有氧系统供给;介于二者之间的运动项目,如 1500 米跑时,则需无氧代谢与有氧代谢混合供给能量,这两种供能方式都十分重要。

肌肉活动具有连续性和多变性的特点,即从运动开始至运动结束,肌肉需要连续工作,同时又经常根据各种需要改变肌肉工作的形式和工作强度,这就需要能量供应与之相适应。因此,三个能量系统在按一定比例供能时,并没有明显的界限,它们总是根据肌肉活动对能量的需要,在整个运动过程中,互相配合,相互补充,以保证能量供给的连续性和灵活性。运动生理学把不同类型的运动项目的能量供应途径之间,以及各能量系统之间相互联系形成的一个连续统一体,称为能量连续统一体。

(二) 能量连续统一体的形式

(1) 有氧和无氧供能百分比的表示形式。根据不同运动项目无氧和有氧供能比例,确定各类活动在能量连续统一体中的相对位置(见图 9-4)。

由图可见,在完成一切运动项目时,有氧和无氧代谢系统都可以提供一定的 ATP,但在大多数运动项目中,由一个系统供给的 ATP 比例常较另一系统大。如果某一能量系统比其他能量系统更发达,那么由该系统供能为主的专项运动成绩会较好,而以其他能量系统供能为主的专项运动成绩常不理想。

(2) 以运动时间为区分标准的表示形式。运动时间是指完成某项活动、某一动作所需的时间,如一场球赛、完成一项田径活动(如跑 100 m 或推一次铅球)、做一套体操或武术套路等所需的时间。

图 9-5 表明,三种能量系统供给 ATP 的百分比与运动时间及功率输出有紧密依存关系。时间越短,功率输出越大,能量需求也越快,由 ATP-CT 系统供能的比例越大;反之,有氧氧化系统供能比例则越大。ATP-CP 系统和有氧氧化系统分别负责供应能量连续统一体

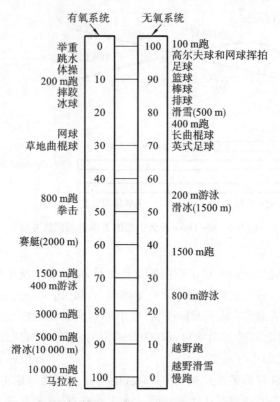

图 9-4 不同运动项目有氧系统和无氧系统供应 ATP 的百分比

（引自 Fox.FL,1981）

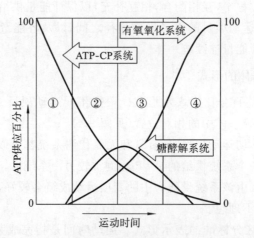

图 9-5 以运动时间为区分标准的能量连续统一体及其四个不同活动区域

（引自 Fox.FL,1979）

两端活动的绝大部分 ATP。

糖酵解供能系统百分比与运动时间的关系曲线呈抛物线状，只有位于能量连续统一体中间的活动，其 ATP 总需氧量的较大部分才由糖酵解系统供给。从曲线的高度来看，即使在充分利用时,糖酵解系统单独供应ATP也不占支配地位,即在糖酵解系统非常重要的运动中,至少还有另一种能量系统作为ATP的重要供应者。因此,运动者在完成此类运动项目时,常感到很困难,要训练两个能量系统才能较为有效地提高运动能力。

用运动时间这一共同标准来确定能量连续统一体时,可将能量分为明显不同的4个区域(见图9-5和表9-8),其中第2、3区域的活动,都需要由两个系统供给其主要的能量。

表9-8 能量连续统一体的四区

区域	运动时间	主要供能系统	活动类型举例
1区	<30 s	ATP-CP系统	推铅球、100 m跑、足球后卫带球跑
2区	30 s~1.5 min	ATP-CP系统和糖酵解系统	200~400 m跑、速度滑冰、100 m游泳
3区	1.5~3 min	糖酵解系统和有氧氧化系统	800 m跑、各项体操、摔跤
4区	>3 min	有氧氧化系统	越野滑雪、马拉松跑、慢跑

(引自王步标、华明,2006)

(三)能量连续统一体理论在运动实践中的应用

人体运动能力在很大程度上取决于能量供应的能力,因此,把能量连续统一体理论所提供的原则用于实践,对体育教学与运动训练有着重要的意义。

1. 着重发展起主要作用的供能系统

不同运动项目运动中能量供应的比例如表9-9所示。

表9-9 各种运动项目的主要能量供应系统

运动项目	各供能系统所占比例/(%)		
	ATP-CP和糖酵解系统	糖酵解系统和有氧氧化系统	有氧氧化系统
棒球	80	20	—
篮球	85	15	—
击剑	90	10	—
草地曲棍球	60	20	20
足球	90	10	—
高尔夫球	95	5	—
体操	90	10	—
冰球 1. 前锋、后卫	80	20	—
2. 守门员	95	5	—
曲棍球 1. 守门员、后卫、进攻手	80	20	—
2. 中锋	60	20	20
划船	20	30	50

续表

运动项目	各供能系统所占比例/(%)		
	ATP-CP 和糖酵解系统	糖酵解系统 和有氧氧化系统	有氧氧化系统
滑雪　1. 障碍滑雪、跳、下坡	80	20	—
2. 越野滑雪	—	5	95
英式足球　1. 守门员、边锋、前锋	80	20	—
2. 前卫、巡边员	60	20	20
垒球	80	20	—
游泳和潜水　1. 50 m自由泳、潜水	98	2	—
2. 100 m(各种姿势)	80	15	5
3. 200 m(各种姿势)	30	65	5
4. 400 m自由泳	20	55	25
5. 1500 m	10	20	70
网球	70	20	10
田径　1. 100 m、200 m	98	2	—
2. 田赛项目	90	10	—
3. 400 m	80	15	5
4. 800 m	30	65	5
5. 1500 m	20	55	25
6. 3000 m	20	40	40
7. 5000 m	10	20	70
8. 10 000 m	5	15	80
9. 马拉松	—	5	95
排球	90	10	—
摔跤	90	10	—

(引自 Fox. FL,1979;Burke,1986)

由表中可以看出,不同的运动项目其主要的供能系统是不同的。例如,短跑运动员应重点发展无氧供能能力;长跑运动员应着重发展有氧系统的供能能力;有些项目则需要按比例发展无氧与有氧系统的供能能力。因此,在制订教学和训练计划时,应根据运动项目供能特点,着重发展在该项活动中起主导作用的供能系统。

2. 根据供能比例选择有效的训练方法

当确定应重点发展的供能系统之后,关键是选择最有效的训练方法。在表9-10中列举了10种训练方法,包括每种方法的定义以及对发展各供能系统所起的作用(用增进的百分比表示）。在所列举的 10 种训练方法中，大多数已在世界各地的田径训练中广泛应用，并有新的发展。

下面举例说明如何使用表 9-9 和表 9-10。如由表 9-9 可知，3000 m 跑各供能系统所占的比例为 20、40、40，表 9-10 中法特莱克训练法恰好与之相符，可作为训练时的主要手段；另外，重复跑的供能特点也大致相似，也可作为训练方法。当然，具体的训练计划还需要考虑到运动技术的专门性。

表 9-10 各种训练方法的定义及其增进各供能系统的比例

训练方法	定义	增进比例/(%)		
		ATP-CP 和 LA	LA 和有氧氧化系统	有氧氧化系统
加速疾跑	在 40～100 m 段中，从慢跑开始逐渐加速到疾跑	90	5	5
持续快跑	快速长距离跑（或游泳）	2	8	90
持续慢跑	慢速长距离跑（或游泳）	2	5	93
穴形疾跑	两次疾跑之间加一个慢跑或走	85	10	5
间隙疾跑	40 m 快跑与 50 m 慢跑相交替，总距离 5000 m	20	10	70
间歇训练	两次运动之间有一休整期	0～80	0～80	0～86
慢跑	慢步持续走或跑一中等距离（如 3000 m）	—	—	100
重复跑	相似于间歇训练，但工作与休整期的时间长	10	50	40
速度游戏（法特莱克）	在自然条件下交替快跑与慢跑	20	40	40
疾跑训练	重复全速疾跑，两次疾跑之间的间歇期长短以完全恢复为标准	90	6	4

注：LA 为糖酵解供能系统。（引自 Fox. FL, 1981）

六、运动中三大有机能源物质的动员

就人体糖、脂肪、蛋白质三大能源物质在运动中的利用速率来比较，糖的利用速率最快，是一种非常经济的能源。研究表明，随着运动强度的增加，糖的供能比例提高，而脂肪的供能比例减少（见图 9-6）。随着运动时间延长，脂肪的供能百分比增加，而糖的供能百分比下降（见图 9-7）。

一般运动开始时机体首先分解肌糖原，如 100 m 跑在运动开始 3～5 s，肌肉便通过糖酵解方式参与供能；持续运动 5～10 min 后，血糖开始参与供能，当运动强度达到最大摄氧量强度时，可达安静时供能速率的 50 倍；运动时间继续延长，由于骨骼肌、大脑等组织大量氧化分解利用血糖，而致血糖水平降低时，肝糖原分解补充血糖，其分解速率较安静时增加 5 倍。脂肪在安静时即为主要供能物质，在运动达 30 min 左右时，其输出功率达最大。脂肪的分解利用对氧的供应有严格的要求，因而通常在长时间运动中，当肌糖原大量消耗或接近

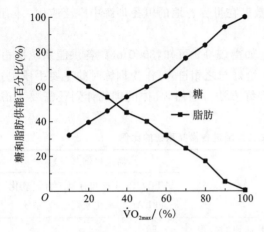 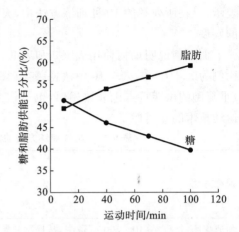

图 9-6 运动强度对能源物质利用的影响　　图 9-7 运动持续时间对能源物质利用的影响

耗竭,氧供充足时方大量动用。蛋白质在运动中作为能源供能时,通常发生在持续 30 min 以上的耐力项目中。随着运动员耐力水平的提高,可以产生肌糖原及蛋白质的节省化现象。

【思考题】

1. 简述能量代谢的测定原理及运动时净能量消耗的计算步骤。
2. 影响能量代谢的主要因素有哪些?
3. 试述运动过程中能量供应途径和特点。结合运动实例说明运动中机体的三个供能系统是如何供能的。
4. 能量连续统一体在运动实践中有何意义?试举例说明。

第十章 泌尿系统

人体将在新陈代谢过程中产生的代谢产物、多余的水分和盐类以及进入机体的各种异物，经过血液循环由排泄器官排出体外的过程叫排泄（excretion）。人体主要的排泄途径有四条，即由呼吸器官排出 CO_2、H_2O 和挥发性药物；由消化器官排出一些无机盐类（钙、镁、铁、磷和胆色素等）；由皮肤、汗腺排出水分及少量的尿素和盐等；由肾脏排出尿液。其中以肾脏排出的物质种类最多，数量最大，因此肾脏是人体最为重要的排泄器官。肾脏不仅有排泄代谢终产物的作用，还有调节体液、维持体内渗透压和酸碱度的作用，从而对保持人体内环境相对稳定起重要作用。

第一节 泌尿系统的组成与结构

泌尿系统（urinary system）由肾、输尿管、膀胱和尿道四部分组成（见图 10-1）。它的主要功能是排出体内的代谢产物。机体在新陈代谢过程中所产生的废物，如尿素、尿酸和多余的水分等，随血液循环运送到肾而形成尿液，由输尿管将尿液输送到膀胱进行暂时贮存，最后经尿道排出体外。泌尿系统还能调节水盐代谢和酸碱平衡，并能分泌多种生物活性物质，对于维持机体正常的内环境起着重要的作用。如果肾功能发生障碍，代谢产物蓄积于体内，改变内环境的理化性质，影响正常新陈代谢的进行，严重时可出现尿毒症，甚至危及生命。

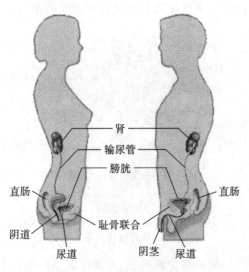

图 10-1 泌尿系统模式图

一、肾

(一) 肾的位置

肾(kidney)是成对的实质性器官,左右各一,位于脊柱两旁,紧贴腹后壁,在腹腔的后上方,前面被腹膜覆盖,属腹膜外位器官。

左肾上端约平第 11 胸椎下缘,下端平第 2 腰椎下缘。右肾因上方有肝脏,位置较左肾略低半个椎体。肾大约为 3 个椎体的高度。肾门约平第 1 腰椎体,距正中线约 5 cm。

左侧第 12 肋斜过左肾后面中部,右侧第 12 肋斜过右肾后面上部。

临床上常将竖脊肌外侧缘与第 12 肋之间的部位称为肾区,当肾有疾病时,叩击或触压此区常可引起疼痛。

(二) 肾的形态

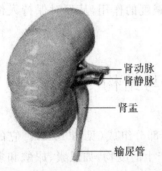

图 10-2 肾的形态和位置

肾是实质性器官,新鲜肾呈红褐色,表面光滑,质柔软,重 120~150 g。形似蚕豆,分上、下两端,前、后两面,内、外侧两缘(见图 10-2)。外侧缘隆凸,内侧缘中央部凹陷,称肾门,有肾静脉、肾动脉、肾盂、淋巴管和神经等出入。它们被结缔组织包裹成束,称肾蒂。肾蒂由前向后依次为肾静脉、肾动脉、肾盂;由上到下为肾动脉、肾静脉、肾盂。右肾肾蒂较左侧为短,故临床上右肾手术难度较大。由肾门深入肾实质之间的腔隙称肾窦,肾窦内容纳肾盏、肾盂、肾血管及脂肪组织等。

(三) 肾的内部结构

在肾的冠状切面上,肉眼可见肾实质分为皮质和髓质两部分(见图 10-3)。

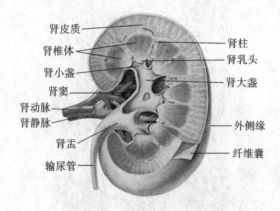

图 10-3 肾的冠状切面示意图

肾皮质在肾实质的浅层,新鲜时呈红褐色,主要由肾小体和肾小管构成。

肾髓质在肾实质的深部,色淡,由 15~20 个肾锥体组成,锥体的底朝向皮质,锥体的尖端钝圆,伸向肾门,称为肾乳头,其顶端有许多乳头孔,肾形成的尿液由此流入肾小盏内。

肾小盏为漏斗形的膜性小管,围绕肾乳头,每侧有7~8个肾小盏。2~3个肾小盏合成一个肾大盏,肾大盏有2~3个。由肾大盏合成一个扁平漏斗形的肾盂。肾盂出肾门后,弯向下行,移行为输尿管。

(四) 肾的组织结构

1. 肾单位

肾单位(nephron)是肾的结构和功能单位,每个肾约有200万个。它可分为肾小体(renal corpuscle)和肾小管(renal tubule)两部(见图10-4)。肾小体包括肾小球(即毛细血管球)和包在它外面的肾小球囊(即肾小囊),主要分布于肾皮质。肾小球是入球小动脉所分出的一团毛细血管网,另一端汇集成出球小动脉。肾小囊由两层上皮细胞组成,中间为囊腔,顶端为盲端,内层借助于基膜紧贴着肾小球毛细血管内皮细胞,外层与肾小管相连接。因此,将血浆滤过的结构,即肾小球囊内层上皮细胞、基膜、肾小球毛细血管内皮细胞,三者合称为滤过膜。肾小管分为近曲小管、髓袢、远曲小管三段,主要分布于肾髓质。在肾小管末端形成的尿汇合到集合管,集合管虽不属于肾单位,但在机能上它和远曲小管有密切联系。集合管又汇入乳头管,开口于肾盂,最后形成的尿液经肾盏、肾盂、输尿管注入膀胱。

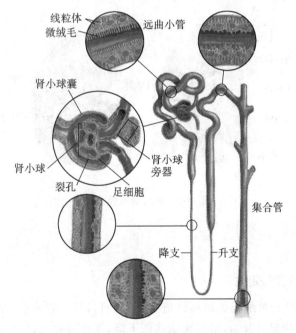

图 10-4　肾单位和集合管示意图

肾脏的排泄途径是:肾小球→肾小囊→近曲小管→髓袢→远曲小管→集合管→肾盏→肾盂→输尿管→膀胱→尿道。

肾脏除有排泄功能外,肾单位周围的一些组织细胞还具有内分泌功能,可产生多种生物活性物质,如肾素、促红细胞生成素(EPO)、前列腺素、维生素D_3等,从而参与调节血压、促进骨髓生成红细胞、加强骨骼生长发育等生理过程。

2. 肾脏的血液循环

两个肾脏的重量约 300 g，与心脏的重量相似，约占体重的 0.4%。流入心脏组织的血流量只有心输出量的 5%，而肾脏血流量则占心输出量的 20%～30%，正常人安静时每分钟约有 1.2 L 的血液流过两侧肾脏。肾脏血液供应如此之多，显然不只是肾组织本身营养的需要，还有肾排泄功能的需要，从而为及时清除血中代谢产物、异物等提供了重要条件。肾脏的血液直接来自腹主动脉的分支——肾动脉。其中，94% 左右的血液分布在皮质，其余供应髓质。通常所说的肾血流量，主要指肾皮质的血流量。

肾脏的血液循环由肾动脉（见图 10-5）开始，经逐级分支后，进入肾小体成为入球小动脉，再分支成肾小球毛细血管网，然后汇合成出球小动脉。入球小动脉粗而短，出球小动脉细而长，入球小动脉的口径是出球小动脉口径的两倍，这种结构造成了肾小球毛细血管压较高。一般体循环的毛细血管压约 20 mmHg，而肾小球毛细血管压可达 60 mmHg。出球小动脉离开肾小体，再次分支形成第二次毛细血管网，缠绕在肾小管和集合管的周围，吸收来自肾小管和集合管滤液中的各种物质，最后汇合成肾静脉出肾。由此可知，肾脏的血液循环特点是血液经过两次小动脉（入球小动脉和出球小动脉）和形成两套毛细血管网（肾小球和肾小管处的毛细血管网）。

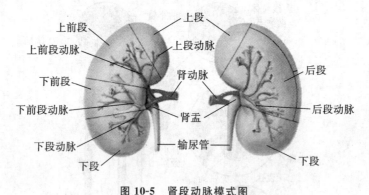

图 10-5 肾段动脉模式图

二、输尿管

（一）输尿管的位置与走向

输尿管（ureter）是一对细长的肌性管道（为平滑肌），位于腹膜后，全长 20～30 cm，管径为 0.5～0.7 cm。上端起自肾盂，沿腰大肌前面下降，在小骨盆入口处，右侧输尿管跨过右髂外动脉起始部的前方，左侧输尿管跨过左髂总动脉末端的前方。入盆腔后，输尿管的行程，男女各异，男性沿骨盆侧壁弯曲向前，与输精管交叉后转向前内，斜穿膀胱壁；女性输尿管入盆腔后，行于子宫颈两侧，距子宫颈约 2 cm 处，从子宫动脉的后下方经过，在膀胱底外角处输尿管斜向前内到达膀胱底，开口于膀胱底内面的输尿管口，此部称壁内段，长约 1.5 cm。

(二) 输尿管的分段与三个生理性狭窄

输尿管先位于腹部,后进入盆腔,最后斜穿膀胱壁开口于膀胱,因此,临床上常将输尿管分为腹段、盆段和壁内段。输尿管全长有3处狭窄:

(1) 第1个狭窄:在肾盂与输尿管移行处。

(2) 第2个狭窄:在跨过髂血管处。

(3) 第3个狭窄:在穿过膀胱壁处。

尿路结石常停留在这些部位,引起疼痛和输尿障碍。

三、膀胱

膀胱(urinary bladder)是贮存尿液的肌性囊状器官,其形状、大小、位置和壁的厚薄均随其所贮存的尿量及年龄、性别等而发生变化。正常成人容量为350～500 mL。

(一) 膀胱的位置

膀胱位于小骨盆腔的前部。空虚时,膀胱尖一般不超过耻骨联合上缘;充盈时,膀胱尖可高出耻骨联合上缘。

(二) 膀胱的形态

膀胱的形状、大小依充盈程度而不同。成人膀胱空虚时呈锥体形,分尖、体、底和颈四部,顶端细小,向前上方,称膀胱尖;底部膨大,向后下方,称为膀胱底;尖、底之间为膀胱体。膀胱的最下部称膀胱颈。膀胱充盈时呈卵圆形。

(三) 膀胱壁的结构

膀胱的壁由内到外分为黏膜、黏膜下组织、肌织膜和外膜四层。黏膜为变移上皮,大部分经黏膜下组织与肌织膜疏松连结。膀胱收缩时,黏膜聚集成许多皱襞,称膀胱襞;膀胱膨胀时,皱襞即消失。肌织膜很发达,且伸展性好。它由内纵行、中环行和外纵行三层平滑肌构成,各层相互交错分界不清。外膜顶部为浆膜,其余均为疏松结缔组织构成的纤维膜。

(四) 尿道

尿道(urethra)是引尿液由膀胱排出体外的管道。男性尿道除排尿外,还兼有排精的作用。女性尿道较男性尿道短、宽,且较直,长3～5 cm,仅有排尿功能。

女性尿道起于膀胱的尿道内口,经阴道前方行向前下,与阴道前壁紧密相邻,末端开口于阴道前庭。尿道黏膜有许多小的尿道腺的开口,尿道下端周围有较大的尿道旁腺,导管开口于尿道外口附近。由于女性尿道具有短而直和易于扩张的特点,容易逆行感染。当细菌从尿道进入,经膀胱、输尿管上行至肾盂,会引起膀胱炎或肾盂肾炎。故妇女应特别注意阴部卫生。

第二节 尿的生成过程

尿的生成包括三个环节:①肾小球的滤过作用;②肾小管与集合管的重吸收作用;③肾小管与集合管的分泌与排泄作用。

一、肾小球的滤过作用

血液流经肾小球毛细血管时,血浆中的水和小分子物质可经滤过膜进入肾小囊腔形成的滤液,即原尿,其成分与血浆相似,只是不含大分子蛋白质,其渗透压和酸碱度也与血浆相似。单位时间内两肾生成的滤液量称肾小球滤过率,健康成人为 120~130 mL/min,24 h 的滤液量约为 180 L。

影响肾小球滤过的主要因素是:滤过膜的通透性和面积、有效滤过压、肾血浆流量。

(一) 滤过膜的通透性和面积

肾小球滤过膜由三层结构组成(见图 10-6):内层、中间层和外层。内层是毛细血管内皮细胞,细胞间有许多直径为 50~100 nm 的圆形微孔,可阻止血细胞通过,对血浆中的物质几乎无限制作用。中间层是非细胞性的基膜,厚约 300 nm,是由水和凝胶形成的纤维网结构,网孔直径 4~8 nm,可允许水和部分溶质通过。外层是肾小囊脏层上皮细胞,伸出许多足突贴附于基膜外面,足突相互交错,形成的裂隙称为裂孔,裂孔上覆盖一层薄膜,膜上有 4~14 nm 的微孔,可限制蛋白质通过。以上三层结构组成了滤过膜的机械屏障。除机械屏障外,在滤过膜的各层,均覆盖着一层带负电荷的物质(主要是糖蛋白),这些物质可能起着电学屏障的作用。

不同物质通过肾小球滤过膜通透性的能力取决于被滤过物质的分子大小及其所带的电荷。

滤过面积是指肾小球毛细血管的总面积。正常人 200 多万个肾单位都经常处于活动状态,因此滤过面积较恒定,总有效滤过面积达 1.5 m² 以上。这样大的滤过面积有利于尿的生成(即血浆的滤过)。

(二) 有效滤过压

有效滤过压(effective filtration pressure)是肾小球滤过的动力。在滤过膜通透性和肾血浆流量不变时,原尿的生成量主要由有效滤过压来决定。它主要是三部分力量,即肾小球毛细血管压、血浆胶体渗透压和肾小囊内压的代数之和(见图 10-7)。

有效滤过压 = 肾小球毛细血管压 - (血浆胶体渗透压 + 肾小囊内压)

(1) 肾小球毛细血管压是推动血浆通过滤过膜的主要力量。用微穿刺法直接测得鼠的肾小球毛细血管压平均为 45 mmHg。

(2) 肾小囊内压是阻止血浆滤过的力量,平均为 10 mmHg。

(3) 肾小球毛细血管内血浆胶体渗透压是阻止血浆滤过的主要力量,在入球端约为

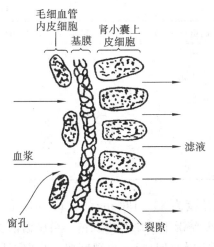

图 10-6　肾小球滤过膜的结构示意图

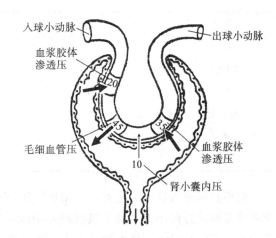

图 10-7　肾小球滤过作用的几种力量

20 mmHg，随着水分滤出，血浆胶体渗透压不断上升，在出球端约为 35 mmHg。

肾小球有效滤过压：

入球端有效滤过压：[45－(20＋10)] mmHg＝15 mmHg。

出球端有效滤过压：[45－(35＋10)] mmHg＝0 mmHg。

可见肾小球有效滤过压在入球端较高，以后逐渐降低，在出球端降低为 0。虽然有效滤过压有时不高，但因滤过膜的通透性很高，滤过仍然进行得很迅速。

(三) 肾血浆流量

肾小球血浆流量是指单位时间内流经肾小球毛细血管的血浆量。在通常情况下，由于肾血流量的自身调节，肾小球血浆流量能保持相对稳定，肾小球滤过率也基本稳定。但剧烈运动时，由于血液的重新分配使肾血流量大为减少，因而，肾小球滤过率下降，尿量减少。

二、肾小管与集合管的重吸收作用

重吸收(reabsorption)是指滤液(原尿)流经肾小管和集合管时，其中某些成分全部或部分经肾小管和集合管上皮细胞重新回到血液中去的过程。肾小球每日的滤液量可达 180 L，而每日排出的尿量仅为 1.5～2 L，只占滤液量的 1% 左右。

肾小管和集合管的重吸收具有选择性(见表 10-1)。原尿中的葡萄糖、氨基酸全部被重吸收，水和电解质(Na^+、K^+、Cl^- 等)大部分被重吸收，尿素小部分被重吸收，肌酐则完全不被重吸收。此外，不同部位肾小管对物质重吸收的能力及机制不同，其中近曲小管重吸收物质的种类多、数量大，是物质重吸收的主要部位。

表 10-1　肾脏对正常血浆成分的滤过量、重吸收量与排泄量

物质	滤过量/(g/24 h)	重吸收量/(g/24 h)	排泄量/(g/24 h)
Na^+	540	537	3.3

续表

物质	滤过量/(g/24 h)	重吸收量/(g/24 h)	排泄量/(g/24 h)
Cl^-	630	625	5.3
HCO_3^-	300	300	0.3
K^+	28	24	3.9
葡萄糖	140	140	0
尿素	53	28	25
肌酐	1.4	0	>1.4

肾小管的重吸收能力也有一定限度。正常血糖浓度为 80~120 mg/100 mL 时，滤出的全部葡萄糖由近曲小管主动重吸收回来，因此，在正常情况下尿中不出现糖。当血糖浓度高于 180 mg/100 mL 时，肾小管便不能将葡萄糖全部重吸收回血液，出现糖尿。我们把尿中不出现葡萄糖的最高血糖浓度称为肾糖阈。正常肾糖阈为 160~180 mg/100 mL。尿中的其他物质也各有其"肾阈"，只是阈值不同而已。

三、肾小管与集合管的分泌与排泄作用

肾小管与集合管上皮细胞将自身新陈代谢的产物（如 H^+、NH_3 等物质）分泌到小管液中的过程，称分泌作用。肾小管与集合管上皮细胞将血液中某些物质（如肌酐、K^+、尿酸等物质）排入小管液中的过程，称排泄作用。由于分泌和排泄都是通过上皮细胞进行的，而且分泌物和排泄物都进入小管液，所以，二者通常不做严格区分，可以统称为分泌。

分泌和排泄的主要部位在近曲小管，其次在远曲小管和集合管，分泌的方向与重吸收方向相反，远曲小管分泌 H^+、K^+、NH_3，可调节体液的离子浓度和酸碱平衡。近曲小管能分泌肌酐和外来的药物，如酚红、青霉素等。最终被肾小管重吸收后剩下的残留物质、多余的水和无机盐以及肾小管分泌、排泄的物质，综合成为尿（终尿，见表 10-2）。

表 10-2 血浆、原尿、终尿的成分表

成分	血浆/(%)	原尿/(%)	终尿/(%)	浓缩倍数
水	90~93	97	95	1
蛋白质	7~9	微量	0	—
葡萄糖	0.1	0.1	0	—
尿素	0.03	0.03	1.8	60
肌酐	0.001	0.001	0.075	75
尿酸	0.004	0.004	0.05	12.5
Na^+	0.32	0.32	0.35	1.1
K^+	0.02	0.02	0.15	7.5
Ca^{2+}	0.008	0.008	0.015	1.9

续表

成分	血浆/(%)	原尿/(%)	终尿/(%)	浓缩倍数
Mg^{2+}	0.0025	0.0025	0.006	2.4
Cl^-	0.37	0.37	0.6	1.6
PO_4^{2-}	0.009	0.009	0.15	16.7
SO_4^{2-}	0.002	0.002	0.18	90

第三节 肾脏在维持水和酸碱平衡中的作用

一、肾脏在保持水平衡中的作用

水是人体内的重要组成成分。正常人体内含水量占体重的60%~70%。人体内水分大部分是从食物和饮水中摄取的,小部分由体内物质氧化过程产生。

水的排出主要是通过肾脏泌尿排出,其次是通过皮肤、肺以及粪便排出。正常人体内水的含量相当恒定,摄水量与排出量经常保持动态的平衡(见表10-3)。

人体有完善的调节和维持水平衡的机制,当体内水平衡发生变化时,机体主要是通过血浆晶体渗透压和循环血量的改变,反射性地引起抗利尿激素分泌量的改变,从而影响远曲小管和集合管对水的重吸收,改变尿量而维持水平衡的。如体内缺水(如出汗较多或失血)时,血浆晶体渗透压升高,循环血量减少,在产生口渴感觉和饮水要求的同时,反射性地引起抗利尿激素分泌增加,使远曲小管和集合管对水的重吸收增加,尿量减少;而体内水过量(如大量饮水或输液)时,则尿量明显增加。尽管中枢神经系统、某些激素(如抗利尿激素、心钠素等)在控制机体水平衡中发挥重要作用,但它们最终都是通过影响肾脏的泌尿活动而改变尿量来实现的。因此,肾脏在维持水平衡中起重要作用。

表10-3 正常人每昼夜的进出水量

进 水		出 水	
来源	水量/mL	去路	水量/mL
		由肾脏排出(尿)	1500
饮水	1200	由皮肤排出(水蒸气)	600
食物	1000	由肺排出(水汽)	300
代谢水	300	由大肠排出(粪便)	100
共计	2500	共计	2500

二、肾脏在维持酸碱平衡中的作用

正常人体液的pH是相对稳定的,为7.35~7.45,当pH偏离正常范围时,将影响细胞的正常功能,从而妨碍正常的生命活动。人体维持体液 pH 相对稳定,主要是通过血液缓冲系统、呼吸和肾脏的活动来实现的。

肾脏在维持体液 pH 相对稳定中的作用可概括为"排酸保碱",主要过程是肾小管上皮细胞分泌的 H^+ 与小管液中的 Na^+ 交换(即 H^+-Na^+ 交换),这种交换的结果是保持血浆中 $NaHCO_3/H_2CO_3$ 的比例为 20∶1。当体内酸性物质增多时,上述过程加强,排酸保碱;而当体内碱性物质增多时,上述过程减弱,促使碱排出。

第四节 运动对肾脏机能的影响

运动可引起肾脏机能改变,这些改变可以通过尿量和尿成分变化表现出来,从而为客观评定运动时肾脏机能和人的身体机能状况提供依据。

一、尿量

正常人每昼夜排出的尿量为 1~2 L,一般约为 1.5 L。尿量多少主要取决于每日的摄水量和排水量,摄水量多尿量就多。运动后尿量主要受气温、运动强度、运动持续时间、泌汗和饮水量等因素影响。如果在夏季进行强度较大、持续时间较长的运动,或强度虽不大但时间长的运动,由于大量泌汗,故尿量减少。马拉松比赛时,一般每隔 5 km 设置一个饮水站,以保证运动员水的供给。短时间运动后,尿量不会发生明显变化。此外,运动时由于血液重新分配,肾脏血流量减少,故运动后一段时间内尿量减少。

高强度、大运动量比赛后,因尿量减少而影响"尿检"的取样,对此,通常在有监督的情况下,让运动员饮用一定的水或常规的等渗液,以增加尿量。

激烈运动后尿量减少,使尿成为"浓缩"的尿液。故在观察运动时尿中某一成分的变化时,用收集的总尿量来计算该成分总含量,比起用浓度来计算该成分总含量,更能反映其变化的规律。

二、尿乳酸

正常人尿中乳酸为微量,约为 0.05 mg/100 mL。运动后尿中乳酸增多,其数量与糖酵解供能有关。中跑的运动强度较大,以产生乳酸为主,运动中体内缺 O_2,此时糖酵解产生大量乳酸,进入血液后,血乳酸含量增高,可达 140~280 mg/100 mL,尿乳酸随之增高,可达 230 mg/100 mL 左右。因此,尿乳酸随血乳酸变化而变化,故尿乳酸可衡量运动强度,可作为反映体内糖酵解程度的生理指标。

三、运动性蛋白尿

正常人在运动后出现的一过性蛋白尿称为运动性蛋白尿。正常人安静时尿中只有极微量的蛋白质,为 2 mg/100 mL 左右,用一般检查尿蛋白的方法不易测出,为阴性。如果尿中蛋白质含量升高,可通过常规的检测方法测出蛋白质的含量。运动可使运动员尿中的蛋白质含量升高。由运动引起蛋白质含量增多的尿,称为运动性蛋白尿。运动性蛋白尿可作为评定负荷量和运动强度,以及评价运动员身体机能状态的指标。

运动性蛋白尿可在运动后 15～20 min 取尿测定,测定的数值即为尿蛋白。运动强度大、持续时间较长的以无氧供能为主的运动,尿蛋白排出量相应较多。若在运动次日清晨测定,则可用以观察机体的恢复状态。虽然运动性蛋白尿有较大的个体差异,但同一个体在完成相近的运动负荷或相同项目比赛时,尿蛋白量相对比较稳定,如果出现尿蛋白增多,往往是身体机能下降的表现。当运动负荷明显提高时,尿蛋白排出量在运动后增多,并一直延续到次日清晨或更长时间,这是机能不适应或疲劳未消除的表现;当运动后尿蛋白增多,4 小时后或次日清晨完全恢复到安静时的水平,表示运动负荷对身体有较大刺激,但机能状态保持良好,能及时恢复。

关于运动性蛋白尿的产生原因,一般公认是运动负荷使肾小球滤过膜的通透性改变。但对滤过膜通透性改变的原因,解释却不一致。① 有些学者通过动物实验证明,由于运动乳酸增多引起血浆蛋白质体积缩小,肾小管上皮细胞肿胀,蛋白质被滤过到尿中。② 也有研究证明是酸性物增多导致正电荷增多,促使带正电的蛋白质易透过肾小球带负电的滤过膜,进入滤液中。③ 也有人认为是由于激烈运动,使肾脏受到机械性损伤引起的。④ 还有人提出,出现尿蛋白是由于激烈运动时肾血管缩小,引起血流停滞,肾小球毛细血管压升高,从而促使蛋白质滤过。⑤ 我国的研究人员认为,运动性蛋白尿是由于肾小球毛细血管扩张及被动充血、肾小管上皮细胞变性,造成肾脏血液循环障碍,引起缺血、缺氧,毛细血管通透性增加,致使尿中出现尿蛋白。

与病理性蛋白尿不同的是,运动后出现的运动性蛋白尿经过一段时间的休息,不需要治疗会自行消失,故认为这种变化是生理性的。运动性蛋白尿的出现与否与运动强度和负荷量、运动训练水平、对运动负荷的适应能力以及运动项目等有关。一般来讲,运动强度越高、负荷量越大、训练水平越低、对运动负荷的适应能力越差,越容易出现运动性蛋白尿。因此,检测运动性蛋白尿在实践中有如下意义:评定负荷量和运动强度、机体对运动负荷是否适应以及运动者的训练水平。

四、运动性血尿

正常人在运动后出现的一过性显微镜下或肉眼可见的血尿称为运动性血尿。肉眼观察到的血尿呈褐色或浓红茶色,显微镜下血尿为正常尿色,但可见红细胞。

出现运动性血尿,可能是由于运动时肾上腺素和去甲肾上腺素的分泌增加,造成肾血管收缩,肾血量减少,出现暂时性肾脏缺血、缺氧和血管壁的营养障碍,从而使肾的通透性提高,使原来不能通过滤过膜的红细胞也发生了外溢,形成运动性血尿。另外,运动时肾脏受到挤压、打击,肾脏下垂,造成肾静脉压力增高,也能导致红细胞渗出,产生血尿。也有研究表明,运动引起的自由基含量增加也可以造成运动性血尿。因此,运动性血尿可能是综合因素作用的结果。

运动性血尿多出现在激烈运动后,人并无其他症状和不适。血尿持续时间一般不超过三天,最长不超过七天。出现血尿时,可适当调整运动量,服用一些止血药或中药,通常预后情况均良好。

运动性血尿受运动项目、负荷量和运动强度、身体适应能力和环境等因素的影响。跑步、跳跃、球类、拳击运动后,血尿的发生率较大;负荷量和运动强度加大时,如冬训、比赛开始阶段,血尿也多;身体适应能力下降,如过度训练,也会有大量的血尿产生;在严寒条件(冬泳)和高原条件下的训练,也容易造成运动性血尿。

五、尿十项检测的临床意义

尿十项检测所包含的指标有:尿葡萄糖(GLU)、尿蛋白(PRO)、尿胆红素(BIL)、尿胆原(UBG)、尿酸碱度(pH)、尿比重(SG)、尿潜血(BLD)、尿酮体(KET)、尿硝酸盐(NIT)、白细胞(LEU)等十项,能够比较全面、客观地反映运动负荷对泌尿系统的刺激及机体供能物质的代谢情况。其为无创性采样,检测方法快捷,而且能够及时、有效地评价训练负荷,防止在训练中造成过度疲劳,保护运动员的身体健康。

【思考题】

1. 简述肾脏的血液循环特点及其生理意义。
2. 试述肾脏的泌尿功能在维持机体内环境稳定中的作用。
3. 体循环血压明显降低时对尿液生成有何影响?
4. 尿是如何生成的?简述其基本过程。
5. 影响肾小球滤过作用的因素有哪些?
6. 运动性血尿产生的主要原因是什么?如何防止?

第十一章 感觉器官

感觉是客观事物在人脑中的主观反映。感觉的产生过程，首先是通过机体的感受器或感觉器官接受内外环境的刺激，然后转变为相应的神经冲动，再沿一定的神经传导通路到达大脑皮层的特定部位，才能产生相应的感觉。可见，感觉是由感受器或感觉器官、神经传入通路和感觉中枢三个部分共同活动产生的。

第一节 概 述

感受器(receptor)是指分布在体表或组织内部的一些专门感受刺激的结构或装置。其作用是把机体内、外环境变化的各种信息转换为相应的传入神经冲动。感受器根据其特化的程度、所在的部位和所接受刺激的来源一般分为四类：外感受器，分布在皮肤、黏膜处，如触觉、温度感受器等；内感受器，分布在内脏和心血管等处，如颈动脉窦、颈动脉小球；本体感受器，分布在肌腹、肌腱、关节等处，如肌梭、腱梭；特殊感受器，仅分布在头部的能产生嗅觉、味觉、视觉、听觉和平衡觉的感受器。

感觉器官(sense organ)是指感受器与其附属装置共同构成的器官，如眼、耳、鼻等。

感受器种类多样，但都具有以下基本生理特征：

1. 感受器的适宜刺激

感受器最敏感的刺激就是该感受器的适宜刺激(adequate stimulus)。例如，视觉感受器的适宜刺激是 370～740 nm 的光波，听觉感受器的适宜刺激是 16～20 000 Hz 的声波等。

2. 感受器的换能作用

感受器接受适宜刺激后，可将其所接受的各种形成的刺激能量转换为神经冲动，这种作用称为换能作用(transducer function)。

3. 感受器的编码作用

感受器在把外界刺激能量转变成神经动作电位时，不仅进行能量形式的转换，还能将刺激包含的环境变化的信息转移到动作电位的序列中，这种作用称为编码作用(coding function)。

4. 感受器的适应现象

以一定强度的刺激作用于感受器时，其感觉神经产生的动作电位频率，将随刺激作用时间的延长而逐渐减小的现象称为感受器的适应现象。感受器不同，其适应的快慢速度也不同。例如，皮肤触觉感受器等属于快适应感受器，肌梭、颈动脉窦压力感受器等属于慢适应感受器。

第二节 眼的结构与功能

眼是视觉的外感受器官,由眼球和附属装置(眼睑、结膜、泪器、眼肌等)构成,其功能是接受光的刺激,产生神经冲动,通过视神经传入到大脑皮层视觉中枢,产生视觉。

一、眼球的基本结构

眼球(见图 11-1)是视觉器官的主要部分,近似球形,位于眼眶内。正常成年人眼球前后径平均为 24 mm,垂直径平均为 23 mm。最前端突出于眼眶外 12~14 mm,受眼睑保护。眼球由眼球壁和折光装置两部分构成。

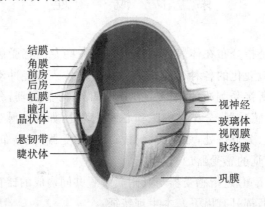

图 11-1 眼球剖面示意图

(一)眼球壁

眼球壁分为三层:外层为纤维膜,中层为血管膜,内层为视网膜。

1. 纤维膜

纤维膜由坚韧的结缔组织构成,对眼球内部起保护作用,分为角膜和巩膜两部分。

(1)角膜 位于眼球正前方,占纤维膜的前 1/6,坚韧而透明,具有折光作用。角膜不含血管,有丰富的感觉神经末梢,因而感觉灵敏,对任何损伤或异物都会感觉疼痛。

(2)巩膜 位于眼球后方,占纤维膜的后 5/6,质地坚韧不透明,呈乳白色,有维持眼球形态和保护眼球内容物的作用。

2. 血管膜

血管膜由疏松结缔组织构成,有丰富的色素细胞和血管,包括虹膜、睫状体和脉络膜。

虹膜呈圆盘形,位于中膜的最前部,角膜之后,晶状体前方。中央有一 2~4 mm 的圆孔,称瞳孔,是光线进入眼球的通路。在虹膜内,位于瞳孔周围有呈环形排列的平滑肌,叫瞳孔括约肌,受副交感神经支配,收缩时使瞳孔缩小;在瞳孔括约肌的外侧有呈放射状排列的平滑肌,叫瞳孔放大肌,受交感神经支配,收缩时使瞳孔放大。

睫状体前接虹膜根部,后接脉络膜,外侧为巩膜,内侧则通过悬韧带与晶状体赤道部相连。睫状体内含有纵行和环形的平滑肌,称睫状肌,受副交感神经支配。当视近物时,睫状肌收缩,晶状体悬韧带松弛,使晶状体曲度增大,以适应看近物;反之,睫状肌舒张,晶状体悬韧带拉紧,使晶状体曲度变小,以适应看远物。

脉络膜位于巩膜和视网膜之间,占血管膜后部的2/3。脉络膜内富含血管和色素细胞,有营养眼球和遮光的功能。

3. 视网膜

视网膜位于眼球壁的最内层,分虹膜部、睫状体部和视部三部分。其中仅视部具有感光功能,其余两部不能感光,故称盲部。视轴正对终点为黄斑中央凹,是视网膜上视觉最敏锐之处。黄斑鼻侧约 3 mm 处有一白色圆盘状区域,是视觉纤维汇集向中枢传递的部位,没有感光细胞,称为生理盲点。

(二) 折光装置

眼球的内容物大部分是透明的胶状物质,自前向后分别为房水、晶状体和玻璃体,它们与角膜一起,共同组成眼的折光系统。它们都是无血管分布的透明结构,具有折光功能。

二、眼的折光机能

光线通过眼折光系统时发生折射,使物体在视网膜上形成一清晰的物像,这与光线在光学仪器中发生折射的规律相同。

(一) 眼的折光及成像

光线由一种介质进入另一种折射率不同的单球面折光体时,只要不与折光体界面垂直,便会产生折射。人眼的折光系统是由多个折光界面组成的复杂光学系统。通常将人眼设计为一个单球面折射系统,其折光原理与实际眼的折光效果基本相同,称为简化眼(reduced eye,见图 11-2)。简化眼假定眼球的前后径为 20 mm,折光指数为 1.333。光线入眼时只在角膜前球形界面折射一次,节点在角膜后方 5 mm 处。此模型和正常安静时的人眼一样。6 m 以外的物体 A、B 两点发出的光线,经过节点不折射,这两个光线在节点交叉,在视网膜上形成 a、b 两点,成为物体 A、B 的一个倒立实像。在视网膜上所成的倒立实像,并不感觉是倒的,那是因为生活经验的积累,大脑皮质感觉有了矫正,因而产生了正立像的感觉。

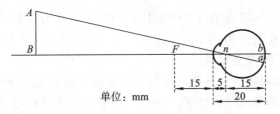

图 11-2 简化眼及成像示意图

(二) 视调节

正常眼看无限远时（6 m 以外），进入眼内的光线近似平行，经折射后恰好聚焦在视网膜上，所以人能清晰地看见物体。假如物体距离眼很近（6 m 以内），物体发出的光线入眼后，其焦点就落在视网膜之后，物像就会模糊不清。正常人的眼球折光系统的折光能力，能够随物体的移近而相应地增强，使物像落在视网膜上而看清物体，这一调节过程称为视调节。

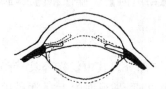

图 11-3　视近物晶状体和瞳孔
的调节作用示意图
（虚线表示调节时晶状体
和虹膜的位置）

1. 晶状体的调节

晶状体是一个富有弹性的组织，形似双凸透镜。大约有 70 根悬韧带附在晶状体四周，把晶状体边缘拉向睫状体，睫状体内平滑肌的收缩与舒张活动通过悬韧带放松或拉紧改变晶状体的曲率，从而达到视调节的目的。当看近物时，睫状肌收缩，悬韧带松弛，晶状体向前后凸出，增加曲率，使物像前移到视网膜上；当视远物时，睫状肌松弛，睫状体后移，此时悬韧带被拉紧，晶状体曲率减小，物像后移至视网膜上（见图 11-3）。

2. 瞳孔调节

瞳孔是光线进入眼内的门户，一般人瞳孔直径为 1.5～8.0 mm。视近物时，除晶状体的变化外，同时还可反射性引起瞳孔的缩小，称为瞳孔调节反射。

在生理状态下，引起瞳孔调节有两种情况，一种是由所视物体的远近引起的调节，另一种是由进入眼内光线强弱引起的调节。瞳孔缩小可减少进入眼的光线量（物体移近时将有较强光线到达眼球）并减少折光系统的球面像差和色像差，使视网膜成像更为清晰。

当用不同强度的光线照射眼时，瞳孔的大小可随光线的强弱而改变，强光下瞳孔缩小，弱光下瞳孔放大，这种现象称为瞳孔对光反射。其反射过程是，当强光刺激视网膜感受细胞后，冲动经视神经传入中枢，到达中脑动眼神经核，再经动眼神经中的副交感神经传出，使瞳孔括约肌收缩，瞳孔缩小，以防止强光对视网膜的刺激。相反，在暗环境中瞳孔会反射性扩大。临床上有时可见到瞳孔对光反射消失、瞳孔左右不等大、互感性瞳孔反射消失等异常情况，常常是由于与这些反射有关的反射弧某一部分受损，因而常把它们作为判断中枢神经系统病变的部位、全身麻醉的深度和病情危重程度的重要指标。在运动中，情绪过度紧张可使瞳孔扩大，这是交感神经作用的结果，对运动有不良的影响。

3. 双眼球汇聚

当眼看近物时，发生两眼视轴向鼻中线汇聚，这种现象称为双眼球汇聚。它主要是由眼球的内直肌收缩所致，也称为辐辏反射。这种反射可使物像落在两眼视网膜相对应的位置上，从而产生清晰的视觉，避免复视。

眼的最大调节能力可用在白昼所能视物的最近点来表示，这个能看清物体的最近点称为近点。近点越近，晶状体的弹性越好。一般 10 岁左右的儿童的近点平均约为 8.8 cm，20 岁左右的人约为 10.4 cm，到 60 岁时增大到 83.3 cm。

(三) 眼的折光异常

正常眼的折光系统在无须进行调节的情况下，就可使平行光线聚焦在视网膜上，因而可看清远处的物体；经过调节的眼，只要物体的距离不小于近点的距离，也能在视网膜上形成清晰的像，此称为正视眼。若眼的折光能力异常，或眼球的形态异常，使平行光线不能在视网膜上成像，则称为非正视眼，包括近视、远视和散光（视）眼（见图11-4）。

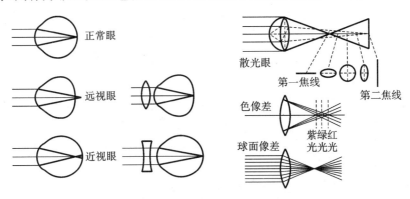

图11-4　正视、近视、远视和散光成像及纠正示意图

1. 近视（myopia）

多数由于眼球前后径过长，也可由于角膜或晶状体曲率过大，折光力过强，致使远处物体射来的平行光线聚焦于视网膜之前，因而看远物时，物像模糊，只能将物体移近才能在视网膜上成像，以看清物体，因而称之为近视。

纠正近视眼的最常见的方法是在眼前增加一个合适的凹透镜。高度近视多与遗传有关（先天性眼球前后径过长），但多数的近视眼主要是后天用眼不当造成的。

2. 远视（hypemetropia）

由于眼球的前后径过短或折光系统的折光力过弱，使远方来的平行光线聚焦于视网膜后面，因而看远物时物像模糊；而近处物体发出至眼的辐射光线，眼需做更大程度的调节，才能使光线聚焦在视网膜上而看清物体。远视需用适度的凸透镜加以矫正。

远视眼与老花眼虽然均用凸透镜矫正，但两者属于不同的概念，其主要区别在于，老花眼的晶状体弹性下降，而远视眼的晶状体弹性正常。因此，老花眼只是在看近物时才需要凸透镜矫正，而远视眼不管看近物还是远物，均需用凸透镜矫正。

3. 散光（astigmatism）

正常眼折光系统的折光面都是正圆形的圆面构成的，也就是折光面的每一条经纬线的曲率都是一致的，因而从整个折光面射来的光线都聚焦于视网膜上。散光眼多数是由角膜不是正圆形的球面，而是卵圆形，即上下径和左右径的曲率不一致所引起的，需用圆柱镜加以矫正。

4. 像差

在正常眼的折光，也是波长越短，折射越强，以致发生色像差。钴玻璃能吸收黄、绿光，所以,若透过钴玻璃看电灯,就会看到灯丝的边缘带有红色和紫色。另外,离开光轴越远,入射光线的折光程度越大,因而发生球面像差。但是,角膜及晶状体的曲率是越接近边缘越小,故可抵消球面像差。

(四) 房水和眼内压

房水指充盈于眼的前、后房中的液体,其成分类似血浆,但蛋白质含量较血浆低得多,而 HCO_3^- 和 Na^+ 含量较高,因而房水的总渗透压也较血浆为高。房水不断生成又不断回收入静脉,使它在后房和前房之间流动不息,房水对角膜和晶状体起着营养作用。

眼内房水量保持恒定,使其中静水压(即眼内压)也保持相对的稳定。眼内压的相对稳定,对保持眼球特别是角膜的正常形状和折光能力有重要的意义。当眼球被刺穿时,可能导致房水流失,眼内压下降,引起眼球变形,角膜也不能保持正常的曲度。人眼的总折光能力与眼内各折光体都有一定关系,但最主要的折射发生在空气与角膜接触的界面上,这约占总折光能力的80%。因此,角膜的曲度和形状的改变将显著地影响眼的折光能力,严重地影响视力。房水循环障碍时会造成眼内压过高,临床上称为青光眼,可导致角膜、晶状体以及虹膜等结构的代谢障碍,严重时造成角膜混浊、视力下降。

三、眼的感光机能

眼的折光机能只是使视网膜上形成清晰的物像,还需要视网膜把物像的光能转变成神经冲动,再经视神经把冲动信息传入中枢神经系统,到达大脑皮质,才能产生视觉。

(一) 视网膜的结构特点

视网膜是眼的感光部分,是一层透明的神经组织膜,厚度只有 0.1 mm~0.5 mm,其结构十分复杂,细胞种类很多,其中细胞通过突触相互联系。按主要细胞层次,视网膜从外向内分别是色素上皮细胞层、感光细胞层、双极细胞层和神经节细胞层(见图 11-5)。

感光细胞层存在两种感光细胞,即视锥细胞(cone cell)和视杆细胞(rod cell),它们都含有特殊的感光色素,是真正的光感受器细胞。视锥细胞和视杆细胞在形态上可分为四部分,由外到内依次为外段、内段、胞体和终足,其中外段是视色素集中的部位,是进行光-电转换的关键部位,在感光换能中起重要作用。

视锥细胞主要分布在视网膜的中央凹处,能接受强光刺激,形成明视觉和色觉,并能看清物体表面的细节与轮廓,有很强的空间分辨能力。视杆细胞主要分布在视网膜的周围部分,对光的敏感度高,能接受弱光刺激,形成暗视觉。

比较解剖学发现,有些只在白天活动的动物如地松鼠的视网膜上只有视锥细胞,有些只在晚上活动的动物如大白鼠的视网膜上只有视杆细胞。人以及猴、鸡等的视网膜是混合网膜,既有视锥细胞又有视杆细胞。

(二) 视网膜的感光机能

在光的作用下,视锥细胞和视杆细胞内部都会发生一系列化学反应,称为光化学反应。其中对视杆细胞的光化学反应研究的较多,了解也较深入。

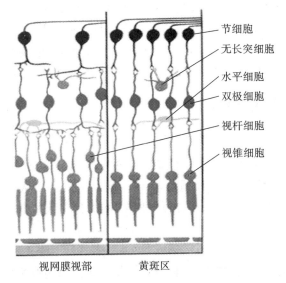

图 11-5 人视网膜结构示意图

1. 视杆细胞的光化学反应

视杆细胞内的感光色素是视紫红质,其分子组成是视蛋白与视黄醛。在光的作用下,视紫红质(rhodopsin)经过一系列化学反应,可迅速分解为全反视黄醛与视蛋白。在这个分解过程中,使视杆细胞产生超极化型感受器电位,以电紧张性扩布到达终足,并影响终足(相当于轴突末梢)处的递质释放,并产生神经冲动,神经冲动沿视神经传到大脑枕叶,产生视觉。反视黄醛在视黄醛酶的作用下,还原成维生素 A,经眼内和肝脏有关酶的催化而变成 11-顺视黄醛,一旦 11-顺视黄醛生成就和视蛋白合成视紫红质。视紫红质在分解与合成的过程中,消耗一部分视黄醛,需要体内贮存的维生素 A 来补充。如果维生素 A 补充不足,就会影响人在暗处的视力,即引起夜盲症(nyctalopia)。

2. 视锥细胞的光化学反应和颜色视觉

视锥细胞外段中含有感光色素,称视锥色素。在人的视锥细胞中有三种不同的视锥色素,各存在于不同的视锥细胞中。三种视锥色素都含有同样的 11-顺视黄醛,只是视蛋白的分子结构稍有不同。正是视蛋白分子结构中的微小差异,决定了同它结合在一起的视黄醛分子对何种波长的光线最为敏感,因而才可以区分出三种不同的视锥色素。当光线作用于视锥细胞外段时,在它们的外段膜两侧也发生了同视杆细胞类似的超极化型感受器电位,作为光-电转换的第一步,最终在相应的神经节细胞上产生动作电位。

视锥细胞功能的重要特点,是它有辨别颜色的能力。颜色视觉是一种复杂的物理-心理现象,颜色的不同,主要是不同波长的光线作用于视网膜后在人脑引起的主观印象。正常人眼可区分波长在 380 nm~760 nm 之间的约 150 种颜色,但主要是红、橙、黄、绿、青、蓝、紫 7 种颜色。

人眼区别不同颜色的机理,目前仍用 Young 与 Helmholtz 提出的三原色学说来解释。三原色学说认为视网膜上有三种视锥细胞,分别含有对红、绿、蓝三种色光敏感的感光色素。

不同波长的光线对三种感光物质的刺激程度不同,故可引起不同的颜色。凡不能识别三原色中的某一种颜色者均称色盲。而对某种辨别能力较正常人差者,称为色弱。色盲绝大多数是由遗传因素决定的,多因先天缺乏含某种感光色素的视锥细胞所致。色盲和色弱的患者,不适宜从事与颜色有关的职业。

四、与视觉有关的生理现象

1. 暗适应与明适应

人从亮处突然进入暗处时,最初看不清楚任何东西,经过一定时间,随着视觉敏感度逐渐增加,恢复了在暗处的视力,称为暗适应(dark adaptation)。当从暗处突然来到光亮处,最初感到一片耀眼的光亮,不能看清物体,稍待片刻才能恢复视觉,称为明适应(light adaptation)。

2. 视敏度

视敏度(visual acuity)也称视力,是指眼对物体微细结构的分辨能力。通常以分辨两点(或两平行线)之间的最小距离为标准。视力与中央凹处视锥细胞的大小、眼的折光能力、视觉中枢分析能力及光源、背景等因素有关。在体育运动中,良好的视力是运动员判断人和运动器械的空间位置、速度快慢、距离远近、运动方位的主要条件。

3. 视野

单眼注视正前方一点不动时,该眼能看到的空间范围称为视野(visual field)。视野大有助于观察空间的范围和物体的运动方位,增强洞察力。正常人的视野范围大小受到面部结构和背景颜色等因素的影响。可以用视野计来测定视野的范围,人的正常视野上方为60°~70°,下方为80°,左右各为100°。不同颜色的视野也不一样,白色视野最大,黄色、蓝色次之,再次为红色,绿色视野最小。不同项目运动员的视野不同,足球运动员绿色视野比一般人的大(见图11-6)。

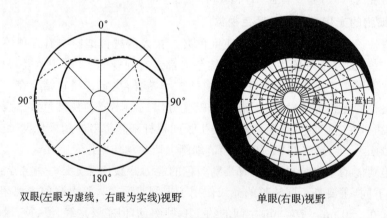

双眼(左眼为虚线,右眼为实线)视野　　　单眼(右眼)视野

图11-6　视野示意图

4. 双眼视觉

双眼视觉(binocular vision)指双眼同时视物时,双眼视野的重叠部分引起的视觉。双

眼视觉扩大了视野,能观察到物体的三维空间(高度、宽度和长度),产生立体视觉,可增加判断物体大小和距离的准确性。立体视觉在各种体育活动中,特别是对需要精确判断运动物体速度、方位与距离的运动项目(如球类)更为重要。经常从事这些项目的练习,可以提高人的立体视觉。

5. 视后像和融合现象

若先给视网膜以光刺激,然后撤除,给光所引起的光感在撤光后仍可残留一短暂时间。这种主观的视觉后效应称为视后像,分正后像和负后像。注视一个光源或较亮物体后闭上眼睛,这时可以感觉到一个光斑,其形状和大小均与该光源或物体相似,后像的品质与刺激物相同。例如,注视亮着的电灯几秒钟后,闭上眼睛,眼前会出现一个亮着的灯的形象位于暗的背景上,这是正后像;随后可能看到一个黑色的形象位于亮的背景上,这是负后像。彩色视觉常常有负后像。通常情况下,视后像仅持续几秒或几分钟,如果光刺激很强,视后像的持续时间也较长。

融合现象指用闪光刺激人眼时,若刺激频率较低,产生一闪一闪的光感,当刺激频率逐渐增高到超过一定界限后,人眼可产生连续光感的现象。能引起连续光感的最低闪光频率称为临界融合频率或闪烁值。有研究认为,闪烁值可以作为判断大脑功能兴奋水平和运动疲劳的一个指标。运动时闪烁值的变化,一般是运动开始后在一段时间内逐渐增大,随后便开始下降。运动负荷量越大,闪烁值下降的速度、幅度越大。

五、眼球的运动装置与眼肌平衡

眼球的运动受三对肌肉控制,即上、下直肌,内、外直肌和上、下斜肌。眼肌运动时所起的生理作用,不仅仅是实现眼球的灵活转动,同时也是本体感觉非常重要的外周装置。

一个人眼肌是否平衡,决定于全部眼肌的紧张和松弛是否协调。当眼注视正前方时,若对称眼肌紧张度相等,则眼球瞳孔在正前方,称为正视。如果其中一条肌肉紧张度大,则一侧瞳孔偏向一方,称为斜视。但有的人一条眼肌紧张度虽然稍大,在平时能由其对抗肌紧张度的加强予以补偿,瞳孔仍然保持在正中,称为隐斜视。由于隐斜视患者的眼肌经常处于紧张状态,容易产生疲劳,特别是在运动过程中更容易疲劳,疲劳后眼肌的调节能力下降出现斜视。青少年时期,要注意有无眼肌不平衡的现象出现,如果发现眼球有偏斜的现象,要及时进行治疗或眼肌训练。平时要多参加保持眼肌力平衡的有关运动,如打乒乓球、篮球等。

运动时维持眼肌的平衡,对在运动中准确判断器械的空间位置、距离大小、运动员动向以及球运动的速度等都十分重要,特别是对球类运动项目更有意义。

六、视觉在体育运动中的作用

人类的视觉器官十分敏感,能分辨各种物体的大小、形状、明暗、距离和在空间里的相互作用。视觉在体育活动时所发生的各种综合感觉分析中是一种主要成分。如运动员在掌握动作技能的过程中,没有熟练地掌握动作技能之前,视觉是起主导的作用。视觉机能对运动员在运动时掌握环境状况,产生空间感觉,控制本身的动作,以及观察竞赛场上的变化具有非常重要的意义。在对抗性运动项目中，如击剑、拳击、摔跤等，就要求运动员有敏锐的视力；在球类运动中对抗比赛时，运动员要有良好的立体视觉和广阔的视野，才能发挥高超的运动技术水平。

第三节 位听器的结构与功能

位听器俗称耳，既是听觉感受器官，也是位觉和平衡感受器官。

一、耳的基本结构

耳分为外耳、中耳、内耳三部分（见图 11-7）。外耳和中耳是声波的传导器官。内耳又称迷路，包括耳蜗、椭圆囊、球囊和三个半规管。耳蜗中有接受声波的听觉感受器；前庭器官中有接受头部位置改变和加减速运动刺激的感受器。内耳是听、位觉器官的主要部分。

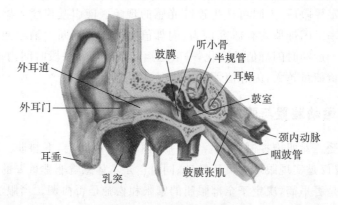

图 11-7 耳的结构示意图

外耳包括耳郭和外耳道。耳郭的形状有利于收集声波，有集音作用；外耳道是声波传导的通路，其一端开口于耳郭，一端终止于鼓膜，有共鸣腔作用。根据物理学原理，充气的管道可与波长 4 倍于管长的声波产生最大的共振作用。外耳道长约 2.5 cm，据此计算，它作为一个共鸣腔的最佳共振频率约在 3500 Hz，这样的声音由外耳道传到鼓膜时，其强度可以增大 10 倍。

中耳包括鼓膜和鼓室。鼓室中三块听小骨（锤骨、砧骨、镫骨）及其相连的听小肌连成一杠杆系统，还有一条通向咽部的咽鼓管。鼓膜是一个压力承受装置，具有较好的频率响应和较小的失真度，它的振动可与声波振动同步，而且它的形状有利于把振动传递给锤骨柄。当鼓膜振动时，听小骨也随之振动。镫骨底板推动卵圆窗引起内耳的淋巴振动，将声波传到内耳。咽鼓管是连通鼓室和鼻咽部的小管道，开放时可以平衡鼓室内空气和外界大气之间有可能出现的压力差，这对于维持鼓膜的正常位置、形状和振动性能有重要意义。通常情况下，其鼻咽部的开口处于闭合状态。在吞咽、打哈欠或打喷嚏时，可使管口暂时开放，有利于气压平衡。如果咽鼓管因炎症等发生阻塞，鼓室内的空气被组织吸收而使压力降低，引起鼓膜内陷并产生耳鸣、影响听力等。

内耳中的耳蜗是感音器官,耳蜗是个盘旋的管道系统,它有并排盘旋的三个管道,即前庭阶、蜗管和鼓阶(见图11-8)。在耳蜗内有一条基底膜,在基底膜的表面有科蒂器的结构,它含有一些对机械刺激很敏感的细胞——毛细胞。毛细胞的顶部有上百条排列整齐的听纤毛。听纤毛与盖膜直接接触或埋植在盖膜的胶状物质中。基底膜振动时听纤毛弯曲,使毛细胞产生神经冲动。

内耳中的椭圆囊、球囊和三个半规管构成前庭器官,它们是位觉和平衡感受器官。

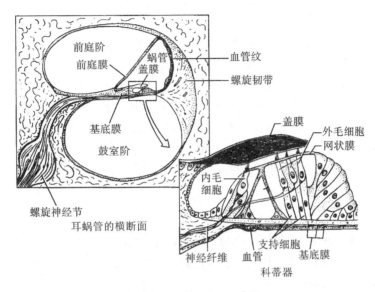

图 11-8 耳蜗的结构示意图

二、声波传入内耳的途径

声波是通过气传导和骨传导两种途径传入内耳的,正常情况下以气传导为主。

1. 气传导

声波经外耳道引起鼓膜振动,再经听骨链和卵圆窗膜传入耳蜗,这种传导方式称为气传导,是引起正常听觉的主要途径。此外,鼓膜的振动也可引起鼓室内空气的振动,再经圆窗传入耳蜗。但这一方式在正常情况下并不重要,只有当听骨链运动发生障碍时,方可发挥一定的传音作用,但这时的听力大为降低。

2. 骨传导

声波直接引起颅骨的振动,再引起位于颞骨骨质中的耳蜗内淋巴的振动,这种传导方式称为骨传导。在正常情况下,骨传导的效率比气传导的效率低得多,不敏感得多,几乎不能感受到它的存在。在平时,我们接触到的一般声音不足以引起颅骨的振动,只有较强的声波,或者是自己的说话声,才能引起颅骨较明显的振动。能察知骨传导存在的一种方法是,把一个振动着的音叉的柄直接和颅骨接触,这时人会感受到一个稍有异样的声音;当这个声音减弱到听不到以后,再把音叉迅速移到耳郭前方,这时又能听到声音的存在。这个简单实验说明骨传导的存在,也说明正常时气传导较骨传导灵敏。骨传导在正常听觉的引起中作用甚微。

三、听觉及其在体育运动中的作用

听觉的适宜刺激是声波。外界的声波振动经耳郭、外耳道收集,通过鼓膜、听骨链,引起外、内淋巴振动,当内淋巴振动时,盖膜与毛细胞上的听纤毛接触,听纤毛弯曲,使毛细胞受到刺激而兴奋,声音刺激的机械能通过毛细胞转换成电能,引起蜗神经兴奋,传导至大脑皮层的听觉中枢产生听觉。

在体育运动中,运动员在运动训练时使用音乐对听觉的刺激,教练员认为是提高训练效果的一种手段,能促进运动员的生理机能调节活动,提高大脑皮质情绪兴奋,减轻大脑神经细胞的疲劳。在体育教学和运动训练中,使用口令,利用语言讲解,使学生通过听觉领会动作要领,就有助于学生队列整齐,更快掌握动作技能。所以在体育教学和训练中,合理使用口令、语言信号,应必须加以注意。无论音调、音量、语言内容,都要认真考虑,才应用于运动实践,如讲解的语言要生动、简练、准确,音量、音响、声调对声音感受器的刺激要适宜,才会使大脑皮质听觉中枢的兴奋性集中起来,更快形成条件反射。

四、位觉

身体进行各种变速运动(包括直线加速运动和角加速运动)时会引起前庭器官中的位觉感受器兴奋并产生的感觉,称为位觉(或前庭感觉)。其感受器位于颞骨岩部迷路内,由椭圆囊、球囊和三个半规管构成。

(一) 前庭器官的结构

前庭器官由球囊、椭圆囊和三个半规管构成(见图11-9)。椭圆囊和球囊内有囊斑,其中有感受性毛细胞,其纤毛的游离端插入耳石膜内。耳石膜表面附着的许多小碳酸钙结晶称为耳石。

三个半规管互相垂直,分别称前、后与水平半规管。在人体直立姿势条件下,如头部前倾30°,则水平半规管的平面恰与地面平行,这时前管与后管与地面成垂直关系。每个半规管均有膨大端,称壶腹。壶腹内有一隆起,叫壶腹嵴,内有感受性毛细胞,其纤毛较长并互相黏集成束,包埋于圆顶形胶体的终帽内。

(二) 前庭器官的适宜刺激

椭圆囊与球囊内的囊斑的适宜刺激为耳石重力作用与直线运动的加减速度。当头部位置改变,如头前倾、后仰或左、右两侧倾斜时,由于重力对耳石的作用方向改变,耳石膜与毛细胞之间的空间位置发生改变,从而牵拉毛细胞使之兴奋,神经冲动经前庭神经传到前庭神经核,反射性地引起躯干与四肢有关肌肉的肌紧张变化,从而维持了身体的平衡。同时,冲动传入大脑皮质前庭感觉区,产生头部空间位置改变的感觉及变速感觉。

半规管中壶腹嵴毛细胞的适宜刺激是旋转运动的加减速度。当旋转运动开始、停止或

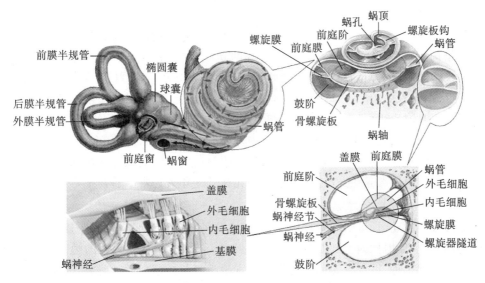

图 11-9 前庭及耳蜗器官模式图

突然变速时,由于内淋巴的惯性作用,终帽弯曲,刺激毛细胞而兴奋,神经冲动经前庭神经传入中枢,产生旋转运动感觉。在内耳迷路中,水平半规管主要感受绕垂直轴左右旋转的变速运动,而前、后半规管主要感受绕前后轴和横轴旋转的变速运动。因此,人们可以感受任何平面上不同方向旋转变速运动的刺激,并做出准确的反应。

(三)前庭反应与前庭稳定性

1. 前庭反应

当前庭器官受刺激而兴奋时,其传入冲动到达有关的神经中枢后,除引起一定的位置觉、运动觉以外,还能引起各种不同的骨骼肌和内脏功能的改变,这种现象称为前庭反应。

1)前庭器官的姿势反射

当进行直线变速运动时,可刺激椭圆囊和球囊,反射性地改变颈部和四肢肌紧张的强度。例如,猫由高处跳下时,常常头部后仰而四肢伸直,做准备着地的姿势;而它一着地,头前倾,四肢屈曲。又如,当动物被突然上抬时,出现头前倾,四肢屈曲;而上抬停止时,则头后仰,四肢伸直。人们在乘电梯升降的过程中,电梯突然上升时,会出现肢体的伸肌抑制而腿屈曲;电梯突然下降时伸肌收缩而肢体伸直。这些都是直线变速运动引起的前庭器官的姿势反射。

同样,在做旋转变速运动时,可刺激半规管,反射性地改变颈部和四肢肌紧张的强度,以维持姿势的平衡。例如,当人体向左侧旋转时,可反射性地引起左侧上、下肢伸肌和右侧屈肌的肌紧张加强,使躯干向右侧偏移,以防歪倒;而旋转停止时,可使肌紧张发生反方向的变化,使躯干向左侧偏移。

从上述例子可以看到,当发生直线变速运动或旋转变速运动时,产生的姿势反射的结果,常同发动这些反射的刺激相对抗,其意义在于有利于使机体尽可能地保持在原有空间位置上,以维持一定的姿势和保持平衡。

2) 前庭自主神经反应

人类前庭器官受到过强或过久的刺激,或刺激未过量而前庭功能过敏时,通过前庭神经核与网状结构的联系,常可引起自主神经系统的功能改变,表现出一系列相应的内脏反应,如头痛、冒冷汗、眩晕、面色苍白、心率加快、血压下降甚至恶心、呕吐等不适症状,称为前庭自主神经反应,也称晕动症。如果情况严重的话,患者会完全失去协调性。多在乘坐车、船、飞机等运载工具时出现(晕车、晕船或晕机)。前庭自主神经反应产生的原因主要是前庭器官功能过于敏感。当运载工具振动过度时,内耳前庭、眼睛及感觉神经会将混乱的感觉信息输送给中枢,当中枢发现内耳所接收到的信息与眼睛所接收到的信息有出入时,便会发生上述症状。女性较男性容易患此症,两岁以下的儿童及老年人通常不易发生。

3) 眼震颤

躯体做旋转运动时,可引起眼球做往返运动,这种现象称为眼震颤。眼震颤主要是由于半规管受到刺激,反射性地引起眼外肌肉的规律性活动,从而造成眼球的规律性往返运动。眼震颤的形式有多种,以水平震颤最为常见。水平震颤包括两个运动时相:先是两眼球向一侧缓慢移动,当到达眼裂的顶端时,再突然快速地返回到眼裂的中心位置。前者称为慢动相,后者称为快动相。例如,当头部保持前倾 30°的姿势,人体以垂直方向为轴向左旋转,开始时因内淋巴的惯性滞后移位使左侧壶腹嵴的毛细胞受到刺激而兴奋,右侧则相反,于是出现两侧眼球先缓慢向右侧移动,然后突然返回到眼裂正中,接着又出现新的震颤。当继续匀速旋转时,由于内淋巴的惯性滞后作用消除,眼球不再震颤而居于正中。当旋转减速或停止时,内淋巴因惯性而不能立刻停止运动,使壶腹嵴产生与旋转开始时相反的压力变化,又可出现与旋转开始时方向相反的眼震颤(见图 11-10)。

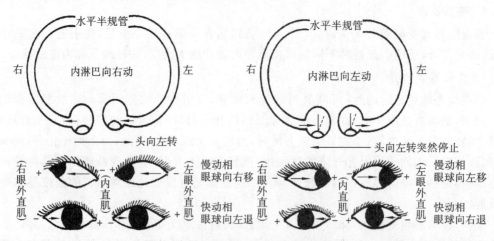

图 11-10 旋转运动时眼震颤的产生机制及眼球运动方向示意图

2. 前庭机能稳定性

由刺激前庭感受器,产生神经冲动引起机体的各种前庭反应的程度,称为前庭机能稳定性。前庭机能稳定性较好的人,在前庭器官受到刺激时所发生的反应就较弱,反之越强。一些人晕车、晕船和晕机的原因是前庭感受器受到车、船和飞机的突然加速、颠簸、左右摇摆、振荡等过强或过久的刺激,超出个体的耐受限度,引起强烈而频繁的神经冲动,经前庭神经核在延髓扩散,并传向小脑和下丘脑,引起全身肌张力的正常关系失调,出现空间定向错觉和明显的一系列植物性功能紊乱反应,影响人体的工作能力。

前庭稳定性可以在运动训练过程中逐渐地改善,经常参加体育锻炼的人,前庭稳定性比一般人要好,体育运动实践经验证明,从幼年就开始训练前庭器官,则其稳定性发展起来更迅速。在体育运动中,赛艇、划船、跳伞、跳水、滑雪、体操、武术、链球、投掷及各种球类运动项目,运动员的前庭机能稳定性较高。所以,经常参加这类体育运动的训练,有利于提高前庭机能稳定性。

3. 前庭习服

某一特定性质的刺激反复、长期地作用于前庭器官,经过一段时间后,前庭器官对刺激引起的反应逐渐减小的现象称为前庭习服。研究表明,经常从事赛艇、划船、跳水、跳伞、滑雪等各种体育运动,有利于提高前庭机能的稳定性,使前庭器官对刺激引起的反应逐渐减小或消失。

(四)超重、失重对前庭机能的影响

1. 失重对前庭机能的影响

失重影响最大的是感觉功能,特别是视觉和位觉功能。失重时人体内部任何部分的重量等于零,在失重状态下,位觉砂不起作用,不能保持身体的平衡;维持眼球运动的肌肉也不需很大的紧张,紧张度的改变可导致视觉定位紊乱,易产生空间定向错觉,特别是远近的感觉发生异常。失重对人的飞行能力有一定影响,不过影响大部分是暂时的,经一定时间习服和适应之后是可以克服的。正常人有充分的适应能力。

2. 超重对前庭机能的影响

超重是指机体在外力作用下的某一时间内,组织器官出现了大于地面常态重力(重力的增大)的状态。超重时,位觉砂的重量增加,作用于毛细胞的机械压力增大,囊斑传入神经发放神经冲动增加,容易引起植物性神经反应和肢体肌紧张度增加。一般在体育活动中和日常生活中所感受到的超重数值较小、时间较短,人不会感到难受。运输机和民航机的超重主要是在起飞和着陆时出现,其数值较小,一般人都能耐受。

宇航员经过特殊的训练,对失重与超重具有超常的适应能力。

第四节 本体感受器的结构与功能

肌肉、肌腱和关节囊中分布有各种各样的感受器,统称为本体感受器。它们能分别感受肌肉被牵拉的程度以及肌肉收缩和关节伸展的程度。这种本体感受器受到刺激所产生的躯体运动觉,称为本体感觉。本体感受器主要包括肌梭和腱梭。

一、肌梭的结构与功能

肌梭是位于骨骼肌内的一种梭形小体,由一些特殊的肌纤维、神经末梢和被囊组成(见图 11-11)。肌梭内含有 6~12 条细小的、特殊的肌纤维,称梭内肌纤维。肌梭外的肌纤维称梭外肌纤维。梭内肌纤维的中间部分由结缔组织包裹,两端固着在梭外肌的肌膜上。肌梭的感受器部分受两种不同类型的感觉神经——γ 神经元和 α 神经元的支配。

肌梭是一种长度感受器,能感受动力工作中肌肉长度的变化。当牵拉肌肉时,梭外肌纤维被拉长,同时也牵拉了肌梭,便会产生兴奋,传递感觉信号,肌梭与梭外肌纤维是"并联"的,容易因肌肉牵拉而机械地被牵拉,接受刺激产生兴奋,冲动传入中枢产生本体感觉。

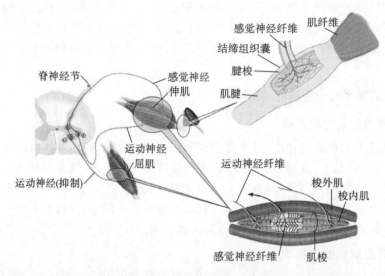

图 11-11 肌梭与腱梭模式图

二、腱梭的结构与功能

肌腱内部紧靠其附着肌纤维的起源地方,亦有与肌梭相类似的感受器,叫腱梭(见图 11-11)。腱梭与梭外肌纤维串联,是一种肌肉张力感受器,能感受静力工作中肌肉张力的变化。当肌肉收缩,张力增加时,腱梭因受到刺激而发生兴奋,冲动沿着感觉神经传入中枢,产生本体感觉。

三、本体感觉在体育运动中的作用

运动员的一切运动技能在本体感受的基础上才能形成。借助本体感受器就能感知每一动作中肌肉、肌腱、关节和韧带的缩短、放松和拉紧的不同状况,为大脑皮质运动行为进行复杂的分析综合创造条件。人体经常参加体育训练,不仅使本体感受器的机能得到提高,而且对肌肉运动的分析能力、动作时间的判断精确力均得到发展。例如,不同训练水平的篮球运动员运球快速进攻时,训练水平高的运动员其控球能力强,失球次数少,而且运动速度快,表现出本体感受器具有较高的敏感性。

肌肉活动时发生的本体感觉往往被视、听和其他感觉遮蔽,故本体感觉也称为暗淡的感觉。运动员的本体感觉能力,必须经过长时间训练,才能在意识中比较明显而精确地反映出自己的运动动作。

第五节 其他感觉

人类的感觉器官,除上面提到的以外,还有其他几种,如鼻、舌、皮肤,这些器官都属于多功能器官,感觉功能是它们的功能之一。其中,皮肤内分布有多种感受器,可以接受多种形式的刺激,产生多种类型的感觉,如触觉、压觉、冷觉、温觉和痛觉。

一、嗅觉

人的嗅觉器官是鼻,嗅觉的感受器位于上鼻道及鼻中隔后上部的嗅上皮中,两侧总面积约 5 cm²。由于它们的位置较高,平静呼吸时气流不易到达。因此在嗅一些不太显著的气味时,要用力吸气,使气流上冲,才能到达嗅上皮。

嗅觉的适宜刺激是空气中的化学物质分子,嗅细胞的纤毛受到这种化学物质的刺激后,便可发生生物电变化。嗅觉的敏感程度常以嗅阈来评定,也就是能引起嗅觉的某种物质在空气中的最小浓度。不同动物的嗅觉敏感程度差异很大,即使同一动物,对不同气味的敏感程度也不相同。如人的嗅觉,当空气中含有麝香的质量浓度为 0.000 04 mg/L 时即可以嗅出,而乙醚则需达到 5.833 mg/L 才能嗅出。人的嗅觉感受器是快适应感受器。

二、味觉

人的味觉器官是舌,味觉的感受器是味蕾,主要分布在舌背部和舌周边部位的黏膜内,口腔和咽部黏膜的表面也有散在的味蕾存在。儿童味蕾较成人为多,老年时因萎缩而逐渐减少。每一味蕾由味细胞和支持细胞组成。味细胞顶端有纤毛,称为味毛,由味蕾表面的孔伸出,是味觉感受的关键部位。味觉感受器是一种化学感受器,适宜刺激是一些溶于水的物质。味细胞平均每 10 天更新一次。

人和动物的味觉系统可以感受和区分出多种味道,众多的味道是由甜、咸、酸和苦四种基本的味觉组合而成的。

三、皮肤的感觉功能

皮肤内分布着多种感受器,能产生多种感觉。一般认为皮肤感觉主要有四种,即触觉、冷觉、温觉和痛觉。用不同性质的点状刺激仔细检查人的皮肤感觉时发现,不同感觉的感受区在皮肤表面呈互相独立的点状分布;如用纤细的毛轻触皮肤表面时,只有当某些特殊的点被触及时,才能引起触觉。用类似的方法,可找到冷点、热点和痛点等。

(一) 触觉、压觉

触觉是微弱的机械刺激引起的感觉。压觉是较强的机械刺激导致深部组织变形时引起的感觉。

触觉、压觉感受器可以是游离的神经末梢、毛囊感受器或带有附属结构的环层小体、麦斯纳小体、鲁菲尼终末和梅克尔盘等。不同的附属结构可能决定它们对触觉、压觉刺激的敏感性或适应出现的快慢。机械刺激是触觉、压觉感受器的适宜刺激。

在学习与完成体育运动动作时,触觉、压觉对正确动作的形成具有重要意义。触觉、压觉与视觉、听觉、本体感觉等相结合,使机体能辨别环境中各种物体的大小、形状、硬度、光滑度以及空间位置等。

(二) 温度感觉

冷觉和温觉合称温度觉,分别由冷、热两种感受器兴奋引起。皮肤的温度感觉受皮肤基础温度、温度的变化速度及被刺激皮肤的范围等因素影响。在 25~40 ℃ 之间,皮肤温度越高,温觉的阈值越低;反之,皮肤温度越低,冷觉的阈值越低。在 30~36 ℃ 之间,温度感觉可产生适应。在 36 ℃ 以上或 30 ℃ 以下,即使皮肤温度没有变化,也常常会有热或冷的感觉。在冷点下方主要分布有游离神经末梢,由Ⅲ类纤维传导传入冲动;热感受器可能也主要是游离神经末梢,传导纤维以Ⅳ类为主。

(三) 痛觉

痛觉是由有可能损伤或已经造成皮肤损伤的各种性质的刺激所引起的,它们除引起不愉快的痛苦感觉外,尚伴有强烈的情绪反应。

(四) 内脏感觉

内脏的各种感受器,可以把内脏的活动及其变化的信息发向中枢,而引起各种内脏感觉,如饥、渴、便意、恶心、疼痛等。

人体在进行体育活动时,与内脏感觉作用也有关系,活动时内脏器官机能状况正常,人体可能很好地进行体育活动,否则,就会引起不适的感觉,降低运动能力,甚至要停止体育活动。

【思考题】

1. 感受器一般有哪些生理特性?
2. 眼视近物时是如何调节的?
3. 近视、远视和散光患者的眼折光系统发生了什么异常?如何矫正?
4. 简述视网膜两种感光细胞的分布及其功能特征。
5. 简述肌梭的结构与功能。
6. 什么是前庭反应?如何提高前庭机能稳定性?

第十二章 神经系统

神经系统(nervous system,见图 12-1)不仅是人体运动的指挥调节机构,还直接或间接地指挥和调节着人的呼吸、循环、消化、内分泌、排泄等其他器官及系统的活动。通过它的调节作用,人体可以对各种环境的变化产生适应,使机体内部各个系统与外界环境保持相对平

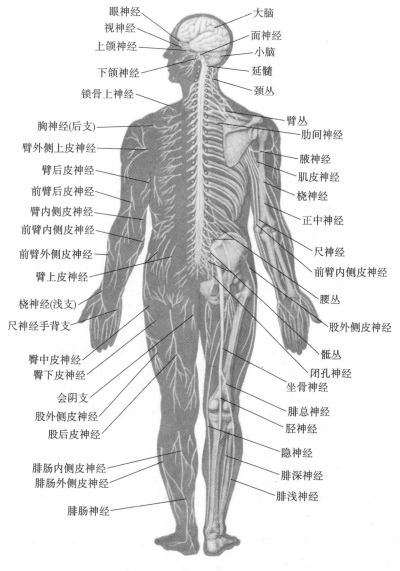

图 12-1 神经系统模式图

衡,从而使人的生命活动得以正常进行。

第一节 神经系统的组成与结构

神经系统是控制和协调全身各种功能活动的主要调节系统,由中枢神经系统(central nervous system)和周围神经系统(peripheral nervous system)组成。中枢神经系统包括脑和脊髓;周围神经系统由脑和脊髓所发出的神经组成,如脑神经、脊神经。神经系统的功能十分复杂,概括起来有三个方面:一是协调功能,使机体内部各个系统成为一个对立统一的整体;二是适应功能,使机体内部各个系统与外界环境保持相对平衡;三是思维和意识活动。

一、中枢神经系统

(一)脑

脑(见图12-2)位于颅腔内,可分为大脑(端脑)、间脑、中脑、脑桥、延髓和小脑六部分。通常把中脑、脑桥和延髓合称为脑干。

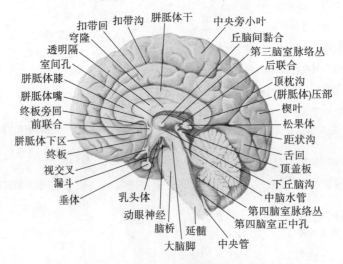

图12-2 脑的正中矢状切面示意图

1. 脑干

脑干是连结脊髓与间脑的部分,位于颅腔后窝的枕骨大孔上方,自下而上分别为延髓、脑桥和中脑。延髓和脑桥的背面与小脑相连。腹侧面上,延髓与脑桥之间以延髓脑桥沟相隔,脑桥与中脑以延髓脑桥沟分界;背侧面上,延髓和脑桥以髓纹作为分界线,脑桥和中桥在小脑上脚上方相接。

(1)延髓 上端膨大,下部较细,形似倒置的圆锥体。腹侧面上有前正中裂,裂的两侧纵行的隆起称锥体,下端是锥体交叉。

(2)脑桥 腹面宽阔膨隆,下缘借一横沟与延髓为界,沟中自内向外依次有展神经根、面神经根和前庭蜗神经根。脑桥上缘与中脑的大脑脚相连。

(3) 中脑 在腹侧面上两侧为隆起左右大脑脚,其间凹窝为脚间窝。背侧面可见上、下两对圆形隆起,分别为上丘和下丘。

脑干的内部由灰质、白质和网状结构三种成分组成。灰质为分散的神经核团;白质主要由上行和下行的纤维束所组成;网状结构很发达,结构与功能也很复杂。

2. 小脑

小脑位于大脑枕叶下方,在脑桥和延髓的后上方。小脑与脑桥、延髓围成第四脑室。小脑两侧膨大,称小脑半球;中部较狭窄,称小脑蚓。小脑借三对小脑脚连于脑干的背面。

小脑的主要功能是协调躯体运动、调节肌紧张和维持身体平衡。

3. 间脑

间脑位于脑干与大脑之间,分为背侧丘脑、后丘脑、上丘脑、底丘脑和下丘脑,它的两侧和背面被高度发展的大脑皮质所掩盖。其主要成分是背侧丘脑和下丘脑。

背侧丘脑又称丘脑,位于下丘脑的背侧和上方,占间脑的大部分,是一对卵圆形灰质团块,左右各一,中间为第三脑室。在丘脑内部有很多核团,接受头面部、上肢、躯干和下肢的感觉信息,再由丘脑发出信息到达大脑皮质。

下丘脑位于背侧丘脑下方,向下通过漏斗与垂体相连。主要的核团有视上核、室旁核,二者能分泌血管升压素和催产素。

4. 大脑

大脑又称端脑。由左、右大脑半球借胼胝体连结而成。在两侧大脑半球之间有大脑纵裂将其分开,在大脑与小脑之间有大脑横裂将其分开。在大脑半球表面有隆起的大脑回和深陷的大脑沟,每侧半球以外侧沟、中央沟和顶枕沟三条恒定的沟分为五个叶:额叶、颞叶、枕叶、顶叶和岛叶(见图 12-3)。在上外侧面,中央沟的前方有与之平行的中央前沟,中央沟与中央前沟之间为中央前回。在中央沟后方,有与之平行的中央后沟,此沟与中央沟之间为中央后回。

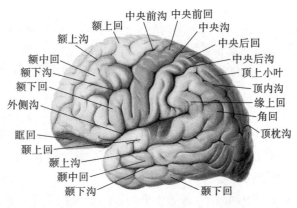

图 12-3 大脑半球(外侧面)示意图

大脑半球表层被灰质覆盖,称大脑皮质,深层有大量的白质(髓质)。白质深部埋藏着的灰质团块称基底核,包括尾状核、豆状核、屏状核和杏仁核,尾状核和豆状核合称纹状体。半球内的腔隙称为侧脑室。

大脑皮质是人体各种活动的最高中枢,由大量的神经元、神经纤维和神经胶质组成。机体各种机能的最高中枢在大脑皮质上均有一定的代表区域,即大脑皮质不同区域在机能上具有不同的分工,这称为大脑皮质的机能定位(见图12-4)。

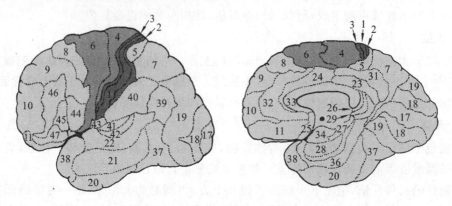

图12-4　大脑皮质机能定位示意图

大量的实验和临床资料表明,大脑皮质的各区有着不同的功能,一般将这些具有一定功能的脑区称为"中枢",如机体的运动、感觉和语言等各种功能活动在大脑皮质上均有相应的最高中枢控制。

(1)运动中枢(躯体运动区)　位于中央前回和中央旁小叶前部(4、6区)。运动区有下列功能特征。①除面上部肌、咀嚼肌、呼吸肌及躯干、会阴肌受双侧运动区控制以外,对躯体运动的调节支配具有交叉的性质,即一侧皮层主要支配对侧躯体运动。②具有精细的机能定位,即一定部位皮层的刺激引起一定肌肉的收缩。功能代表区的大小与运动的精细复杂程度有关。运动愈精细而复杂的肌肉,其代表区愈大,手与五指所占的区域几乎与整个下肢所占的区域大小相等。③从运动区的上下分布来看,其局部定位关系呈倒置的人形(见图12-5)。

(2)感觉中枢(躯体感觉区)　位于中央后回和中央旁小叶后部(3、1、2区),接受对侧半身的痛、温、触以及位置和运动觉信息。

(3)视觉中枢(视觉区)　位于枕叶内侧面距状沟两侧的皮质(17、18区)。接受来自外侧膝状体发出的视觉信息。

(4)听觉中枢(听觉区)　位于颞横回和颞上回(41、42区),接受内侧膝状体发出的传导两耳听觉信息的听辐射纤维。因此,一侧听觉区受损,可引起双耳听力下降,但不致全聋。

(5)运动性语言中枢(说话中枢)　位于额下回的后部。此中枢受损,产生运动性失语症,即丧失了说话能力,但能发音。

(6)书写中枢　位于额中回后部,靠近中央前回的上肢代表区。此中枢受损,虽然手部的运动没有障碍,但不能写出正确的文字,称为失写症。

(7)视觉性语言中枢　位于角回,靠近视区。此区受损时,视觉正常,但患者不能理解文字符号的意义,称为失读症。

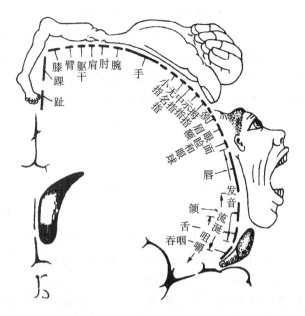

图 12-5　人类大脑皮质中央前回躯体运动代表区示意图

(8) 内脏中枢　一般认为在边缘叶,是自主神经的重要皮质中枢。

(二) 脊髓

脊髓(见图 12-6)位于椎管内,呈前后稍扁的圆柱状。上端平枕骨大孔处与延髓相连,下端在成人平第 1 腰椎体下缘。脊髓的表面有六条纵贯全长的沟或裂。前面正中较明显的沟称前正中裂,后面正中较浅的沟为后正中沟,两侧有左右对称的两对前外侧沟和后外侧沟。

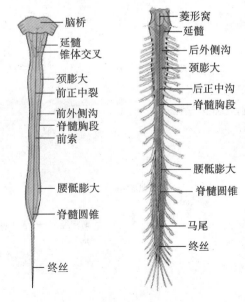

图 12-6　脊髓的外形示意图

前外侧沟有脊神经前根的根丝穿出,后外侧沟有后根的根丝穿入。

脊髓具有明显的节段性。组成每一对脊神经所连的一段脊髓称为一个脊髓节段。根据相连的 31 对脊神经,可将脊髓相应地分为 31 个节段,其中颈段 8 节,胸段 12 节,腰段 5 节,骶段 5 节和尾段 1 节。脊髓的全长粗细不等,在颈段和腰骶节膨大,末端变细,称髓圆锥。

在脊髓的横切面上,可见脊髓的中央有一细管,称中央管,围绕中央管的是"H"形的灰质,灰质周围是白质。

二、周围神经系统

周围神经系统包括脑神经和脊神经或躯体神经和内脏神经。

(一) 脑神经

脑神经(cranial nerves)是与脑相连的神经,共 12 对(见图 12-7),其排列的顺序通常用罗马数字表示,即Ⅰ嗅神经、Ⅱ视神经、Ⅲ动眼神经、Ⅳ滑车神经、Ⅴ三叉神经、Ⅵ展神经、Ⅶ面神经、Ⅷ前庭蜗神经、Ⅸ舌咽神经、Ⅹ迷走神经、Ⅺ副神经、Ⅻ舌下神经。每对神经所含的纤维成分不一,其性质也有所不同:第Ⅰ、Ⅱ、Ⅷ对脑神经为感觉性神经;第Ⅲ、Ⅳ、Ⅵ、Ⅺ、Ⅻ

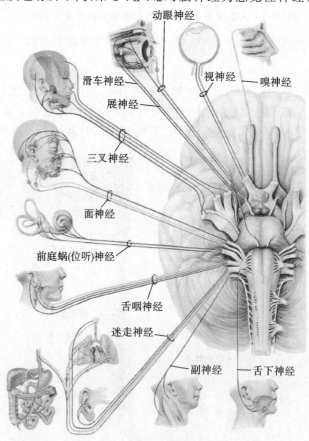

图 12-7 脑神经分布图

对神经为运动性神经;第Ⅴ、Ⅶ、Ⅸ、Ⅹ对神经为混合性神经。

(二) 脊神经

脊神经(spinal nerves)共31对,包括颈神经8对、胸神经12对、腰神经5对、骶神经5对、尾神经1对。每对脊神经借前根和后根与脊髓相连。前根属运动性,由脊髓前角的运动神经元和侧角内的交感神经元的轴突构成;后根属感觉性,由感觉神经纤维构成。前根与后根在椎间孔处合成脊神经,故每对脊神经为混合性神经,含有躯体感觉、躯体运动、内脏感觉、内脏运动4种纤维(见图12-8)。

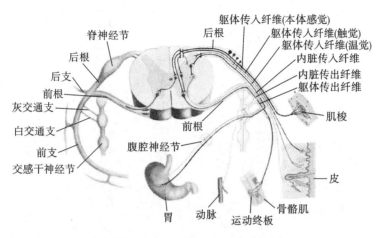

图12-8 脊神经的组成和分布模式图

(三) 内脏神经

内脏神经(visceral nervous)指分布于内脏、心血管和腺体的神经,包括感觉和运动两种纤维成分。内脏运动神经调节内脏、心血管的运动和腺体的分泌,通常不受人的意识控制,故将内脏运动神经又称为自主性(植物性)神经(见图12-9)。自主性神经又可分为交感神经和副交感神经两种。

交感神经的低级中枢位于脊髓的胸1~腰3节段的侧角内,交感神经的周围部由交感神经节和交感神经丛及其分支组成。交感神经根据所处的位置不同,可分为椎旁节和椎前节两大类。椎前节位于脊柱前方,如腹腔神经节、肠系膜上神经节及肠系膜下神经节;椎旁节位于脊柱两侧,每侧的椎旁节为19~24个,相邻的两椎旁节之间借节间支相连成上至颅底、下至尾骨的交感干。交感神经的节后纤维在人体的分布范围很广。当机体运动加强时,交感神经兴奋,使心跳加快、血压升高、支气管扩张、瞳孔开大、消化活动受抑制,表明机体的代谢加强,能量消耗加快,以适应环境的剧烈变化。

副交感神经的低级中枢位于脑干的副交感神经核和脊髓骶部第2~4节段灰质的骶副交感神经核,由此核发出节前纤维至周围部的副交感神经节交换神经元,换元后发出节后纤维到达所支配的器官。副交感神经分布不如交感神经广泛。当机体处于安静和睡眠状态时,副交感神经兴奋,而交感神经却受到抑制,出现心跳减弱减慢、血压下降、支气管收缩、呼吸减慢、瞳孔缩小、消化吸收活动加强等现象。

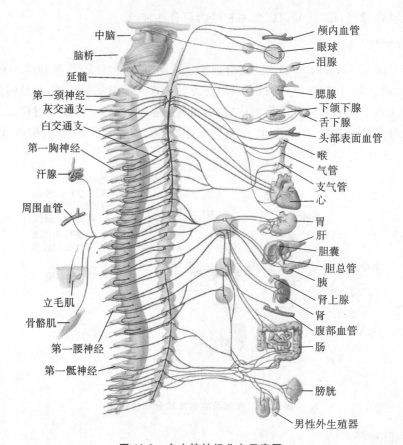

图 12-9　自主性神经分布示意图

（四）神经系统的传导通路

1. 感觉传导通路

感受器接受体内外各种刺激后,产生的神经冲动沿一定的传导途径到达中枢,经过多次更换神经元,最后到达大脑皮质的特定区域形成相应的感觉。感觉传导通路包括特异性传入系统和非特异性传入系统。

1) 特异性传入系统

各感受器传入的神经冲动都要经脊髓或脑干,上行至丘脑换神经元,并按排列顺序,投射到大脑皮质特定区域,引起特异的感觉,故称为特异性传入系统(见图 12-10)。每种感觉的传导投射系统都是专一的,并具有点对点的投射关系。特异性传入系统的功能除了引起特定的感觉外,并激发大脑皮质发出神经冲动。

2) 非特异性传入系统

上述特异性传入系统的神经纤维经脑干时,发出侧枝,与脑干网状结构的神经元发生突触联系,通过多次更换神经元之后,上行抵达丘脑内侧部再交换神经元,发出纤维弥散地投射到大脑皮质的广泛区域,此投射途径称为非特异性传入系统(见图 12-10)。非特异性传入系统不具有点对点的投射关系,并失去了专一的特异传导功能,是不同感觉的共同上传途径。其主要功能是维持和改变大脑皮质的兴奋状态,对保持机体醒觉具有重要作用,但不能产生特定的感觉。

2. 运动传导通路

大脑皮质发出神经冲动,经过中间神经元和传出神经元传到效应器(骨骼肌或腺体),引起骨骼肌收缩或腺体的分泌活动。运动传导通路包括锥体系和锥体外系。

1) 锥体系

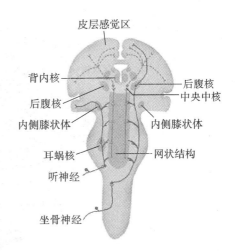

图 12-10 感觉传入系统示意图
注:实线代表特异性传入系统,
虚线代表非特异性传入系统。

锥体系一般是指由皮层 4、6 区大锥体细胞发出的神经纤维,通过下运动神经元的轴突组成的脑神经和脊神经的运动纤维,管理头面部和躯干、四肢的随意运动。其下行途径两条:一条在延髓锥体交叉到对侧,然后下行至脊髓形成皮质脊髓束(见图 12-11),支配肢体远端肌肉的精细运动;另一条从皮质运动区下行至脑干,形成皮质脑干束,分别支配头面部肌肉的运动。在锥体系中起自第 4 区的纤维约为 31%,起自第 6 区的约占 29%,而其余 40% 则发自顶叶。

上下运动神经元之间多数存在中间神经元的接替,仅有 10%~20% 的上下运动神经元之间的联系是直接的,即单突触联系。电生理研究发现,这种单突触联系可使 α 运动神经元产生兴奋性突触后电位,并使神经元发出冲动以发动肌肉收缩。锥体束下传冲动也与脊髓前角 γ 运动神经元有联系,并可激活该运动神经元。所以,锥体束可分别控制 α 运动神经元和 γ 运动神经元的活动,前者在于发动肌肉运动,后者在于调整肌梭的敏感性以配合运动,两者的活动协同控制着肌肉的收缩。

2) 锥体外系

锥体外系指除锥体系以外影响和控制躯体运动的传导通路。由于它们的通路在延髓锥体之外,因此称为锥体外系。锥体外系的皮层起源比较广泛,几乎包括全部大脑皮层,但主要来源是额叶和顶叶的感觉区、运动区和运动辅助区。因此,皮层的锥体系和锥体外系的起源是相互重叠的。皮层锥体外系的细胞一般属于中、小型锥体细胞,它们的轴突较短,离开大脑皮层后终止于皮层下基底神经节、丘脑、脑桥和延髓的网状结构,通过一次以上神经元的接替,最后经网状脊髓束、顶盖脊髓束、红核脊髓束和前庭脊髓束下达脊髓,控制脊髓的运动神经元。锥体外系对脊髓反射的控制常是双侧性的,其功能主要与调节肌紧张、肌群的协调性运动有关。

大脑皮质对躯体运动的控制是十分精细而严密的,这种控制是由锥体系和锥体外系两条途径把信息传至脊髓,再由脊髓中 α 运动神经元这一最后公路引起肌肉运动的。锥体系主要是支配对侧躯体远端肌肉的运动,而锥体外系是支配同侧肢体远端肌肉的精细运动。

图 12-11 锥体系传导通路示意图

两者相互配合、相辅相成,共同完成对骨骼肌运动的调节作用。另外,感觉信息的传入在实现运动精细调节中也具有重要作用。

第二节 神经系统对躯体运动的调控

人体的各种运动和姿势都是骨骼肌在神经系统的控制下完成的。神经系统对躯体运动的调节是复杂的反射活动。

一、脊髓对躯体运动的调控

脊髓是实现躯体运动的最低级中枢所在的部位,具有介导各种反射的神经元网络,由感觉传入纤维、各类中间神经元和运动神经元组成。脊髓能将外周感受器的传入信息进行初步整合,向上传递至各级中枢以辅助各种复杂的随意运动精确、顺利地执行,也能完成许多重要的反射性运动,如牵张反射、屈肌反射等,在维持正常的姿势和运动方面具有重要的作用。

(一) 牵张反射

当骨骼肌受到牵拉时,该肌就会产生反射性收缩,这种反射称为牵张反射(stretch

reflex)。牵张反射有两种类型：一种为腱反射，也称位相性牵张反射；另一种为肌紧张，也称紧张性牵张反射。

1. 腱反射

腱反射（tendon reflex）是指快速牵拉肌腱时发生的牵张反射。如叩击膝关节以下的股四头肌肌腱，股四头肌发生一次快速收缩，称为膝跳反射（见图12-12）；又如叩击跟腱使小腿腓肠肌发生一次快速收缩，称为跟腱反射。

腱反射是单突触反射，所以反射时间很短，耗时约0.7 ms。临床上常检查腱反射来了解脊髓的功能状态，如果某一腱反射减弱或消失，则提示相应节段的脊髓功能受损；如果反射亢进，则提示相应节段的脊髓失去了高位中枢的制约。

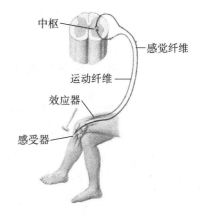

图12-12 膝跳反射示意图

2. 肌紧张

肌紧张（muscle tonus）是指缓慢而持续地牵拉肌肉时所发生的牵张反射。它表现为骨骼肌持续地轻微地处于收缩状态。肌紧张是维持姿势反射最基本的反射活动，是姿势反射的基础。

牵张反射的主要生理意义在于维持身体姿势，增强肌肉力量。例如人直立时，由于重力的作用，头将前倾，背呈弓状，同时下肢关节将屈曲，但可反射性地引起骶棘肌、颈部某些肌群及下肢肌群等紧张性增强，从而引起抬头、挺胸、伸腰、直腿，保持直立的姿势。投掷前的引臂和起跳前的膝屈动作，都是利用牵张反射原理牵拉投掷和跳跃的主动肌，使其收缩更有力。

（二）屈肌反射与对侧伸肌反射

肢体皮肤受到伤害性刺激时，引起受刺激一侧的肢体屈肌收缩，肢体屈曲的反射称屈肌反射（flexor reflex）。屈肌反射的表现及其生理意义：①肢体某一局部皮肤和皮下组织的感受器接受触、压、热、冷刺激后，引起肢体的轻度回缩；②强烈疼痛或伤害刺激引起肢体屈肌群的收缩，使肢体产生迅速背离伤害源的回缩，保护肢体免受进一步的伤害和损伤。如果刺激增强，则在脊髓的对侧，连合中间神经元能引起对侧伸肌运动神经元兴奋和对侧屈肌运动神经元的抑制，出现对侧肢体伸直反射，称为对侧伸肌反射（crossed extensor reflex）。

（三）脊髓休克

脊髓休克（spinal shock）是指人和动物在脊髓与高位中枢之间离断后反射活动暂时丧失而进入无反应状态的现象。当脊髓被横断时，断面以下节段所支配的骨骼肌和内脏反射活动完全抑制或减弱。主要表现为：横断面以下节段所支配的骨骼肌紧张性降低或消失，外周血管扩张，血压下降，直肠和膀胱内粪尿潴留。脊髓休克是暂时现象，以后各种反射可逐渐恢复，但随意运动和感觉则不能恢复。动物越高级，脊髓休克持续时间就越长，蛙的脊髓休克仅持续数分钟，而人大约持续数周甚至数月以上。

脊髓休克的产生与恢复，说明了脊髓可以完成某些简单的反射活动，但正常时它们是在高位中枢调节下进行活动的。正常情况下，高级中枢如大脑皮质、脑干网状结构和前庭核，通过下行纤维与脊髓运动神经元构成突触联系，使之保持一种阈下的兴奋状态，称为易化作用。

二、脑干对躯体运动的调控

（一）脑干网状结构对肌紧张的调控

在脑干广大的区域中，神经细胞和神经纤维交织在一起呈网状，称为网状结构。刺激动物脑干网状结构的脑干中央区域，可使肌紧张加强，这一区域称为易化区。刺激延髓网状结构的腹内侧部分，可抑制肌紧张，这一区域称为抑制区（见图12-13）。它们分别对脊髓的运动神经元具有易化与抑制作用。

电刺激易化区，可使正在进行中的四肢牵张反射大大加强。而刺激抑制区时，抑制肌肉的牵张反射。从活动的强度上看，易化区活动比较强，抑制区的活动比较弱，二者相互拮抗，调节肌紧张的平衡。

在正常情况下，脑干网状结构接受来自大脑皮层、小脑、纹状体和丘脑下行信息的影响，再以其活动影响脊髓的反射活动。在实验室中，如果在动物中脑四叠体上、下丘之间切断脑干，造成去大脑动物，此时动物全身伸肌的紧张性立即显现亢进，表现为四肢僵直，颈背部肌肉过度紧张，以致头尾呈背弓反张状态。这一现象称为去大脑僵直。

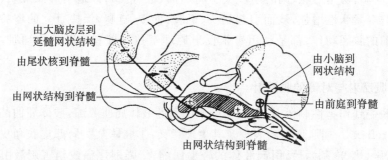

图12-13 猫脑内各部位调节肌紧张的抑制区、易化区及其作用途径
（＋代表易化区 －代表抑制区）

（二）姿势反射

人体经常保持常态姿势，一旦常态姿势受到破坏后，身体肌肉张力即会发生重新调整，以维持身体的平衡或恢复正常姿势。动物和人为维持身体基本姿势而发生肌肉张力的重新调配的反射活动统称姿势反射。姿势反射可分为状态反射、翻正反射、直线和旋转加减速运动反射。

1. 状态反射

状态反射（attitudinal reflex）是头部位置改变时反射性地引起四肢肌张力重新调整的一种反射活动。状态反射包括迷路紧张反射与颈紧张反射两部分。迷路紧张反射是指内耳迷路的椭圆囊和球囊的传入冲动对躯体伸肌紧张性的调节反射。颈紧张反射是指颈部扭曲时，颈椎关节、韧带或肌肉受刺激后，对四肢肌紧张性的调节反射。头部后仰引起上下肢及背部伸肌紧张性加强；头部前倾引起上下肢及背部伸肌紧张性减弱，屈肌及腹肌的紧张性相对加强；头部侧倾或扭转时，引起同侧上下肢伸肌紧张性加强，对侧上下肢伸肌紧张性减弱（见图12-14）。

状态反射在人类日常生活、劳动和运动过程中有重要作用，一旦人体头部的位置发生改变，则相关的肌群张力反射性地发生变化，使身体得以保持平衡。

状态反射在完成某些运动技能时起着重要作用。例如，体操进行后手翻、空翻及跳马等动作时，若头部位置不正，就会使两臂用力不均衡，身体偏向一侧，常常导致动作失误或无法完成。短跑运动员起跑时，为防止身体过早直立，往往采用低头姿势。这些都是运用了状态反射的规律。但是，在运动中也有个别动作需要使身体姿势违反状态反射的规律。例如，有训练的自行车运动员在快速骑车时，做出头后仰而身体前倾的姿势。

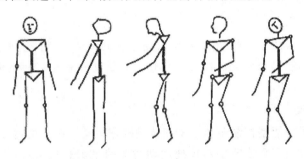

图 12-14 状态反射规律示意图

2. 翻正反射

当人和动物处于不正常体位时，通过一系列动作将体位恢复常态的反射活动称为翻正反射（righting reflex）。如将动物四足朝天从空中抛下，可清楚地观察到动物在下降过程中，首先是头颈扭转，然后前肢、躯干和后肢依次扭转过来，当下降到地面时由四肢着地。翻正反射包括一系列反射活动，最先是由于头部位置不正常，视觉与内耳迷路感受刺激，从而引起头部的位置翻正。头部翻正以后，头与躯干的位置关系不正常，使颈部关节韧带或肌肉受到刺激，从而使躯干的位置也翻正。在体育运动中，很多动作是在翻正反射的基础上形成的。例如，体操运动员的空翻转体、跳水运动中的转体及篮球转体过人等动作，都要先转头，再转上半身，然后转下半身，使动作优美、协调且迅速。

3. 旋转运动反射

人体在进行主动或被动旋转运动时，为了恢复正常体位而产生的一种反射活动，称为旋转运动反射。当身体向任何一侧倾倒时，前庭感受器将受刺激而产生兴奋，通过传入神经到达中脑和延髓，反射性地引起全身肌肉张力重新调整，维持身体平衡。例如，在弯道上跑步时，身体向左侧倾斜，将反射性地引起躯干右侧肌张力增加。

4. 直线运动反射

人体在主动或被动地进行直线加、减速运动时，即发生肌张力重新调配、恢复常态现象，这种反射称为直线运动反射。它包括升降反射和着地反射两种形式。

人体沿垂直方向直线加速或减速运动时,耳石受到刺激,反射性地引起肌张力重新调整的活动称作升降反射。人体从高处跳下时,在着地的一刹那,上肢紧张性加强而下肢两脚分开顺势弯曲,以保持身体重心减少震动,这种反射称为着地反射。例如,人从体操器械掉下来时用手撑地就是一个明显的例子。但这种着地姿势容易引起尺骨鹰嘴骨折,因而在体育运动中应克服这种先天的非条件反射,即当身体从高处落下时做滚翻动作,才能起保护作用而避免出现伤害事故。

三、小脑对躯体运动的调控

小脑由表面的灰质和白质及其内部的四对小脑核组成,两个半球部借蚓部相连。小脑按功能可分为前庭小脑、脊髓小脑和皮质小脑。它的主要机能是调节肌紧张、维持身体平衡、协调和形成随意运动。

1. 调节肌紧张

脊髓小脑具有调节肌紧张的功能,小脑对肌紧张的调节具有抑制和易化双重作用,分别通过脑干网状结构抑制区和易化区而发挥作用。在进化过程中,小脑抑制肌紧张的作用逐渐减弱,而易化作用逐渐增强。

2. 维持身体平衡

前庭小脑的主要功能是控制躯体平衡和协调眼球运动。由于前庭小脑主要接受前庭器官传入的有关位置改变和直线或旋转加速运动情况的平衡感觉信息,传出冲动主要影响躯干和四肢近端肌肉的活动,因而具有控制躯体平衡的作用。

3. 协调随意运动

小脑半球能协助大脑皮质对正在进行的随意运动进行适时的调节,使随意运动的力量、方向、速度和范围得到很好的控制,以协调随意运动。当小脑半球损伤后,患者不能完成精巧的动作,肌肉在动作进行过程中发生抖动而把握不住方向(意向性震颤),行走摇晃呈酩酊蹒跚状,不能进行拮抗肌交替快速动作(如上臂不断交替进行内旋和外旋),但在静止时则无异常的肌肉运动出现。

皮质小脑的主要功能是参与随意运动的设计和程序的编制。完成一个随意运动,通常需要组织多个环节同时完成相应的动作,这种协调动作的执行需要脑的设计,以及脑在设计和执行之间进行反复的比较,并经过反复的训练才能准确、协调地完成动作。

四、大脑皮质对躯体运动的调控

大脑皮质控制躯体运动的区域称为皮质运动区,主要包括主要运动区(中央前回、4区)、运动前区(6区)和运动辅助区等。大脑皮层对躯体运动的调控主要是通过锥体系与锥体外系两系统,以及与各种感觉信息的收集、整合和处理有关的系统得以实现的,运动系统与感觉系统对于躯体运动调控都具有重要意义,统称为感觉运动系统。

第三节 中枢神经系统的高级机能

在中枢神经系统的机能中除了产生感觉、协调躯体运动和内脏活动外,还有一些更为复杂的高级机能,如学习和记忆、睡眠与觉醒、动机行为等。近年来,将电生理方法、神经化学方法、形态学方法及药理学方法等结合起来,从分子水平、细胞水平和整体水平对脑的功能进行综合研究,大大促进了人们对高级神经活动的认识。

一、条件反射(conditioned reflex)

20世纪初,巴甫洛夫根据笛卡尔的反射概念,以动物唾液腺分泌唾液的条件反射实验方法为客观依据,研究大脑皮质的机理,创立了高级神经活动学说。

巴甫洛夫认为,动物和人的重要生理活动,主要是通过反射的方式进行的,他把反射分为两大类:非条件反射和条件反射。

(一) 非条件反射与条件反射

非条件反射是指人生来就有的先天性反射。非条件反射是一种比较低级的神经活动,由大脑皮层以下的神经中枢参与即可完成,是人类和动物在种族发展中固定下来的,它有着固定的反射途径,不容易因外界条件的改变而改变。如防御性反射、食物性反射(吸吮、吞咽和消化液分泌等)以及肌紧张、姿势反射等。

条件反射是在后天学习、训练而建立起来的反射。条件反射是反射的高级形式,是动物和人类在生活过程中形成的,其中枢主要在大脑皮质,它的反射途径不是固定的,而是在大脑皮质中的有关神经中枢间建立一种暂时性的机能联系。这种联系容易因条件的改变而改变。

非条件反射是形成条件反射的基础,而条件反射的形成又影响着非条件反射的进行。二者经常互相联系,而又是本质上不同的反射活动。非条件反射与条件反射的异同点如表12-1所示。

表12-1 非条件反射与条件反射的异同点

	非条件反射	条件反射
不同点	1. 先天的、遗传的; 2. 种族所有的; 3. 任何条件下发生的; 4. 固定的神经联系; 5. 大脑皮质下部位可实现	1. 后天的; 2. 个体所有的; 3. 在一定条件下形成的; 4. 暂时性神经联系; 5. 高等动物主要通过大脑皮质实现
相同点	1. 都是反射活动;2. 都有完整的反射弧	

(二)条件反射的建立

1. 经典的条件反射

这类条件反射是巴甫洛夫创立的。例如,给狗吃食物会引起唾液分泌,这是非条件反射,食物刺激是非条件刺激。给狗听铃声则不会引起唾液分泌,这时铃声为无关刺激,因为铃声与食物无关。但是每次给狗吃食物以前先出现一次铃声,这样多次结合后,当铃声一出现,不给食物,狗也会分泌唾液,这时铃声也成了引起唾液分泌的条件刺激,由它引起的唾液分泌的反射即为条件反射(见图12-15)。可见,条件反射形成的基本条件是无关刺激与非条件刺激在时间上的结合,即在给予无关刺激后,接着就给予非条件刺激,这种过程称为强化。任何无关刺激与非条件刺激通过多次结合都可形成条件反射。

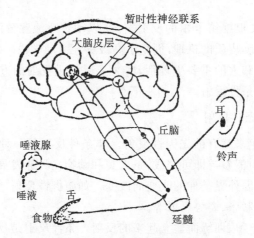

图12-15 条件反射形成机制示意图

2. 操作式条件反射

这类条件反射属于运动性条件反射,比较复杂,要求动物完成一定的操作。例如,大鼠在实验箱内由于偶然踩在杠杆上而得到食物,如此重复多次,则大鼠学会自动踩杠杆而得到食物。在此基础上进一步训练,只有当某种信号(如灯光)出现时踩杠杆才能得到食物。它的特点是,动物必须通过自己的某种运动或操作才能得到强化,所以称为操作式条件反射。

(三)暂时性神经联系

暂时性的神经联系的机制是条件反射学说的一个基本理论问题,也是一个尚未完全解决的问题。一般认为,条件反射的建立是由于条件刺激与非条件刺激的反复结合,使得条件刺激的传入神经通路与非条件刺激的神经通路之间产生了一种新的暂时性神经联系。巴甫洛夫曾提出,这种暂时性神经联系的接通发生在条件刺激与非条件刺激在大脑皮质所建立的兴奋灶之间。后来发现,这种暂时性神经联系的接通并非简单地发生在大脑皮质的两个兴奋灶之间,而是与脑内各级中枢的协同活动有关。

(四)条件反射的抑制

兴奋和抑制是中枢神经系统最基本的神经过程。条件反射的抑制可分为非条件性抑制和条件性抑制。

1. 非条件性抑制

非条件性抑制是先天就具有的抑制,是中枢神经系统各部位共有的一般性的抑制过程。又可分为外抑制和超限抑制。

1) 外抑制

一切外来的新异刺激都会引起大脑皮质某一点的兴奋,这一兴奋点会引起正在进行中的反射性行为的抑制,这样的抑制称为外抑制。例如,动物正在形成条件反射时,忽然出现一个新异刺激(如杂音、强光等),条件反射就会消失,即出现了外抑制。

2) 超限抑制

当条件刺激的强度超出一定限度时,往往使条件反射不出现,即引起抑制,称为超限抑制。例如,某种突然出现的超强刺激可使动物或人呈呆滞状甚至引起休克。这是一种保护性抑制,其生理学意义在于避免脑细胞由于超强刺激可能引起的损伤。

2. 条件性抑制

条件性抑制又称内抑制,是后天在一定条件下形成的抑制,是中枢神经系统高级部位所特有的抑制。主要包括消退抑制、分化抑制和延缓抑制。

1) 消退抑制

消退抑制是内抑制最基本、最简单的形式。如果条件刺激重复出现而不用非条件刺激强化,则条件反射会逐渐减弱,乃至对条件刺激完全不发生反应。这是由于原来引起兴奋性反应(阳性条件反射)的条件刺激,转化成为引起抑制性反应(阴性条件反射)的条件刺激所致。消退抑制在体育教学与训练中具有重要的意义。例如,对已经掌握的动作,如果不再进行练习(相当于不强化),该动作会出现生疏以致不能完成。

2) 分化抑制

在条件反射形成的初期,除条件刺激外,那些与条件刺激相近似的刺激也或多或少地具有条件刺激的效应,这种现象称为条件刺激的泛化。如果以后只在条件刺激出现时给予强化,而对近似的刺激不予强化,结果只有得到强化的条件刺激时仍保持阳性效应,那些得不到强化的近似刺激就不再引起反应,这种现象称为条件反射的分化。这样引起的抑制称为分化抑制。条件反射的泛化与分化是大脑皮质分析功能的基础。在学习运动动作时,通过对正确动作的强化(肯定)和对错误动作不强化(否定),可加速正确动作的掌握。

3) 延缓抑制

在条件反射实验中,一般条件刺激出现 20 s 左右以非条件刺激强化。如果将条件刺激与非条件刺激相结合的时间间隔延长,例如,最后达 3 min,则将形成延缓条件反射。条件反射将在条件刺激出现相当长的时间后才出现。例如,唾液分泌条件反射,在条件刺激出现后一分半钟才开始流唾液,到第三分半钟后唾液分泌才达最高峰。前面一分半钟不分泌唾液,是由于此时皮质内发生了抑制过程,称为延缓抑制。

(五) 人类条件反射的特征

人类不仅对具体的刺激可建立条件反射,还可对抽象的语言和文字建立条件反射。这是人类与一般动物的主要区别之一。

第一信号是指现实的具体的信号,如声、光、味、触等。第二信号是现实的抽象信号,是表达具体信号的信号,如表示某物体的词语等。对第一信号刺激发生反应的皮质系统,称为第一信号系统,对第二信号刺激发生反应的皮质系统称为第二信号系统。人类的第二信号系统是在第一信号系统活动的基础上建立起来的。人类通过词语可对一切现实事物和现象进行抽象概括,借助词语来表达思维。由于人类第二信号系统的发生和发展,词语信号就成为人类的主导信号。这就使人类的认识能力与适应能力大大提高,从而能更深刻地认识世界,发现并掌握它们的规律。在体育教学和运动训练中,教师的示范动作可以作为第一信号,语言讲解则被认为是第二信号。正确地运用动作示范和语言讲解,充分发挥第一、第二信号系统的作用,可产生良好的教学效果。

二、学习与记忆

学习和记忆是脑的重要功能之一。学习指人或动物通过神经系统接受外界环境信息而影响自身行为的过程。记忆则是将学习获得的信息或经验贮存和提取(再现)的神经活动过程。条件反射的建立是一种简单的学习和记忆过程。

(一) 学习形式

1. 非联合型学习

非联合型学习是对单一刺激做出行为反应的过程,分为习惯化和敏感化。习惯化使个体学会忽略无意义的刺激,例如,室外放置的电话响了,你去接听,却不是找你的,反复多次后,你对电话铃声就没有反应了。敏感化则使个体学会对所有刺激的反应均加强,如当你夜晚行走在灯火通明的大街上,突然一片漆黑,身后响起脚步声,此时你的反应会大大增强。

2. 联合型学习

联合型学习是对时间上非常接近且重复发生的两个事件建立联系的过程。联合型学习分为两种类型:经典的条件反射和操作式条件反射。条件反射是联合型学习的典型例证。

(二) 记忆的形式与过程

1. 记忆的形式

根据信息在脑中贮存和回忆的方式,记忆分为陈述性记忆和非陈述性记忆两类。

陈述性记忆编码的信息主要包括亲历事件、客观事实等,它们可用语言文字清楚地表达出来,与意识有关。例如,"去年夏天到海南旅游"的经历可以用文字表述出来。

非陈述性记忆是一个需要反复尝试、缓慢积累的记忆过程,主要通过熟练的行为活动来表达,而不是文字,它与意识无关,也不涉及记忆信息在海马的滞留时间,如某些技巧性的动作、习惯的行为和条件反射等。

2. 记忆的过程

通过感觉器官进入大脑的信息量是很大的,但估计仅有10%的信息能被较长期地贮存记忆,而大部分却被遗忘。能被长期贮存的信息都是对个体具有重要意义的,而且是反复作用的信息。因此,在信息贮存过程中必然包含着对信息的选择和遗忘两个方面。信息的贮存需经过多个步骤,但简略地可把记忆划分为两个阶段,即短时性记忆和长时性记忆。人类的记忆过程可细分成四个阶段,即感觉性记忆、第一级记忆、第二级记忆和第三级记忆,前两个阶段相当于短时性记忆,后两个阶段相当于长时性记忆。短时性记忆时间很短,平均约几秒钟;长时性记忆时间较长,一般不容易遗忘,如经常操作的手艺或动作,通过长年累月的运用,是不易遗忘的。

3. **学习和记忆的机制**

早年根据巴甫洛夫提出的"暂时性联系接通"的概念,提出脑的不同部位建立了新的功能联系是学习和记忆的神经基础。近年来,根据对突触的研究,提出突触的可塑性变化是学习和记忆的神经基础。突触的可塑性包括突触结构可塑性和传递可塑性。在学习过程中,由于强刺激作用,突触在形态和功能上发生改变(可塑性),突触的效能发生了改变,产生了突触传递的易化作用。目前认为短时性记忆和长时性记忆的神经机制不同。短时性记忆可能与神经元生理活动、神经元之间的环路联系、神经递质等有关;长时性记忆可能与新的突触关系建立有关,并且有赖于脑内 RNA 和新蛋白质的合成。

第四节 运动技能形成的过程

一、运动技能

运动技能是指人体在运动中掌握和有效地完成专门动作的能力。这种能力包括大脑皮质主导下的不同肌肉间的协调性。换言之,运动技能也就是指在准确的时间和空间里大脑精确支配肌肉收缩的能力。这需要用精确的力量和速度依一定的次序和时间去完成所需要的动作。运动技能的发展和提高,有赖于人们对人体机能客观规律的深刻认识和自觉运用。

二、运动技能的生理本质

(一)人体随意运动的反射本质

谢切诺夫曾提出,"一切随意运动,严格地讲,都是反射。脑的活动的一切外部表现,确实都归结为肌肉运动。"其生理机理被认为是:人的随意运动是从感觉开始,以心理活动为中继,以肌肉的效应活动而告终的一种反射。以后巴普洛夫在《所谓随意运动的生理机制》一文中,从理论上阐明:随意运动的生理机理是暂时性神经联系。他用狗建立食物-运动条件反射证明,大脑皮层动觉细胞可与皮质所有其他中枢建立暂时性神经联系,包括内、外刺激引起皮质细胞兴奋的代表区在内。随意运动的生理机理是以大脑皮质活动为基础的暂时性神经联系。因此,学习和掌握运动技能,其生理本质就是建立运动条件反射的过程。

(二)人体运动条件反射形成的生理机理

人体形成运动条件反射的过程是通过许多简单的非条件反射活动,如食物反射、防御反射等,随大脑和各器官的发育,在这些非条件反射的基础上,通过视觉、听觉、触觉和本体感觉与条件刺激物多次结合,就形成了简单的运动条件反射。在大脑中,与条件反射相关的中枢之间建立起了暂时性神经联系。

研究证明,运动技能的形成,有别于建立一般运动条件反射。其不同点有下列三个方面:①参与形成运动条件反射活动的中枢不是一两个,而是许多个既有运动中枢,又有视、听、皮肤感觉和内脏活动中枢参与活动,这种反射是复杂的;②反射活动不是单一的,而是一连串的,一个接一个,前一个动作的结束便是后一动作的开始,彼此连锁;③在条件反射过程中,肌肉的传入冲动(本体感受性冲动)起到重要作用,没有这种传入冲动,条件刺激得不到强化,同时由运动中枢发放神经冲动传至肌肉效应器官引起活动,这个复杂过程条件反射就不能形成,运动技能就不能掌握。

由此可见,人体形成运动技能就是形成复杂的、连锁的、本体感受性的运动条件反射。在学会运动技能以后,大脑皮质运动中枢内支配部分肌肉活动的神经元在机能上进行排列组合,兴奋和抑制在运动中枢内有顺序地、有规律地、有严格时间间隔地交替发生,形成了一个系统,成为一定的形式和格局,使条件反射系统化。大脑皮质机能的这种系统性就称为运动动力定型。运动动力定型后,能使肌肉的收缩和放松有顺序、有规律、有严格时间间隔地进行,并符合动作要求和规格。因此可以更确切地说,运动技能的形成就是建立运动动力定型的结果。

运动动力定型越巩固,就越能轻松自如地完成动作。运动动力定型建立得越多,动力定型的改建就越容易,大脑皮质的机能灵活性也越高。大脑机能的可塑性表现在,在一定的条件下,新的运动动力定型可以取代旧的运动动力定型。运动实践证明,基本技术掌握得越多,越熟练,则不仅学习新的运动技能越快,而且战术运用自如,在实践中才会有丰富的创造力,形成独特的技术风格。

三、运动技能形成的过程

运动技能的形成,是由简单到复杂的建立过程,并有其建立、形成、巩固和发展的阶段性变化和生理规律。只是每一阶段的长短,随动作的复杂程度而不同。一般来说,可划分为相互联系、完整统一的三个阶段(或称三个过程)。

(一)泛化过程

学习任何一个动作的初期,通过教师的讲解和示范以及自己的运动实践,只能获得一种感性认识,对运动技能的内在规律并不完全理解。由于人体内外界的刺激,通过感受器(特别是本体感觉)传到大脑皮质,引起大脑皮质细胞强烈兴奋,另外因为皮质内抑制尚未确立,所以大脑皮质中的兴奋与抑制都呈现扩散状态,使条件反射暂时性联系不稳定,出现泛化现象。这个过程表现为肌肉的外表活动往往是动作僵硬,不协调,不该收缩的肌肉收缩,出现多余的动作,而且做动作很费力。这些现象是大脑皮质细胞兴奋扩散的结果。在此过程,教师应该抓住动作的主要环节和学生掌握动作中存在的主要问题进行教学,不应过多强调动作细节,而应以正确的示范和简练的讲解帮助学生掌握动作。

（二）分化过程

在不断的练习过程中，初学者对该运动技能的内在规律有了初步的理解，一些不协调和多余的动作也逐渐消除。此时，大脑皮质运动中枢兴奋和抑制过程逐渐集中，由于抑制过程加强，特别是分化抑制得到发展，大脑皮质的活动由泛化阶段进入了分化阶段，因此练习过程中的大部分错误动作得到纠正，能比较顺利地、连贯地完成完整动作技术。这是初步建立了动力定型。但定型尚不巩固，遇到新异刺激（如有外人参观或比赛），多余动作和错误动作可能重新出现。在此过程中，教师应特别注意错误动作的纠正，让学生体会动作的细节，促进分化抑制进一步发展，使动作日趋准确。

（三）巩固过程

通过进一步反复练习，运动条件反射系统已经巩固，达到建立巩固的动力定型阶段，大脑皮质的兴奋和抑制在时间和空间上更加集中和精确。此时，不仅动作准确、优美，而且某些环节的动作还可出现自动化，即不必有意识去控制而能做出动作来。在环境条件变化时，动作技术也不易受破坏，同时由于内脏器官的活动与动作配合得很好，完成练习时也感到省力和轻松自如。

形成运动技能的三个过程是相互联系的，各过程之间并没有明显的界限。训练水平高的运动员在学习掌握新动作时，泛化过程很短，对动作的精细分化能力强，形成运动技能快。运动新手在学习新动作时，泛化过程较长，分化能力较差，掌握动作较慢。动作越复杂，泛化过程就越明显，分化的难度也就越大，形成运动技能所需要的时间就越长。

动力定型发展到了巩固过程，也并不是可以一劳永逸了。一方面，还可在继续练习巩固的情况下精益求精，不断提高动作质量，使动力定型更加完善和巩固；另一方面，如果不再进行练习，巩固了的动力定型还会消退，动作技术愈复杂，难度愈大，消退得也愈快。在此过程中，教师应对学生提出进一步要求，并指导学生进行技术理论学习，更有利于动力定型的巩固和动作质量的提高，促使动作达到自动化程度。

（四）动作自动化的概念和生理机理

动作自动化指随着运动技能的巩固和发展而达到熟练技巧的程度时，动作出现自动化现象的阶段。所谓自动化，就是练习某一套动作时，可以在无意识的条件下完成。其特征是，对整个动作或者是对动作的某些环节，暂时变为无意识的，例如，走路是人类自动化的动作，在走路时可以谈话、看报，而不必有意识地想应如何迈步，如何维持身体平衡；又如熟练的篮球运动员在比赛时运球等动作往往也是自动化的动作。

自动化动作也并不是永远无意识进行的，当接受外界刺激异常时，大脑皮质的兴奋就会提高，对自动化动作又会产生意识。例如，在悬崖上行走时，步行就成为有意识的了。此外，当运动员想要体会自己动作的某环节或肢体的某部分动作时，对这些动作则产生意识。例如，有训练的游泳运动员在加速前进时，若注意腿的用力，这时支配腿部肌肉的运动中枢则处于最适宜的兴奋状态，腿的动作就能意识到，而此时两臂的动作则成为无意识的；当快到达池边时，运动员开始注意手的动作，适宜的兴奋性就转移到支配手臂的相应皮质运动中枢，而腿的动作则改为无意识的了。

四、运动技能形成过程中应注意的问题

(一) 注意有效信息的输入

运动技能的形成首先要使学生对所完成的动作有一个初步的概念。概念的形成是通过人体的感受器将各种信息转换为动作电位后,传入大脑皮质,经过大脑的分析综合而产生的。从信息处理过程来看,将人看成是信息处理器,人对外界环境的刺激发生反应,就是信息处理过程。运动技能的学习也可以看成是这一过程(见图12-16)。

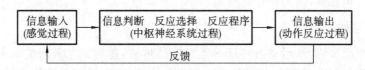

图12-16 信息的输入至输出过程模式图
(引自 Pleasant,1981)

因此,在体育教学中,教师必须考虑采用适合于学生接受的信息源(包括信息的形式、强度和数量等)和不同的传输手段(如讲解、示范和录像等),并使之成为引起学生形成和再现运动技能有效的传入信息来源。

(二) 善于调整学生的动机状态

人们的一切行动都是有目的的,都是受一定目的支配的,这种支配人们行为的目的,就称为动机(其他说法如要求、抱负、意愿、志向、需要、理想、向往等)。动机与运动机能之间成倒U字形的曲线(见图12-17)。在学习与比赛条件相同的情况下,学生如果处于最佳动机水平,所取得的学习效果与比赛成绩最好。否同,就不能取得理想的结果。

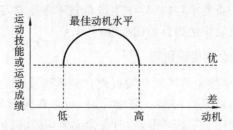

图12-17 动机和运动技能形成的关系图
(引自 Morgan,1966)

(三) 注意信息反馈的调节

反馈是指效应器在反应过程中产生信息,又传回控制部位,并影响控制部位的功能,使传出的信息更精确。生理学根据反馈效果将反馈划分为正反馈和负反馈,正反馈的作用是通过反馈信息加强控制部位的活动,负反馈的作用是通过反馈信息抑制反馈部位的活动。

在运动技能形成的反馈通道中,小脑起着耦合器的作用,肌肉收缩时本体感受器将肌肉收缩的情况及时传向小脑,与此同时大脑皮层的指令信息也到达小脑,在小脑耦合,两种信

息通过比较,了解实际完成的动作偏离目标的程度,然后由小脑红核发出信息,经丘脑外侧核,返回到大脑皮层发出指令的代表点,从而及时发出纠正错误动作的指令信息(见图 12-18)。因此,在体育教学训练中,首先必须使学生建立正确的动作概念。

图 12-18 运动技能形成过程的信息反馈通道

反馈具有以下三方面的作用。

(1) 提供信息。最初给小脑提供一个反馈信息,经小脑调整后产生了一个新的信息,然后再通过新的信息去纠正错误动作,提高动作质量,做出正确应答(见图 12-19)。

图 12-19 提供信息对提高动作质量的作用
(引自 Rusia,1972)

(2) 强化作用。这种强化作用可以是阳性的,也可以是阴性的。阳性强化是通过一些鼓励的语言或措施,达到增强或提高效果的作用;阴性强化是通过一些批评的语言或措施,达到减弱或降低的作用(见图 12-20)。

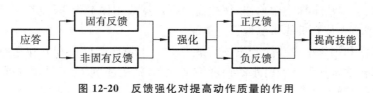

图 12-20 反馈强化对提高动作质量的作用
(引自 Rusia,1972)

(3) 激发动机。在运动实践中通过反馈可以激发学生的学习情绪或增强运动的必胜信心。

在运动技能学习过程中,教师应根据不同情况,科学合理地运用反馈原理,形成教师与学生之间双向反馈的教学模式(见图 12-21)。教师在教的过程中有意识地通过观察、提问、检查等方法,不断发现学生在学习中出现的问题,了解学生的困难和学生的接受能力,从而调整自己的教学进度和方法;而学生也可以从教师的表情及教师对自己学习的检查、评价中获得反馈信息,了解自己的学习情况,调整自己的学习行为。这样在整个教学过程中教师与

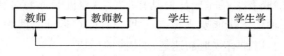

图 12-21 双向反馈的教学实践模式图
(引自 Pleesnu,1980)

学生是相互协作、息息相通的,可以把它看成是一种启发式的教学。

(四) 充分利用各感觉机能间的相互作用

运动技能的形成过程,就是在多种感觉机能参与下同大脑皮质动觉细胞建立暂时性神经联系。特别是本体感觉,对形成运动技能尤有特殊意义。人体各种感觉都可帮肌肉产生正确的肌肉感觉,没有正确的肌肉感觉就不可能形成运动技能。所以在运动实践中,只有勤学苦练,反复实践,才能建立精确的分化,区别正确动作和错误动作的肌肉感觉,才能巩固正确动作,消除错误动作。

在体育教学和运动训练中,充分发挥视觉与本体感觉之间的相互作用,能强化正确动作,消退错误动作。如在体操、举重和武术项目中,学习某些动作可以看着镜子练习,以便及时纠正错误动作,强化正确动作。在有些田径项目中,为了建立正确动作出现的时间,往往采用附加标记的方法。如在跳远的起跳点附近设置明显的标记,以强化合理的起跳时间。在跨栏跑练习中,在过栏时要求运动员在适当的位置开始做上体下压动作,也可以设置明显标记,以掌握做下压动作的时间,尽快掌握合理技术。

在体育教学和运动训练中,应充分发挥听觉与本体感觉间的相互作用,建立正确动作的频率和节奏感。如中长跑运动员在练习中,常常随着有节奏的声响调节跑的频率,建立跑的正确节奏;体操运动员常用音乐伴奏,以增强体操运动员的节奏和韵律感,以利于掌握动作。

在体育教学和训练中要充分发挥位觉与本体感觉间的相互作用。随运动技术提高,运动员在空中完成翻腾或旋转动作时,对位觉空间三度(上下、左右、前后)的适应能力要求很高,只有本体感觉对时间和空间的感知具有精确的分化,才能在空中完成复杂的动作。如体操、跳水运动员为尽快掌握空中动作,往往先降低高度或用保护带,反复练习,体会和建立空间三度感觉,来增强位觉机能敏感性。

在体育教学和训练中也要充分发挥皮肤感觉与本体感觉间的相互作用,以建立正确的动力定型。如初学爬泳者下肢打水的幅度不是过大,就是过小,为了尽快掌握正确的动作幅度,可用一个限制圈控制下肢打水的幅度,通过皮肤的触觉,消除下肢动作幅度过大或过小,强化正确的本体感觉。又如推铅球在做出手动作时容易出现左肩后撤的错误动作,这时教师可在学生推球出手的瞬间,用手顶住学生的左肩,以帮助学生体会正确的肌肉感觉,形成正确的动作。如果练习的难度较大,学生不能独立完成,教师可以用助力帮助学生完成动作,使学生获得完成动作时的肌肉感觉。有时采用减小难度的方法,如高杠上的体操动作完不成,可先在低杠上做,学生能在低杠上完成动作获得正确的肌肉感觉后,再到高杠上就容易掌握了。因此,在练习中设法使学生获得正确的肌肉感觉,对建立运动条件反射起着有力的强化作用。

如上所述,在形成运动技能时,除视觉、听觉、位觉、皮肤感觉起重要作用外,同时也与内脏感觉机能有着密切的联系。在完成任何动作时各感觉机能都同时起作用,只不过根据运动项目的特点,对某一种感觉机能要求更高一些。所以在运动实践中,要尽量多实践,充分发挥各感觉机能的作用,以便有效地加速运动技能的形成。

(五) 强调身脑并用

在形成技能的过程中,只有通过不断的身体练习,才能使运动条件反射得到强化。但除了身体练习外,一定要强调多思考,自我分析和检查动作的正确与错误,还可以通过想象练习和回忆练习提高教学效果。想象练习虽然是在头脑中进行的,但同样可以使这一运动技能的暂时性联系再接通一次,即等于接受了一次强化,因此,可促进运动技能的发展。

(六) 消除防御性反射

在教学中,初学者,特别是一些胆怯的学生,对一些难度较大的运动技能,经常会有害怕心理和产生防御性反射。初学者可适当降低动作难度或高度,消除害怕心理。通过逐步过渡,在对动作有了初步体验后再进入动作要求的练习。有些具有一定难度的动作要加强保护措施,消除害怕心理,增强完成动作的信心。

(七) 充分利用运动技能间的良好影响

在运动技能的学习中,要充分利用运动技能间的良好影响,而尽力消除不良影响,加速运动技能的形成。运动技能之间的良好影响,表现为原有的运动技能可以促进新的运动技能形成,当同时学习几种运动技能时可以彼此促进,新的运动技能的形成有助于原有运动技能的巩固和完善。运动技能间的不良影响,表现为前一动作的学习将妨碍后一动作的掌握。例如,学习单杠前上技术,对双杠屈伸上就有良好作用;初学滑冰的新手,开始时往往用冰刀的前端蹬冰,这是受走路技能的影响;学会了自由泳后再去学蛙泳,原来所掌握的自由泳双腿打水技术就会妨碍蛙泳蹬水动作的掌握。

运动技能的相互影响,对安排动作教学顺序是有意义的。例如,学游泳时,先学爬泳,后学仰泳等就较快,原因是爬泳姿势比较接近人在生活中的基本动作,同时具备其他几种姿势的某些基本环节。

【思考题】

1. 牵张反射在运动实践中有什么意义?
2. 简述条件反射与非条件反射的异同点。
3. 状态反射的规律是什么?举例说明它在完成一些运动技能时所起的作用。
4. 大脑、基底神经元和小脑在调控躯体运动过程中是如何协调进行的?
5. 试述运动技能形成过程中的动作表现和教学要求。
6. 运动技能形成过程中应注意哪些方面的问题?

第十三章 内分泌系统

第一节 概述

一、内分泌与内分泌腺

内分泌系统(endocrine system)是由内分泌腺和分散存在于某些组织器官中的内分泌细胞组成的一个体内信息传递系统,它与神经系统密切联系,相互配合,共同调节机体的各种功能活动,维持内环境的相对稳定。

机体内具有内分泌功能的细胞称为内分泌细胞。由内分泌细胞组成的细胞群或具有内分泌功能的组织称为内分泌组织。内分泌组织可参与形成器官,如果此器官主要施行内分泌功能就称为内分泌腺(endocrine gland,见图13-1)。

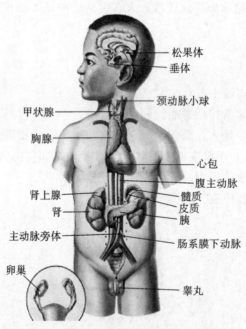

图13-1 全身内分泌腺的分布示意图

内分泌与外分泌的不同之处在于该系统没有导管,分泌物直接进入血液、淋巴液或组织液中,而后由血液运至全身。由于这种方式并未借助导管的输送作用,故将其称为内分泌。

由于内分泌的调节作用需要通过体液（血液、淋巴液和组织液等）的传递才能完成，故一般也将内分泌调节称作体液调节。

人体内由内分泌组织形成的内分泌腺有垂体、甲状腺、甲状旁腺、肾上腺、胰岛、性腺、松果体和胸腺等。许多内分泌细胞还散在于组织器官，如消化道黏膜、心、肾、肺、皮肤、胎盘等部位均存在各种各样的内分泌细胞。此外，在中枢神经系统内，特别是下丘脑也存在着兼有内分泌功能的神经细胞。

二、激素

由内分泌腺或散在的内分泌细胞分泌的、经体液运输到某器官或组织而发挥其特定调节作用的高效能生物活性物质称为激素（hormone）。

（一）激素的分类

激素的种类繁多，来源复杂。目前最常用的分类方法是按其化学结构将其分为两大类：第一类是含氮类激素，这类激素又可分为胺类、肽类和蛋白质类激素，如肾上腺素是胺类激素，血管升压素是肽类激素，胰岛素是蛋白质类激素；第二类是类固醇类激素，如肾上腺皮质激素和性激素。

（二）激素的生理作用

激素可对机体的生理作用起加强或减弱的作用。具体可归纳为以下六个方面：

(1) 调节三大营养物质及水盐代谢，参与维持内环境的相对稳定；
(2) 促进细胞分裂、分化，调控机体生长、发育、成熟和衰老过程；
(3) 影响神经系统发育和活动，调节学习、记忆及行为活动；
(4) 促进生殖系统发育成熟，影响生殖过程；
(5) 调节机体造血过程；
(6) 与神经系统密切配合，增强机体对伤害性刺激和环境激变的耐受力和适应力，参与机体的应激反应。

（三）激素作用的一般特征

激素虽种类繁多，作用复杂，但在对靶组织发挥调节作用的过程中，具有某些共同的作用特征。

1. 生物信息传递作用

激素可将某种信息以化学方式传递给靶细胞，从而加强或减弱其代谢过程和功能活动。在此过程中，它既不产生新的功能，也不提供能量，只是作为细胞间的信息传递者，在完成信使传递后即被分解而失活。

2. 相对特异性

激素随血液被运送到全身各处，与组织细胞广泛接触，但它们却选择性地作用于某些器官、组织和细胞，此种特性称为激素作用的特异性。被激素选择性作用的器官、组织和细胞，分别称为靶器官、靶组织和靶细胞。有些激素作用的特异性很强，只作用于某一特定靶腺，如促甲状腺激素只作用于甲状腺,促肾上腺皮质激素只作用于肾上腺皮质,垂体促性腺激素只作用于性腺等。有些激素没有特定的靶腺,其作用比较广泛,如生长激素、甲状腺素等,它们几乎对全身的组织细胞的代谢过程都可发挥调节作用。

激素作用的特异性与靶细胞上存在能与该激素发生特异性结合的受体有关。肽类和蛋白质类激素的受体存在于靶细胞膜上,而类固醇类激素与甲状腺激素(即甲状腺素)的受体则位于细胞浆或细胞核内。激素与受体相互识别并发生特异性结合,经过细胞内复杂的反应,产生特定的生理效应。

3. 高效能生物放大作用

激素在血液中的浓度都很低,一般为 $10^{-12} \sim 10^{-7}$ mol/L,但其作用效能却很高。激素与受体结合后,在细胞内会发生一系列酶促放大作用,产生逐级放大效果,形成一个效能极高的生物放大系统(见图13-2)。例如,1分子的胰高血糖素,通过cAMP-蛋白激酶A等逐级放大,最后可激活1万分子的磷酸化酶;1分子的促甲状腺素释放激素,可使腺垂体释放10万分子的促甲状腺激素;1分子的肾上腺素,可使肝细胞产生1亿分子的1-磷酸葡萄糖。

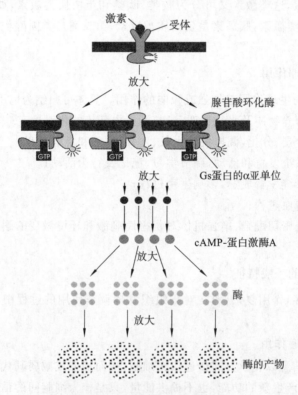

图 13-2　激素放大作用示意图

4. 激素间相互作用

当多种激素共同参与某一生理活动的调节时,它们的相互关系主要表现在以下几个方面。①协同作用(synergistic action)。如生长激素、肾上腺素、糖皮质激素及胰高血糖素,虽然各自的作用有所侧重,但均能提高血糖。②拮抗作用(antagonistic action)。如胰岛素可降低血糖,肾上腺素则升高血糖。③允许作用(permissive action)。有些激素本身并不能直接对某些器官、组织或细胞产生生理效应,然而在它存在的条件下,可使另一种激素的作用明显增强,即对另一种激素的调节起支持作用,这种现象称为允许作用。如糖皮质激素对心肌和血管平滑肌并无收缩作用,必须有糖皮质激素的存在,儿茶酚胺才能很好地发挥对心血管的调节作用。

(四)激素传递信息的方式

激素传递信息的方式如图13-3所示。

(1) 远距分泌:大多数激素分泌入血后经血液运输到距离较远的细胞发挥生理作用。
(2) 旁分泌:有的激素分泌后经组织液弥散于邻近细胞而发挥作用。
(3) 自分泌:激素作用于分泌它的自身细胞。
(4) 神经分泌:下丘脑某些核团的神经细胞,不仅具有神经元的结构与功能,而且还兼有合成与分泌激素的功能,这些神经细胞分泌的激素经神经纤维轴浆流动运送至末梢释放,这类细胞称为神经内分泌细胞,它们产生的激素称为神经激素。

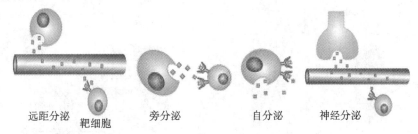

图13-3 激素传递信息的方式示意图

(五)激素的作用机制

激素因化学本质不同,按其作用机制分含氮类激素(nitrogenous hormone)和类固醇类激素(steroid hormone)。

1. 含氮类激素的作用机制——第二信使学说(second messengers hypothesis)

含氮类激素的作用机制与过程如图13-4所示。其作用过程大致分为如下五步。第一步,激素(第一信使)到达细胞后,与细胞膜表面的受体结合,形成激素-受体复合物;第二步,激素-受体复合物激活了细胞膜上的腺苷酸环化酶;第三步,在腺苷酸环化酶作用下,ATP分解为cAMP(第二信使);第四步,cAMP激活蛋白激酶;第五步,蛋白激酶再诱导出一系列的继发性、特异性生理反应,包括以下几个方面。

(1) 激活细胞内的酶。
(2) 改变细胞膜的通透性。
(3) 促进蛋白质合成。
(4) 改变细胞代谢。
(5) 刺激细胞分泌。

2. 类固醇类激素的作用机制——基因表达学说(gene-expression hypothesis)

类固醇类激素的作用机制与过程如图13-5所示。其作用过程大致分为如下四步。第一步,激素到达细胞后,穿过细胞膜进入细胞内部,在细胞内与受体结合构成激素-受体复合物;第二步,激素-受体复合物进入细胞核,与细胞的DNA结合,激活某些基因,此过程称作直接基因激活或直接基因活化;第三步,在这个基因活化过程中,在细胞核内合成mRNA;第四步,mRNA进入细胞浆,促进蛋白质类物质的合成,并诱发继发性的生理反应。这些蛋白质可能包括以下几种。

(1) 酶类:对细胞的各种生理活动产生影响。

(2) 结构蛋白质:广泛地用于组织的生长与修复。

(3) 调控蛋白质:改变相关酶的活性,影响生理过程。

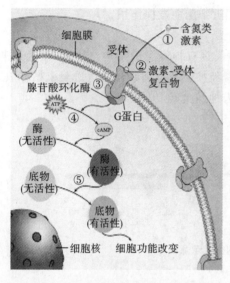

图13-4 含氮类激素的作用机制示意图

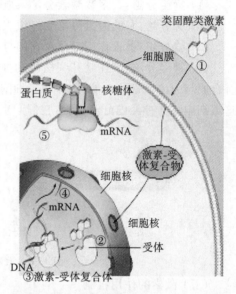

图13-5 类固醇类激素的作用机制示意图

第二节 人体主要内分泌腺及其作用

一、下丘脑-垂体

(一) 下丘脑与垂体间的联系

下丘脑位于前脑基底部的重要脑区,下丘脑中的许多核团兼有内分泌功能,能分泌多种神经激素。垂体(hypophysis)位于颅底的垂体窝内,是一椭圆形、淡红色小体,通过垂体柄与下丘脑相连。垂体很小,重量不到1 g。垂体分前叶、中间部、后叶及垂体柄。垂体柄包括结节部和漏斗。前叶、中间部和结节部合称腺垂体,后叶和漏斗合称神经垂体。下丘脑与垂体间的联系非常密切。

下丘脑与腺垂体之间的功能联系是通过垂体门脉系统实现的(见图13-6)。

1. 下丘脑-腺垂体系统

一般认为下丘脑与腺垂体之间,没有直接的神经纤维联系,而是通过特殊的血管系统——垂体门脉系统发生功能联系,构成了下丘脑-腺垂体系统。现在认为在下丘脑基底部存在一个"促垂体区",主要包括正中隆起、弓状核、视交叉上核、腹内侧核、室周核等核团。这些核团的肽能神经元体积较小,故又称小细胞神经元,分泌下丘脑调节肽,通过垂体门脉系统到达腺垂体,调节腺垂体的内分泌活动。

2. 下丘脑-神经垂体系统

下丘脑与神经垂体之间的功能联系是通过下丘脑-垂体束实现的。下丘脑视上核和室旁核等核团的神经元发出的无髓神经纤维,经垂体柄下行至神经垂体,终止于神经垂体内的毛细血管壁上,这些神经纤维称为下丘脑-垂体束。

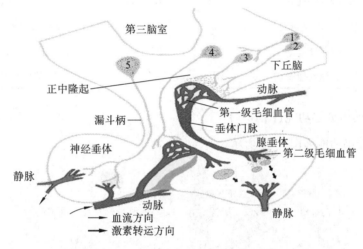

图 13-6 下丘脑与垂体间联系示意图

(二)下丘脑肽能神经元的分泌功能

1. 下丘脑调节肽

下丘脑"促垂体区"肽能神经元分泌的肽类激素,主要对腺垂体发挥调节作用。它们的化学结构为多肽,所以统称为下丘脑调节肽,已知的下丘脑调节肽共有九种。它们的主要作用如表 13-1 所示。其中,前五种的化学结构已明确,故称激素;后四种的化学结构尚未清楚,暂称为因子。

2. 调节下丘脑肽能神经元活动的递质

下丘脑实际上是一个信息传递的枢纽,它接受来自边缘系统、大脑皮质、丘脑及脊髓等各方面传来的神经信息,经多突触联系及多种神经递质的调节后,引起下丘脑肽能神经元发放激素信息,例如激素释放激素,控制垂体的活动。调节肽能神经元的神经递质种类繁多,大致分为两类:一类是肽类物质,如脑啡肽、P 物质、神经降压素、β-内啡肽、血管活性肠肽及胆囊收缩素等;另一类是单胺类物质,如多巴胺(DA)、去甲肾上腺素(NE)、5-羟色胺(5-HT)。

单胺能神经元对下丘脑的肽能神经元构成直接或多突触联系,影响下丘脑调节肽的分泌。

表 13-1 下丘脑分泌的激素及主要生理作用

内分泌腺	激素名称	缩写	化学性质	主要生理功能
下丘脑	促肾上腺皮质激素释放激素	CRH	四十一肽	促进腺垂体分泌促肾上腺皮质激素
	促甲状腺素释放激素	TRH	三肽	促进腺垂体分泌促甲状腺激素
	生长激素释放激素	GHRH	四十四肽	促进腺垂体分泌生长激素
	促性腺激素释放激素	GnRH	十肽	促进腺垂体分泌促性腺激素
	生长抑素	SS	十四肽	抑制腺垂体分泌生长激素
	催乳素释放因子	PRF	肽	促进催乳素释放
	催乳素释放抑制因子	PIF	多巴胺	抑制催乳素释放
	促黑激素释放因子	MRF	肽	促进促黑激素释放
	促黑激素释放抑制因子	MIF	肽	抑制促黑激素释放

(三) 垂体的内分泌功能(图 13-7)

垂体的内分泌功能如图 13-7 所示。

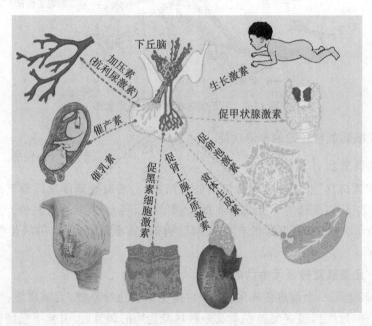

图 13-7 垂体的内分泌功能示意图

1. 腺垂体激素

腺垂体来自早期胚胎的口凹外胚层上皮,其中含有六种腺细胞,分别分泌不同的激素。腺垂体是体内最重要的内分泌腺,它分泌七种激素,主要作用如表 13-2 所示。

表 13-2 腺垂体分泌的激素及主要生理作用

内分泌腺	激素名称	缩写	靶器官	主要生理功能
腺垂体	生长激素	GH	身体所有细胞	促进身体组织发育成长成熟;加强蛋白质合成;增加脂肪转运速度与脂肪供能比例;减少糖的利用
	促甲状腺激素	TSH	甲状腺	控制甲状腺生成、释放 T3 与 T4
	促肾上腺皮质激素	ACTH	肾上腺皮质	调控肾上腺皮质激素的分泌活动
	催乳素	PRL	乳房	刺激乳房的发育,促进乳汁分泌
	促卵泡激素	FSH	卵巢、睾丸	加速卵巢、卵泡的发育;促进卵巢分泌雌激素;促进睾丸、精子的发育
	黄体生成素	LH	卵巢、睾丸	促进雌激素和孕激素的分泌;引起卵泡破裂释放卵细胞;引起睾丸分泌睾酮
	促黑素细胞激素	MSH	皮肤、毛发、虹膜等	刺激黑色素细胞合成黑色素

生长激素(growth hormone,GH)是含有 191 个氨基酸的多肽,主要是促进骨和软骨的生长。生长激素通过诱导肝产生一种生长激素介质发挥作用。生长激素介质是一种多肽类物质,其化学结构与胰岛素相似,又称为胰岛素样生长因子,促进硫酸盐及氨基酸等物质进入软骨细胞,加强 RNA、DNA 及蛋白质合成,促进软骨细胞分裂增殖及骨化,使长骨增长,机体长高。

人在幼年时期若分泌不足,则可导致身材矮小而智力正常的"侏儒症"(dwarfism);分泌过多,则形成骨骼生长发育过快而出现"巨人症"(gigantism)。成年人若生长激素分泌过多,因骨骺已闭合,则只能促进短骨的生长而出现"肢端肥大症"。

生长激素还具有促进机体代谢的作用,如加速组织蛋白质合成,利于组织修复与生长;抑制外周组织对葡萄糖的氧化利用,增加肝糖原的分解释放,升高血糖,若生长激素分泌增多可出现糖尿,称为垂体性糖尿;促进脂肪分解,使脂肪组织量减少,特别是肢体的脂肪减少,增强脂肪酸氧化,为机体提供能量,生长激素过多时血中脂肪酸和酮体增多。

2. 神经垂体激素

神经垂体无内分泌功能,只是一个贮存激素的场所。它所贮存的激素有两种。一种是血管升压素(又称抗利尿激素,可促使肾远曲小管和集合管对水分的重吸收,尿量减少),可引起机体任何部位血管的收缩,使血压升高。另一种是催产素,作用于平滑肌,使子宫平滑肌收缩和输乳管排乳。

二、甲状腺

甲状腺(thyroid gland,见图 13-8)位于气管上端甲状软骨两侧,左右各一,呈椭圆形,中间借峡部相连,腺体重 20~40 g,女性较男性重。甲状腺由很多囊状小泡构成,小泡中空,泡壁为一层立方形上皮细胞,即为分泌细胞,甲状腺有丰富的血管和神经。甲状腺分泌的激素为甲状腺素。目前知道的有两种:一是甲状腺素,又称四碘甲腺原氨酸(T_4);一是三碘甲腺原氨酸(T_3)。在腺体或血液中，T_4 含量占绝大多数，但 T_3 的生物活性比 T_4 强约 5 倍。它们都是酪氨酸的碘化物，因此，甲状腺的活动与碘代谢有密切关系。

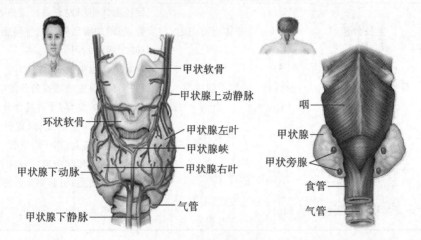

图 13-8　甲状腺示意图

甲状腺激素的生理作用如下。

1. 促进新陈代谢

甲状腺素的基本作用是加速体内各种物质的氧化过程，提高能量代谢水平，增加组织的耗氧量和产热量。1 mg 甲状腺激素可使人体产热量增加 1000 kcal。甲状腺激素分泌过多（甲亢）的病人，因产热增加而怕热喜凉、多汗，基础代谢率常超过正常值的 50%～100%。甲状腺功能低下的病人则产热量减少，喜热畏寒，基础代谢率可低于正常值的 30%～45%。

甲状腺激素能增进小肠对单糖的吸收和肝糖原的分解，以及组织对糖的利用，使血糖升高；促进脂肪的氧化分解和胆固醇的合成、转化和排泄。生理剂量的甲状腺素可促进蛋白质的合成，与儿童少年生长发育有关；大剂量则促进蛋白质分解。甲状腺素分泌不足时，蛋白质合成减少。甲状腺素分泌过多时，蛋白质分解明显高于正常水平，可出现负氮平衡，肌肉蛋白分解的增加可引起肌无力。

2. 促进生长发育

甲状腺素主要影响脑和长骨的生长发育。甲状腺素除本身对长骨的生长发育有促进作用外，还促进垂体分泌生长激素，间接地促进长骨生长发育。一个先天性甲状腺功能不全的婴儿，出生时身长与发育基本正常。如在 4 个月内得不到甲状腺素的补充，则将由于脑与长骨生长的发育障碍而出现智力低下、身材矮小等现象，称为呆小病。

3. 提高中枢神经系统的兴奋性

甲状腺素能提高中枢神经系统的兴奋性。因此，甲亢病人有烦躁不安、多言多动、喜怒无常、失眠多梦等症状；而甲状腺功能低下的病人则有言行迟钝、记忆减退、淡漠无情、少动思睡等表现。

4. 促使心血管系统机能增强

甲状腺素可使心搏加快、加强，心输出量增大，外周血管扩张。甲亢病人可因心脏做功量增加而出现心肌肥大,最后可导致充血性心力衰竭。

三、甲状旁腺

甲状旁腺(parathyroid gland)是位于甲状腺背面,呈棕色的椭圆形小球。甲状旁腺一般有四个,上下各一对,总重量约 0.1 g,甲状旁腺的血液供应异常丰富,但分布的神经较少。甲状旁腺分泌的激素称为甲状旁腺素,是由甲状旁腺主细胞所合成的含有 84 个氨基酸的直链多肽。

甲状旁腺素具有升高血钙、降低血磷的作用。甲状旁腺素能刺激破骨细胞,使骨组织的钙进入血液。向机体内注射过多的甲状旁腺素,可使血钙升高。在过多的甲状旁腺素的长期作用下,骨骼由于严重脱钙而松脆容易折断。甲状旁腺素还有减低肾小管对无机磷的重吸收作用,从而促进肾脏对磷的排泄。

血钙的浓度同神经及肌肉组织的兴奋性有密切的关系。血钙升高,神经和肌肉的兴奋性降低;血钙降低,神经和肌肉的兴奋性升高。

在对钙的调节过程中,降钙素和维生素 D_3 也发挥着重要作用。降钙素是甲状腺腺泡旁细胞(又名 C 细胞)所分泌的,其生理作用主要是抑制原始骨细胞向破骨细胞转化,并促进破骨细胞转化为骨细胞,同时抑制破骨细胞的活动,故降钙素能使血钙浓度降低。降钙素还能抑制肾小管对钙、磷、钠、氯的重吸收。降钙素的分泌主要受血钙浓度的反馈性调节。血钙浓度升高,其分泌增多,反之则分泌减少。人体内维生素 D_3 除来自食物外,相当一部分是皮肤中的 7-脱氢胆固醇经日光照射转化而成的。来自食物和皮肤内生成的维生素 D_3 活性很低,必须在肝内变成 25-羟维生素 D_3,再在肾内进一步变成 1,25-二羟维生素 D_3,才具有生理活性。它的主要作用是促进小肠上皮对钙的吸收,动员骨钙入血,使血钙升高;同时它也能促进骨盐沉积。缺乏维生素 D_3,可引起儿童佝偻病和成人骨软化症。

四、肾上腺

肾上腺(suprarenal gland)位于肾脏上端,为三角形扁平体(见图 13-9)。左右各一个,肾上腺包括肾上腺皮质和肾上腺髓质,二者的形态、结构、胚胎发生、生理作用以及功能的调节都完全不同,是两个独立的内分泌腺。

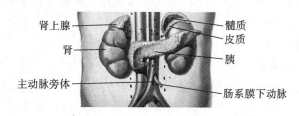

图 13-9 肾上腺示意图

(一) 肾上腺皮质

肾上腺皮质(suprarenal cortex)起源于中胚层。它由三层不同的细胞组成,从外向内分别称为球状带、束状带和网状带。球状带分泌的激素主要参与体内水盐代谢的调节,故称盐皮质激素,主要是醛固酮;束状带分泌的激素称糖皮质激素,人体束状带分泌的糖皮质激素以皮质醇(又名氢化可的松)为主;网状带亦可分泌皮质醇,并可分泌少量的雄性激素和微量的雌二醇。人体各种皮质激素都是以胆固醇为原料经腺细胞生物合成的类固醇类激素,都是含18~21个碳原子的环戊烷多氢菲化合物。它们之间生理作用与活性的差异在于不同位置碳上的基团和侧链的不同。

1. 糖皮质激素的生理作用

1) 调节物质代谢

皮质醇能促使肝糖原异生,增加糖原的贮存,同时有抗胰岛素作用,使外周组织对糖的摄取和利用减少,因而使血糖浓度升高。糖皮质激素分泌不足时,出现肝糖原降低和低血糖;分泌过多则血糖升高,甚至能引起类固醇性糖尿。

皮质醇有促进蛋白质分解、抑制其合成的作用,使蛋白质分解生成的氨基酸在血中的含量增加,并成为糖异生的原材料。

皮质醇可促进脂肪组织中的脂肪分解,使血中游离脂肪酸增加。由于它抑制外周组织对葡萄糖的利用,所以又能间接地促进脂肪的氧化。皮质醇对脂肪代谢的另一重要作用是使体内脂肪的分布发生变化:四肢脂肪减少,面部和躯干脂肪增加,出现所谓的"向中性肥胖"或"向心性肥胖"。

2) 抗有害刺激

当人体突然受到创伤、手术、冷冻、饥饿、疼痛、感染、惊恐和剧烈运动等不同的刺激时,均可出现血中促肾上腺皮质激素(ACTH)浓度的急剧增高和糖皮质激素的大量分泌,这一现象称为"应激反应"。应激包括警戒反应期、抵抗期和衰竭期三个时期。生理应激在绝大多数情况下不会达到衰竭阶段。生理应激的三个阶段如下:①机体对刺激的直接反应及代偿反应,如运动时呼吸频率和心率加快、血压升高;②机体对刺激的部分或全部适应,表现为某些功能提高以适应所接受的刺激;③刺激停止后的恢复阶段,这时应激反应和适应性反应逐渐消失,机体恢复到运动前状态。

3) 其他作用

皮质醇能增强骨髓造血功能,使血液中红细胞和血小板数量增多,中性粒细胞增多,淋巴细胞数量减少,嗜酸粒细胞数量减少。皮质醇可使肾上腺素和去甲肾上腺素的灭活减慢、减少,这对血管保持正常的紧张性有重要意义。皮质醇有提高中枢神经系统兴奋性的作用。

2. 盐皮质激素的作用

盐皮质激素的作用主要是调节人体的水盐代谢,故此得名。它的作用主要是促进肾远曲小管和集合管对钠离子的主动重吸收和对钾离子的分泌。当它缺乏时,一方面毛细血管通透性增加,水分排出量增多,血液变浓,血量减少,因而妨碍循环系统的活动;另一方面肾小管对钠盐的重吸收减少,很多钠盐从尿排出,对钾盐的重吸收增多,因此血中钠少钾多,血中离子平衡发生紊乱,会影响人的正常生命活动。

3. 性激素

正常时由肾上腺皮质分泌的性激素量不大,作用不显著。如分泌功能亢进,可出现男孩的性早熟或女性男性化,偶尔也可见男性女性化。

(二) 肾上腺髓质

肾上腺髓质(suprarenal medulla)起源于外胚层,能分泌和贮存肾上腺素和去甲肾上腺素,二者都是儿茶酚的单胺类化合物,故统称儿茶酚胺。髓质中肾上腺素与去甲肾上腺素的比例约为 4:1。肾上腺素和去甲肾上腺素的主要生理作用如表 13-3 所示。

肾上腺髓质激素的生理作用与交感神经节后纤维的作用基本上一致。因此,可以把肾上腺髓质看成是交感神经的神经节和它的延伸部分。当机体遭遇紧急情况时,如剧痛、缺氧、脱水、大出血、畏惧和剧烈运动时,交感-肾上腺髓质系统的活动大大增强,称为"应急反应"。此时神经系统的兴奋性提高;心率加快、心肌收缩力加强,心输出量增加、血压升高;呼吸加深加快;皮肤内脏血管收缩,血液重新分配,使重要器官得到更多血液供应;血糖升高,葡萄糖、脂肪酸氧化代谢加强,有利于动员机体潜在的力量以应付环境的剧变。引起"应激反应"和"应急反应"的刺激是相同的,但反应的途径是不同的,前者是下丘脑-垂体-肾上腺皮质系统活动的增强,后者是交感-肾上腺髓质系统活动的增强。二者相辅相成,共同提高机体的应答和适应能力。

表 13-3 肾上腺素与去甲肾上腺素的生理作用

	肾上腺素	去甲肾上腺素
心脏	心率加快,收缩力明显增强,心输出量增加	心率减慢
血管	皮肤、胃肠、肾血管收缩;冠状动脉、骨骼肌血管舒张	冠状动脉舒张,其他血管均收缩
血压	上升(主因心输出量增加)	明显上升(主因外周阻力增加)
支气管平滑肌	舒张	稍舒张
脂肪代谢	分解	分解
糖代谢	血糖明显升高	血糖升高

五、胰岛

胰岛(pancreatic islets,见图 13-10)是散在于胰腺外分泌细胞之间的许多内分泌细胞群的总称。人类胰岛细胞中主要有 A 细胞、B 细胞和 D 细胞。A 细胞约占胰岛细胞的 20%,分泌胰高血糖素;B 细胞占 50% 以上,分泌胰岛素;D 细胞仅占 1%~8%,分泌生长抑制素。

(一) 胰岛素

胰岛素(insulin)是由 51 个氨基酸组成的小分子蛋白质。B 细胞首先合成大分子的前胰岛素原,然后加工成胰岛素原(有 86 个氨基酸),再进一步加工成胰岛素。

胰岛素的生理作用是调节糖、脂肪和蛋白质的代谢。

1. 糖代谢

胰岛素的主要作用是降低血糖。它一方面促进全身组织对葡萄糖的利用,并使葡萄糖

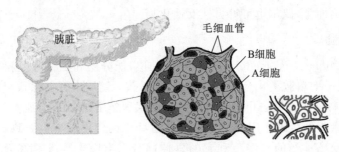

图 13-10　胰示意图

合成糖原和转变为脂肪,另一方面抑制糖原分解和糖的异生,因而能使血糖降低。胰岛素分泌不足最明显表现为血糖升高,超出肾糖阈,糖随尿排出,称为糖尿病。糖尿病患者使用适量胰岛素,可使血糖维持正常浓度。

2. 脂肪代谢

胰岛素可促进脂肪的合成与贮存,使血中游离脂肪酸减少,同时抑制脂肪的分解氧化。胰岛素缺乏可造成脂肪代谢紊乱,脂肪的贮存减少,分解加强,血脂升高,引起动脉硬化,进而导致心血管和脑血管系统的严重疾患。与此同时,由于脂肪酸分解增多,生成大量酮体,导致酸中毒,甚至昏迷。

3. 蛋白质代谢

胰岛素一方面能促进细胞对氨基酸的摄取和蛋白质合成,另一方面抑制蛋白质的分解,因而有利于生长。同时,腺垂体生长激素的促蛋白质合成的作用,必须在有胰岛素存在的情况下才能表现出来。因此,对机体的生长来说,胰岛素也是不可缺少的激素之一。

(二) 胰高血糖素

胰高血糖素(glucagon)为 29 个氨基酸组成的多肽,也是由蛋白质前体物质分裂而来的。胰高血糖素的生理作用与胰岛素相反,是一种促进分解代谢的激素。它具有很强的促进糖原的分解以及糖异生的作用,因而使血糖升高的效应非常明显。它还能促进贮存脂肪的分解和脂肪酸的氧化,使血液酮体增多,并能使氨基酸迅速进入肝细胞,脱去氨基,异生为糖。对蛋白质也有促进分解和抑制合成的作用。

(三) 胰岛素与胰高血糖素分泌的调节

胰岛素与胰高血糖素的分泌主要受血糖浓度的调节。血糖升高时,B 细胞分泌胰岛素增多,A 细胞分泌胰高血糖素减少,使血糖降低;血糖浓度降低时,作用相反。

迷走神经和交感神经也影响它们的分泌,迷走神经兴奋时,引起胰岛素分泌增多,而胰高血糖素分泌减少,使血糖降低;交感神经兴奋时,使胰岛素分泌减少,而胰高血糖素分泌增多,使血糖升高。

六、性腺

男性的性腺器官是睾丸。它具有双重功能,既是男性生殖器官,又是分泌雄性激素的内分泌腺。睾丸分泌的主要激素是睾酮。女性的性腺器官是卵巢。卵巢也具有双重功能,它可产生卵子,并分泌多种激素,其中主要是雌激素和孕激素,还有少量雄激素。

(一) 睾酮的生理作用

1. 促进男性附性器官的发育和副性征的出现

睾酮能刺激前列腺、阴茎、阴囊和尿道等的发育和生长,并促进青春期后男性副性征或第二性征出现,主要表现有生胡须、嗓音低沉、喉头突出、毛发呈男性型分布、骨髓粗壮、肌肉发达等,这些都是在睾酮刺激下发生并维持的。

2. 促进体内蛋白质合成

睾酮能促进体内的蛋白质的合成代谢,特别是肌肉、骨骼肌等器官内的蛋白质合成,出现正氮平衡。

(二) 雌激素的生理作用

1. 促进女性附性器官的发育和副性征的出现

雌激素可促进女性的附性器官如子宫、输卵管、阴道和外生殖器的发育,可促进乳房发育、刺激乳腺导管系统增生、产生乳晕并使脂肪和毛发分布、音调、体形等表现出一系列女性副性征,并使之维持于成熟状态。

2. 对代谢的影响

雌激素可影响钙磷代谢,刺激成骨细胞的活动,有利于水和钠在体内保留,促进肌肉蛋白质的合成,故对青春期发育与成长起重要的促进作用。

(三) 孕激素的生理作用

孕激素的主要作用是为受精卵在子宫内着床和保证妊娠做准备,它通常要在雌激素作用的基础上才能发挥作用。

(1) 孕激素使子宫内膜进一步增生变厚,且有腺体分泌,以利于受精卵着床。与此同时,它能抑制子宫平滑肌的活动,保证胚胎有一个比较安静的环境。

(2) 促进乳腺腺泡和导管的发育,为分娩后泌乳准备条件。

第三节 激素对运动中代谢及水盐平衡的调节

在长时间的运动中,糖和脂肪是维持肌肉运动的主要能量来源。为确保肌肉对葡萄糖和脂肪酸的需求,多种激素共同发挥调节作用。

一、激素对运动中糖代谢的调节

葡萄糖以糖原的形式贮存在体内,主要存在于肌肉和肝脏中。葡萄糖必须从糖原中释放出来,因此要求糖原分解加强。肝糖原分解释放的葡萄糖,通过血液循环被活动组织所吸收,也可以通过糖异生来升高血糖浓度。

体内升高血糖浓度的激素有四种：胰高血糖素，肾上腺素，去甲肾上腺素，皮质醇。

运动过程中，血糖的浓度取决于运动肌肉对葡萄糖的摄取量和肝脏释放的葡萄糖量之间的平衡。安静状态下，胰高血糖素促使肝脏释放葡萄糖，其不仅促进肝糖原的分解，同时还促进氨基酸异生为葡萄糖。运动时，胰高血糖素的分泌增加，同时也促进肾上腺髓质释放儿茶酚胺（肾上腺素和去甲肾上腺素），这些激素与胰高血糖素协同作用，促进糖原分解。运动中皮质醇的浓度也有所升高，皮质醇促进蛋白质的分解代谢，也促进氨基酸在肝脏中的糖异生。因此，这四种激素都能通过加速糖原分解和糖异生（非糖物质转化为葡萄糖）来提高血糖浓度。除了这四种激素外，生长激素促进游离脂肪酸释放，降低细胞对葡萄糖的摄取，因而减少了细胞对葡萄糖的利用（维持循环血液中较高的葡萄糖浓度）。同时，甲状腺激素能促进葡萄糖的分解和脂肪的代谢。

肝脏释放葡萄糖的量取决于运动强度和时间。随着运动强度的增加，儿茶酚胺的释放速率也随之增加，结果造成肝脏释放葡萄糖的量多于运动肌肉的摄取量。在一次短距离的全力跑过程中及运动后即刻，血糖浓度可能比安静水平高 40%～50%。

运动强度愈大，儿茶酚胺释放的就愈多，这会使得糖原分解率显著增加。这一过程不仅发生在肝脏，也发生在肌肉中。肝脏释放的葡萄糖入血后能够被肌肉利用，但肌肉有其更便捷的获取葡萄糖的来源，即肌糖原。在爆发性短距离的运动过程中，肌肉在摄取血糖之前，会优先利用自身所贮存的糖原。肝脏释放出来的葡萄糖没有被立即使用，因而能保留在血液循环内，增加血糖。运动后，血糖浓度下降，葡萄糖进入肌肉，以弥补减少了的肌糖原。

持续数小时的运动中，肝脏释放葡萄糖的速率更加接近肌肉对葡萄糖的需求，使得血糖维持或稍高于安静时的浓度。随着肌肉摄取葡萄糖的增加，肝脏释放葡萄糖也随之增加。在多数情况下，血糖在长时间运动末期，肝糖原耗竭时才开始下降，同时胰高血糖素开始增加。胰高血糖素与皮质醇共同促进糖原的分解，为肌肉提供更多的能源物质。

图 13-11 描述 3 小时自行车运动过程中血液肾上腺素、去甲肾上腺素、胰高血糖素、皮质醇与葡萄糖浓度的变化。长时间运动中，葡萄糖在激素调节下保持不变，但此时肝糖原也将消耗殆尽。因此，肝脏释放葡萄糖的速率可能就跟不上肌肉对葡萄糖的摄取。此时，即使有激素调节，血糖仍有可能会下降。因而，运动中摄取葡萄糖成为维持血糖浓度非常重要的方式。

二、激素对运动中脂肪代谢的调节

虽然运动时肌肉的能量来源主要是糖，也有少量来自脂肪，但耐力运动中游离脂肪酸的释放及氧化可决定运动表现。长时间运动时，糖会逐渐耗尽，肌肉的能量来源将逐渐依赖脂肪的氧化。当低血糖或肝糖原减少时，内分泌系统即会促进脂肪分解，以确保肌肉运动的能量需求。

游离脂肪酸以甘油三酯的形式贮存在脂肪细胞和肌细胞内。脂肪组织中的甘油三酯必须分解释放出游离脂肪酸，游离脂肪酸将被转运到肌细胞中进行代谢。运动肌肉对游离脂肪酸摄取的速率与血浆游离脂肪酸浓度紧密相关。血浆游离脂肪酸的浓度增加，能提高肌细胞对其的摄取。在运动中，甘油三酯的分解速率在一定程度上取决于肌肉将其作为能源

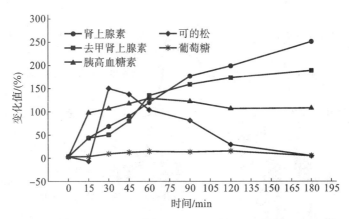

图 13-11 长时间运动中血浆儿茶酚胺、胰高血糖素、皮质醇和血糖水平的变化
（运动强度：65% $VO_{2\,max}$。引自王瑞元、汪军译《运动生理学》，2011）

物质的比例。

体内脂肪分解的速率至少受以下五种激素的调控：胰岛素，肾上腺素，去甲肾上腺素，皮质醇，生长激素。

运动中脂肪分解的加强，主要是血液中的胰岛素浓度降低所致。肾上腺素和去甲肾上腺素浓度的增加也可促进脂肪分解。除了糖异生作用外，皮质醇在运动中可加速游离脂肪酸的动员和利用。血浆皮质醇浓度的峰值出现在运动后 30～45 min，随后下降至接近正常水平。但运动中血浆游离脂肪酸不断升高，意味着脂肪分解酶被其他激素（儿茶酚胺和生长激素）持续激活。甲状腺激素也能不断地动员和促进游离脂肪酸代谢，但所占比例很小。

综上所述，内分泌系统在调控运动过程中 ATP 的产生，以及维持糖与脂肪代谢的平衡中发挥着重要的作用。

三、激素对运动中体液和电解质平衡的调节

运动过程中，体液平衡对于机体代谢、心血管功能和体温调节等非常重要。在运动刚开始时，水会从血浆转移到组织间隙和细胞间隙内，转移的程度依照运动肌肉的多少和运动强度决定。代谢产物会堆积在肌纤维内及肌纤维之间，使此部位的渗透压升高，使水分通过扩散方式流向细胞外。同时，肌肉活动可使血压升高，也可导致水分从血液中溢出，以致运动中的排汗量也是增加的。上述诸因素使肌肉和汗腺消耗了大量的血浆。比如，以 75% $VO_{2\,max}$ 强度跑步训练时，血浆量会减少 5%～10%。而当血容量减少的时候，血压会降低，同时流向皮肤和肌肉的血流量也发生减少。这些因素都会影响运动员的运动能力。

内分泌系统调节体液平衡，同时也调节电解质平衡，尤其是钠离子。垂体后叶释放的抗利尿激素和肾上腺皮质分泌的盐皮质激素——醛固酮，是两种主要的调节激素，其靶器官是肾脏（见图 13-12 和图 13-13）。

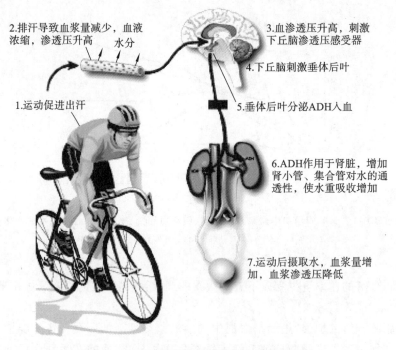

图 13-12 抗利尿激素增加机体水潴留的机制

（引自王瑞元、汪军译《运动生理学》，2011）

图 13-13 运动时血浆中水的丢失，能引起肾脏保钠和保水，使尿量减少。在运动后的数小时内，醛固酮浓度增加引起细胞外液和血浆量增加

（引自王瑞元、汪军译《运动生理学》，2011）

【思考题】
1. 简述激素作用的一般特征。
2. 生长激素的生理作用主要有哪些?
3. 胰岛素的生理作用主要有哪些?
4. 简述运动过程中代谢的激素调节。哪些激素在其中发挥作用?持续数小时的运动中,激素是如何影响糖或脂肪供应能量的?
5. 简述运动中体液平衡的激素调节。

第十四章 有氧与无氧工作能力

人体运动时的能量代谢包括有氧代谢和无氧代谢,从生理学角度根据运动时能量供应特点,可以把人体的运动能力分为有氧工作能力和无氧工作能力。

第一节 概 述

一、需氧量和摄氧量

(一) 需氧量

需氧量(oxygen requirment)是指人体为维持某种生理活动所需要的氧量。通常以每分钟为单位计算,正常成人安静时需氧量约为 250 mL/min。

运动时需氧量随运动强度而变化,并受运动持续时间的影响。运动时随着运动强度的增大,每分需氧量则相应增加。运动强度愈大、持续时间愈短的运动项目,每分需氧量则愈大;反之,运动强度较小、持续时间长的运动项目,每分需氧量少,但运动的总需氧量却大。例如,从 100 m 赛跑速度计算出的每分需氧量可高达 40 L/min,其总需氧量只有 7 L 左右;而中等程度的马拉松跑时每分需氧量为 2~3.5 L/min,但由于运动持续时间长(2 h 以上),其总需氧量可达 700 L 以上。可见,运动时的每分需氧量反映了运动强度的大小。

(二) 摄氧量

单位时间内,机体摄取并被实际消耗或利用的氧量称为摄氧量(oxygen uptake,$\dot{V}O_2$)。有时把摄氧量也称为吸氧量(oxygen intake)和耗氧量(oxygen consumption)。通常以每分钟为单位计量摄氧量。安静时,机体代谢水平低,能量消耗少,每分摄氧量与每分需氧量是平衡的。运动时,随着运动强度的增加,每分需氧量成比例增加,摄氧量能否满足需氧量,取决于运动项目的特点。在持续时间短、强度大的运动中以及低强度运动的开始阶段,摄氧量均不能满足需氧量,出现氧亏。

二、氧亏与运动后过量氧耗

(一) 氧亏

在运动过程中,当机体摄氧量不能满足实际所需要的氧量时,造成体内氧的亏欠,称为氧亏(oxygen deficit)。

在进行强度大、持续时间短的剧烈运动中,即使氧的运输系统功能已经达到最高水平,但摄氧量仍不能满足需氧量,而出现氧亏。同样,在低强度运动的开始阶段,由于内脏器官的生理惰性大,氧运输系统的功能不能立即提高到应有的水平,其摄氧量亦不能适应运动的需要。所以,在低强度运动的开始阶段也会出现氧亏(见图14-1)。

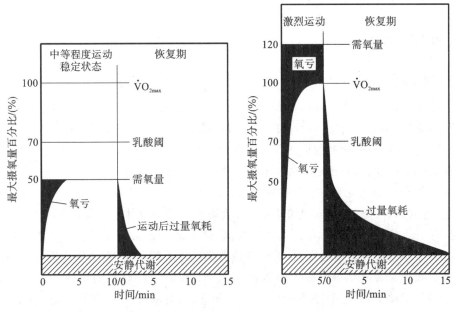

图14-1 氧亏和运动后过量氧耗示意图

(引自 Noble B.J.,1986)

(二)运动后过量氧耗

运动结束后,肌肉活动虽然停止,但机体的耗氧量并不能立即恢复到运动前相对安静的水平。运动后恢复期为偿还运动中的氧亏及运动后使处于高水平代谢的机体恢复到安静水平消耗的氧量称为运动后过量氧耗(exercise post-exercise oxygen consumption,EPOC)。

运动后过量氧耗的机制目前仍不明确。运动后氧储备的恢复、磷酸原再合成、乳酸清除,以及运动后仍高于运动前水平的通气量、心输出量及体温均可能是导致运动后过量氧耗的原因。

实验证明,运动后过量氧耗与多种因素有关。第一,体温升高的影响。Brooks(1977)实验证明,运动时最大的代谢废物是热。运动时产生的热一部分可通过皮肤散发到体外,未能散发出去的热在体内堆积,使体温升高。体温每升高1℃,身体的代谢率可提高13%。赫勃格(Hegberg)研究指出,从运动后恢复期的耗氧成分分析,量恢复曲线的慢成分有60%~70%是由于肌肉温度升高造成的。有实验证明,体温和肌肉温度与运动后恢复期耗氧量的曲线是同步的。第二,儿茶酚胺的影响。运动使体内儿茶酚胺浓度增加,运动后恢复期儿茶酚胺浓度仍保持在较高水平,因而消耗一定的氧。第三,磷酸肌酸的再合成。在运动过程中,磷酸肌酸(CP)逐渐减少以致排空,在运动后CP需要再合成。在运动后恢复期CP的再合成需要消耗一定的氧。第四，Ca^{2+}的影响。运动使肌肉细胞内Ca^{2+}的浓度增加，运动后恢复细胞内外Ca^{2+}的浓度需要一定时间，Ca^{2+}有刺激线粒体呼吸的作用，Ca^{2+}的刺激作用使运动后的额外耗氧量增加。第五，甲状腺素和肾上腺皮质激素的影响。甲状腺素和肾上腺皮质激素可促进细胞膜钠-钾泵的活动加强，同时在运动后恢复期的一定时间内，其浓度仍然保持在较高水平，因而消耗一定量的氧。

三、最大摄氧量

（一）最大摄氧量的概念

最大摄氧量（maximal oxygen intake，$\dot{V}O_{2\,max}$）是指人体在进行有大量肌肉群参加的长时间剧烈运动中，当心肺功能和肌肉的利用氧的能力达到本人极限水平时，单位时间内（通常以每分钟为计算单位）所能摄取的氧量称为最大摄氧量（$\dot{V}O_{2\,max}$）。它反映了机体吸入氧、运输氧和利用氧的能力，是评定人体有氧工作能力的重要指标之一。

$\dot{V}O_{2\,max}$的表示方法有绝对值和相对值两种。绝对值是指机体在单位时间内所能吸入的最大氧量，通常以升/分（L/min）为单位；相对值则是按每千克体重计算的最大摄氧量，以毫升/千克/分（mL/kg/min）为单位。人体的身高、体重的差异较大，因此，用最大摄氧量的绝对值进行个体间的比较是不适宜的，而相对值消除了体重的影响，在个体间进行比较中更有实际意义。我国正常成年男子最大摄氧量为 3.0～3.5 L/min，相对值为 50～55 mL/kg/min；女子较男子略低，其绝对值为 2.0～2.5 L/min，相对值为 40～45 mL/kg/min。$\dot{V}O_{2\,max}$受遗传因素的影响较大，并依年龄、性别和训练等因素的不同而有所差异。

（二）最大摄氧量的测定方法

1. 直接测定法

直接测定法通常在实验室条件下进行，让受试者在一定的运动器械上进行逐级递增负荷运动试验，记录各级负荷的通气量，并分析其呼出气 O_2 和 CO_2 的含量，计算出各级负荷运动时的摄氧量。当进一步增加运动负荷而吸氧量不再随运动负荷的增加而增加，或增加甚少（少于 2 mL/kg/min），或略有下降，此时的摄氧量即为 $\dot{V}O_{2\,max}$。常用的运动方式为跑台跑步、蹬踏功率自行车或一定高度的台阶试验。

在直接测定 $\dot{V}O_{2\,max}$ 时，通常采用以下标准来判定受试者已达到本人的 $\dot{V}O_{2\,max}$：①心率达 180 次/min（少儿达 200 次/min）；② 呼吸商（RQ）达到或接近 1.15；③摄氧量随运动强度增加而出现平台（继续运动时，相邻两次负荷摄氧量的差别在 150 mL/min 以下或 2 mL/kg/min 以下）或下降；④ 受试者已发挥最大力量并无力保持规定的负荷即达精疲力竭。一般情况下，符合以上四项标准中的三项即可判定达到 $\dot{V}O_{2\,max}$。

2. 间接推算法

用直接测定法测定的试验数据可靠，重复性好，但必须要有相应的设备条件，如跑台、功率自行车、收集和分析气体的仪器或心肺功能测试仪，对受试者要求达到最大或力竭运动，对体弱者和老年人还有一定的危险性。因此，许多学者致力于用间接法来推算 $\dot{V}O_{2\,max}$。国内外使用较普遍的间接推算法是瑞典学者 Åstrand-Ryhmin 列线图法(见图 11-2),即根据亚极量负荷时测得的摄氧量与心率的线性关系绘制的推算 $\dot{V}O_{2\,max}$ 列线图。

使用该列线图推算 $\dot{V}O_{2\,max}$ 的具体方法如下:

(1) 台阶试验。男被试者在 40 cm 高的台阶上,女被试者在 33 cm 高的台阶上,以每分 22.5 次的频率(左腿上、右腿下、左腿下、右腿上四步为一次)登上跨下,连续 5 min,结束后测第一个 10 s 的心率,乘以 6,作为恢复期第 1 min 的心率,在列线图上把被试者的体重标点和心率标点连线,与列线图中间斜线的交点,即为其最大摄氧量。例如,某女青年体重 61 kg,台阶测试后第 1 min 的心率为 156 次/min,连接两点,读出中间斜线交点上的数值,该青年的最大摄氧量为 2.4 L/min。

(2) 功率自行车运动测验。根据具体情况,受试者以每分钟 50 或 60 转的速度蹬车,在一分钟内逐渐将负荷功率加到 150~200 W(900~1200 kg·m/min),连续蹬车 3~5 min,使心率达到稳定状态,记录稳定状态的心率。根据被试者在功率自行车运动时的功率以及心率两点,虚线相连,与中间斜线的交点,即为受试者的最大摄氧量。例如,某男性受试者,在自行车上运动至 200 W 时,其心率为 166 次/min,交点为 3.6 L,即该青年的最大摄氧量为 3.6 L/min。

Åstrand 经过进一步研究,又提出了根据不同年龄和最大心率的修正系数对最大摄氧量的推测值进行修正的方法,即实际最大摄氧量等于推测值乘以年龄或最大心率的修正系数(见表 14-1)。

表 14-1　推测最大摄氧量的年龄与最大心率修正系数表

年龄	修正系数	最大心率	修正系数
15	1.10	210	1.12
25	1.00	200	1.00
35	0.87	190	0.93
40	0.83	180	0.83
45	0.78	170	0.75
50	0.75	160	0.69
55	0.71	150	0.64

(三) 限制最大摄氧量的因素

运动科学家曾提出限制最大摄氧量的最重要的生理因素和真正影响最大摄氧量的系列因素,结果提出了两种对立的理论。

第一种理论认为,限制耐力能力的原因是线粒体内缺乏足够浓度的氧化酶。耐力训练可以提高这些氧化酶浓度,让活动组织使用更多可利用的氧,导致了较高的最大摄氧量。另外,耐力训练也会增加肌肉线粒体的体积与数量。因此,该理论认为最大摄氧量的主要限制因素是线粒体无法以特定的高速率使用氧,此理论被认为是利用理论。

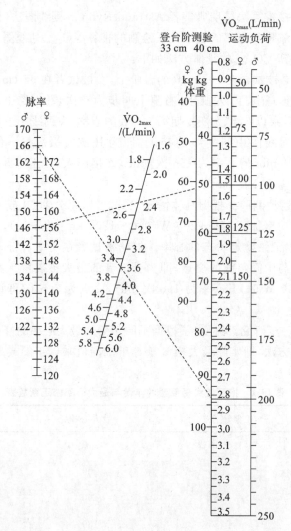

图 14-2　用亚极量运动后的心率预测 $\dot{V}O_{2\,max}$ 的列线图
(引自 Åstrand, 1977)

第二种理论是中枢和外周的循环因素限制了耐力能力。这些循环因素阻止充足的氧气运送到活动组织。根据此理论,耐力训练后会提高最大摄氧量是因为血量增加、心输出量增加(通过每搏输出量)和较好的活动肌肉的血液灌流。

研究证据强力支持第二种理论。有研究指出,受试者在运动至力竭中摄取混合的一氧化碳(强制与血红蛋白结合后会限制血红蛋白的携氧能力)和空气,发现最大摄氧量因吸入一氧化碳而降低,而一氧化碳分子结合总血红蛋白的含量约15%,此百分数与最大摄氧量的降低比例一致。在另一项研究中,受试者的总血量几乎被占有15%~20%,也接近最大摄氧量的下降值。将分离的红细胞再注入受试者体内,4周后最大摄氧量的增加大于基础值与控制组。在这两篇研究中,血液的携氧量下降通过阻止血红蛋白或移除全血,从而导致氧气运输至活动组织减少,进而降低最大摄氧量。同样,研究显示呼吸富氧的混合气,在吸入气体中的氧分压有所增加,从而提高了耐力能力。

Rowell(1986)在他的《人体身体应激时的循环调节》一文中,讨论了限制$\dot{V}O_{2\,max}$的潜在因素(见图14-3)。

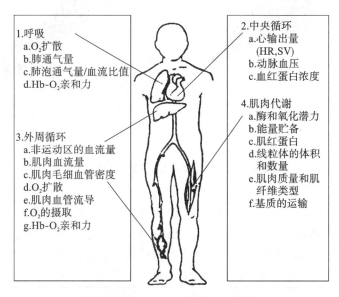

图14-3　限制最大摄氧量的潜在因素

(引自 Rowell,1986)

(四) 影响最大摄氧量的因素

1. 遗传因素

对双生子最大摄氧量的研究表明,$\dot{V}O_{2\,max}$受遗传因素的影响较大。克索拉斯(Kessouras,1972)等研究了25对双生子(15对单卵,10对双卵),发现$\dot{V}O_{2\,max}$的遗传度为93.4%。Bouchard(1986)等发现,遗传可决定最大摄氧量25%～50%的变化,这意味着在所有影响最大摄氧量的因素中,单是遗传就占据了1/4～1/2的比例。遗传可以解释为什么有些人即使没有经过耐力训练,也会具有很高的最大摄氧量。因此,遗传和环境因素都影响最大摄氧量。遗传因素可能使运动员的$\dot{V}O_{2\,max}$限定在一定的变动范围内,但是耐力训练可以推进$\dot{V}O_{2\,max}$到范围的上限。

2. 年龄、性别因素

$\dot{V}O_{2\,max}$在少儿期间随年龄增长而增加,并于青春发育期出现性别差异,男子一般在18岁～20岁时最大摄氧量达峰值,并能保持到30岁左右;女子在14岁～16岁时即达峰值,一般可保持到25岁左右。以后,$\dot{V}O_{2\,max}$将随年龄的增加而递减(见图14-4)。若坚持体育锻炼,$\dot{V}O_{2\,max}$随年龄增加而递减的幅度减小。

研究发现,女子的最大摄氧量要显著低于男子(低20%～25%)。高水平的女子耐力运动员的最大摄氧量和高水平的男子耐力运动员相当接近(只低约10%)。关于$\dot{V}O_{2\,max}$出现性别差异的原因,一般认为是女子每千克体重的血液、心容积、血红蛋白含量、心输出量等均

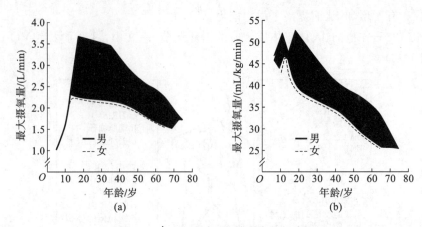

图 14-4 $\dot{V}O_{2\,max}$ 随年龄、性别变化示意图
（引自 McArdle,1991）

比男子低。睾酮对最大摄氧量有明显影响,也成为男子比女子的 $\dot{V}O_{2\,max}$ 水平高的原因之一。此外,女子身体脂肪比男子多,其身体组成的特点也决定了女子 $\dot{V}O_{2\,max}$ 低于男子。

不同年龄、性别、运动项目的运动员和非运动员的 $\dot{V}O_{2\,max}$ 如表 14-2 所示。

表 14-2 非运动员和运动员的最大摄氧量值 (mL/kg/min)

运动组别	年龄	男性	女性
非运动员	10~19	47~56	38~46
	20~29	43~52	33~42
	30~39	39~48	30~38
	40~49	36~44	26~35
	50~59	34~41	24~33
	60~69	31~38	22~30
	70~79	28~35	20~27
棒球/垒球	18~32	48~56	52~57
篮球	18~30	40~60	43~60
自行车	18~26	62~47	47~57
皮划艇	22~28	55~67	48~52
足球	20~36	42~60	—
体操	18~22	52~58	36~50
冰球	10~30	50~63	—
马术	20~40	50~60	—
定向越野	20~60	47~53	46~60

续表

运动组别	年龄	男性	女性
壁球	20～35	55～62	50～60
划船	20～35	60～72	58～65
高山滑雪	18～30	57～68	50～55
越野滑雪	20～28	65～94	60～75
跳台滑雪	18～24	58～63	—
足球	22～28	54～64	50～60
速度滑冰	18～24	56～73	44～55
游泳	10～25	50～70	40～60
田径（铁饼）	22～30	42～55	—
田径（跑步）	18～39	60～85	50～75
	40～75	40～60	35～60
田径（铅球）	22～30	40～46	
排球	18～22	—	40～56
举重	20～30	38～52	—
摔跤	20～30	52～65	

（引自 Wilmore, et al., 2008）

3. 训练因素——应答者和非应答者

许多研究者发现，有氧训练提高最大摄氧量的变化范围较大。Kohrt(1991)等对老年男子和女子进行 9～12 个月耐力训练的研究证实，所有受试者完成完全一样的训练计划，但机体提高的最大摄氧量的范围可从 0% 到 43%。

过去，运动生理学家猜想这些变化是由于对训练计划的应答程度不同造成的。好的应答者提高百分比最高；而较差的应答者提高很少或完全没有。然而，即使给予相同的训练刺激和完全依从训练计划，不同的人最大摄氧量提高的百分比还是有很大的差异。

Bouchard(1990)明确指出，对训练计划的应答是由遗传决定的。图 14-5 显示 10 对同卵双胞胎完成 20 周的耐力训练计划，每对双胞胎的最大摄氧量的提高。每一个点代表一对双胞胎，双胞胎 A 在 x 轴，双胞胎 B 在 y 轴，可以看到每一对双胞胎的应答相似。但即使是同卵双胞胎，最大摄氧量提高的变化范围也为 0%～40%。本结果结合其他的研究表明，执行同一训练计划的不同组间，存在着应答者（提高较大）和非应答者（提高很少或没有提高）两种现象。

Bouchard(1999)等对家庭遗传研究结果也支持耐力训练后最大摄氧量的提高幅度受遗传成分的影响。家庭成员，包括生母、生父和三个或更多的小孩，训练 20 周，每周 3 天。最

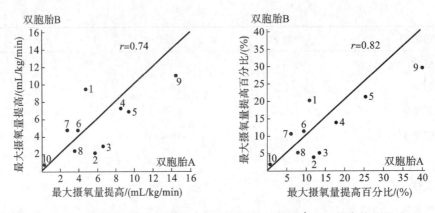

图 14-5 同卵双胞胎完成 20 周相同训练计划后的 $\dot{V}O_{2\,max}$ 提高的差异

(引自 Bouchard,1990)

初以相当于最大摄氧量 55% 的心率运动,每天运动 35 min;14 周后以相当于最大摄氧量的 75% 的心率运动,每天运动 50 min,持续 6 周。结果表明,最大摄氧量平均增加约 17%,但是变化从 0% 至超过 50%。研究显示,每一个家庭的每一位受试者最大摄氧量提高的情况,最大遗传估计为 47%,而且也显示出高应答的受试者倾向于聚集在同一个家庭,低应答者也是如此。

很明显这是一种遗传现象,而不是适应或不适应的问题。在进行训练研究时和设计训练计划时必须记住,个体的差异造成受试者对训练计划应答的差异,即使是同一训练计划,不是所有人的应答都是一样的,个体差异必须纳入考虑范畴。

(五) $\dot{V}O_{2\,max}$ 在运动实践中的意义

1. 作为评定心肺功能和有氧能力的客观指标

$\dot{V}O_{2\,max}$ 是反映心肺功能的综合指标。许多学者对 $\dot{V}O_{2\,max}$ 与有氧能力之间的关系进行了研究,发现耐力性项目的运动成绩与 $\dot{V}O_{2\,max}$ 之间具有高度相关的关系。如 800 m 游泳成绩与 $\dot{V}O_{2\,max}$ 的相关系数为 −0.75;5000 m 跑成绩与 $\dot{V}O_{2\,max}$ 的相关系数为 −0.81。因而有学者提出可以根据 $\dot{V}O_{2\,max}$ 预测耐力项目的运动成绩。大量研究结果充分表明,高水平 $\dot{V}O_{2\,max}$ 是耐力性项目取得优异成绩的基础和先决条件之一。因此,如何在先天因素的基础上最大限度地提高一个人的最大摄氧量水平也是耐力性项目取得优异成绩的重要因素之一。

2. 作为选材的生理指标

如前所述,$\dot{V}O_{2\,max}$ 有较高的遗传度,故可作为选材的生理指标之一。有学者指出 $\dot{V}O_{2\,max}$ 尤其可作为儿童少年心肺功能最好的选材指标。

3. 作为制定运动强度的依据

将 $\dot{V}O_{2\,max}$ 强度作为 100% $\dot{V}O_{2\,max}$ 强度,然后以 $\dot{V}O_{2\,max}$ 强度,根据训练计划制定不同百分比强度,使运动负荷更客观、实用,为运动训练服务。

虽然 $\dot{V}O_{2\,max}$ 在运动实践中有较高的应用价值,但它具有一定的局限性,如受实验设备

等条件限制,难以普遍推广和应用;其数值有时并非与运动成绩的提高相平行等。因此,$\dot{V}O_{2\,max}$只是诸多影响运动员运动能力的因素之一。

四、乳酸阈与通气阈

(一)乳酸阈

1. 乳酸阈概念

在渐增负荷运动中,血乳酸浓度随运动负荷的递增而增加,当运动强度达到某一负荷时,血乳酸出现急剧增加的那一点(乳酸拐点)称为乳酸阈(lactate threshold,LT,见图14-6)。它反映了机体内的代谢方式由有氧代谢为主过渡到无氧代谢为主的临界点或转折点。乳酸阈通常以血乳酸急剧增加的起始点所对应的运动强度来表示。

乳酸阈的生理机制:人体在运动中随着运动强度的增大,由于肌肉中氧供应不足,机体能量的供给从有氧代谢供能为主过渡到无氧代谢供能为主,糖酵解供能比例增大,血乳酸浓度明显增加,从而出现乳酸阈。

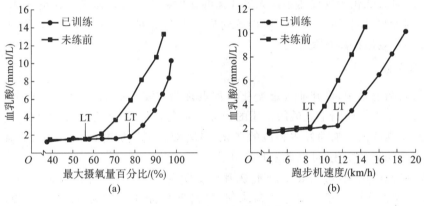

图14-6 训练前后乳酸阈的变化

(引自 Wilmore, et al., 2008)

乳酸阈是和有氧能力关系密切的生理指标,乳酸阈越高,有氧能力就越好。训练可以改善代谢能力,使乳酸阈值较大幅度地提高。图14-6(a)显示耐力训练者和未受训练者的乳酸阈的变化。本图准确反映了乳酸阈在6～12个月耐力训练计划期间的改变情况。在训练状态,乳酸开始在血液中堆积之前,机体可以较高的最大摄氧量百分比进行运动。因为有氧耐力项目的跑步速度与乳酸阈关系密切,可将它转换为更快的跑步速度(见图14-6(b))。在特定的工作负荷下乳酸值的降低,是减少乳酸产生和增加乳酸清除协同作用完成的。

$\dot{V}O_{2\,max}$反映人体在运动时所摄取的最大氧量,而乳酸阈则反映人体在渐增负荷运动中血乳酸开始积累时的$\dot{V}O_{2\,max}$百分利用率,其阈值的高低是反映人体有氧能力的又一重要生理指标。乳酸阈值愈高,其有氧能力愈强,在同样的渐增负荷运动中动用乳酸供能则愈晚。

以往的研究认为,在渐增负荷运动中,当血乳酸水平达4 mmol/L时,乳酸浓度急剧增加。但更多的研究资料表明,乳酸代谢存在较大的个体差异,渐增负荷运动中血乳酸急剧上升时的乳酸水平在 1.4~7.5 mmol/L 之间。因此，将个体在渐增负荷中乳酸拐点定义为"个体乳酸阈"(individual lactate acid threshold，简称 ILAT)。个体乳酸阈更能客观、准确地反映机体有氧能力的高低。用个体乳酸阈指导运动训练已被教练员和运动员广泛接受，并成为运动生理学和运动生物化学重要的研究课题。

2. 乳酸阈在体育运动实践中的应用

1) 评定有氧能力

如前所述，$\dot{V}O_{2\,max}$ 和 LT 是评定人体有氧能力的重要指标。前者主要反映心肺功能，后者主要反映骨骼肌的代谢水平。从训练对 $\dot{V}O_{2\,max}$ 和 LT 的影响来看，许多研究报道，通过系统训练 $\dot{V}O_{2\,max}$ 提高可能性较小，它受遗传因素的影响较大。而 LT 较少受遗传因素影响，其可训练性较大，训练可以大幅度提高运动员的个体乳酸阈。显然，以 $\dot{V}O_{2\,max}$ 来评定人体有氧能力的增进是有限的，而乳酸阈值的提高是评定人体有氧能力增进更有意义的指标。

2) 制定有氧训练的适宜强度

理论与实践证明，个体乳酸阈强度是发展有氧耐力训练的最佳强度。其理论依据是，用个体乳酸阈强度进行耐力训练，既能使呼吸、循环系统机能达到较高水平，最大限度地利用有氧供能，同时又能在能量代谢中使无氧代谢的比例减少到最低限度。研究表明，优秀耐力运动员有较高的个体乳酸阈水平。对训练前后的纵向研究也表明，以个体乳酸阈强度进行耐力训练，能有效地提高有氧能力。

(二) 通气阈

在渐增负荷运动中，将肺通气量变化的拐点称为"通气阈"(ventilatory threshold，简称 VT)。通气阈是无损伤测定乳酸阈常用的指标。研究表明，在渐增负荷运动中，气体代谢各项指标随运动强度的增加而发生相应的变化，当乳酸急剧增加时，肺通气量、二氧化碳呼出量等指标出现明显的变化，可以此来判定乳酸阈。

伴随乳酸阈的出现，通气量、二氧化碳呼出量发生相应变化的原因如下。随运动强度增大，当有氧代谢产生的能量满足不了需求时，糖酵解供能比例增大，而使血乳酸浓度增加。此时，机体将动用碳酸氢盐缓冲系统来缓冲乳酸，生成乳酸钠和碳酸，致使二氧化碳产生量增加。二氧化碳刺激了颈动脉体化学感受器和呼吸中枢，使呼吸加快、加强，产生了过度通气反应。因此，在乳酸阈出现时，肺通气量、二氧化碳排出量均出现非线性增加。

五、最大摄氧量平台

最大摄氧量平台(maximal oxygen uptake peak duration，$\dot{V}O_{2\,max}$ PD)是指人体在最大摄氧量峰值水平能够维持的运动时间。研究发现，$\dot{V}O_{2\,max}$ 平台与耐力项目的运动成绩有密切关系，与 3000 m 跑的相关系数很高($r=0.7$，$p<0.01$)。

第二节 有氧耐力

有氧耐力(aerobic endurance)是指人体长时间进行以有氧代谢(糖和脂肪等有氧氧化)

供能为主的运动能力。有时也称作有氧能力(aerobic capacity)。

一、有氧耐力的生理学基础

运动时人体内贮存的糖、脂肪类能源物质是相对充足的,但是否能进行有氧供能,关键在于有无足够的氧供应给肌细胞,以及肌细胞能否利用所供给的氧氧化上述能源物质。有氧耐力受机体氧运输系统(心肺)的机能、肌肉利用氧的能力、神经调节能力和能量供应特点等因素影响,其中心肺机能是影响有氧耐力的中枢机制,而肌肉利用氧的能力是影响有氧耐力的外周机制。

(一)氧运输系统的机能

氧运输系统包括呼吸系统、血液和心血管系统。

1. 呼吸系统机能

肺的通气与换气机能影响人体的吸氧能力。空气中的氧通过呼吸器官的活动吸入肺,并通过物理弥散作用与肺循环毛细血管血液之间进行交换,肺通气量特别是肺泡通气量越大,吸入肺泡进行肺换气的氧就越多。优秀耐力专项运动员肺的容积、肺活量均大于同性别、同年龄的非耐力专项运动员和无训练者,肺的通气机能和气体扩散能力也大于一般人,肺功能的改善为运动时氧的供给提供了先决条件。

2. 血液机能

血液中红细胞的数量及血红蛋白的总量影响有氧耐力。肺换气扩散入血液的氧主要由红细胞所含的血红蛋白携带并运输。运动员若血红蛋白含量下降10%,就会引起运动成绩下降。

3. 心血管系统机能

心脏的泵血功能与有氧耐力密切相关。血液中的氧要在心脏泵血的推动下才能运输到达活动肌肉。心输出量越大,运输到活动肌肉的氧就越多,可见心脏泵血功能是限制有氧耐力非常重要的因素。

研究证明,运动训练对最高心率影响不大,所以,有训练者与无训练者在从事最大负荷工作时心输出量的差异主要是由每搏输出量造成的,后者决定于心肌收缩能力和心容积的大小。优秀耐力专项运动员在系统训练的影响下出现安静心率减慢、左心室容积增大、每搏输出量增加,而最大运动时心输出量远高于一般人,表明心脏的泵血机能和工作效率提高,以适应长时间持续运动的需要。另外,心脏功能增强,运动时右心室泵血量也相应增强,使肺血流量增加,通气/血流比值仍可维持在0.84,氧扩散容量增大,有利于气体交换。

(二)肌组织利用氧的能力

研究发现,慢肌纤维的百分组成与$\dot{V}O_{2\,max}$有密切关系,从事不同项目的运动员的最大摄氧量有明显的项目特征(见图14-7),越野滑雪、长跑等耐力性项目的运动员最大摄氧量最大,明显高于非耐力性项目运动员和无训练者。优秀的耐力专项运动员慢肌纤维百分比高并出现选择性肥大现象,使其摄氧和利用氧的能力增加,有氧耐力成绩也好。

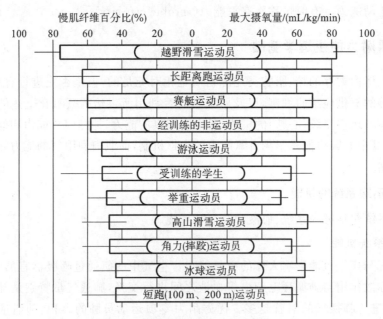

图 14-7 不同项目运动员慢肌纤维百分比(左侧)和 $\dot{V}O_{2\,max}$(右侧)

(引自 McArdle,et al.,1991)

肌组织的有氧代谢机能影响有氧耐力。慢肌纤维具有丰富的毛细血管分布,肌纤维中的线粒体数量多、体积大,有氧氧化酶活性高,肌红蛋白含量较高,贮氧能力强,其有氧代谢能力强。肌组织的用氧能力越强,则从血液中摄取的氧越多,动静脉氧差就越大,氧利用率越高。

因此,肌组织利用氧的能力主要与肌纤维类型及其代谢特点有关。

(三)中枢神经系统机能

在进行较长时间的肌肉活动中,要求神经过程的相对稳定性以及各中枢间的协调性要好,表现为在大量的传入冲动作用下不易转入抑制状态,从而能长时间地保持兴奋与抑制有节律地转换。长期进行耐力训练,不仅能够提高大脑皮层神经细胞对刺激的耐受力和神经过程的稳定性,而且能够改善各中枢间的协调关系,表现为运动中枢的兴奋与抑制过程更加集中,肌肉的收缩与放松更加协调;各肌群(主动肌、对抗肌、协调肌)之间的配合更趋完善;内脏器官的活动(即氧运输系统的功能)能更好地与肌肉活动相适应。由于神经调节能力的改善,可以提高肌肉活动的机械效率,节省能量消耗,从而保持长时间的肌肉活动。

(四)能量供应特点

糖和脂肪在有氧条件下能保持长时间供能的能力是影响有氧耐力的重要因素之一。耐力性项目运动持续时间长,强度较小,运动中的能量绝大部分由有氧代谢供给。在长时间耐力练习中,随着运动时间的延长,脂肪供能的比例逐渐增大,糖原的利用减少(见表 14-3)。人体动员脂肪供能的能力,可以从血浆中自由脂肪酸的含量来判断。系统的耐力训练,可以提高肌肉有氧氧化过程的效率、各种氧化酶的活性以及机体动用脂肪供能的能力。

表 14-3　不同持续时间中糖和脂肪的供能比例

运动时间/min	0～30	30～60	60～90	90～120
需氧量/(L/min)	2.48	2.51	2.52	2.61
糖供能比例/(%)	71	66	63	56
脂肪供能比例/(%)	29	34	37	44

二、有氧耐力训练方法的生理学分析

目前,用于发展有氧能力的训练方法主要有持续训练法、间歇训练法、乳酸阈强度训练法和高原训练法。

(一) 持续训练法

持续训练法是指没有休息间歇的持续运动,根据持续运动速度的变化分为变速持续训练和匀速持续训练。

1. 匀速持续训练

1) 长距离慢速训练

在 20 世纪 60 年代,长距离慢速训练(LSD 训练)变得非常盛行。运动员通常会以相对较低的强度进行训练,其强度介于 $60\%\sim80\%\text{HR}_{max}$,约等于 $50\%\sim75\%\dot{V}O_{2\,max}$。距离是主要的目标,而不是速度。长距离跑步运动员可能会应用 LSD 技术进行每天 15 到 30 英里(24～48 km)的训练,而每周累积训练方法的跑步速度会远低于跑者的最大速度,对心血管系统与呼吸系统的刺激较小,而且长距离可能会导致过度训练的伤害以及肌肉与关节的耗损。再者,优秀跑步运动员必须在规律的基础上,进行比赛速度或接近比赛速度的训练,以促进腿部肌肉的速度与力量。因此,大部分的跑步运动员会让他们每天、每周与每月的训练计划多样化。

强度较低、持续时间较长且不间歇地进行训练的方法,主要用于提高心肺功能和发展有氧代谢能力。长时间持续运动对人体生理机能产生诸多良好的影响,主要表现在:能提高大脑皮层神经过程的均衡性和机能稳定性,改善参与运动的有关中枢间的协调关系,并能提高心肺功能及 $\dot{V}O_{2\,max}$,引起慢肌纤维出现选择性肥大,肌红蛋白也有所增加。对发育期的少年运动员及训练水平低者尤其要以低强度的匀速持续训练为主。

对于仅想要获得和维持健康体型的非运动员而言,长距离慢速训练可能是最受欢迎且最安全的有氧耐力训练方式。对于团体项目运动员来说,长距离慢速训练是训练中期与训练后期阶段维持有氧耐力的良好训练课程。

2) 高强度持续训练

高强度的持续训练通常是指强度在运动员 $85\%\sim95\%\text{HR}_{max}$ 时的持续训练。越来越多的证据显示,持续的高强度训练,是提高运动员特别是高水平运动员最大摄氧量与乳酸阈的良好方式。对于游泳、径赛与越野运动员来说,这种强度可能高于或接近比赛速度,这个速度可能会等于或超过运动员乳酸阈的速度。科学证据明确指出,马拉松跑者通常会以乳酸阈或非常接近于乳酸阈强度的速度进行比赛。

2. 变速持续训练（Fartlek 训练）

变速持续训练发展于 20 世纪 30 年代的瑞典，利用森林和原野的自然地形，采用适宜的速度和变速持续跑，主要应用于长距离跑步运动员。运动员可根据起伏不平的上下坡度，自行决定速度，速度的范围从高速度到慢跑，这是一种很自由的训练。主要目的在于乐趣，对于距离与时间甚至不做考虑。由于 Fartlek 训练提供了正常性训练的变化，因此许多教练已运用这种训练法来弥补高强度持续训练或间歇训练的不足。

（二）间歇训练法

间歇训练法是指在两次练习之间有适当的间歇，包含了数次的中、高强度运动，并以休息或降低运动强度的方式间歇。设计间歇训练课程时，要考虑间歇训练的强度、距离、运动与休息期时间、每一次训练计划的重复次数和组数、每周训练的频率等。

从生理学角度分析，间歇训练主要有以下特点：

1. 完成的总工作量大

间歇训练法比持续训练能完成更大的工作量，并且用力较少，而呼吸、循环系统和物质代谢等功能得到较大的提高。Åstrand 发现，让受试者用两种不同的方法进行每分钟 2160 kg·m 的工作，如果持续工作，只能进行 9 min，完成的总工作量为 19 440 kg·m；如果用同样的负荷强度，每活动 30 s 后休息 30 s，则可以坚持 1 h，总工作量为 64 800 kg·m。对于发展有氧代谢能力来说，总的工作量远比强度更为重要。

2. 对心肺机能的影响大

间歇训练法是对内脏器官进行训练的一种有效手段。在间歇期内，运动器官（肌肉）能得到休息，而心血管系统和呼吸系统的活动仍处于较高水平。如果运动时间短，练习期肌肉运动引起的内脏机能的变化，都是在间歇期达到较高水平。无论在运动时还是在间歇休息期，呼吸和循环系统均承受了较大的负荷。因此，经常进行间歇训练，能使心血管系统得到明显的锻炼，特别是心脏工作能力以及最大摄氧量得到显著提高。

目前，在许多项目的训练中，都大量采用了间歇训练法。其成功运用的关键是要根据不同年龄、训练水平及不同项目的特点，科学合理地安排每次练习的距离、强度及间歇时间。

（三）乳酸阈强度训练法

以个体乳酸阈强度进行耐力训练，能显著提高有氧代谢能力。目前，在田径中长跑、自行车、游泳及划船等训练中，已广泛采用个体乳酸阈强度进行训练。

有氧能力提高的标志之一是个体乳酸阈提高。由于个体乳酸阈的可训练性较大，有氧耐力提高后，其训练强度应根据新的个体乳酸阈强度来确定。一般无训练者，常以其 50% $\dot{V}O_{2\,max}$ 的运动强度进行较长时间的运动，而血乳酸几乎不增加或略有上升，经过良好训练的运动员可达到 60%～70% $\dot{V}O_{2\,max}$ 强度，而优秀的耐力专项运动员（马拉松、滑雪运动员）可以 85% $\dot{V}O_{2\,max}$ 强度进行长时间运动。这表明，运动员随训练水平的提高，有氧能力的百分利用率明显提高。在具体应用乳酸阈指导训练时，常采用乳酸阈心率来控制运动强度。

(四)高原训练法

随着运动水平的不断提高,人们在谨慎加大运动负荷的同时,着眼于提高训练难度,给予机体更强烈的刺激,以调节人体的最大潜力。高原训练法就是基于这种设想逐渐开展起来的一种训练方式。在高原训练时,人们要经受高原缺氧和运动缺氧两种负荷,对身体造成的缺氧刺激比平原上更为深刻,可以大大调动身体的机能潜力,使机体产生复杂的生理效应和训练效应。研究表明,高原训练能使红细胞和血红蛋白数量及总血容量增加,并使呼吸和循环系统的工作能力增强,从而使有氧耐力得到提高。

第三节 无氧工作能力

无氧工作能力是指运动中人体通过无氧代谢途径提供能量进行运动的能力。它由两部分组成,即由 ATP-CP 分解供能(非乳酸能)和糖无氧酵解供能(乳酸能)。ATP-CP 是无氧功率的物质基础,一切短时间、高功率运动,如冲刺、短跑、投掷、跳跃和足球射门等活动能力均取决于 ATP-CP 供能的能力。而乳酸能则是速度耐力的物质基础。

一、非乳酸能无氧能力

(一)非乳酸能无氧能力的生理学基础

1. ATP 和 CP 的贮量

肌纤维中 ATP、CP 的贮量是影响和决定人体速度力量型运动能力的最重要的生理基础。一般来说,人体每千克肌肉中含 ATP 和 CP 在 15~25 毫克分子之间,在极限强度运动中,肌肉中的 ATP 和 CP 在 10 秒内就几乎耗竭。研究发现,速度力量型运动训练,可以提高肌纤维中 ATP、CP 和肌糖原的贮量(见表 14-4)。

表 14-4 5 个月抗阻训练对肌纤维中 ATP、CP 与肌糖原贮备的影响

	训练前	训练后	增进率/(%)
ATP	5.07	5.97	+17.8
CP	17.07	17.94	+5.1
肌糖原	86.28	113.90	+32

单位:mmol/g 肌肉湿重。(引自 McArdle,1991)

2. CK 的活性

人体在运动中 ATP 和 CP 的供能能力主要取决于 ATP 和 CP 贮量,以及通过 CP 再合成 ATP 的能力。而 CP 再合成 ATP 是在肌酸激酶(CK)的催化作用下完成的,CK 的活性提高,可以更快地催化 CP 水解,使 ADP 更迅速地再合成 ATP,当然有利于速度力量型运动能力的提高。

3. 快肌纤维百分组成

快肌纤维中 ATP 和 CP 的贮量多于慢肌纤维,快肌纤维中 CK 活性也高于慢肌纤维,因此,肌肉中快肌纤维百分组成高者有利于这类运动。

(二) 非乳酸能无氧能力的测评

1. 萨扎特(Sargent)纵跳试验法

1921 年,萨扎特首次提出了纵跳法测定人体的无氧功率,用以下公式推算:

$$P = \sqrt{4.9} \times W \times \sqrt{H}$$

其中:P 为无氧功率;W 为体重;H 为纵跳高度。

这种方法简便易行,但精确性较差。

2. 30 m 跑试验法

做 3×30 m、4×30 m、5×30 m 跑三组运动,每次间歇 2 min,组间休息 5 min,记录每组最后一次 30 m 跑的成绩,并分别测定每组最后一次 30 m 后恢复期第一分钟血乳酸值(并以此计算平均血乳酸值)。

评价:跑速快而平均血乳酸值低者,表明 ATP-CP 供能系统能力较强,即非乳酸能无氧供能能力强。

3. 玛加利亚(Margaria)跑楼梯(或跨登台阶)试验法

1966 年,玛加利亚创建了跑楼梯测无氧功率的方法,人体以最快速度使自身上升到一定高度,记录跑楼梯时间,并计算出这段时间内做功的大小。1968 年,卡拉门(Kalamen)对玛加利亚试验法进行了修订,二人共同制定了玛加利亚-卡拉门(Margaria-Kalamen)跑楼梯动力试验法。受试者从助跑线(6 m)起跑,以三阶为一步,以最快速度跑上九级台阶,记录从第三级至第九级台阶所需的时间(见图 14-8)。按下式计算其功率输出:

$$无氧功率(kg \cdot m/s) = \frac{体重(kg) \times 第三至第九级台阶垂直距离(m)}{第三至第九级登台阶时间(s)} \times 100\%$$

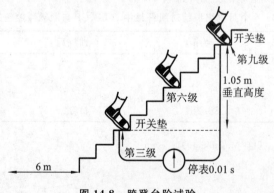

图 14-8 跨登台阶试验

如体重为 60 kg 的男子,以 0.52 s 跨上最后六级台阶,台阶高度为 1.05 m,其无氧功率为:

$$\text{无氧功率} = \frac{60 \times 1.05}{0.52} \times 100\% \text{ kg} \cdot \text{m/s} = 121.10 \text{ kg} \cdot \text{m/s}$$

表 14-5 是根据 Margaria 试验而提出的无氧功率评分标准。该试验的运动形式简便且不会导致精疲力竭，可较精确地了解 ATP-CP 供能的能力。其缺点是对幼儿和部分妇女或老年人不太适宜，并在一定程度上受主观努力程度和身高与腿长的影响。为了进一步验证该试验的准确性和实用性，黄彬彬（中国台北，1980）和不少学者还提出了两步一阶、两步助跑等的修正方法。

表 14-5 根据 Margaria 试验评价磷酸原系统功率输出能力分级表 （单位：kg·m/s）

级别	性别	年龄				
		15～20	20～30	30～40	40～50	>50
差	男	<113	<106	<85	<65	<50
	女	<92	<85	<65	<50	<38
一般	男	113～149	106～139	85～111	65～84	50～65
	女	92～120	85～111	65～84	50～65	38～48
中等	男	150～187	140～175	112～140	85～105	66～82
	女	121～151	112～140	85～105	66～82	49～61
良好	男	188～224	176～210	141～168	106～125	83～98
	女	152～182	141～168	106～125	83～98	62～75
优秀	男	>224	>210	>168	>125	>98
	女	>182	>168	>125	>98	>75

（引自 McArdle，1991）

（三）发展 ATP-CP 供能能力的训练

目前，在发展磷酸原系统供能能力的训练中，主要是采用无氧低乳酸的训练。其原则是：① 最大速度或最大练习时间不超过 10 s；② 每次练习的休息间歇不能短于 30 s，因短于 30 s 时 ATP、CP 在运动间歇中的恢复数量不足以维持下一次练习对于能量的需求，故间歇时间一般选用长于 30 s，以 60 s 或 90 s 的效果更好；③ 成组练习后，组间的间歇不能短于 3～4 min，因为 ATP、CP 的恢复至少需要 3～4 min。

与其他供能物质相比，磷酸原的恢复较快。剧烈运动后被消耗掉的磷酸原在 20～30 s 内合成一半，2～3 min 可完全恢复。因此，发展磷酸原系统的训练，一般采用短时间、高强度的重复训练。

此外，需要指出的是，在短跑、跳跃、投掷、举重等项目比赛中，运动员要在 10 s 内以最大功率输出完成运动，从理论上来看，其能量主要由 ATP-CP 系统供应，但在能量供应过程中，相邻的供能系统也参与供能，且占一定的比重。研究发现，我国运动员 100 m 跑后血乳酸为 (9.46±1.33) mmol/L。所以，短时间、高强度运动项目的训练中，在注意磷酸原系统供能能力训练的同时，也应注意加强糖酵解系统供能能力的训练，即应有一定比例的大于 10 s 的无氧训练。

二、无氧耐力

无氧耐力（anaerobic endurance）是指机体在无氧代谢（糖无氧酵解）的情况下较长时间进行肌肉活动的能力，也称无氧能力。提高无氧耐力的训练称为无氧训练。

（一）无氧耐力的生理学基础

进行强度较大的运动时，体内主要依靠糖无氧酵解提供能量。无氧耐力的高低，主要取决于肌肉内糖无氧酵解供能的能力、缓冲乳酸的能力、肌纤维类型以及脑细胞对血液 pH 值变化的耐受力。

1. 肌肉内糖无氧酵解供能的能力

肌肉无氧酵解能力主要取决于肌糖原的含量及其无氧酵解酶的活性。Costill 等发现，优秀赛跑运动员腿肌中慢肌纤维百分比及乳酸脱氢酶（参与无氧酵解的酶）活性随项目的不同而异，长跑运动员慢肌纤维百分比高，中跑居中，短跑最低；而乳酸脱氢酶和磷酸化酶的活性却相反，短跑运动员最高，中跑居中，长跑最低（见表14-6）。

表14-6 不同径赛运动员肌纤维组成及酶的活性比较

项目	人数	ST /(%)	乳酸脱氢酶活性 /(μEq·g·min)	磷酸化酶活性 /(μEq·g·min)
男短跑	2	24.0	1287	15.3
男中跑	7	51.9	868	8.4
男长跑	5	69.4	764	8.1
女短跑	2	27.4	1350	20.0
女中跑	7	60.0	744	12.6

（引自 Costill，1976）

2. 缓冲乳酸的能力

肌肉无氧酵解过程产生的乳酸进入血液后，将对血液 pH 值造成影响。但由于缓冲系统的缓冲作用，使血液的 pH 值不至于发生太大的变化，以维持人体内环境的相对稳定性。机体缓冲乳酸的能力，主要取决于碳酸氢钠的含量及碳酸酐酶的活性。一些研究表明，经常进行无氧耐力训练，可以提高血液中碳酸酐酶（促进碳酸分解的酶）的活性。

3. 肌纤维类型

快肌纤维百分组成占优势的人，这类运动能力强。

4. 脑细胞对酸的耐受力

尽管血液中的缓冲物质能中和一部分进入血液的乳酸，减弱其强度，但由于进入血液的乳酸量大，血液的 pH 值还会向酸性方向发展，加上因氧供不足而导致代谢产物的堆积，都将会影响脑细胞的工作能力，促进疲劳的发展。因此，脑细胞对这些不利因素的耐受能力，无疑也是影响无氧耐力的重要因素。

经常进行无氧耐力训练的运动员,脑细胞对血液中代谢产物堆积的耐受力提高。如短跑和短泳运动员静脉血 CO_2 含量增多的耐受力比长跑和长泳运动员增强,这也是短跑和短泳运动员对长期无氧训练产生的适应。

(二) 无氧耐力的测评

1. 温盖特(Wingate)无氧功率试验

1977年,以色列 Wingate 体育学院运动医学系研究并提出了以最快速度完成 30 s 全力蹬踏功率自行车(车的阻力是 0.075 千克/净千克体重)的运动,并以此测定出最大无氧功率、平均无氧功率及无氧功率递减率,从能源供应的角度可以了解到 ATP-CP 和无氧酵解供能的状况。该试验方法的试验过程是先测定受试者身高、体重、肺活量、皮脂厚度,然后让受试者以 0.075 千克/净千克体重负荷,以最快速度全力蹬车 30 s,同时记录蹬踏圈数和功率,并将每 5 s 的蹬车圈数代入下面的公式,单位是瓦(W)。

$$负荷阻力(千克) \times 圈数 \times 11.765$$

此公式适用于摩纳克(Monark)功率自行车,其他型号的功率自行车则采用下列公式计算更为适宜。

评定:

最大无氧功率(第一个 5 s)=5 s 最大蹬车圈数×前车轮周长×阻力×6.11。最大无氧功率的能量来源于 ATP 及 CP 的分解。

平均无氧功率:将 6 个 5 s 车轮转的圈数相加除以 6。其能量来源于 ATP、CP 及无氧糖酵解。

$$无氧功率递减率(\%) = \frac{最高无氧功率 - 最低无氧功率}{最高无氧功率} \times 100\%$$

该指标代表在无氧供能条件下疲劳程度的指数。

多年来的研究认为,Wingate 无氧功率试验是反映无氧能力较理想的试验,表现在其平均输出功率与速度性项目的运动成绩之间存在较密切的相关关系。但研究也同时指出,通过 Wingate 无氧功率试验检测与评估无氧代谢能力尚存在以下不足:① 30 s 的全力运动尚不足以最大限度激活糖原的无氧酵解供能;② 所耗能量的 9%~19% 来自有氧代谢。近期的研究认为,传统的 Wingate 无氧功率试验持续时间以 40 s 为佳。

除上述无氧功率试验外,研究学者还提出了与此属同一类的、持续时间介于 40 s~120 s 的全力运动负荷试验。目前认为,评价糖酵解能力的最佳运动持续时间应为 40 s。

2. 60 s 最大负荷测评

测试方法:先测定运动前安静时的血乳酸值,准备活动后,令受试者在田径场全力跑 400 m 或在活动跑台上全力跑 60 s,记录跑的成绩和运动后血乳酸值。

评价:运动后血乳酸水平较高者,通常可达 14~18 mmol/L,表明其糖酵解供能的能力较强。经一个阶段训练后,如果运动成绩提高,且血乳酸值也提高,则说明糖酵解供能的能力提高,训练效果良好。

3. 恒定负荷试验

受试者在相应的运动器械上维持恒定功率负荷的运动,直至不能维持为止。最常用的是"无氧跑速试验",即要求受试者在20%坡度的跑步机上以约13 km/h的速度跑步,以受试者能够维持运动的时间长短来判定无氧做功能力。研究表明,训练有素的短跑运动员无氧做功能力明显大于耐力性项目的运动员,并且无氧做功能力与400 m跑成绩有较好的相关性。但如何准确判断受试者力竭始终是难以解决且影响检测结果的一个重要问题。

另外,通过实验室运动时测得的最大氧亏积累和最大血乳酸水平等生理指标也可以反映无氧能力的大小。

(三) 提高无氧耐力的训练

1. 最大乳酸训练

最大乳酸训练是指机体在运动中达到最高血乳酸水平的训练,其目的是使糖酵解系统供能达到最高水平。研究表明,血乳酸在12～20 mmol/L是糖最大无氧代谢训练所敏感的范围。采用1 min超极量强度跑、间歇4 min共重复5次的间歇训练,可使血乳酸浓度积累达到一个很高的水平,最高值可达31.1 mmol/L(见图14-9),要比1 min全力跑血乳酸值高1倍。表明1 min超极量强度跑、间歇4 min的多次重复运动可以使身体获得最大的乳酸刺激,是提高最大乳酸能力和发展糖酵解供能水平的有效训练方法。

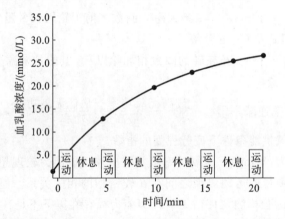

图 14-9　跑 1 min 休息 4 min 的 5 次间歇快跑后血乳酸浓度的变化

该方法关键是掌握好负荷强度和适宜的间歇时间。为使运动中能产生高浓度的乳酸,练习强度和密度要大,间歇时间要短。练习时间一般应大于30 s,以1～2 min为宜。以这种练习强度和时间及间歇时间的组合,能最大限度地动用糖酵解系统供能的能力,提高机体产生乳酸的能力和最大限度地激活乳酸脱氢酶的活性。在运动中血乳酸值越高,说明运动员产生乳酸的能力越强,其无氧耐力则越好。

2. 乳酸耐受能力训练

乳酸耐受能力是指在机体处于较高乳酸水平时仍能坚持较高强度运动的能力。一般认为,在乳酸耐受能力训练时以血乳酸在12 mmol/L左右为宜,这一乳酸水平是糖无氧代谢训练最敏感的范围。在重复训练时维持血乳酸在这一水平上,以刺激身体对这一血乳酸水平的适应,提高缓冲能力和肌肉中乳酸脱氢酶的活性,可有效地提高运动员在较高乳酸水平下坚持较长时间、较高强度运动的能力,从而提高无氧耐力。

3. 缺氧训练

缺氧训练是指在减少吸气或憋气条件下进行的训练,其目的是造成体内缺氧以提高无氧耐力。缺氧训练不仅可以在高原自然环境中进行,而且在平原特定环境条件下模拟高原训练,同样可以获得一定的训练效果,如利用低氧口嘴、低氧面罩及低氧舱等进行训练,将有助于提高无氧耐力。

【思考题】

1. 试述最大摄氧量的限制因素及其影响因素。
2. 最大吸氧量和乳酸阈是反映人体有氧能力的指标,试从生理学的角度分析它们的异同点。
3. 试述个体乳酸阈在体育运动中的理论与实践意义。
4. 试述有氧耐力的生理学基础。
5. 有氧耐力的生理学基础能否理解为是最大摄氧量的生理机制?为什么?
6. 提高人体有氧耐力的训练方法有哪些?从生理学角度进行分析。
7. 试述无氧耐力的生理学基础。
8. 请你设计一个简单而可操作的全班 60 名学生的有氧耐力的评估,并写出报告。
9. 请你设计一个简单而可操作的全班 60 名学生的无氧耐力的评估,并写出报告。

第十五章　身体素质的生理学基础

人的日常生活、生产劳动和体育运动等，都是在神经系统支配下所实现的不同形式的肌肉活动。这些活动的基本能力可以表现在很多方面，如肌肉收缩力量的大小、收缩速度的快慢、持续时间的长短、关节活动范围的大小以及动作是否灵敏和协调等。通常人们把人体在肌肉活动中所表现出来的力量、速度、耐力、灵敏及柔韧等机能能力统称为身体素质。

良好的身体素质是掌握运动技能、提高运动成绩以及进行其他特殊专业训练（如舞蹈、戏曲演员以及飞行员、消防队员等的训练）的基础。因此，在体育教学和运动训练中都十分重视身体素质的训练与提高。

第一节　力量素质的生理学基础

力量素质是指人体肌肉收缩，克服和对抗阻力完成运动的能力，通常称为肌肉力量或力量（muscle strength）。人体完成的各种随意运动，都是在神经中枢控制之下的肌肉活动，主要表现为肌肉收缩的力量、完成动作的速度、持续运动的时间、关节活动的范围和动作的灵敏与协调等多方面。

一、力量分类

肌肉力量有多种表现形式，可以根据不同的分类标准划分为不同的类型。根据力量与专项的关系分为一般力量、辅助专项力量和专项力量；根据肌肉的收缩形式可分为静力性力量和动力性力量（包括向心力量、离心力量、等动力量和超等长力量）；根据肌肉的工作方式可分为离心性力量、向心性力量、等长性力量和超长性力量；从力量的训练特征可分为最大力量、快速力量（包括启动力量、反应力量和爆发力）、力量耐力（包括最大力量耐力和快速力量耐力）；根据力量与体重的关系可分为绝对力量和相对力量。

二、力量素质的生理学基础

影响肌肉力量的生理学因素很多，主要有肌纤维的横断面积、肌纤维类型、肌肉收缩时的初长度和肌拉力角、神经调节、性别、年龄、激素和体重等方面。

（一）肌肉的生理横断面积

肌肉的形状有梭形、羽状或半羽状等，肌肉收缩的力量大小取决于一块肌肉中所有肌纤维一起收缩时产生的力量大小，因此，衡量一块肌肉发达程度的指标是肌肉的生理横断面积

(cross sectional area,CSA)。猪饲和福永(1968)利用超声波技术研究发现男女青少年上肢屈肌的肌力和横断面积之间呈线性关系(见图15-1),而且这种关系不受年龄、性别的影响。他们在1970年的研究还发现,力量训练100天后,上臂屈肌横断面积增加23%时,肌力增加92%。说明肌肉的生理横断面积愈大,该肌肉发达,肌肉力量亦大。

肌肉生理横断面积增大的两种机制:肌纤维增粗和肌纤维增生。

1. 肌纤维增粗

早期研究认为,每个人肌肉中的肌纤维数量早在出生时或此后不久就已经确定,且此数量将保持一生不变。力量训练可引起肌肉体积增加,肌横断面积增大,增大的因素包括肌纤维增粗、肌结缔组织增厚、肌毛细血管网增生和肌浆液体增多,其中肌纤维增粗是主要因素。

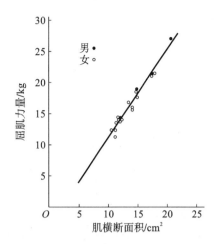

图 15-1 屈肌力量与肌横断面积的关系
(引自猪饲和福永,1968)

实验证明,肌纤维增粗主要是由于肌纤维中收缩成分增加的结果。肌纤维中收缩成分的增加,是由于激素和神经调节对运动后骨骼肌收缩蛋白的代谢活动发生作用,使蛋白质的合成增多。研究证明训练引起的肌肉中蛋白质增加,主要是使肌球蛋白增加(见表15-1)。

表15-1 实验性训练对家兔肌肉中肌球蛋白含量的影响

实验条件	肌球蛋白含量/(%)
未经训练	4.70
"速度性"训练	6.00
"力量性"训练	6.88

2. 肌纤维增生

动物研究表明,纤维的增生可能也是整块肌肉发生肥大的一个因素。对猫的研究已经明确显示极大负荷训练可使肌纤维发生分裂。猫被训练用前爪移动重物以获取食物,它们学会了使用相当大的力量。通过这一强化力量训练,肌纤维似乎被分成了两半,且每一半的体积随后都增长到了原有的纤维的程度。但随后的研究显示,长期运动负荷导致的鸡、大鼠和小鼠的肌肉肥大仅仅是由现有肌纤维的肥大所造成的,并未发生纤维分裂。

研究者目前仍未明确纤维增生和单根纤维增大在力量训练增加人体肌肉体积方面的作用。多数证据显示,单根纤维增大对大部分肌肉的增大都有作用。但也有研究表明对人体而言,则可能是由纤维增生所造成的。

(二) 肌纤维类型

快肌纤维收缩速度快,而且产生的力量也大。因此,肌肉中快肌纤维百分比高及其横断面积或直径大的人,肌肉收缩力量也大。

(三) 肌纤维收缩时的初长度和肌拉力角

1. 肌肉初长度

肌肉力量的大小与肌肉收缩前的初长度有关。在一定范围内使肌肉的初长度拉长,除能增加肌肉收缩的速度和幅度外,还能增加肌肉的收缩力量。

肌肉初长度影响肌力大小的机理如下。①加大了肌肉的作用幅度。在一定范围内,肌肉收缩前的初长度越长,肌肉便获得越大的作用幅度(收缩距);收缩距越大,肌肉收缩加速度越大。②预先拉长肌肉的初长度刺激了肌梭,引起牵张反射,反射性地增加了肌肉的收缩力。③肌肉的黏弹性体,预先拉长肌肉,增加了反抗变形的内聚力,间接地增加了肌肉收缩力。

2. 肌拉力角

肌肉力量随肌拉力角的变化而变化,肌拉力角则随关节运动角度的变化而变化,肌肉在其跨过关节的不同运动角度时产生的力量不同。如图 15-2 所示,肘关节屈的角度为 115°时,肱二头肌对前臂产生的牵拉力量最大(转动分力最大);大于或小于 115°时,力量均减小。

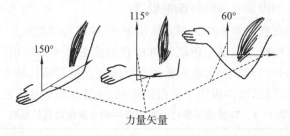

图 15-2 肘关节屈的角度不同时,肱二头肌收缩力量的变化

(引自 Lamb,1978)

(四) 神经调节

1. 中枢激活

中枢激活(central activation,CA)是指中枢神经系统动员肌纤维参加收缩的能力。中枢神经系统可以通过两种方式影响肌肉力量:其一是改变参与工作的运动单位数量及其同步化;其二是改变支配骨骼肌的运动神经冲动发放频率。

研究发现,训练水平低的人只能动员肌肉中 60% 的肌纤维同时参与收缩,而训练水平良好的人参与收缩的肌纤维可达 90%。可见,通过训练可改善神经系统募集运动单位的机能能力,当动员更多的肌纤维共同参与收缩时,势必使力量增大。

研究证明,如用本人最大力量的 20%~80% 进行肌肉收缩,力量的增加是靠神经系统不断募集更多的运动单位来实现的。如果用最大力量的 80% 以上,则主要靠神经中枢发放冲动的频率增加来实现。

2. 中枢神经对肌肉活动的协调和控制能力

人体完成任何运动动作,即使是最简单的动作也需要多块肌肉或多群肌肉共同工作来实现。不同的肌群接受不同神经中枢的支配,不同神经中枢之间的协调关系得到改善,可以提高原动肌、对抗肌、协同肌与固定肌之间的协调能力,使其在动作完成过程中能共同参与、协调配合一致,发挥更大的收缩力量。研究表明,受力量训练的影响,中枢神经系统还可提高原动肌运动单位活动的同步化程度,从而使肌肉收缩产生更大的力量。

3. 自发性抑制

神经肌肉系统的抑制性机制是必需的,如高尔基腱器可以防止肌肉产生大于骨与结缔组织所能承受的力量,而这一控制即被认为是自发性抑制。在发挥超常力量的过程中,主要损伤通常就发生于这些结构,提示这一保护性抑制机制受到了限制。

当肌腱和内部结缔组织的张力超过了高尔基腱器的阈值时,支配肌肉的运动神经元受到抑制即发生了自发性抑制。脑干的网状结构和脑皮质均能产生和传导抑制性冲动。训练可逐渐减少或对抗这些抑制性神经冲动,使得肌肉能够达到更高的力量水平。因此,力量增长可通过降低神经抑制而实现。它部分解释了在不发生肌肉肥大时的超常力量发挥和力量增长现象。

4. 神经系统的兴奋状态

中枢神经系兴奋性提高,即情绪激动时,会导致肾上腺素、乙酰胆碱等其他一些生理活性物质大量释放,成为影响肌肉力量的重要因素。人在极度激动或危急情况下,发挥超大力量的现象已众所周知。生理学家认为,这种现象可能是因为情绪在极度兴奋时,肾上腺素分泌大量增加,使肌肉的应激性大幅度提高;同时,更重要的是中枢发放强而集中的神经冲动,迅速动员"贮备力量",从而使运动单位成倍地同步动员投入工作。

神经调节在力量训练引起力量增加方面的作用主要表现在儿童少年时期和力量训练适应过程。研究发现,儿童少年时期肌肉体积增长速度落后于肌肉力量的增加。儿童少年运动员在力量训练引起肌肉力量增大的同时,肌肉体积没有产生相同程度的变化。此外,力量训练早期,肌肉力量增加的同时并不伴有肌肉体积的明显增加,而在后期力量的增加则更大程度上受肌肉体积的影响(见图15-3)。

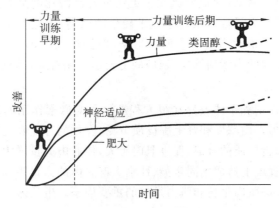

图15-3 力量训练过程中肌肉力量增长与神经控制和肌肉肥大之间的关系

(引自 McArdle,1994)

(五) 其他因素

1. 年龄与性别

肌肉力量从出生后随年龄的增加而发生自然增长,通常在20～30岁时达最大,以后逐渐下降(见图15-4)。身体发育成熟以后,只有经过超负荷训练才能使肌肉力量增加。如果不进行力量训练,随着年龄的增长,肌肉力量会同其他器官系统功能一样开始减弱。如果继续进行超负荷训练,可使力量显著增大,超过刚成年时的力量水平。但是,如果肌肉只承担较小的负荷,力量将随着年龄的增加持续下降,到65岁时力量约下降20%。

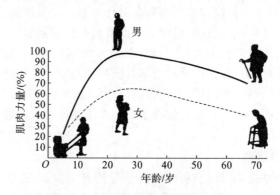

图15-4　不同年龄与性别的肌肉力量
(引自Sharkey,2002)

10到12岁以下的儿童,男孩的力量仅比女孩略大。进入青春期后,力量的性别差异加大,由于雄性激素分泌的增多,有效地促进了男孩肌肉和骨骼体积的增大,使其力量明显大于女孩。成年女子由于性激素等原因,其肌肉发达程度远较男性差,故肌肉平均力量大约仅为男性肌力的2/3,但不同肌群力量差异不同。如女子前臂屈、伸肌群的力量只有男子的50%,而大腿屈、伸肌群的力量是男子的80%左右。

造成男女力量差异的另一原因是后天参加的体力活动有所不同。男子经常参加一些能发展力量和爆发力的体育活动,使他们比女子更接近自己潜在的最大力量水平。由于女子从事的活动一般是一些非力量性的或力量水平较低的活动,因此女子距她们潜在的最大力量水平甚远。虽然女子的绝对力量水平低于男子,但经过训练,男女之间的差别会逐渐减小。如女大学生经过十周的力量训练后,她们的力量提高相对值较同龄的男子大。

2. 激素

肌肉力量的年龄、性别和个体差异在很大程度上是受激素作用的影响。睾酮是肌肉生长最直接的刺激因素,男性由睾丸和肾上腺皮质分泌,女性的肾上腺皮质和卵巢也有少量分泌。睾酮通过促进肌肉蛋白质的合成,促进肌肉肥大,使肌肉力量增大。由于睾酮在人体内的分泌量不同,在一定程度上造成不同年龄、性别人群肌肉的力量不同。另外,甲状腺素、生长激素和胰岛素也是促进肌肉生长和肌力发展的重要因子。生长激素是肌纤维类型强力的调节因子。

3. 体重

体重大的人一般绝对力量较大,体重较轻的人的相对力量可能比体重大的人大。图15-5表示的是总体力量平均值与体重之间的关系。总体力量包括最大弯举、直力提拉、站立推举、卧推、仰卧提拉、仰卧起坐和深蹲起的总和。从图中可以看到,随着体重的增加,绝对力量直线增加。同时还可以看到,当用相对力量表示总体力量时,力量和体重的关系倒转过来了,说明随着体重的增加,相对力量下降了。这些关系有助于解释为什么身材较小的体操运动员往往能取得较好的成绩,以及为什么体操运动员的身材要比投掷运动员小得多。因为,为了能成功地完成体操动作,运动员需要有较高水平的相对力量。而对投掷运动员来说,就需要有较高水平的绝对力量,才能将器械投掷得更远。一般来说,对仅需要克服体重,但对速度、灵敏和协调要求较高的运动项目,运动员的身材往往较小,相对肌肉力量较大;而那些必须克服外部阻力的项目(如投掷、摔跤、举重等项目),运动员的身材一般都较大,绝对力量也较大。

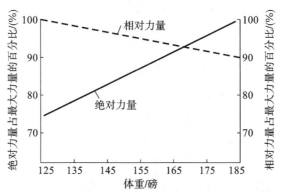

图 15-5 大学年龄男子体重与绝对力量和相对力量的关系

数据来自 7 种 1-RM 测定的总和(引自 Richard A. Berger,1982)

除了上述因素,肌糖原和肌红蛋白含量及毛细血管分布密度也会影响肌肉力量。肌糖原和肌红蛋白是分布在肌浆中的能量物质和氧贮备物质,其含量的增加有助于肌肉长时间进行较低强度收缩时的能量和氧供应。肌肉毛细血管数量的增加有助于肌肉运动所产生的酸性物质和 CO_2 等代谢产物的运输与氧气和营养物质的供应。这些因素都与肌肉的耐力有关。

三、力量训练一般原则的生理学分析

(一) 超负荷原则(overload principle)

超负荷不是指超过本人的最大负荷,而是指力量训练的负荷应不断超过平时采用的负荷,其中包括负荷强度、负荷量和力量训练频率。由于肌肉内各运动单位的兴奋性不同,当阻力负荷较小时,中枢只能调动兴奋性高的运动单位参加收缩,随着阻力的加大,参与收缩的运动单位逐渐增多。足够大的负荷对中枢神经系统的刺激大,能使运动中枢发出更强的信号,从而调动更多的运动单位参加同步收缩,肌肉表现出更大的肌张力。通常低于最大负荷80%的力量练习对提高最大肌力的作用不明显(见图15-6)。

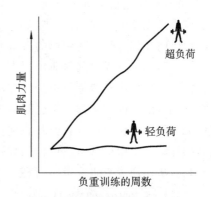

图 15-6 轻负荷与超负荷对肌肉力量增长的影响

(二) 渐增超负荷原则(progressive overload principle)

渐增超负荷原则是指力量训练过程中,随着训练水平的提高,肌肉所克服的阻力也应随之增加,才能保证最大肌力的持续增长。在力量训练的过程中,遵守"超负荷→适应→新的超负荷→再适应"的规律安排训练。

在进行力量训练时,负荷的增加必须是渐进的。如何确定负荷以及何时增加负荷是人们经常关心的问题,福克斯(Fox)指出,以 8-RM 负荷为例,当随着力量的增加,8-RM 的负荷逐步变成可重复 8 次以上,直至受训练者能使 8-RM 负荷重复 12 次,即这一负荷变成 12-RM 时,就要考虑增加训练的负荷,使新增加的负荷又成为 8-RM,这就是所谓的"负荷到 8,训练到 12"。当然,渐增负荷的标准也要区别对待,如在训练的开始阶段,或是力量较弱者,可以采用"负荷到 10,训练到 15",或"负荷到 15,训练到 20"等。为了发展绝对肌肉力量,也可采用"负荷到 1,训练到 5"的训练原则。

(三) 专门性原则(technicality principle)

专门性原则是指所从事的肌肉力量练习应与相应的运动项目相适应。主要表现在以下几个方面:

(1) 肌肉力量发展的针对性,即力量练习中应含有直接用来完成专项动作的肌肉或肌群,还要有意识地发展相关的薄弱肌群力量。

(2) 运动形式的一致性,即力量练习要表现出专项技术的特性,也就是尽可能模拟专项技术的实际运动样式。如负重高抬腿跑,大腿尽可能抬高,手持哑铃要求前后摆臂。再如,同样进行杠铃练习,对投掷运动员来说,以抓举、挺举比较合适;跳跃运动员以负杠铃蹲起为宜;而摔跤运动员则以慢动作的推举为宜。

(3) 发力特点的相似性。运动技术的掌握过程也就是建立运动性动力定型的过程,而运动性动力定型的形成至少部分地可归因于所从事专项所要求的一种专门力量-速度关系。

(四) 负荷顺序原则

负荷顺序原则是指力量练习过程中应考虑前后练习动作的科学性和合理性。总的来说,应遵循先练大肌肉,后练小肌肉,前后相邻运动避免使用同一肌群的原则。其生理机制为,大肌肉在训练时运动中枢的兴奋面广,兴奋程度高,在提高自身力量的同时,由于兴奋的扩散作用,练习过程对其他肌肉也有良性刺激作用。此外,由于大肌肉相对不易疲劳,可延长练习时间,而小肌肉练习很易疲劳,将影响大肌肉练习动作的完成。前后相邻动作若使用同一肌群,由于前一动作练习已经使该肌群疲劳,所以完成后一动作时,既不能保证动作质量,又容易出现肌肉过度疲劳和肌肉损伤,而使用不同肌群甚至相颉颃的肌群,由于交互抑制的原因,一个中枢兴奋,将对其颉颃中枢产生抑制,使前一运动致疲的肌群的运动中枢受到抑制,从而使疲劳肌群得以"积极性休息"而放松。

(五) 负荷强度的目的性原则

一般力量根据其外部表现形式可分为最大力量、速度力量和力量耐力三种类型,通常负荷手段及强度的选用取决于力量训练课的类型和目的。

(1) 发展动力性最大力量必须采用次极限或极限负荷强度(85%～100%)进行练习。因为重量越大,传入中枢系统的冲动就越强越快,中枢系统作应答性反应传出的冲动也就越强越快,从而能同时动员起更多的运动单位进行收缩,使更多的肌肉同时得到锻炼,还能有效地发展肌肉协调能力。

(2) 发展速度力量或爆发力,在实践中往往采用综合力量训练办法,所采用的负荷手段大致分为三类:一类是采用大重量负荷(85%以上)来提高绝对力量,这在水平比较高、有一定接受能力的运动员训练中比重较大;第二类是采用中、小负荷快速练习的方法来提高动作速度,此类手段对于低水平或处于初级训练阶段的运动员训练比较好;第三类是采用比赛的动作实际的负荷(与器械重量相当或采用器械本身)来练习,这有利于在大重量负荷之后将获得的力量迅速地向专项转移。

(3) 发展力量耐力,采用的负荷低于最大力量的50%。对于初级运动员,这个负荷还要小,负荷不大,肌肉就不易疲劳,工作的持续时间就可以延长。肌肉活动的次数多,就可以使肌肉代谢过程加强,更有效地增加肌肉蛋白质的含量,如线粒体蛋白与肌红蛋白含量,从而提高肌肉的有氧氧化能力。尤其是对处于初级训练阶段的运动员,他们进行力量训练的主要目的是改善肌肉的结构,因此,小负荷的多次重复训练应占相当的比重。

(六) 合理训练间隔原则

合理训练间隔原则就是寻求两次训练课之间的适宜间隔时间,使下次力量训练在上次训练出现的超量恢复期内进行,从而使运动训练效果得以积累。下次训练间隔时间与训练强度和训练量有密切的关系,训练强度和训练量大,间隔时间应长。通常较小的力量训练在第2天就出现超量恢复了,中等强度的力量训练应隔天进行,而大强度力竭训练一周进行1～2次即可。值得提出的是,完成定量负荷,训练水平高者出现超量恢复的时间较早,超量恢复的幅度较小,其训练间隔应较短;但同样进行力竭训练后,高水平者因完成的绝对负荷量大,故其超量恢复较晚出现,超量恢复的幅度较大,持续时间较长,训练间隔时间应稍长。

四、常见的几种力量练习方法的生理学分析

(一) 静力性练习(isometric exercise)

静力性练习又称等长练习,指肌肉收缩对抗阻力时长度不变的练习。进行等长练习时,神经细胞长时间保持兴奋,有助于提高神经细胞的工作能力;肌肉对血管的压力增大,影响肌肉的血液和氧气供应,对肌肉无氧代谢能力的提高、肌红蛋白含量的增加和肌肉毛细血管的增生均有良好影响。其优点是肌肉能够承受的运动负荷重量较大,是发展最大肌肉力量的常用方法。

(二) 动力性练习(dynamic exercise)

动力性收缩可以使用等张练习、可变阻力练习、等动练习、离心练习与超等长练习等练习方式。

1. 等张练习(isotonic exercise)

等张练习是指肌肉张力在肌肉开始缩短后即不再增加,直到收缩结束的力量练习方法。

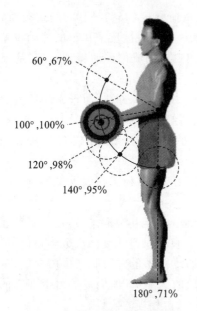

图 15-7 在双臂弯举过程中不同角度对应的不同力量

等张练习的优点是肌肉运动形式可与专项的运动特点相一致,在增长力量的同时可以提高神经肌肉的协调性。缺点是在力量练习中肌肉张力的变化具有"关节角度效应",即用来训练肌肉的阻力或重量会受到动作范围中最弱位置的限制。如图 15-7 所示,人在最佳角度 100°时可举起 45 kg,那么在 180°完全伸展的位置,只能举起 32 kg,因此,如果他开始举的杠铃重量是 32 kg,从完全伸展位置开始时,仅能勉强地移动杠铃,但是,一旦移动到 100°时,所举的重量仅是他在该角度所能举起的最大重量的 70%而已。

2. 可变阻力(variable resistance)练习

可变阻力练习是指借助可变阻力器材进行的力量练习方法。特点是在整个关节活动范围中,肌肉或肌群产生的力随关节运动角度的改变而变化。其理论基础是在动作范围的每一位置上,如果肌肉能以固定较高的最大肌力百分比施力,肌肉将可受到较完整的训练。

3. 等动练习(isokinetic exercise)

等动练习又称等速练习,是利用专门的等速力量训练器进行的肌肉力量练习方法。不论是对个体施以非常轻的力量,或是做力衰竭性的最大肌肉收缩,动作的速度始终不变,它是发展动力性力量较好的练习方法之一。练习时,等速力量所产生的阻力与用力的大小相适应,肌肉可在动作范围的所有位置上做最大力量的肌肉收缩,并以恒定的速度进行运动。

4. 离心练习(eccentric exercise)

离心练习又称退让练习,指肌肉收缩产生张力的同时被拉长的练习方法。研究发现,肌肉在进行离心收缩时所产生的最大离心张力比最大向心张力大 30%左右,因此,能够对肌肉产生更大的刺激,更有利于发展肌肉力量和横断面积。

5. 超等长练习(plyometrics exercise)

超等长练习是指肌肉工作时先做离心式拉长,继而做向心式收缩的一种复合式练习方法。在离心收缩(伸展)时,也同时在肌肉的弹性成分与收缩性成分中贮存了能量,这些能量会在向心收缩时获得释放。例如,在发展伸肌肌力时,个体从站立姿势开始到深蹲姿势(离心收缩),然后跳上一个箱子(向心收缩),以蹲姿落于箱子上。随后,这个人再跳离箱子至地面上,以蹲姿落地,并重复上述流程到下一个箱子。

(三)电刺激法训练(electrical stimulation training)

电刺激法是指借助电刺激仪采用一定频率和强度的电流直接作用在肌肉或肌肉的运动神经上来刺激肌肉的方法。在临床上已证实,在打石膏固定的时期,电刺激训练可以有效地减少肌力与肌肉体积的流失。因此,此法可作为运动员伤后恢复期不能进行正常训练时的辅助力量训练手段。不足之处是其所引起的肌肉收缩,可以干扰和破坏机体自身的感受器的自身调节和保护功能,对协调性产生不良影响,同时大量使用还会导致肌肉过度疲劳和容易造成微细损伤。

(四)振动训练(vibration training)

振动训练是近年来发展和建立起来的通过给人体施加一定频率(25~60 Hz)和强度的机械振动,保持和提高肌肉力量的训练方法。振动对人体的影响主要是机械性效应,弱的振动主要是引起组织和器官的移位、挤压,从而影响其功能。人体对振动的反射反应和代偿反应是振动生理效应的一个重要方面。该法常作为附加或辅助手段与一般的力量练习同步。

五、力量训练要素

力量训练的效果与力量练习的强度、次数和组数等多种负荷因素有关。

(一)负荷强度

常用最大重复次数(RM)来表示力量训练的负荷强度,也可以用最大肌力的百分比表示。最大重复次数是指肌肉收缩所能克服某一负荷的最大次数。如 1-RM 表示进行 1 次本人最大负荷重量的练习,20-RM 表示进行 20 次相对较小的负荷重量的练习。采用不同的 RM,可使不同类型的肌肉力量得到优先发展(见表 15-2)。

表 15-2 不同负荷强度对肌肉力量、速度和耐力的影响

负荷强度	效 果	适用项目
5-RM	肌纤维增粗、力量增加、动作速度增快	举重和投掷等
6-RM~10-RM	肌肉粗大、力量增强、速度增快,但耐力增加不明显	100 m 跑、跳跃运动等
11-RM~15-RM	力量增强、速度增快、耐力增强	400、800 m 跑等
30-RM	毛细血管增多、耐力提高,力量、速度作用不明显	长跑

此外,以不同 RM 百分比进行负荷强度训练,对不同类型纤维的动员也不相同(见表 15-3)。

表 15-3 不同 1-RM 百分比肌肉运动负荷与不同类型纤维动员的关系表

动员肌纤维类型	1-RM/(%)				
	60	70	80	90	100
ST/(%)	60	40	25	15	5
FTa/(%)	30	40	40	25	25
FTb/(%)	10	20	35	60	70

(引自 Patrich O'Shea,1996)

(二)动作速度

动作速度可以影响力量训练中神经控制、肌肉肥大和能量代谢等多种生理反应。一般

情况下,对于提高肌肉力量而言,初学者可以采用低速和中速进行训练,优秀运动员采用中速和高速训练更为有效。不同速度运动时主要动员的肌纤维类型不同,因此,可以通过改变力量练习的速度来发展不同类型的肌纤维。

(三) 每组练习重复次数、组数和频率

每组练习的重复次数是指一组训练中不间断地完成力量练习的次数,每组重复次数的多少与力量练习的强度有关。一般认为,每项动作最少完成三组才能使肌力与肌肉体积大小获得最大收益。

力量训练频率通常是指每周训练的次数,是影响力量训练效果的重要因素。初练者一般选择 2~3 次/周为宜。研究表明,对初次参加运动训练者,隔天训练的效果比每天训练的效果好。每天进行力量训练者,训练 10 次后,肌肉力量提高 47%,而以同样训练负荷进行隔天训练,经过 10 次训练后肌肉力量提高 77.6%。运动员根据不同项目肌肉力量的需要每周训练的次数不一样。

在力量训练中,负荷强度、练习次数、组数和训练频率的安排,受训练目的、运动形式和练习者身体训练水平等因素的影响。一般情况下,采用中高阻力、低中重复次数(60%~80% 1-RM、6~12 次)的力量练习可获得最佳肌力;采用低中阻力、中高重复次数(30%~70% 1-RM、10~25 次)的力量练习可获得最佳肌肉耐力。训练爆发力的最佳途径,需通过以爆发性速度实施低中阻力、低重复次数(30%~60% 1-RM、3~6 次)训练,并建议与传统肌力训练的中高阻力、低中重复次数(60%~80% 1-RM、6~12 次)做交替性的训练。当训练目的在于增加肌肉体积大小时,如健美运动员,必须使用中高阻力配合低中重复次数(70%~100% 1-RM、1~12 次)的力量训练方式。

表 15-4 提供了最大肌力、爆发力和肌肉耐力练习参考方案,可根据实际进行调整。

表 15-4 发展最大肌力、爆发力和肌肉耐力的各种力量训练参数

力量类型	负荷	重复次数/次	练习组数/组	频率/(次/周)	组间休息/s	持续时间/s
肌肉耐力	40%~60%1-RM	20~40	3~6	3	<30	≥120
爆发力	60%~80%1-RM	6~15	3~6	3	30~60	<120
最大肌力	80%~100%1-RM	2~6	3~6	3	120~180	<90

(引自王步标、华明,2006)

第二节 速度素质的生理学基础

速度素质是指人体进行快速运动的能力或最短时间完成某种运动的能力。按其在运动中的表现可以分为反应速度、动作速度和周期性运动的位移速度三种形式。

一、反应速度的生理学基础

反应速度(reaction speed)是指人体对各种刺激发生反应的快慢,如短跑运动员从听到

发令到起动的时间等。反应速度的快慢主要取决于兴奋通过反射弧所需要的时间(即反应时)的长短、中枢神经系统的机能状态和运动条件反射的巩固程度。

(一) 反应时

从感受器接受刺激产生兴奋并沿反射弧传递开始,到引起效应器发生反应所需要的时间称为反应时(reaction time)。在构成反射弧的五个环节中,传入神经和传出神经的传导速度基本上是固定的,所以,反应时的长短主要取决于感受器的敏感程度(兴奋阈值的高低)、中枢延搁和效应器(肌组织)的兴奋性。其中,中枢延搁又是最重要的。反射活动愈复杂,历经的突触愈多,反应时愈长。

(二) 中枢神经系统的机能状态

良好的兴奋状态及其灵活性,能够加速机体对刺激的反应,使效应器由相对安静状态或抑制状态迅速转入活动状态。运动员处于良好的赛前状态时,反应时缩短(见表15-5)。反之,如果运动员大脑皮层的兴奋性降低或灵活性低,反应时将明显延长。还有的研究表明,当身体处于一定的肌肉紧张准备状态下,反应时可以缩短7%。

表 15-5　赛前状态时各项运动的运动员光潜伏期的变化　　　　　　(单位:ms)

项目	安静时	良好赛前状态时
田径	300	246
击剑	313	227
射击	313	211
游泳	313	181

(引自《体育学院通用教材:运动生理学》,1990)

(三) 运动条件反射的巩固程度

随着运动技能的日益熟练,反应速度加快。研究发现,通过训练,反应速度可以缩短11%~25%。

二、动作速度的生理学基础

动作速度(movement speed)是指完成单个动作时间的长短,如排球运动员扣球时的挥臂速度等。动作速度主要是由肌纤维类型的百分组成及其面积、肌肉力量、肌肉组织的兴奋性和运动条件反射的巩固程度等因素所决定的。

(一) 肌纤维类型

肌肉中快肌纤维占优势是速度素质重要的物质基础之一,快肌纤维百分比愈高且快肌纤维愈粗,肌肉收缩速度则愈快。研究证实,优秀短跑运动员腿部肌肉中快肌纤维百分比高,并且快肌纤维出现选择性肥大。

(二) 肌肉力量

肌力越大,越能克服肌肉内部及外部阻力完成更多的工作。凡能影响肌肉力量的因素也必将影响动作速度。图 15-8 表示力量水平不同的人在各种负荷下的运动速度。在负荷相同的条件下,力量越大,运动速度越快。

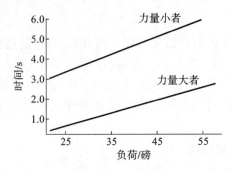

图 15-8　不同负荷下卧推的运动时间
（引自 Richard,1982）

（三）肌肉组织兴奋性

肌肉组织兴奋性高时,刺激强度低且作用时间短就能引起肌组织兴奋。

（四）运动条件反射的巩固程度

在完成动作过程中,运动技能愈熟练,动作速度愈快。

另外,动作速度也与神经系统对主动肌、协同肌和对抗肌的调节能力有关。在完成成套动作中,还与肌肉的无氧代谢供能能力有关。

动作速度的生理指标大多采用运动时,运动时是指从效应器（肌肉）开始发生反应至反应完成动作所需的时间。从表 15-6 中可以看出,不同项目的运动员,有的反应时较短而运动时较长,有的相反。说明反应时和运动时的变化并不同步。另外,同一项目不同运动员的反应时和运动时也有差异。

表 15-6　反应速度与动作速度实验结果表　　　　　　　　　　　　（单位:s）

运动专项	反应时	运动时	总时间
短跑（男）	0.176	0.113	0.289
跳跃（男）	0.171	0.115	0.286
中长跑（男）	0.198	0.139	0.337
马拉松（男）	0.238	0.156	0.394
排球（女）	0.203	0.145	0.348

（引自《体育学院通用教材:运动生理学》,1990）

三、位移速度的生理学基础

位移速度（displacement speed）是指周期性运动（如跑步、游泳等）中人体通过一定距离的时间。以跑为例,周期性运动的位移速度主要取决于步长和步频两个变量,而步长和步频又受多种生物学因素的制约(见图 15-9)。

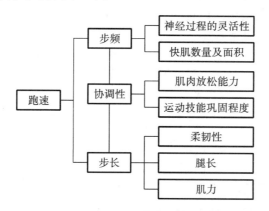

图 15-9 影响步长、步频的主要生物学因素示意图
(引自《体育学院通用教材:运动生理学》,1990)

步长主要取决于肌力的大小、肢体的长度以及髋关节的柔韧性;而步频主要取决于大脑皮层运动中枢的灵活性和各中枢间的协调性以及快肌纤维的百分比及其肥大程度。神经过程的灵活性好,兴奋与抑制转换速度快,是肢体动作迅速交替的前提。各肌群间协调关系的改善,可以减少因对抗肌群紧张而产生的阻力,有利于更好地发挥速度。所以,在周期性运动项目中,肌肉放松能力的改善,也是提高速度的一个重要因素。

此外,速度性练习时间短,主要依靠 ATP-CP 系统供能,因此,肌肉中 ATP-CP 含量较多是速度素质重要的物质基础。研究发现,通过速度训练,肌肉中 CP 的贮备量随训练水平的提高而增加。

四、速度素质的训练

(一)提高神经过程的灵活性训练

大脑皮层神经过程的灵活性是实现高频率动作的重要因素。为了改善和提高神经过程的灵活性,可采用变换各种信号让练习者迅速做出反应的练习以及做各种高频率动作的练习,如牵引跑、在转动跑台上跑、顺风跑等借助外力提高动作频率的练习,都可使练习者在不缩短步长的情况下增加步频,提高神经中枢兴奋与抑制快速转换的能力。

(二)发展磷酸原系统供能的能力训练

速度性练习是强度大、时间短的无氧训练,主要依靠 ATP-CP 系统提供能量,因此,在发展速度训练中,应着重发展磷酸原系统供能的能力。一般常用的方法是重复训练法,如短跑运动员常采用 10 s 以内的短距离反复疾跑,来发展磷酸原系统供能能力。

(三)提高肌肉的放松能力训练

肌肉的协调放松能力是速度素质提高的重要因素。肌肉放松能力的提高,不仅可以减少快速收缩时肌肉的阻力,而且有利于 ATP 的再合成,使肌肉收缩速度和力量增加。有人曾对肌肉放松训练与肌肉力量之间的关系进行研究,发现在力量练习后进行放松练习的实验组与无放松练习的对照组相比,实验组肌肉的放松能力明显提高,同时肌肉力量和速度及 100 m 跑成绩均较对照组明显提高(见表 15-7)。

表 15-7 放松训练对力量和速度的影响

测验项目	实验组			对照组		
	前	后	提高/(%)	前	后	提高/(%)
单腿三级跳远/cm	586.4	712.1	21.44	598.6	674.2	12.63
行进间 30 m 跑/s	5.15	4.32	16.12	5.18	4.46	13.90
100 m 跑/s	13.91	13.12	5.68	13.87	13.44	3.10

(四)发展腿部力量及关节的柔韧性训练

对短跑运动员来说,腿部力量对增加步长是十分重要的,除负重训练外,可进行一些超等长练习(如连续单腿跳、蛙跳等练习)来发展腿部力量。另外,改善关节柔韧性的练习也有利于速度素质的提高。

第三节 耐力素质的生理学基础

耐力是指人体长时间进行肌肉工作的运动能力,也称为抗疲劳能力。耐力素质的分类及命名十分繁杂,可按运动时的外部表现划分为速度耐力、力量耐力和静力耐力等;按该项工作所涉及的主要器官划分为呼吸循环系统耐力、肌肉耐力及全身耐力等;还可按参加运动时能量供应的特点划分为有氧耐力和无氧耐力;并可按运动的性质划分为一般耐力和专项耐力等。

有氧耐力和无氧耐力的生理学基础见第十四章。

第四节 灵敏和柔韧素质的生理学基础

一、灵敏素质的生理学基础

灵敏素质(agility)是指人体迅速改变体位、转换动作和随机应变的能力。它是多种运动技能和身体素质在运动中的综合表现,是一种较为复杂的素质。在某些需要迅速改变体位的运动项目中灵敏素质尤其重要。如球类、体操等项目中的急起、急停和快速改变方向等动作,都需要运动员具有良好的灵敏素质。

灵敏素质具有明显的项目特点,如体操运动员的灵敏主要表现为对身体姿势的控制和转换动作的能力,球类运动员的灵敏则主要表现为对外界环境变化能及时而准确地转换动作以做出反应的能力。灵敏素质的生理学基础如下。

(一)大脑皮层神经过程的灵活性及其分析综合能力

大脑皮层神经过程的灵活性及其分析综合能力是灵敏素质重要的生理学基础。神经过程的灵活性好,兴奋与抑制转换得快,才能使机体在内外环境条件发生变化时迅速地做出判断和反应,并根据当时的情况及时调整或修正动作。尤其在对抗性项目中,如球类、击剑、摔跤等,随着运动形式的变化,动作的性质、强度都将发生变化,机体必须迅速对情况做出判断。

(二)各感觉器官的机能状态

在完成动作过程中,需要运动员具有良好的感觉机能,表现为动作准确,变换迅速,并且在空间和时间上表现出准确的定时定向能力,这就要求各种感觉器官如视、听、位和本体感觉等器官具有极其高的敏感性。因此,灵敏素质的发展与各种分析器机能的改善有密切关系。

(三)掌握的运动技能及其他身体素质水平

灵敏素质是多种运动技能和身体素质在运动中的综合表现。掌握的运动技能数量愈多而且愈熟练时,灵敏素质才能愈充分地表现出来。因为运动技能是在多种感觉机能的参与下在大脑皮层有关中枢间建立的暂时性神经联系,这种暂时性联系建立得愈多,在环境条件改变需要做出反应时,大脑皮层有关中枢间暂时性神经联系的接通就愈迅速和准确,并能在原有条件反射的基础上创造出更多的新颖动作和做出更完善的协调反应。

灵敏素质还需要其他身体素质的保证。如必须有一定的力量、速度、耐力及柔韧性等素质,才能真正地适应复杂的环境变化,做出准确的反应。

此外,灵敏素质还受年龄、性别、体重和疲劳等因素的影响。一般认为,少年时期灵敏素质发展最快;男孩较女孩灵活,尤其在青春期后,男孩的灵敏性更好;体重过重会影响灵敏素质的发展;身体疲劳时,爆发力、动作速度、反应速度及协调性等都下降,灵敏素质也会显著下降。

二、柔韧素质的生理学基础

柔韧素质(fiexibility)是指用力做动作时扩大动作幅度的能力。关节运动幅度的增加,对于提高动作质量十分重要。往往柔韧性愈好,动作就愈舒展、优美和协调,并且有助于减少运动损伤。柔韧素质的生理学基础如下。

(一)关节的构造及其周围组织的伸展性

关节活动幅度的大小,与关节的解剖结构特点、关节周围组织的体积以及跨关节的韧带、肌腱、肌肉和皮肤的伸展性等生理状况有关。

关节面结构是影响柔韧性的重要因素,主要由遗传因素决定,但训练可以使关节软骨增厚。关节周围体积过大,如皮下脂肪含量或结缔组织过多都将影响邻近关节的活动幅度,使柔韧性降低。肌肉及韧带组织的伸展性,取决于年龄和性别等因素,并与肌肉温度有关,通过准备活动可使肌肉温度升高,降低肌肉内部的黏滞性,加大伸展性,有利于柔韧性的提高。

(二) 神经系统对骨骼肌的调节能力

神经系统对骨骼肌的调节能力,尤其是主动肌与对抗肌之间协调关系的改善,以及肌肉收缩与放松调节能力的提高,可以减少由于对抗肌紧张而产生的阻力,有利于增大运动幅度。此外,肌肉放松能力的提高,也是扩大动作幅度、提高柔韧性的重要因素。

【思考题】

1. 试举例阐述肌肉力量的分类。
2. 试述力量的生理学基础。
3. 联系运动训练实践阐述肌肉力量训练的一般原则。
4. 简述反应速度和动作速度的生理学基础。
5. 阐述灵敏及柔韧素质的生理学基础。
6. 以某专项力量训练为例分析影响肌肉力量训练效果的负荷因素。

第十六章　运动过程中人体机能变化规律

在运动过程中,人体将发生一系列的规律性机能变化,这些机能变化可分为赛前状态、进入工作状态、稳定工作状态、疲劳和恢复过程五个阶段。研究和掌握各个阶段的规律和特点,并将其运用到运动实践中去,对于增强体质、提高运动成绩和防止运动损伤具有重要意义。

第一节　赛前状态

赛前状态(pre-competition state)是指人体参加比赛或训练前身体的某些器官、系统产生的一系列条件反射性变化。赛前状态可发生在比赛前数天、数小时或数分钟。

一、赛前状态的生理变化

赛前状态的生理变化主要表现为神经系统兴奋性提高,物质代谢加强,体温升高,内脏器官活动增强。例如,心率和呼吸频率加快,动脉血压升高,汗腺分泌增加等。而这些变化常常因为愈临近比赛或运动而变得更加明显。

赛前反应的大小与比赛性质、运动员的比赛经验和心理状态有关。比赛规模越大,离比赛时间越近,赛前反应越明显。运动员情绪紧张、训练水平低、比赛经验不足也会使赛前反应增强。适宜的赛前反应能促进运动员在比赛中发挥出较好的运动水平;反之,反应过大则会影响运动员在比赛中的正常发挥。

二、赛前状态的生理机理

赛前状态产生的机理可以用条件反射机理解释。比赛或训练过程中的场地、器材、观众、广播声和对手的表现等信息不断作用于运动员,并与比赛或运动时肌肉活动的生理变化相结合。久而久之,这些信息就变成了条件刺激,只要这些信息一出现,赛前的生理变化就表现出来,因而形成了一种条件反射。由于这些生理变化是在比赛或训练的自然环境下形成的,所以其生理机理属自然条件反射。

三、赛前状态类型

赛前状态依据其生理反应特征和对人体机能影响的程度可分为以下三种类型。

(一)准备状态型

准备状态型的特点是中枢神经系统兴奋性适度提高,植物性神经系统和内脏器官的惰性得到一定的克服,使进入工作状态的时间适当缩短,从而有利于发挥机体工作能力和提高运动成绩。此类型常见于优秀运动员。

(二)起赛热症型

起赛热症型的特点是中枢神经系统的兴奋性过高,表现为过度紧张,常有寝食不安、四肢无力、全身微微颤抖、喉咙发堵等不良生理反应,因而使运动员工作能力和运动成绩下降。此类型常见于初次参加比赛的年轻选手,或参加特别重大的比赛,也可能是运动员过分重视比赛结果。

(三)起赛冷淡型

起赛冷淡型的特点是由于赛前兴奋性过低,进而引起了超限抑制,表现为对比赛淡漠、浑身无力。因此,不能在比赛时发挥机体工作能力。此类型常是第二种类型的继发反应。

四、不良赛前状态的调整

针对不良的赛前状态,必须进行适当的调整,使其达到最佳状态。为预防不良赛前状态,第一,要求运动员不断提高心理素质,正确认识比赛意义,端正比赛态度;第二,组织运动员多参加比赛,增加比赛经验;第三,进行适当形式和强度的准备活动,如果运动员兴奋性不高,可做些强度大的练习,如果运动员兴奋性过高,准备活动的强度可小些,安排一些轻松的和转移注意力的练习和活动;第四,科学地安排好赛前运动员的训练及生活内容等。

第二节 准备活动

准备活动(warm-up)是指在比赛、训练和体育课的基本部分之前,为克服内脏器官生理惰性,缩短进入工作状态时程,预防运动创伤而有目的地进行的身体练习,为即将来临的剧烈运动或比赛做好准备。

一、准备活动的生理作用

(一)调整赛前状态,使大脑皮质兴奋性处于适宜水平

准备活动可以提高中枢神经系统的兴奋性,调节不良的赛前状态,使大脑反应速度加快,参加活动的运动中枢间相互协调,为正式练习或比赛时生理功能迅速达到适宜程度做好准备。

(二)克服内脏器官生理惰性

通过准备活动可以提高心血管系统、呼吸系统的机能水平,使肺通气量、心输出量增加,

心肌和骨骼肌的毛细血管网扩张,使工作肌能获得更多的氧,从而克服内脏器官生理惰性,缩短进入工作状态时程。

(三) 提高机体的代谢水平,使体温升高

准备活动在英文中叫作"warm-up",因此有人把它译作"热身"。由此可见在运动或比赛前使体温升高的意义。

体温升高可降低肌肉黏滞性,提高肌肉收缩和舒张速度,增加肌肉力量;在体温较高的情况下,血红蛋白和肌红蛋白可释放更多的氧,增加肌肉的氧供应;体温升高可增加体内酶的活性,物质代谢水平提高,保证在运动中有较充足的能量供应;体温升高还可以提高中枢神经系统和肌肉组织的兴奋性;同时,体温升高使肌肉的伸展性、柔韧性和弹性增加,预防运动损伤。

准备活动所起的作用不仅仅是体温升高,有研究发现(见表16-1),让受试者3人分别在不做任何准备活动、蒸汽浴、做准备活动后的三种情况下,测定100米及400米赛跑成绩,蒸汽浴及做准备活动的效果不等,蒸汽浴后运动成绩不如做准备活动后,提示准备活动除有加温效果外,还有另外的作用机理。

表 16-1 三种不同情况下跑 100 米及 400 米成绩的比较

跑距离	受试者	不做准备活动		蒸汽浴后		做准备活动后	
		体温	成绩	体温	成绩	体温	成绩
100 米	GB	37.3 ℃	12″7	38.2 ℃	12″6	38.1 ℃	12″2
	PH	37.2 ℃	12″7	38.0 ℃	12″3	38.1 ℃	12″1
	OL	36.6 ℃	12″4	37.8 ℃	12″3	38.8 ℃	11″9
400 米	GB	37.3 ℃	59″2	38.8 ℃	58″8	38.4 ℃	56″2
	PH	37.03 ℃	57″2	38.0 ℃	57″0	38.4 ℃	55″4
	OL	36.0 ℃	54″0	37.1 ℃	56″0	38.3 ℃	52″2

(引自《体育学院通用教材:运动生理学》,1990)

(四) 促进参与运动的有关中枢间的协调

使运动技能的条件反射联系多次接通,专门性准备活动在这方面起着极其重要的作用。

(五) 增强皮肤的血流量,有利于散热,防止正式比赛时体温过高

通过准备活动还可增强皮肤的血流量,有利于散热,防止在正式比赛时体温过高而影响运动成绩。

二、准备活动作用的生理机理

通过预先进行的肌肉活动在神经中枢的相应部位留下了兴奋性提高的痕迹(后作用),这一痕迹产生的生理效应能使正式比赛时中枢神经系统的兴奋性处于最适宜水平,调节功能得到改善,内脏器官的机能惰性得到克服,新陈代谢加快,有利于机体发挥最佳功能水平。

但痕迹效应不能保持很久,准备活动后间隔 45 分钟,其痕迹效应将全部消失。

另外,在每次训练或比赛前做准备活动,也会形成条件反射。所以,准备活动所产生的生理效应也有条件反射的作用。

三、准备活动的基本方法

准备活动可分以下三类。①一般性准备活动,是指与正式练习不相似的活动,主要包括一般性的徒手体操、伸展性练习和慢跑等,其目的是提高中枢神经系统的兴奋性和各器官系统的活动水平。②专门性准备活动,是指与正式练习相类似的活动。如篮球运动员正式练习前进行运球、投篮练习;足球运动员在正式练习前进行传球、射门练习。目的是增强中枢神经系统对正式练习的调节能力,强化运动动力定型,为正式练习做好机能和战术准备。③混合性准备活动。它兼具一般性准备活动与专门性准备活动的生理效应。实践证明,混合性准备活动效果较佳。

准备活动的时间、强度、内容与正式运动或比赛的时间间隔等都是影响准备活动生理效应的因素。一般认为,准备活动的强度以 $45\% \text{VO}_{2\,max}$ 强度,心率达 100～120 次/min,时间在 10～30 min 之间为宜。此外,还应根据每个运动员的项目特点、个人习惯、训练水平、季节气候等因素适当加以调整,通常以微微出汗及自我感觉已活动开为宜。准备活动结束到正式练习开始时间的间隔一般不超过 15 min,在一般性教学课中以 2～3 min 为宜。

第三节　进入工作状态

在进行体育运动时,人的机能能力并不是一开始就达到最高水平,而是在活动开始后一段时间内逐渐提高的。我们将这个机能水平逐渐提高的生理过程和机能状态叫进入工作状态。进入工作状态的实质就是人体机能的动员。

一、产生进入工作状态的机理

人体运动除了受物理惰性影响外,主要受生理惰性影响。人体的生理惰性表现在以下几个方面。

(一) 反射时

人的一切活动都是反射活动,完成任何一项反射活动都需要时间。动作越复杂,有关中枢之间的传递延搁时间就越长,进入工作状态需要的时间越长。

(二) 内脏器官的生理惰性

肌肉运动必须依赖内脏各器官的协调配合才能获得能源物质、氧气和清除代谢产物。内脏器官活动受植物性神经支配,与躯体性神经支配相比,支配内脏器官的植物性神经不仅传导速度慢,而且传导途径中突触联系较多(见图 16-1),因此植物性神经机能惰性比躯体性神经大。一般情况下,骨骼肌可以在很短时间内发挥出最高工作能力,而内脏机能需要在运动开始后 2~3 min 才能达到最高水平(见图 16-2)。

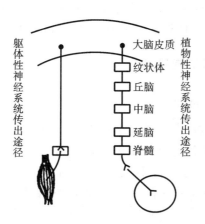

图 16-1　躯体性神经和植物性神经传出途径示意图

(引自《体育学院通用教材:运动生理学》,1990)

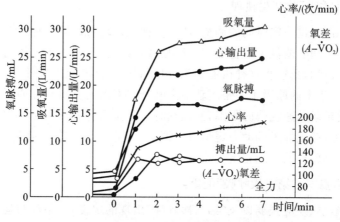

图 16-2　运动时心输出量、心率等指标的变化

(引自王步标,1994)

此外,在内脏器官产生持续活动中,神经-体液调节作用更为重要。由神经系统调节内分泌腺分泌激素,激素随血液循环到达所支配的器官,改变其功能状态。这一系列的生理活动,比躯体性神经调节的惰性大得多。

二、影响进入工作状态的因素

进入工作状态所需时间长短取决于工作性质、个人特点、训练水平、工作强度及当时机体的机能状态。一般来说,肌肉活动越复杂,进入工作状态需要的时间也就越长;训练程度差的运动员比高水平运动员长,随着训练水平的提高,进入工作状态的时间也会缩短;在适宜运动负荷下工作强度愈高,进入工作状态的时间就愈短。此外,年龄和外界因素也能影响进入工作状态的时间。儿童少年进入工作状态的时间比成人短。场地条件好、气候温暖适宜以及良好的赛前状态和充分的准备活动均能缩短进入工作状态的时间。

三、生理"极点"与"第二次呼吸"

(一) 生理"极点"及产生机理

在进行剧烈运动开始阶段,由于植物性神经系统的机能动员速率明显滞后于躯体性神经系统,植物性神经系统与躯体性神经系统机能水平的动态平衡关系失调,内脏器官的活动满足不了运动器官的需要,出现一系列的暂时性生理机能低下综合征,主要表现为呼吸困难、胸闷、肌肉酸软无力、动作迟缓不协调、心率剧增、精神低落等症状,我们将这种机能状态称为"极点"。

"极点"产生的原因主要是内脏器官的机能惰性与肌肉活动不相称,致使供氧不足,大量乳酸积累使血液 pH 值朝酸性方向偏移。这不仅影响神经肌肉的兴奋性,还反射性地引起呼吸、循环系统活动紊乱。这些机能的失调又使大脑皮质运动动力定型暂时遭到破坏。

(二)"第二次呼吸"及产生机理

"极点"出现后,经过一定时间的调整,植物性神经系统与躯体性神经系统机能水平达到了新的动态平衡,生理机能低下综合征症状明显减轻或消失,表现出人体的动作变得轻松有力,呼吸变得均匀自如,我们将这种机能变化过程和状态称为"第二次呼吸"。

"第二次呼吸"产生的原因主要是运动中内脏器官惰性逐步得到克服,氧供应增加,乳酸得到逐步清除;同时运动速度暂时下降,使运动时每分需氧量下降,减少了乳酸的产生,机体的内环境得到改善,被破坏了的动力定型得到恢复,于是出现了"第二次呼吸"。它标志着进入工作状态阶段结束,开始进入稳定工作状态。

(三) 影响"极点"与"第二次呼吸"的因素

"极点"来的迟早、反应强弱以及"第二次呼吸"出现的快慢等,不仅与运动项目、强度、训练水平有关,还与准备活动、赛前状态及呼吸方式等因素有关。一般来说,中长跑项目中运动者的"极点"反应较明显;运动强度愈大,训练水平愈低,"极点"出现得愈早,反应也愈强烈,"第二次呼吸"出现得也愈迟。良好的赛前状态和充分的准备活动可推迟"极点"的出现和减弱"极点"的反应程度。

减轻"极点"反应的主要措施包括:① 继续坚持运动;② 适当降低运动强度;③ 调整呼吸节奏,尤其要注意加大呼吸深度。恰当的克服"极点"反应的措施有助于促进"第二次呼吸"的出现。

第四节 稳定工作状态

在运动过程中,进入工作状态结束后,人体的机能水平和工作效率在一段时间内处于一种动态平衡或相对稳定状态。此时,人体的生理功能与运动功率输出保持动态平衡,生理机能保持相对平衡。这种机能状态称为稳定工作状态。稳定工作状态可分为真稳定工作状态和假稳定工作状态。

一、真稳定工作状态

在进行强度较小、运动时间较长的运动时,进入工作状态结束后,机体所需要的氧可以得到满足,即吸氧量和需氧量保持动态平衡,这种状态称为真稳定工作状态(见图16-3)。在真稳定工作状态下,肺通气量、心率、心输出量、血压及其他生理指标保持相对稳定,运动中的能量供应以有氧氧化供能为主,乳酸堆积较少,血液中酸碱平衡不致受到扰乱,运动的持续时间较长,可达几十分钟或几小时。真稳定工作状态保持时间长短取决于氧运输系统功能,该功能愈强,真稳定工作状态保持的时间则愈长。

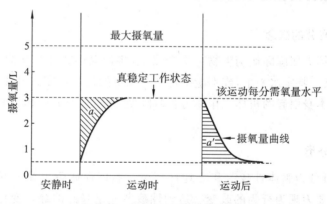

图 16-3 真稳定工作状态示意图

二、假稳定工作状态

当进行强度大、持续时间较长的运动时,进入工作状态结束后,吸氧量已达到并稳定在最大吸氧量水平,但仍不能满足机体对氧的需要。此时,机体的有氧供能能力不能满足运动的需要,无氧供能系统大量参与供能,机体能够稳定工作的持续时间相对较短,机体很快进入疲劳状态,故称这种机能状态为假稳定工作状态(见图16-4)。在这种状态下,由于机体以无氧供能为主,乳酸的产生率大于清除率,使血乳酸增加,pH下降,运动不能持久。研究证明,在假稳定工作状态下,与运动有关的其他生理功能基本达到极限,如心率、血压、肺通气量、呼吸频率等。同时肌肉的电活动亦加强,表明募集了新的运动单位以代偿肌肉的疲劳。

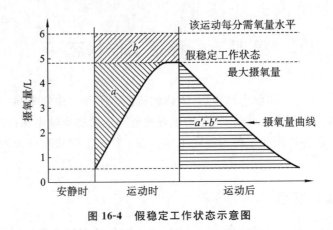

图 16-4 假稳定工作状态示意图

第五节 运动性疲劳

一、运动性疲劳的概念及其分类

(一) 运动性疲劳的概念

在 1982 年的第五届国际运动生物化学会议上,将运动性疲劳定义为:机体生理过程不能持续其机能在某一特定水平上,或不能维持某一预定的运动强度。另外,也有人将疲劳定义为:疲劳是运动本身引起的机体工作能力暂时降低,经过适当时间休息和调整可以恢复的生理现象。

(二) 疲劳的分类

运动性疲劳可分为躯体性疲劳和心理性疲劳。躯体性疲劳主要表现为运动能力的下降,心理性疲劳主要表现为行为的改变。运动性疲劳应是身心的综合变化。躯体性疲劳根据疲劳发生的相对部位分为中枢疲劳和外周疲劳;根据身体整体与局部分为整体(全身)疲劳和局部(器官)疲劳;根据身体各器官分为骨骼肌疲劳、心血管疲劳和呼吸系统疲劳等;根据运动方式分为快速疲劳和耐力疲劳;根据疲劳程度分为轻度疲劳、中度疲劳和重度疲劳。

二、运动性疲劳的发生部位

早在 1982 年 Edwards 就提出了神经-肌肉疲劳链的概念(见图 16-5),认为从大脑皮质到肌纤维任何一个环节存在机能障碍,都会导致控制链断裂而降低肌肉收缩能力。

本章根据疲劳发生的相对部位分析中枢疲劳和外周疲劳。

(一) 中枢疲劳

中枢疲劳系由运动引起的,发生在从大脑到脊髓运动神经元的神经系统的疲劳,即指由

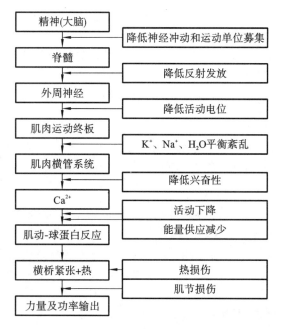

图 16-5 神经-肌肉疲劳链示意图

（引自 Edwards,1982）

运动引起的中枢神经系统不能产生或维持足够的冲动给肌肉以满足运动所需的现象。导致中枢疲劳发生发展的因素如下：

（1）中枢神经系统能量供应不足：疲劳时脑细胞中 ATP 水平明显降低,血糖含量减少。

（2）中枢神经递质变化：疲劳时脑细胞中抑制性递质如 γ-氨基丁酸（GABA）、5-羟色胺（5-HT）增多,而兴奋性递质如多巴胺（DA）减少。

（3）环境温度变化：高温环境下运动可导致机体核心体温升高,尤其脑温的升高是引起中枢神经递质变化的重要因素。

（4）其他因素影响：生长因子、乙酰胆碱（ACH）、乳酸、氨、NO 等都可能影响中枢疲劳的产生。它们可能通过诱导中枢 GABA、5-HT、DA 等神经递质的合成和释放发挥作用,也可能与神经递质存在协同作用。

（二）外周疲劳

外周疲劳可能发生的部位是神经-肌肉接点、肌细胞膜和肌肉收缩蛋白本身。这些部位中发生的某些变化与运动性疲劳有着密切的联系。

1. 神经-肌肉接点

肌肉兴奋依赖于终板去极化,乙酰胆碱是运动神经末梢把兴奋传向肌肉的神经递质。剧烈运动后,乙酰胆碱释放量减少,可造成神经肌肉的传递障碍,不能引起接点后膜去极化,骨骼肌也不能产生兴奋收缩。研究表明,短时间大强度运动时,如投掷、举重运动员在进行超大强度运动时,导致运动神经末梢乙酰胆碱释放量减少,骨骼肌的收缩能力下降,这种状态被称为突触前衰竭。

2. 细胞膜

运动时骨骼的机械性牵拉和化学性因素会使肌细胞膜损伤或通透性改变,引起肌肉收缩能力下降。研究表明,长时间运动过程中血浆游离脂肪酸和儿茶酚胺的浓度升高、胰岛素浓度下降、肌细胞失钾、自由基的产生等都可以使细胞膜上 Na^+/K^+-ATP 酶活性下降,从而引起肌细胞膜的通透性改变,使膜的完整性丧失,细胞的正常功能降低或丧失。

3. 兴奋-收缩脱耦联

长时间运动引起 ATP 含量减少,H^+ 和自由基生成增多,从而引起肌质网 Ca^{2+} 释放与摄入障碍,进而影响肌肉的兴奋-收缩脱耦联,导致运动性疲劳。

4. 收缩蛋白

肌肉收缩蛋白是肌肉收缩的基础,肌肉收缩蛋白的结构与功能异常必然导致肌肉收缩机能下降。研究发现,运动可引起肌节拉长,H 区消失,Z 线扭曲加宽,A 带、I 带异常及肌丝卷曲、排列混乱等现象,同时伴有肌钙蛋白与 Ca^{2+} 结合力及与原肌凝蛋白的相互作用下降。这些变化必然导致肌肉收缩能力下降,造成骨骼肌疲劳,并伴有延迟性肌肉酸痛症状。

三、运动性疲劳的产生机理

自从 19 世纪 80 年代莫索开始研究疲劳以来,人们对运动性疲劳产生的机理提出多种假说,最具代表性的有以下几种。

(一)"衰竭"学说

"衰竭"学说认为疲劳产生的原因是能源物质的耗竭,特别是糖原和磷酸肌酸的消耗。其依据是,在长时间运动产生疲劳的同时常伴有血糖浓度降低,而补充糖后工作能力有一定程度的提高。

1. 磷酸原大量消耗

在短时间、大强度运动中,体内 ATP、CP 含量下降,尤其是 CP 含量下降明显,影响了 ATP 的快速再合成(见图 16-6)。由于在短时间运动时,体内主要靠 ATP-CP 供能系统供能,因此,ATP、CP 含量的下降可能是短时间、大强度运动性疲劳的重要原因。

2. 血糖含量下降

在中等强度、长时间运动过程中,主要靠糖的有氧氧化供能,长时间运动可使体内糖类物质大量消耗,血糖浓度下降(见图 16-7)。脑细胞对血糖浓度的变化非常敏感,血糖含量下降,直接影响脑细胞的能量供应,造成大脑皮层工作能力下降,身体疲劳。运动实践证实,长时间运动后血糖浓度下降,伴随着机体出现疲劳症状,当补充糖类物质后,运动能力有所恢复。

3. 糖原含量下降

长时间运动可使体内糖原大量消耗,能源物质供应不足,诱发运动性疲劳。如人体在做单腿功率自行车运动时,运动腿肌肉至疲劳时糖原含量极度下降,而非运动对照腿的糖原含量几乎未变。运动时间越长,疲劳症状越明显,糖原消耗也就越多,可见糖原含量与运动性

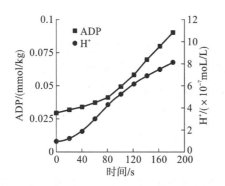
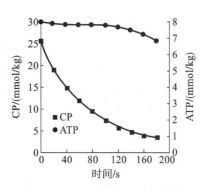

图 16-6　短时间剧烈运动诱发肌肉疲劳时 ATP、CP、ADP 和 H^+ 的变化

（引自 Robert,1977）

疲劳密切相关。

（二）"堵塞"学说

"堵塞"学说认为疲劳的产生是由于某些代谢产物在肌组织中堆积造成的。目前认为引起运动性疲劳的主要代谢产物包括以下几种。

1. 乳酸

疲劳时肌肉中乳酸增多,乳酸在体内的堆积可通过多种途径造成运动机能下降。

（1）乳酸解离后可生成氢离子（H^+）,使肌肉 pH 值下降,抑制糖酵解关键酶,从而抑制糖无氧氧化供能,减少运动时 ATP 再合成,造成能量供应障碍。

（2）乳酸解离后生成的 H^+ 可与 Ca^{2+} 竞争骨骼肌肌钙蛋白的结合位点,置换肌钙蛋白中的 Ca^{2+},使兴奋-收缩脱耦联阻碍肌肉收缩,导致收缩机能下降。

（3）运动时血乳酸含量升高,降低血液 pH 值,脑细胞对血液酸碱度的变化非常敏感,血液 pH 值下降,可造成脑细胞工作能力下降。

2. 氨

运动时肌肉收缩可产生氨,氨主要来源于 AMP。运动时体内氨含量升高可触发糖酵解过程,使乳酸含量增加,pH 值下降,H^+ 浓度升高。由于氨、乳酸之间的关系密切,两者共同作用,使整个身体机能下降。

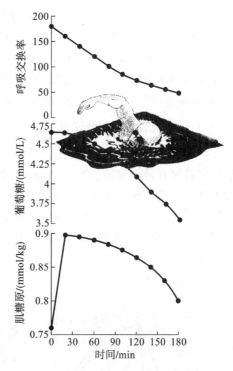

图 16-7　长时间耐力运动诱发肌肉疲劳时肌糖原和血糖含量的变化

（引自 Robert,1977）

(三)"内环境稳定性失调"学说

"内环境稳定性失调"学说认为疲劳是由于机体内 pH 下降、水盐代谢紊乱和血浆渗透压改变等因素引起的。有人研究,当人体失水占体重的 5% 时,肌肉工作能力下降 20%~30%。美国哈佛大学疲劳研究所曾报道,在高温下作业的工人因泌汗过多,达到不能劳动的严重疲劳时,单单给予饮水仍不能缓解,但饮用含 0.04%~0.14% 氯化钠的水溶液可使疲劳有所缓解。

(四)"保护性抑制"学说

依照巴甫洛夫学派的观点,运动性疲劳是由于大脑皮质产生了保护性抑制。运动时大量冲动传至大脑皮质相应的神经元,使其长时间兴奋,导致耗能增多,为避免进一步消耗,便产生了抑制过程,这对大脑皮质有保护性作用。例如,贝柯夫(1972)的研究发现,狗拉载重小车行走 30~60 分钟产生疲劳时,一些条件反射量显著减少,不巩固的条件反射完全消失。1971 年,雅科甫列夫发现,小鼠在进行长时间运动(10 小时游泳)引起严重疲劳时,大脑皮质中 γ-氨基丁酸水平明显增加,该物质是中枢抑制递质。

此外,血糖下降、缺氧、pH 下降、盐丢失和渗透压升高等,也会促使皮质神经元工作能力下降,从而促进疲劳(保护性抑制)的发生和发展。

(五)分泌调节机能下降学说

分泌调节机能下降学说认为运动性疲劳的产生机制是由于机体内分泌调节机能(如肾上腺皮质系统和肾上腺髓质系统功能)下降,影响了物质代谢和能量代谢,导致机体的运动能力下降。运动应激引起疲劳时机体内分泌调节功能受影响,在长时间运动中,运动负荷强度和运动量过大时,使皮质醇分泌持续增加,对机体的下丘脑-垂体-性腺轴有广泛的抑制作用,对免疫系统也起抑制作用。这种抑制会导致机体兴奋性下降,运动能力降低,从而引起运动性疲劳。

(六)"突变"学说

爱德华兹(Edwards,1982)从肌肉疲劳时能量消耗、肌力下降和兴奋性改变三维空间关系,提出了肌肉疲劳的突变理论,认为疲劳是由于运动过程中三维空间关系改变所致(见图 16-8)。

在疲劳的发展过程中,存在着不同途径的逐渐衰减突变的过程,其主要途径包括:

(1) 单纯的能量消耗,只有能量的大量消耗,而不存在肌肉兴奋性的衰减,该途径如果继续下去将造成肌肉 ATP 的极度消耗,并使肌肉僵直,但在运动性疲劳中一般不会发展到这种程度。

(2) 在能量消耗和兴奋性衰减过程中,存在一个急剧下降的突变峰,由于兴奋性突然急剧下降,可

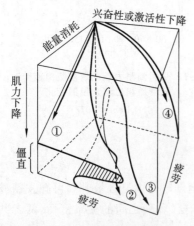

图 16-8 疲劳衰减突变过程

以减少能量贮备的进一步消耗，但同时伴随着肌肉力量和输出功率的突然下降，表现为肌肉疲劳，这也是疲劳突变理论的主要内容。

（3）肌肉能源物质逐渐消耗，兴奋性下降，但这种变化是渐进的，并未发生突变。

（4）单纯的兴奋性丧失，并不包括肌肉能量的大量消耗。

（七）"自由基损伤"学说

自由基是指外层电子轨道含有未配对电子的基团，如超氧阴离子自由基（$\cdot O_2^-$）、羟自由基（$\cdot OH$）、过氧化氢（H_2O_2）及单线态氧等物质。在细胞内，线粒体、内质网、细胞核、质膜和胞液中都可以产生自由基。由于自由基化学性质活泼，可与机体内糖类、蛋白质、核酸及脂类等物质发生反应，因而造成细胞功能和结构的损伤与破坏。

激烈运动时，由于肌纤维膜破裂、内质网膜变性，血浆脂质过氧化（LPO）水平增高。LPO不仅对调节Ca^{2+}-ATP酶产生影响，造成胞浆中Ca^{2+}的堆积，影响肌纤维的兴奋-收缩耦联；还对线粒体呼吸链ATP的释放、氧化酶的活性造成影响，从而导致肌肉工作能力下降，产生疲劳。

此外，内分泌功能异常、免疫功能下降也与运动性疲劳有关。疲劳的产生是一个非常复杂的过程，仍有待于深入广泛的研究。

四、不同类型运动的疲劳特征

运动性疲劳是一个极复杂的生理过程，由于运动的负荷和性质不同，对人体机能产生的影响也不同，疲劳产生的特征也不相同（见表16-2）。

表16-2 不同代谢类型运动项目的疲劳特点

疲劳因素	磷酸原型	磷酸原-糖酵解型	糖酵解型	糖酵解-有氧代谢型	有氧代谢型
ATP下降比例/(%)	30～40	—	20～30	30	不变
CP下降比例/(%)	90以上	90	75～90	65	50
乳酸积累	少	中	最多	较多	少
肌pH值下降	少	较少	6.6	6.6	少
肌糖原消耗	—	—	少	中	75%～90%
肌内离子变化	—	Ca^{2+}下降	Ca^{2+}下降	K^+下降，Na^+上升	离子紊乱

（引自冯炜权，1995）

短时间、最大强度运动（如短跑等），运动性疲劳产生的主要原因是中枢神经系统机能下降、CP耗竭引起ATP转化速率降低。

短时间、次最大强度运动（如800米跑等），能量供应以糖酵解系统为主，因此，肌肉和血液中乳酸堆积、pH值降低是造成机体机能下降而产生疲劳的主要原因。

长时间、中等强度运动（如长跑等），疲劳的产生往往与肌糖原和肝糖原大量消耗、血糖浓度下降、体温升高、内环境稳定性失调、工作肌氧气供应减少以及神经系统活动能力下降等因素有关。

静力性运动（如马步、平衡等），中枢神经系统持续兴奋，肌肉中血液供应减少，以及过度憋气导致心、肺功能下降等，导致疲劳产生。

此外，在非周期性运动项目中，技术动作的不断变化和动作技能的复杂程度是影响运动性疲劳的重要因素。一般认为，习惯性的、自动化程度高的、节奏性强的动作不易疲劳，而要求精力高度集中以及运动中动作多变的练习，则较易产生疲劳。

五、运动性疲劳的判断

科学判断运动性疲劳的出现及其程度，对于科学地指导运动训练、提高运动成绩和健康水平具有重要的实践意义。目前常用的判断疲劳的方法有生理指标测定法、教育学观察法及自我感觉评定法。这里仅介绍几种判断疲劳程度的生理学测定方法。

（一）测定肌力评价疲劳

1. 背肌力与握力

运动引起的肌肉疲劳最明显的特征为肌肉力量下降，一般常以绝对肌肉力量为依据，观察疲劳前后肌肉力量的变化。如果没有其他特殊原因（如肌肉损伤），运动后肌肉力量明显下降而且不能及时恢复，可视为肌肉疲劳。测试时，首先在运动前连续测定若干次肌肉力量，计算均值，疲劳性工作后，再进行同样方式的力量测定，如果肌肉力量平均值低于运动前水平，或几次力量测定值连续下降，即为肌肉疲劳。如果一次练习后连续几天肌肉力量不能恢复，则疲劳程度较深。

2. 呼吸肌耐力

连续测 5 次肺活量，每次间歇 30 秒，疲劳时肺活量逐次下降。

（二）测定神经系统和感觉机能判断疲劳

1. 膝跳反射阈值

疲劳时阈值升高。

2. 反应时

疲劳时反应时延长。

3. 皮肤空间阈

用触觉计或两脚规刺激皮肤某部位，受试者能分辨的两点的最小距离为皮肤空间阈。运动后皮肤空间阈（两点阈）较安静时增加 1.5~2 倍为轻度疲劳，增加 2 倍以上为重度疲劳。

4. 闪光融合频率

受试者坐位，注视频率仪的光源，直到将光调至明显断续闪光融合频率为止，即临界闪光融合频率，测三次取平均值。疲劳时闪光融合频率减小。轻度疲劳时减小 1.0~3.9 Hz；中度疲劳时减小 4.0~7.9 Hz；重度疲劳时减小 8 Hz 以上。

(三) 测心血管系统机能诊断疲劳

1. 心率

心率(HR)是评定运动性疲劳最简易的指标,一般常用基础心率、运动后即刻心率和恢复期心率对疲劳进行诊断。

1) 基础心率

基础心率是指清晨、清醒、起床前静卧的心率,正常时基础心率相对稳定。如果大运动负荷训练后,经过一夜的休息,基础心率较平时增加 5~10 次/min,则认为有疲劳累积现象;如果连续几天持续增加,则应调整运动负荷。在选用基础心率作为评定疲劳指标时,应排除惊吓、噩梦、睡眠等其他因素的影响。

2) 运动中心率

可采用遥测心率方法测定运动中的心率变化,或用运动后即刻心率代替运动中的心率。按照训练-适应理论,随着训练水平的提高,完成同样运动负荷时,心率有逐渐减小的趋势,如果在一段时期内,从事同样强度的定量负荷,运动中心率增加,则表示身体机能状态不佳。

3) 运动后心率恢复

人体进行一定强度运动后,经过一段时间休息,心率可恢复到运动前状态,身体疲劳时,心血管系统机能下降,可使运动后心率恢复时间延长,因此,可将定量负荷后的心率恢复时间作为疲劳诊断指标,如进行 30 秒 20 次深蹲的定量负荷运动,一般心率可在运动后 3 分钟内恢复到运动前水平,而身体疲劳时,这种恢复时间可明显延长。

2. 血压体位反射

大运动负荷训练后,植物性神经系统调节机能下降,血管运动的调节出现障碍。血压体位反射主要是测定心血管系统调节机能,其具体方法为:①受试者坐位,静息 5 分钟,测定安静时血压;②受试者仰卧并保持卧姿 3 分钟;③推受试者背部使其恢复坐姿(不能让受试者自己坐起);④立即测血压,并每隔 30 秒钟测一次,共测 2 分钟。在 2 分钟内血压完全恢复为正常;2 分钟内恢复一半以上为轻度疲劳;完全不能恢复为重度疲劳。

(四) 用生物电评价疲劳

疲劳时心电图、脑电图和肌电图与正常时不同。目前认为疲劳时心电图 S-T 段下移,T 波倒置;肌电图振幅增大,频率降低,电机械延迟(EMD)延长,积分肌电值(IEMG)和均方根振幅(RMS)均增加,中心频率(FC)和平均功率频率(MPF)降低;脑电图中 θ 波明显增多。

(五) 主观感觉判断疲劳

人体运动时的主观体力感觉与工作负荷、心功能、耗氧量、代谢产物堆积等多种因素密切相关,因此,运动时的自我体力感觉是判断运动性疲劳的重要标志。瑞典生理学家 Borg (1970) 研制了主观体力感觉等级表(RPE,见表 16-3),使原本粗略的定性分析变为半定量分析。具体测试方法是:在运动场,放一块 RPE 木板,锻炼者在运动过程中指出自我感觉的等级,以此来判断疲劳程度。如果用 RPE 的等级数值乘10,相应的得数就是完成这种负荷的心率。可以分别在疲劳前后测定同样负荷的运动,如果机体出现疲劳,RPE 等级也会相应增加；另外，利用该方法还可测定受试者的有氧耐力及抗疲劳能力。

表 16-3　主观体力感觉等级表

RPE	主观运动感觉	相对强度/(%)	相应心率/(次/min)
6	安静	0.0	
7	非常轻松	7.1	70
8		14.3	
9	很轻松	21.4	90
10		28.6	
11	轻松	35.7	110
12		42.9	
13	稍费力	50.0	130
14		57.2	
15	费力	64.3	150
16		71.5	
17	很费力	78.6	170
18		85.8	
19	非常费力	95.0	190
20		100	最大心率

第六节　恢复过程

恢复过程是指人体在运动结束后，各种生理机能和能源物质逐渐恢复到运动前水平的变化过程。

一、恢复过程的一般规律

消耗和恢复过程可简要地分为三个阶段（见图 16-9）。

第一阶段：运动时能源物质的消耗占优势，恢复过程虽也在进行，但是消耗大于恢复，所以总的表现是能源物质逐渐减少，各器官系统的工作能力下降。

第二阶段：运动停止后消耗过程减少，恢复过程占优势，能源物质和各器官系统的功能逐渐恢复到原来水平。

第三阶段：运动时消耗的能源物质及各器官系统机能状态的恢复，在这段时间内不仅恢复到原来水平，甚至超过原来水平，这种现象称为"超量恢复"。超量恢复保持一段时间后又会回到原来水平。

超量恢复的程度和出现的早晚和所从事的运动量有密切的关系，在一定范围内，肌肉活

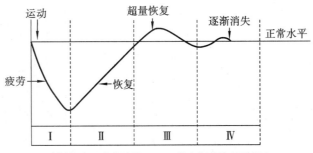

图 16-9　消耗与恢复过程规律示意图
（引自冯美云，1998）

Ⅰ：消耗和出现疲劳阶段　　Ⅲ：休息期的恢复阶段
Ⅱ：超量恢复阶段　　　　　Ⅳ：超量恢复逐渐消失

动量愈大，消耗过程愈剧烈，超量恢复愈明显。如果活动量过大，超过了生理范围，恢复过程就会延长（见表16-4）。

表 16-4　动物进行不同活动量肌糖原的消耗和恢复

组别	活动量		肌糖原/(%)		
	肌肉收缩/(次/min)	持续活动时间/min	活动停止后即刻	活动后 4 h	活动后 24 h
1	30	30	−140	−31	+16
2	60	15	−381	−194	+18
3	10	49	−519	—	+45
4	20	84.5	−785	−517	−49

（引自《体育学院通用教材：运动生理学》，1990）

超量恢复是客观存在的规律。有人让两名实验对象分别站在一辆自行车的两侧同时蹬车，其中一人用右腿蹬车，左腿休息，另一人用左腿蹬车，右腿休息，当运动至精疲力竭时，测腿股外肌的肌糖原含量，结果运动后三天运动腿股外肌肌糖原含量比安静腿多1倍（见图16-10）。

人在进行运动后，不同的物质出现超量恢复的时间不同，表现出超量恢复的异时性原理（见图16-11）。

二、超量恢复原理在运动实践中的应用

运动中物质消耗与恢复过程为运动训练提供了科学依据。超量恢复原理在运动实践中的意义主要表现为：①能保证训练水平的不断提高，图16-12所示为训练负荷、恢复和适应的一般模型；②如果全年或多年训练的目的是在重大的比赛中取得优异的成绩，一名优秀教练员就要调整训练计划，使运动员的各种能源物质的恢复均在比赛日达到或接近超量恢复的最大值。

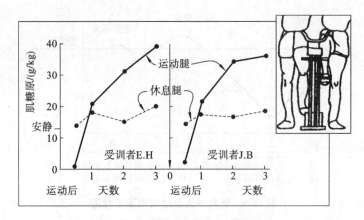

图 16-10 肌糖原的充填（超量恢复）
（引自 Fox, 1979）

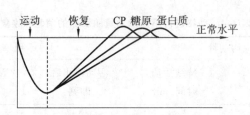

图 16-11 超量恢复的异时性原理
（引自冯美云, 1998）

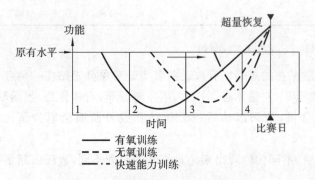

图 16-12 能源物质超量恢复的训练目标
（引自 Edmund, 1982）

超量恢复原理在运动训练中的应用主要有以下两个方面。

（一）训练课中休息间歇的掌握

训练课中如何选择最适宜的休息间歇，既保证完成训练任务，又可取得良好的训练效果，这是训练课中值得注意的问题。目前研究较为清楚的是磷酸原的恢复。10 s 力竭运动后，消耗了的 ATP 和 CP 在 2～3 min 内基本可恢复（见表 16-5）。

表16-5 运动后肌肉磷酸原贮备的恢复速率

运动后恢复的时间/s	磷酸原恢复比例/(%)
10以内	少量
30	50
60	75
90	87
120	93
150	97
180	98

(引自曹志发等,2004)

重复训练中,ATP-CP恢复至其原有数量一半时就可以维持预定的运动强度。恢复期使运动时所消耗的能源物质再合成一半所需要的时间称半时反应时间。因此,可以半时反应时间作为掌握休息间歇的标准。如果在训练中生成大量的乳酸,则以一半 H^+ 透过肌膜所需要的时间作为休息间歇的最适宜的时间。

(二) 训练期中休息间歇的掌握

在训练期应根据训练目的和身体内消耗的主要能源物质选择最适宜的休息间歇,并在这期间增加被消耗的能源物质的补充或采取其他有关的措施,以加速恢复过程。力竭性运动能源物质恢复的时间如表16-6所示。

表16-6 力竭性运动后可供选择的恢复时间

恢复物质	可取的恢复时间		
	半时反应时间	最短恢复时间	最长恢复时间
ATP、CP	20~30 s	2~3 min	5~8 min
肌糖原的恢复			
间歇运动后	5 h		24 h
持续运动后	10 h		46 h
肝糖原	不清楚		12~24 h
乳酸的清除			
活动性恢复	10~15 min	30 min	1 h
休息性恢复	25 min	1 h	2 h
氧贮备		10~15 s	1 min

(引自曹志发等,2004)

三、促进人体机能恢复的措施

运动性疲劳是体内多种因素综合变化的结果,因此必须采用科学手段才能加速疲劳的消除和机体机能的恢复。

(一) 活动性手段

1. 积极性休息

运动结束后采用变换运动部位和运动类型，以及调整运动强度的方式来消除疲劳的方法称积极性休息。积极性休息的生理学机理可用相互诱导理论来解释。谢切诺夫 1903 年实验发现，右手测力描记工作至疲劳后，以左手继续工作来代替安静休息，能使右手恢复更快更完全。他认为，休息时来自于左手肌肉收缩的传入冲动，能加深支配右手的神经中枢的抑制过程，并使右手的血流量增加。脑力劳动较多的人，换以肌肉运动作为活动性休息，对疲劳消除更显著。在训练课中，教练员经常采用调整训练内容、转换练习环境、变换肢体活动部位等方式，其目的在于采用积极性休息的方式，提高训练效果。

2. 整理活动

整理活动是指在运动之后所做的一些加速机体功能恢复的较轻松的身体练习。整理活动又称"放松练习"，做好充分的整理活动是取得良好的训练效果、预防运动损伤的重要手段之一。剧烈运动时骨骼肌强力持续收缩，使代谢产物堆积，肌肉硬度增加并产生酸痛。运动结束后很难使肌肉自然恢复到运动前的松弛状态。另外，由于运动时血液重新分配，内脏血液大量转移到运动器官，以保证运动时能量代谢的需要，运动后若不做放松练习而突然停止不动，由于地心引力和静止的身体姿势，严重地影响静脉回流，使心输出量骤然减少，血压急剧下降，造成一时性脑贫血，产生一系列不舒适的感觉，甚至休克，即所谓重力性休克。

研究表明，剧烈运动后，进行 3～5 分钟的慢跑或其他动力性整理活动，可使心血管、呼吸等内脏系统的机能水平逐渐恢复到安静状态。运动后进行动力性整理活动可加速全身血液重新分配，促进肌乳酸的消除与利用，减少了肌肉的延迟性酸痛，有助于疲劳的消除，预防重力性休克的发生。

另外，做一些静力性牵张练习，使参与工作的肌肉得到牵张、伸展、放松，可有效地消除运动引起的肌肉痉挛，加速肌肉机能的恢复，预防延迟性肌肉酸疼。

由此可见，运动后做整理活动非常必要。

(二) 睡眠

睡眠对身体机能恢复非常重要，在睡眠状态下，人体内代谢以同化作用为主，异化作用减弱，从而使人的精力和体力均得到恢复。静卧可减少身体的能量消耗，也可加速身体机能的恢复。

(三) 物理学手段

在大强度和大运动量训练之后，采用按摩、理疗、吸氧、针灸、气功等物理手段，加速机体恢复。

(四) 营养性手段

运动时所消耗的物质要靠饮食中的营养物质来补充，合理膳食有助于加速恢复过程。

1. 能源物质的合理调配

如果把运动中需要补充的热量按照蛋白质、脂肪、糖三者的比例划分为按需要均衡进补的方式，大多数项目运动员的膳食中，三种能量的补充比例为1.2∶0.8∶4.5；耐力性运动项目因其训练负荷的特点，要求膳食中糖的含量较高，故三种能量的搭配比例为1.2∶1∶7.5；而运动负荷量比较小的项目，则比普通人的能量补充稍高一些，三种能量搭配比例为1∶0.6∶3.5。

2. 维生素与矿物质的补充

1）维生素

维生素 E、C、B_1、B_2 与糖代谢有密切关系，当维生素缺乏或不足时可对运动能力产生不利影响，表现为做功量降低、疲劳加重、肌肉无力等。补充维生素可以提高运动能力。维生素 A、胡萝卜素等能提高人体免疫功能。

2）矿物质

运动员训练期间，由于大量排汗，身体对钾、钠、钙、镁、磷、铁的需求量增加，因而必须从食物中补充。最近研究报道：硒、锌营养能更有效地促进恢复过程。

（五）中药补剂

合理地应用中医药可以增强机体免疫能力，减少大强度运动时氧自由基对机体的损害，从而使疲劳尽快消除，提高训练或比赛效果。常用的中药有人参、当归、生地、酸枣仁、阿魏酸、五味子等。

（六）心理学手段

训练和比赛之后，采用心理调整措施恢复工作能力，能够降低神经—精神的紧张程度，减轻心理的压抑状态，加快恢复消耗掉的神经能量，从而对加速身体其他器官系统的恢复产生重要影响。对身体起作用的心理手段、种类非常多，其中主要有暗示性睡眠或休息、肌肉放松、心理调整训练、各种消遣和娱乐活动、舒适的生活条件等。

【思考题】

1. 赛前状态有哪些生理机能表现？如何克服不良的赛前状态？
2. 简述准备活动的生理作用。
3. 产生进入工作状态的原因是什么？
4. 试述运动性疲劳及其产生机制。
5. 判断运动性疲劳的方法主要有哪些？
6. 试述超量恢复的规律及其应用价值。
7. 为什么运动后要做整理活动？
8. 试述促进人体机能恢复的具体措施。

参考文献

[1] 王松.运动解剖学[M].武汉:华中科技大学出版社,2014.

[2] 王步标,华明.运动生理学[M].北京:高等教育出版社,2006.

[3] 王步标,等.人体生理学[M].北京:高等教育出版社,1994.

[4] 王步标,黄超文.体适能与健康[M].长沙:湖南科学技术出版社,2003.

[5] Я·M 科查.运动生理学[M].王步标,等,译.长沙:湖南师范大学出版社,1991.

[6] 王健.运动人体科学概论[M].北京:高等教育出版社,2003.

[7] 王瑞元,苏全生.运动生理学[M].北京:人民体育出版社,2012.

[8] Jack H. Wilmore,David L. Costill,W. La.运动生理学[M].王瑞元,汪军,译.北京:北京体育大学出版社,2011.

[9] 王瑞元.运动生理学[M].北京:人民体育出版社,2002.

[10] 王海杰.人体系统解剖学[M].上海:复旦大学出版社,2008.

[11] 邓树勋,王健,乔德才.运动生理学[M].北京:高等教育出版社,2005.

[12] 邓树勋,陈佩杰,乔德才.运动生理学导论[M].北京:北京体育大学出版社,2008.

[13] 邓树勋,洪泰田,曹志发.运动生理学[M].北京:高等教育出版社,1999.

[14] 张月芳.运动人体科学基础教程[M].广州:华南理工大学出版社,2008.

[15] 张传森,杨向群,刘亚国.人体系统解剖学[M].2 版.上海:第二军医大学出版社,2006.

[16] 张镜如.生理学[M].北京:人民卫生出版社,1995.

[17] 冯连世,李开刚.运动员机能评定常用生理生化指标测试方法及应用[M].北京:人民体育出版社,2002.

[18] 冯连世,冯美云,冯炜权.优秀运动员身体机能评定方法[M].北京:人民体育出版社,2003.

[19] 冯炜权.运动训练生物化学[M].北京:北京体育大学出版社,1998.

[20] 冯炜权.运动生物化学原理[M].北京:北京体育大学出版社,1995.

[21] 冯美云.运动生物化学[M].北京:人民体育出版社,1999.

[22] 田野.运动生理学高级教程[M].北京:高等教育出版社,2003.

[23] 全国体育学院教材委员会审定.运动生理学[M].北京:人民体育出版社,1990.

[24] 刘春波.人体解剖生理学[M].北京:人民卫生出版社,2010.

[25] 刘洵,谭思洁.运动生物科学基础[M].北京:人民体育出版社,2008.

[26] 吕新颖.简明运动生理学教程[M].合肥:合肥工业大学出版社,2005.

[27] 曲绵域,高秋云,浦均宗,等.实用运动医学[M].北京:北京科学技术出版社,1996.

[28] 许豪文.运动生物化学[M].北京:高等教育出版社,1998.

[29] 许豪文.运动生物化学进展[M].上海:华东师范大学出版社,1989.

[30] 佟启良,杨锡让,等.运动生理学[M].北京:北京体育大学出版社,1991.

[31] 张月芳.运动人体科学基础教程[M].广州:华南理工大学出版社,2008.

[32] 迟焕芳.人体解剖学[M].北京:高等教育出版社,2006.

[33] 李世昌.运动解剖学[M].北京:高等教育出版社,2006.

[34] 吴环成,王景贵,卢义锦.运动解剖学[M].桂林:广西师范大学出版社,2008.

[35] 吴玉林,颜天华.人体解剖生理学[M].南京:东南大学出版社,2003.

[36] 岳利民,崔慧先.人体解剖生理学[M].北京:人民卫生出版社,2007.

[37] 杨锡让.运动生理学进展[M].北京:北京体育大学出版社,2000.

[38] 杨锡让.实用运动生理学[M].北京:北京体育大学出版社,1998.

[39] 乔奇 A.布茹克司,汤姆士 D.法哈.运动生理学[M].杨锡让,等.译.北京:北京体育大学出版社,1988.

[40] 奥斯特朗,罗道尔.运动生理学[M].杨锡让,等.译.北京:人民体育出版社,1984.

[41] 周士枋,丁伯坦.运动学[M].2 版.北京:华夏出版社,2005.

[42] 范少光,等.人体生理学[M].北京.北京医科大学出版社,1996.

[43] 封飞虎,凌波.运动生理学[M].武汉:华中科技大学出版社,2014.

[44] 胡声宇.运动解剖学[M].北京:人民体育出版社,2000.

[45] 柏树令.系统解剖学[M].6 版.北京:人民卫生出版社,2004.

[46] 高秀来.人体解剖学[M].北京:北京大学医学出版社,2009.

[47] 姜云杰.系统解剖学[M].杭州:浙江大学出版社,2005.

[48] 倪江.生理学[M].北京:人民卫生出版社,2000.

[49] 施雪筠.生理学[M].上海:上海科学技术出版社,1994.

[50] 龚茜玲.人体解剖生理学[M].4 版.北京:人民卫生出版社,2000.

[51] 姚泰.生理学[M].6 版.北京:人民卫生出版社,2004.

[52] 翁锡全.体育·环境·健康[M].北京:人民体育出版社,2004.

[53] 曹志发,孟昭琴,姚为俊.运动生理学[M].北京:人民体育出版社,2004.

[54] 曹颖林.人体解剖生理学[M].北京:中国医药科技出版社,2006.

[55] 蒋正尧.人体生理学[M].北京:科学出版社,2005 年.

[56] 傅永怀.微量元素与临床[M].北京:中国医药科技出版社,1997.

[57] 霍志斐,刘丕峰.人体解剖学[M].北京:中国科学技术出版社,2011.

[58] A. W. S. Watson. Physical fitness and athletic performance[M]. London:Addison Wesley Longman Limited,1995.

[59] Åstrand,et al. Intra-arterial blood pressure during exercise with different muscle groups[J]. Journal of Applied Physiology,1965,20(2).

[60] Åstrand,et al. Textbook of work physiology[M]. 4th ed. Champaign, IL:Human Kinetics,2003.

[61] Bouchard C. ,et al. Familial aggregation of $\dot{V}O_{2\,max}$ response to exercise training: results from the HERITAGE Family Study[J]. Journal of Applied Physiology,1999,87(3).

[62] Bouchard C. ,et al. Aerobic performance in brothers, dizygotic and monozygotic twins[J]. Medicine and Science in Sports and Exercise,1986,18(6).

[63] Eston R,Reilly T. Kinanthropometry and exercise physiology laboratory manual [M]. London:E & FN Spon,1996.

[64] Edwards L,Fox. Sports physiology [M]. Philadelphia: W. B. Saunders Company,1979.

[65] Fox,E. L. Sports physiology[M]. Philadelphia:W. B. Saunders Company,1979.

[66] Kandel ER,Schwartz JH,Jessell TM. principles of neural science[M]. Norwalk: Appleton and Lange,1991.

[67] Lamb DR. Physiology of exercise: response and adaptation[M]. 2th ed. New York:Macmeillan Publishing Co,1978.

[68] L. Hermansen,M. Wachtlova. Capillary density of skeletal muscle in well-trained and untrained men[J]. Journal of Applied Physiology,1971,30(6).

[69] McArdle WD,et al. Essentials of exercise physiology[M]. Pennsylvania:Lea & Febiger,1994.

[70] McArdle WD, et al. Exercise physiology [M]. 3th ed. Pennsylvania: Lea & Febiger,1991.

[71] Mathews DK,Fox EL. The physiology basis of physical education and athletics [M]. Philadelphia:W. B. Saunders Company,1976.

[72] Powers SK, Howly ET. Exercise physiology[M]. 4th ed. New York: Human Kinetics,1994.

[73] Richard A. Berger. Applied exercise physiology [M]. Pennsylvania: Lea & Febiger,1982.

[74] Rowell L. B. Human circulation: regulation during physical stress [M]. New York:Oxford University Press,1986.

[75] Shsrkey BJ. Fitness and health[M]. 5th ed. New York:Human Kinetics,2002.

[76] Vander A. J. ,et al. Human physiology[M]. 4th ed. New York:McDraw-Hill Book Company,1985.

[77] Wilmore JH,Costill DL,Larry Kenney. Physiology of sport and exercise[M]. 4th ed. New York:Human Kinetics,2008.